Stephan Gingelmaier / Svenja Taubner /
Axel Ramberg (Hg.)

Handbuch mentalisierungsbasierte Pädagogik

Mit einem Vorwort von Peter Fonagy

Mit 8 Abbildungen und einer Tabelle

Vandenhoeck & Ruprecht

Bibliografische Information der Deutschen Nationalbibliothek:
Die Deutsche Nationalbibliothek verzeichnet diese Publikation in der
Deutschen Nationalbibliografie; detaillierte bibliografische Daten sind
im Internet über http://dnb.de abrufbar.

© 2018, Vandenhoeck & Ruprecht GmbH & Co. KG, Theaterstraße 13, D-37073 Göttingen
Alle Rechte vorbehalten. Das Werk und seine Teile sind urheberrechtlich
geschützt. Jede Verwertung in anderen als den gesetzlich zugelassenen Fällen
bedarf der vorherigen schriftlichen Einwilligung des Verlages.

Umschlagabbildung: Tanor/shutterstock.com

Satz: SchwabScantechnik, Göttingen
Druck und Bindung: ⊕ Hubert & Co. BuchPartner, Göttingen
Printed in the EU

Vandenhoeck & Ruprecht Verlage | www.vandenhoeck-ruprecht-verlage.com

ISBN 978-3-525-45249-3

Inhalt

Geleitwort 9
    Eingeschränkte Mentalisierung: eine bedeutende Barriere für das Lernen
    Peter Fonagy

Mentalisierungsbasierte Pädagogik 14
    Eine Hinführung
    Stephan Gingelmaier, Svenja Taubner und Axel Ramberg

Teil I – Mentalisieren und Entwicklung

Mentalisieren über die Lebensspanne 23
    Svenja Taubner

Mentalisieren in der frühen Kindheit 38
    Nicola-Hans Schwarzer

Mentalisieren in der mittleren Kindheit 49
    Karolina Goschiniak und Melanie Henter

Die Suche nach dem Selbst 57
    Ein mentalisierungsbasiertes Verständnis der Adoleszenz
    Manfred Böge

Die mentalisierungsbasierte Therapie für Adoleszente (MBT-A) 67
    Stephan Gingelmaier und Svenja Taubner

»Er will mich provozieren und ich kann ihn nicht mehr ertragen!« 74
    Erzieherische Verhältnisse unter fehlender Mentalisierungsfähigkeit
    Tillmann F. Kreuzer

Teil II – Mentalisieren und Pädagogik

Reflexion als Reaktion 89
   Die grundlegende Bedeutung des Mentalisierens für die Pädagogik
   Stephan Gingelmaier und Axel Ramberg

Mentalisierungsbasierte Interventionen und professionelle Haltung
in der Pädagogik am Beispiel von Schule 107
   Axel Ramberg

Freuds Rasiermesser und die Mentalisierungstheorie 120
   Psychoanalytische Pädagogik und Mentalisierung –
   ein kritischer psychoanalytischer Blick
   Robert Langnickel und Pierre-Carl Link

Teil III – Mentalisieren in pädagogischen Feldern

ⓢ Feld: Frühpädagogik

Zur Bedeutung des Mentalisierungskonzepts
in frühpädagogischen Handlungsfeldern 135
   Nicola-Hans Schwarzer

Ein mentalisierungsbasiertes Präventionsprogramm
zum Übergang von der Familie in die Kindertageseinrichtung 145
   Christine Bark

ⓢ Feld: Mentalisieren und (schulisches) Lernen

Epistemisches Vertrauen und Lernen 157
   Tobias Nolte

Mentalisierungsfördernder Unterricht 173
   Bindungstheoretische Grundlagen und didaktische Ansätze
   Oliver Hechler

Mentalisieren in der schulpädagogischen Praxis 188
   Work Discussion als Methode für mentalisierungsbasierte Pädagogik?
   Agnes Turner

Epistemisches Vertrauen und Mentalisieren in der Schulpraxis 200
   Ein Fallbeispiel einer konkreten Unterrichtsplanung und -durchführung
   Elena Johanna Koch und Stephan Gingelmaier

Feld: Mentalisieren in der Sozialen Arbeit

Mentalisieren in der Sozialen Arbeit 208
Holger Kirsch

Mentalisierungsfördernde Interventionen in der Justizvollzugsanstalt   220
*Jessica Held, Christine Wagener, Nathanael Armbruster,
Benjamin Neuls und Holger Kirsch*

Feld: Mentalisieren und Traumapädagogik

Überlegungen zu einer mentalisierungsbasierten Traumapädagogik 230
Nina Kramer und Pierre-Carl Link

Feld: Mentalisieren in Supervision und Beratung in der Pädagogik

Die Bedeutung des Mentalisierens für das Beratungsformat Supervision
am Beispiel von Schulen 235
Stephan Gingelmaier

Mentalisierung in traumapädagogisch orientierter Supervision 241
Über Notwendigkeiten und Grenzen
David Zimmermann

Feld: Mentalisieren in der Inklusion

»Relevant wäre, die Pädagogik subjektfähig zu machen« 254
Eine inklusive Gemeinschaft als Kooperationsverhältnis
mentalisierender Subjekte
Pierre-Carl Link

Inklusion, Mentalisierung und emotional-soziale Teilhabe 268
Bernhard Rauh

Feld: Mentalisieren in der Erwachsenenbildung

Figurationen mentalisieren 279
Gruppenanalytische Perspektiven des Mentalisierens für pädagogische
Professionalisierungsprozesse
Sarah Yvonne Brandl

Die Autorinnen und Autoren 291

Geleitwort

Eingeschränkte Mentalisierung: eine bedeutende Barriere für das Lernen

Peter Fonagy

Die Mentalisierungstheorie basiert zu großen Teilen auf bindungstheoretischen Überlegungen sowie auf Aspekten der klassischen psychoanalytischen Entwicklungstradition, die davon ausgehen, dass das frühe pflegende Umfeld – insbesondere die Dyade aus Mutter und Säugling – die psychische Entwicklung des Kindes formen. Dazu gehört vor allem die Annahme, dass atypisches Pflegeverhalten in engem Zusammenhang mit atypischer Entwicklung und Psychopathologie steht. Dieser Denkrichtung stimmen wir [gemeint ist damit im Weiteren die Forschergruppe um Fonagy, Target, Allen und Bateman, die Hrsg.] im Wesentlichen zu. Unser Ansatz des Mentalisierens besteht in einer Entwicklungstheorie, deren Schlüsselkomponente die frühkindliche Erfahrung feinfühliger Pflege ist, welche ein Individuum dazu befähigt, stabil und ausgewogen zu mentalisieren. Diese Fähigkeit ermöglicht es wiederum, Beziehungen einzugehen und flexibel auf das soziale Umfeld zu reagieren, mit ihm in Austausch zu treten und von ihm zu lernen (Fonagy u. Luyten, 2016; Fonagy, Luyten u. Allison, 2015).

Darüber hinaus vertreten wir allerdings die Ansicht, dass das Konzept der Mentalisierung auch dazu genutzt werden kann bzw. sollte, über das soziale System über das Individuum hinaus nachzudenken. Wir haben beispielsweise argumentiert, dass ein wichtiger Veränderungsmechanismus effektiver therapeutischer Interventionen darin besteht, dass das Individuum die Möglichkeit hat, das innerhalb des Behandlungszimmers Gelernte auf sein erweitertes soziales Umfeld zu übertragen. Dadurch wird die im Rahmen der Therapie erworbene Fähigkeit des Mentalisierens geübt und gefestigt, wodurch es den Patienten gelingen kann, stabilere und tragfähigere soziale Beziehungen zu knüpfen, die wiederum positive Auswirkungen auf ihre Resilienz haben (Fonagy, Luyten, Allison u. Campbell, 2017a, 2017b). Wie wir weiterhin dargestellt haben, muss dazu in einem Individuum epistemisches Vertrauen angeregt werden, welches diese besondere Art des sozialen Lernens – sowohl innerhalb wie auch außerhalb der Therapie – ermöglicht und eine positive Entwicklung weiter vorantreibt. Das ist jedoch nur dann möglich, wenn das soziale Umfeld eines Individuums ausreichend zugewandt und mentalisierend genug ist, dafür zu sorgen, dass derartiges positives soziales Lernen stattfinden kann. Zusammenfassend lässt sich also sagen, dass epistemisches Vertrauen als die Fähigkeit eines Kindes (oder Erwachsenen) zu verstehen ist, Informationen von anderen als für sie relevant und auch in anderen Kontexten über die Lernumgebung hinaus nützlich zu betrachten. Erst dadurch werden Informationen behalten und als unabhängig von der Quelle (also im semantischen Gedächtnis) abgespeichert. Die zuverlässigste Methode hierfür besteht darin, jungen Menschen die Werkzeuge zu zeigen, die sie dazu benötigen, in der Welt zurechtzukommen. Diese Werkzeuge sollten in ihrer gesamten Komplexität vermittelt werden, mit ihren Technologien, Hilfsmitteln und Regeln – um die Welt als Ganzes und uns selbst als Teil von ihr zu begreifen, kurz gesagt als das, was wir mit Stolz als unsere Kultur bezeichnen (Csibra u. Gergely, 2009, 2011; Gergely u. Csibra, 2006). Derartiges Wissen ist der Schlüssel zu unserem Überleben, weswegen es kaum überrascht, dass es von hohen moralischen Anforderungen sanktioniert wird: Das Kind lernt, dass es richtiges und falsches Verhalten gibt.

Doch woher weiß ein Kind, wem es als Quelle derart grundlegender Informationen trauen kann? Es versteht sich von selbst, dass inhaltlich fehlerhafte und schlichtweg nicht vertrauenswürdige Informationsquellen nicht berücksichtigt werden dürfen, wenn es um die langfristige Abspeicherung einer Information als relevant geht. Auf der Suche nach vertrauenswürdigen Informationsquellen legen Kinder (und auch Erwachsene) – wie Sperber es bezeichnet – epistemische Wachsamkeit an den Tag (Sperber et al., 2010). Beurteilen zu können, wessen Informationen man vertrauen kann, ist der Schlüssel zu einem effizienten Transfer von Informationen und Wissen. Wir könnten dabei jedes Mal von Grund auf neu beginnen, aber das wäre für einen Prozess, der quasi in Echtzeit stattfinden muss, zu ressourcenaufwändig. Die weitaus effizientere Methode, die wir entwickelt haben, besteht darin, uns dafür zu sensibilisieren, Informationen nur dann anzunehmen und sie als relevant zu kodieren, wenn der Informationstransfer von der Erfahrung begleitet wird, als aktives Subjekt wahrgenommen worden zu sein. Bei Säuglingen ist das noch vergleichsweise einfach: Wir müssen sie bloß anlächeln, entsprechend auf ihr Verhalten reagieren, sie nachahmen und bezüglich der Kommunikation im Sinne eines Gebens und Nehmens mit ihnen interagieren (Gergely u. Csibra, 2013). Mit zunehmendem Alter werden diese Prozesse dann schwieriger. Da die sichere Bindung einen Erfahrungshorizont feinfühliger Reaktionen widerspiegelt, spielt sie bei der Entstehung epistemischen Vertrauens eine große Rolle. Doch nicht nur von Bindungspersonen können wir etwas lernen. Hier nun kommt dem Mentalisieren eine Schlüsselfunktion zu: Wenn jemand den Eindruck hat, dass ein »Lehrer« im weiteren Sinne auf ihn eingeht – man sich also ausreichend durch das Gegenüber mentalisiert fühlt –, baut das die notwendige Brücke zwischen dem Lehrenden und dem Lernenden, auf der Informationen vermittelt werden können. Dabei beziehen wir uns selbstverständlich auf viel mehr als nur den Kontext der Schulbildung. Der Prozess, den sich die schulische Bildung zunutze machen muss, treibt auch den Informationstransfer bezüglich sämtlicher Aspekte des Lebens und Arbeitens sowie innerhalb von Beziehungen und unserer Position in unserer sozialen Gruppe etc. voran. Das bedeutet: Mentalisieren ist der Schlüssel zu menschlichen Interaktionen, die soziale Kommunikation und soziales Lernen erfordern. Doch was genau sind die Konsequenzen für die schulische Bildung?

Das bereits beschriebene Modell beeinflusst unser Denken über Bildung in zweierlei Hinsicht. Die erste Konsequenz ist, dass wir alle Bildungsinstitutionen als maßgebliches soziales Umfeld betrachten müssen, die ein Kind oder einen Jugendlichen beeinflussen. Eine schulische Umgebung, die nicht dazu in der Lage ist, wirksames Mentalisieren anzuregen und die Subjektivität und Urheberschaft der einzelnen Kinder und Jugendlichen anzuerkennen, wird deren Entwicklung nachhaltig negativ beeinflussen. Dies gilt insbesondere für die Kindheit und Adoleszenz, während derer die Fähigkeit zum ausgewogenen, also die vielfältigen Dimensionen einschließenden Mentalisieren weniger stabil ist. Vor allem betrifft dies auch Individuen, die – sei es durch ihre genetische Veranlagung, Umweltfaktoren oder eine Kombination aus beidem – besondere Schwierigkeiten mit dem Mentalisieren haben. Wir wissen, dass Schulen einen extrem großen Einfluss auf das emotionale Wohlbefinden von Kindern haben und einen Großteil der Affekte regulieren, die unterschiedliche elterliche Erziehungsstile auf Kinder haben.

Die zweite Konsequenz aus der Theorie des Mentalisierens und des epistemischen Vertrauens ergibt sich daraus, was sie uns über die Art und Weise lehren kann, wie einzelne Pädagogen Wissen vermitteln. Die aktuelle Forschung belegt, dass effektiven Lehrenden die Fähigkeit gemein ist, die Vermittlung von Wissen aus der Perspektive ihrer Schüler heraus anzugehen (Hattie, 2008): Sie können nachvollziehen, wie es sich anfühlt, mit diesem unbekannten Fachwissen konfrontiert zu werden, welche Stolpersteine ein den Gegenstand durchdringendes Verstehen erschweren könnten und wie man die fachlichen Inhalte als für die Schüler subjektiv relevant darstellen kann, damit diese sie als bedeutsamen oder interessanten Teil sozialer Kommunikation annehmen können. Anders ausgedrückt heißt das: Effektive Lehrer sind dazu in der Lage, ihre Schüler zu mentalisieren, deren subjektive Gedankenwelt wertzuschätzen und sich kommunikativer Signale zu bedienen, die den Zugang zu epistemischem Vertrauen eröffnen. Die psychischen und schulischen Leistungen von Kindern und Jugendlichen werden oft als voneinander unabhängige Aufgaben betrachtet. Die Theorie des Mentalisierens und des epistemischen Vertrauens hingegen geht davon aus, dass beiden Prozessen derselbe kognitive Mechanismus zugrunde liegt. Pädagogische Ansätze, die mentalisierungsbezogen sind, tragen dazu bei, die notwendigen Voraussetzungen für größere psychosoziale Resilienz sowie formales Lernen zu schaffen. Das gilt in besonderem Maße dann, wenn sie die Mentalisierungsfähigkeit von Pädagogen stärken, deren oftmals stressinduzierendes Arbeitsumfeld die Fähigkeit, an ausgewogenem Mentalisieren festzuhalten, schnell aufzehren kann.

Mentalisieren ist das Herzstück des Austausches von Informationen und dadurch zudem das *Kernstück* von Bildung, gleichzeitig aber auch dessen *Subjekt*. Wir nutzen den formalen Bildungskontext, um mehr über uns selbst zu lernen. Und je mehr wir lernen, desto eher bemerken wir, wenn jemand an uns denkt und unsere Interessen berücksichtigt. Ein Kind, das aufgrund von extrem ausgeprägtem epistemischen Misstrauen davon abgehalten wird, am Bildungsprozess teilzunehmen, könnte das tun, weil es ihm an Hinweisen darauf fehlt, dass es den Informationen (ver-)trauen kann – beziehungsweise weil die wahrgenommenen Hinweise nicht ausreichen, einen gefahrlosen Austausch von Ideen zu gewährleisten. Durch eingeschränktes Mentalisieren wird daher eine überdauernde Barriere für das Lernen errichtet. Wenn es dem schulischen Umfeld gelingt, das Kind zu mentalisieren und ihm beizubringen, sich selbst wahrzunehmen, wird es sich dem Wissen anderer eher öffnen.

Peter Fongay, London, im Oktober 2017
Anna Freud National Centre for Children and Families

Literatur

Csibra, G., Gergely, G. (2009). Natural pedagogy. Trends in Cognitive Sciences, 13 (4), 148–153. DOI: 10.1016/j.tics.2009.01.005

Csibra, G., Gergely, G. (2011). Natural pedagogy as evolutionary adaptation. Philosophical Transactions of the Royal Society of London, Series B, Biological Sciences, 366 (1567), 1149–1157. DOI: 10.1098/rstb.2010.0319

Fonagy, P., Luyten, P. (2016). A multilevel perspective on the development of borderline personality disorder. In D. Cicchetti (Ed.), Developmental psychopathology. Vol. 3: Risk, disorder, and adaptation (3rd ed., pp. 726–792). New York: John Wiley & Sons.

Fonagy, P., Luyten, P., Allison, E. (2015). Epistemic petrification and the restoration of epistemic trust: A new conceptualization of borderline personality disorder and its psychosocial treatment. Journal of Personality Disorders, 29 (5), 575–609. DOI: 10.1521/pedi.2015.29.5.575

Fonagy, P., Luyten, P., Allison, E., Campbell, C. (2017a). What we have changed our minds about. Part 1: Borderline personality disorder as a limitation of resilience. Borderline Personality Disorder and Emotion Dysregulation, 4, 11. DOI: 10.1186/s40479-017-0061-9

Fonagy, P., Luyten, P., Allison, E., Campbell, C. (2017b). What we have changed our minds about. Part 2: Borderline personality disorder, epistemic trust and the developmental significance of social communication. Borderline Personality Disorder and Emotion Dysregulation, 4, 9. DOI: 10.1186/s40479-017-0062-8

Gergely, G., Csibra, G. (2013). Natural pedagogy. In M. R. Banaji, S. A. Gelman (Ed.), Navigating the social world: What infants, children, and other species can teach us (pp. 127–132). Oxford: University Press.

Hattie, J. (2008). Visible learning – A synthesis of over 800 meta-analyses relating to achievement. New York: Routledge.

Sperber, D., Clément, F., Heintz, C., Mascaro, O., Mercier, H., Origgi, G., Wilson, D. (2010). Epistemic vigilance. Mind & Language, 25 (4), 359–393.

Mentalisierungsbasierte Pädagogik
Eine Hinführung

Stephan Gingelmaier, Svenja Taubner und Axel Ramberg

Das Mentalisierungskonzept von der Forschungsgruppe um Peter Fonagy in London stellt derzeit im klinisch-psychodynamischen Kontext wohl eines der populärsten und am besten evaluierten Modelle zur Pathogenese und Behandlung schwerer Persönlichkeitsstörungen dar. Dabei ist die Popularität zum einen auf die breite theoretische und zum anderen auf die empirische Fundierung zurückzuführen. Gleichzeitig lässt sich – bezogen auf die (psycho-)therapeutische Arbeit – eine starke integrative Komponente des Mentalisierungskonzepts ausmachen. Mentalisierung wird dementsprechend als ein grundlegender Faktor jeglicher psychotherapeutischen Arbeit betrachtet (Allen, Fonagy u. Bateman, 2011).

Verfolgt man diesen Gedanken weiter, liegt es auf der Hand, dass das Mentalisieren nicht nur im klinischen Bereich eine Rolle spielt, sondern zunehmend auch in pädagogische Felder wie Erziehung oder Bildung sowie Beratung und Prävention hineinwirkt (Gerspach, 2009). Versteht man Mentalisieren als die »intentionale Fähigkeit, das Handeln anderer und das eigene in Begriffen von Gedanken, Gefühlen, Wünschen und Sehnsüchten zu verstehen« (Schultz-Venrath u. Felsberger, 2016, S. 47), wird deutlich, dass es letztlich in allen Bereichen, in denen sich Menschen begegnen und kommunizieren, eine zentrale Rolle spielt.

Mit diesem Buch liegt nun erstmals international ein Werk vor, welches sich zur Aufgabe gemacht hat, die Bedeutung des Mentalisierens in der Breite pädagogischer Kontexte herauszuarbeiten und gleichzeitig darzulegen, dass das Mentalisieren letztlich immer einen wichtigen Kernaspekt pädagogischen Handelns darstellt.

Dabei ließe sich angesichts der vielfältigen Herausforderungen, mit denen Pädagogen[1] in ihrem Alltag immer wieder konfrontiert sind, die provokante

---

[1] Wir sind uns der Problematik der gendersensiblen Schreibweise bewusst. Aufgrund des besseren Leseflusses haben wir uns zumeist für die männliche Form entschieden, in anderen Fällen wie etwa bei »Erzieherinnen« wurde gezielt die weibliche Form gewählt, da diese der Lebensrealität entspricht, in welcher in der Mehrheit Frauen den Beruf ausüben. Es mögen sich bitte stets alle Geschlechter angesprochen fühlen.

Frage stellen, was Pädagogen denn noch alles leisten sollen. Nun auch noch mentalisieren? Und das zusätzlich zu weiteren hochkomplexen Aufgaben wie Bilden, Erziehen oder Fördern. Dabei – und das ist die Kernthese dieses Bandes – lassen sich letztere erst überhaupt dann sinnhaft gestalten, wenn diesen ein differenziertes Reflexionsmodell – und zwar einerseits vom Pädagogen auf sich selbst sowie andererseits vom ihm anvertrauten Kind – vorangestellt ist. Das reflexive Arbeiten ist damit gleichzeitig die Verbindung zwischen Mentalisierungskonzept und Pädagogik. Mentalisieren lässt sich verstehen als »fundamentaler psychischer Prozess« (Bateman u. Fonagy, 2015, S. 15), welcher ubiquitär innerhalb sämtlicher Interaktionen wirksam ist und dazu beiträgt, dass Menschen sich selbst und den anderen besser verstehen. Mentalisierungsfähigkeit entsteht darüber, dass man interaktional mentalisiert wird/wurde. Dies gilt vor allem für Babys und Kleinkinder, es verliert aber seine Wirkung selbst im Erwachsenenalter nicht. Das Ziel ist also eine Ausdifferenzierung des psychischen Apparates (der Kinder und Jugendlichen und der Pädagogen) hin zu psychischer Gesundheit und Handlungsspielräumen auch in stresshaften Situationen. Genau darin lässt sich der Brückenschlag zwischen Mentalisierung und Pädagogik ausmachen. Es ist in allen pädagogischen Kontexten immer auch die Aufgabe der Pädagogen, sich um ein Verstehen der Kinder und Jugendlichen, mit welchen sie arbeiten, und die eigene Selbstreflexion zu bemühen.

Im pädagogischen Alltag lassen sich eine Vielzahl von Handlungsfeldern finden, welche mit ihren besonderen Herausforderungen immer neue und komplexe Interaktionsmomente schaffen. Hier kann Mentalisieren helfen, diese entsprechend der jeweiligen Anforderungen zu reflektieren und in der Folge angemessen zu gestalten. Da das Mentalisieren entsprechend der jeweiligen Handlungsfelder ausgeführt werden muss, ist dieses Handbuch in mehrere Themenbereiche unterteilt, welche anhand differenzierter Beiträge dargestellt werden.

Der erste thematische Bereich soll dazu dienen, in das Mentalisierungskonzept einzuführen und die Bedeutung des Mentalisierens für die Entwicklung von Kindern und Jugendlichen herauszuarbeiten.

Hierfür wird *Svenja Taubner* anhand der Grundlagen und Kernideen des Mentalisierens zunächst einen allgemeinen Überblick über das Konzept geben. Dabei werden auch die theoretischen Wurzeln und Ursprünge des Mentalisierungskonzepts dargestellt und das Mentalisieren über die gesamte Lebensspanne gewürdigt.

Das Kapitel von *Nicola-Hans Schwarzer* beschäftigt sich mit der Entwicklung des Mentalisierens in der frühen Kindheit. Hier wird insbesondere die Bedeutung der frühen Bindungserfahrungen für ein gelingendes Mentalisieren diskutiert.

Anschließend befassen sich *Karolina Goschiniak* und *Melanie Henter* mit dem Mentalisieren in der mittleren Kindheit. Sie gehen sowohl auf die Besonderheiten des Mentalisierens zu dieser Zeit als auch auf Konsequenzen für die pädagogische Arbeit mit Kindern ein. Das Mentalisieren in der Adoleszenz wird in dem nachfolgenden Beitrag von *Manfred Böge* erarbeitet. Dabei werden vorrangig die adoleszenten Entwicklungsaufgaben im Zusammenhang mit dem Mentalisieren betrachtet. Darüber hinaus geht der Beitrag auf krisenhaftes Erleben und die mögliche Folge des adoleszenten Zusammenbruchs ein. Hieran anschließend stellen *Stephan Gingelmaier* und *Svenja Taubner* die mentalisierungsbasierte Therapie für Adoleszente (MBT-A) vor. Hier liegt der Fokus auf den Grundlinien dieses psychotherapeutischen Programms, wobei Aufbau und Durchführung erläutert und die empirische Wirksamkeit dargestellt werden. Der erste Themenbereich schließt mit einer kasuistischen Darstellung von *Tillmann F. Kreuzer* zu einer konflikthaften Situation im schulischen Kontext, anhand derer die Bedeutung über das Verlieren und Wiedererlangen der Mentalisierungsfähigkeit beschrieben wird.

Die Einführung des Mentalisierungskonzepts in das pädagogische Feld stellt den Schwerpunkt des zweiten thematischen Bereiches dieses Buchs dar. Einleitend in diesen Themenkomplex werden *Stephan Gingelmaier* und *Axel Ramberg* anhand mehrerer Schwerpunktsetzungen die grundlegende Bedeutung des Mentalisierens für die Pädagogik herausarbeiten. Hierfür werden neben allgemeinen Fragen der Vereinbarkeit beider Bereiche auch forschungsrelevante Fragen thematisiert. Das nachfolgende Kapitel von *Axel Ramberg* beschäftigt sich mit konkreten praxeologischen Ideen zur mentalisierenden Haltung von Pädagogen und die daraus abgeleiteten Möglichkeiten, mentalisierend in pädagogischen Feldern zu handeln. Der zweite Themenbereich schließt mit einer kritischen Auseinandersetzung mit dem Mentalisierungskonzept aus Sicht der Psychoanalyse und der psychoanalytischen Pädagogik. Hierbei diskutieren *Robert Langnickel* und *Pierre-Carl Link* die Möglichkeiten und Grenzen des Mentalisierens in pädagogischen Feldern.

Der dritte Themenschwerpunkt dieses Handbuchs soll einen Raum dafür bieten, diverse pädagogische Handlungsfelder unter dem Blickwinkel des Mentalisierungskonzepts zu würdigen. Dabei ist dieser Themenbereich in entsprechende Teilbereiche unterteilt.

Zunächst steht das Feld der Frühpädagogik im Mittelpunkt. Hier setzt sich zuerst *Nicola-Hans Schwarzer* mit dem Mentalisieren in frühpädagogischen Handlungsfeldern auseinander. Besondere Beachtung wird der Frage nach der Bedeutung einer generalisierenden Anwendung eines mentalisierenden Verständnisses in der institutionalisierten Frühpädagogik gewidmet. Daran anschließend beschäftigt sich *Christine Bark* mit dem mentalisierungsbasierten

Präventionsprogramm zur Stärkung der Eltern-Kind-Beziehung. Der Fokus liegt auf den durch die Schwellensituationen der Transition eines Kindes in die Kinderkrippe auftretenden Stressoren, woraus sich die Bedeutung eines mentalisierenden Handelns von Pädagogen und Eltern ergibt.

Das Mentalisieren im Bezug zum (schulischen) Lernen stellt den nächsten Schwerpunkt dar. Dafür wird im Aufsatz von *Tobias Nolte* die weitreichende Bedeutung des epistemischen Vertrauens für das Lernen im Allgemeinen thematisiert. Im Fokus steht hier die Überlegung nach den Möglichkeiten und Grenzen der Übertragbarkeit der Forschungsergebnisse zur kulturellen Wissensweitergabe in frühen Beziehungserfahrungen auf das institutionalisierte pädagogische Feld. Diese Gedanken werden bei *Oliver Hechler* unter einer bindungstheoretischen Perspektive gefasst und auf das schulische Lernen übertragen, wobei vorrangig auf die Lehrkraft und die Lehrer-Schüler-Beziehung als zentrale Moderatoren schulischen Lernens eingegangen wird. *Agnes Turner* stellt in ihrem nachfolgenden Artikel zwei Fallanalysen aus Work-Discussion-Seminaren dar, welche entsprechend die Bedeutung des Mentalisierens und Reflektierens von Lehrenden für die Gestaltung von gelingenden Lernprozessen veranschaulichen. Im ebenfalls kasuistisch aufgebauten Beitrag von *Elena Johanna Koch* und *Stephan Gingelmaier* wird die Bedeutung des epistemischen Vertrauens in der Lehrer-Schüler-Beziehung zunächst kurz begründet. Anhand eines Fallbeispiels aus der Schulpraxis wird anschließend dargestellt, wie epistemisches Vertrauen durch eine mentalisierende Haltung des Lehrers angebahnt werden kann.

Der dritte Schwerpunkt innerhalb der pädagogischen Handlungsfelder wird auf den Bereich der Sozialen Arbeit gelegt. Hierbei stellt *Holger Kirsch* zunächst die allgemeine Bedeutung des Mentalisierens in der Sozialen Arbeit dar. Weil die Krise in der Sozialen Arbeit der Normalfall ist, muss sich diese pädagogische Disziplin im besonderen Maß Gedanken über das Aufrechterhalten des Mentalisierens machen.

Darauf folgend werden *Jessica Held, Christine Wagener, Nathanael Armbruster, Benjamin Neuls* und *Holger Kirsch* zwei Pilotprojekte zur Bedeutung mentalisierungsfördernder Interventionen in der Justizvollzugsanstalt vorstellen, bei denen ausgehend von der Annahme des Zusammenhangs von Gewalt und Mentalisierungsstörung der Fokus auf der Förderung der Mentalisierung der Inhaftierten durch spezielle Gruppenangebote lag.

Anschließend wird das Feld der Traumapädagogik im Allgemeinen und einer möglichen mentalisierungsbasierten Traumapädagogik im Speziellen von *Nina Kramer* und *Pierre-Carl Link* dargestellt. Dieser Beitrag beleuchtet dabei die Möglichkeiten und Grenzen des Mentalisierungskonzepts in der traumapädagogischen Arbeit.

Im folgenden Abschnitt soll der Bereich der Supervision und Beratung im Mittelpunkt stehen. Dafür wird *Stephan Gingelmaier* zunächst das Mentalisieren als Bedingungsgrundlage für gelingende Supervision erörtern. Eine besondere Rolle spielen hier die grundlegende Unterscheidung von implizitem und explizitem Mentalisieren und deren gegenseitiger Austausch. *David Zimmermanns* Artikel befasst sich im Folgenden anhand von Fallbeispielen aus der Supervision von Lehrkräften, die mit traumatisierten Kindern und Jugendlichen arbeiten, mit der Bedeutung einer mentalisierenden Haltung im Kontext traumasensibler Supervision.

Im vorletzten Teilabschnitt des dritten Themenbereiches soll sich dem Feld der Inklusion unter mentalisierungsbasierter Perspektive genähert werden. Hierzu geht *Pierre-Carl Link* in seinem Aufsatz zur inklusiven Gemeinschaft insbesondere der Frage nach, ob das Mentalisierungskonzept im schulischen Kontext Möglichkeitsräume für Schüler und Lehrer eröffnet, inklusive Kooperationsverhältnisse der in Schule interagierenden Subjekte zu schaffen. *Bernhard Rauh* legt daran anschließend den Fokus auf die Gestaltung inklusiver Strukturen in Bezug auf Kinder und Jugendliche des Förderschwerpunktes der emotionalen und sozialen Entwicklung. Dabei fungiert das Mentalisieren als grundlegender Bezugsrahmen für diesen Förderschwerpunkt.

Der abschließende Teilbereich widmet sich dem Feld der Erwachsenenbildung, indem *Yvonne Brandl* sich mit den gruppenanalytischen Perspektiven des Mentalisierens befasst und dabei in ihrem Aufsatz den Schwerpunkt auf die Professionalisierungsprozesse in pädagogischen Feldern legt.

Die Gesamtheit der einzelnen Aufsätze soll einen möglichst umfassenden Überblick über die mannigfaltigen Felder pädagogischen Handelns geben und gleichzeitig immer wieder den Bezug zum Mentalisierungskonzept herstellen. Dass diese Darstellung keinen Anspruch auf Allgemeingültigkeit besitzt, ergibt sich schon daraus, dass das Feld der mentalisierungsgestützten Pädagogik noch ganz am Anfang seiner Entwicklung und Erforschung steht. Nichtsdestotrotz lässt sich als Quintessenz aus letztlich allen im Handbuch vorgestellten Aufsätzen ableiten, dass das Mentalisierungskonzept für eben diese Vielfalt an pädagogischen Handlungsfeldern bereichernd sein kann und somit eine wichtige Ergänzung zur empirischen Bildungswissenschaft darstellt. Allen Artikeln ist gemein, dass sie versuchen, den bereits genannten Brückenschlag zwischen pädagogischem Handlungsfeld und Mentalisierungskonzept zu vollziehen. Sie machen damit letztlich deutlich, welch reicher Fundus ein explizites und implizites Bemühen um Selbst- und Fremdverstehen mithilfe der Mentalisierungstheorie Kindern, Jugendlichen und den Pädagogen geboten wird. Würde dieses Konzept stringent in der pädagogischen Ausbildung und Praxis zur Anwendung kommen und ins alltägliche Handeln einfließen, hätte dies weitreichende – positive – Konsequenzen für die pädagogischen Institutionen und die im Feld der Pädagogik professionellen Fachkräfte, vor allem aber für die Förderung einer gelingenden Entwicklung von Kindern und Jugendlichen.

Wir bedanken uns herzlich bei allen Autorinnen und Autoren dieses Buchs. Außerdem gilt unser Dank auch Frau Elena Johanna Koch für die schnelle, wertvolle und stets korrekte Redaktionsarbeit und Frau Saskia Bamberger für die gelungene Übersetzung des Geleitwortes von Peter Fonagy. Dieses Buch ist im Kontext des DFG-Netzwerkes MentEd (mentalisierungsbasierte Pädagogik, GZ: GI 1274/1-1) entstanden.

Nun wünschen wir Ihnen, liebe Leserinnen und Leser, eine spannende und anregungsreiche Lektüre und würden uns freuen, wenn Sie mit uns und anderen in Austausch über dieses Buch treten.

Stephan Gingelmaier, Svenja Taubner und Axel Ramberg
Ludwigsburg, Heidelberg und Hannover im Januar 2018

Literatur

Allen, J. G., Fonagy, P., Bateman, A. W. (2011). Mentalisieren in der psychotherapeutischen Praxis. Stuttgart: Klett-Cotta.
Bateman, A. W., Fonagy, P. (2015). Vorwort. In A. W. Bateman, P. Fonagy (Hrsg.), Handbuch Mentalisieren (S. 13–22). Gießen: Psychosozial-Verlag.
Gerspach, M. (2009). Psychoanalytische Heilpädagogik: ein systematischer Überblick. Stuttgart: Kohlhammer.
Schultz-Venrath, U., Felsberger, H. (2016). Mentalisieren in Klinik und Praxis. Bd 1: Mentalisieren in Gruppen. Stuttgart: Klett-Cotta.

Teil I
Mentalisieren und Entwicklung

Mentalisieren über die Lebensspanne

Svenja Taubner

Mentalisieren bezeichnet die imaginative Fähigkeit, mentale Gründe für Verhalten zu attribuieren und damit Verhalten einen Sinn zuzuschreiben (Fonagy, Gergely, Jurist u. Target, 2002). Das Mentalisierungskonzept ist eine Erweiterung der aus der Ethologie stammenden Theory-of-Mind-Forschung und soll hier über die Lebensspanne dargestellt werden. Dabei wird zunächst der evolutionäre Vorteil einer Theory of Mind (ToM) diskutiert. Die Lebensspanne wird in vier Abschnitte unterteilt: von den Anfängen eines mentalisierenden Denkens bis zum fünften Lebensjahr, über die Besonderheiten der Adoleszenz bis zum Erwachsenenalter. Für letzteres liegen empirische Ergebnisse besonders im Hinblick auf die Bedeutsamkeit von Mentalisierung in der Elternschaft vor. Das Kapitel schließt mit Überlegungen zu Mentalisierung im hohen Lebensalter, wobei hier auf die Forschung zu Weisheit rekurriert wird, da bislang keine Ergebnisse zum Mentalisierungskonstrukt im engeren Sinne vorliegen.

Mentalizing describes the imaginative ability to attribute mental states and thus psychological meaning to behavior (Fonagy, Gergely, Jurist u. Target, 2002). Mentalization theory comprises an attachment informed extension of the classic theory of mind research. It will be presented here as a developmental achievement with specific changes and adaptions over the life-span. The life-span will be divided into four clusters, starting with the first development of representational thinking until the fifth year, continued by changes in adolescence and early and late adulthood. Concerning adulthood, mainly results from parenting will be reported. The chapter ends with some tentative remarks on the relation between wisdom and mentalizing in late adulthood.

1 Mentalisieren und Theory of Mind

Die Theory of Mind (ToM), also eine »Theorie des Geistes«, wird als die Fähigkeit definiert, anderen Menschen mentale Zustände wie Absichten, Annahmen und Wünsche zuzuschreiben (Premack u. Woodruff, 1978). Neuere Definitionen beziehen das Verständnis der Gefühlswelt Anderer als weitere Komponente der ToM ein (Shamay-Tsoory, Tomer, Berger, Goldsher u. Aharon-Peretz, 2005). Die ToM könne so in eine affektive (Annahmen über die Gefühle Anderer) und eine kognitive (Annahmen über Ziele und Gedanken Anderer) Komponente differenziert werden (Shamay-Tsoory, Aharon-Peretz u. Levkovitz, 2007). Vor mehr als dreißig Jahren begann die Erforschung des Theory-of-Mind-Phänomens im entwicklungspsychologischen Bereich mit der bedeutsamen Studie von Wimmer und Perner (1983), die zeigen konnte, dass Kinder ab dem vierten Lebensjahr über eine explizite ToM verfügen. Die zentralen Untersuchungsmethoden der ToM-Forschung sind Verfahren, die die Fähigkeit zum Verständnis falscher Überzeugungen (false belief) erheben (Wellman, Cross u. Watson, 2001). Einer der bekanntesten Tests ist der Sally-und-Anne-Test. Bei diesem Verfahren wird Kindern zwischen etwa drei und sechs Jahren die Geschichte von Sally und Anne erzählt. Sally hat einen Ball, legt diesen in einen Korb und geht dann spazieren. Anne nimmt in dieser Zeit den Ball aus dem Korb und legt ihn in eine Schachtel. Als Sally vom Spaziergang zurückkehrt, will sie mit dem Ball spielen. Jetzt werden die an dem Test teilnehmenden Kinder gefragt, wo Sally nach dem Ball suchen wird. Jüngere Kinder antworten, dass Sally den Ball in der Schachtel suchen werde, was von der ToM-Forschung so interpretiert wird, dass sie noch kein Konzept falscher Überzeugungen aufweisen, das heißt, jüngere Kinder glauben, dass mentale Inhalte identisch mit der Realität sind. Ältere Kinder antworten, dass Sally den Ball dort vermutet, wo sie ihn hingelegt hat, obwohl das nicht dem realen Aufenthaltsort des Balles entspricht. Ältere Kinder weisen, so die Folgerung, aus Sicht der ToM-Forschung die Fähigkeit auf, falsche Überzeugungen bei sich und anderen zu erkennen.

Die Modularitätstheorie führt die Entwicklung der ToM bei Kindern auf die sukzessive Reifung drei domänenspezifischer Mechanismen zurück: des Theory-of-Body-Mechanismus (die basale Fähigkeit des Säuglings, im ersten halben Lebensjahr zwischen zielgerichteten und ungerichteten Bewegungen unterscheiden zu können), des ToM-Mechanismus 1 (die Fähigkeit, gegen Ende des ersten Lebensjahres Handlungen auf Ziele hin interpretieren zu können) und des ToM-Mechanismus 2 (die Fähigkeit, ab 18 Monaten propositionale Einstellungen von intentionalen Anderen repräsentieren zu können; Leslie, 1994). Modularitätstheoretiker gehen daher davon aus, dass falsche Überzeugungen bereits ab einem Alter von 18 Monaten repräsentiert werden können, was sich aufgrund von Performanzproblemen bei den klassischen False-Belief-Tests nicht abbilden lässt (u. a. aufgrund der Sprachlastigkeit des Tests). Implizite Messungen der Erkenntnis falscher Überzeugungen durch Erfassung der Blickrichtung von 18-monatigen Kleinkindern liefern tatsächlich empirische Hinweise auf einen noch früheren Beginn von ToM-Fähigkeiten als bislang angenommen (Yott u. Poulin-Dubois, 2012).

Die Mentalisierungstheorie stellt eine Erweiterung und Kritik an der bisherigen ToM-Forschung dar, die als mechanistisch, biologisch-verkürzt kritisiert wird, da diese lediglich am Vermögen, jedoch nicht an den mentalen Inhalten orientiert sei, mit denen Kinder in ihrer Entwicklung konfrontiert sind (Fonagy et al., 2002). Demgegenüber greift die Mentalisierungstheorie einen sozial-interaktionistischen Ansatz auf (Astington, 1996) und erweitert diesen um die Perspektive des Entwicklungskontextes von Bindungsbeziehungen (Fonagy u. Target, 1995). Die Mentalisierungstheorie geht davon aus, dass insbesondere die Anwendung einer ToM in affektiven Kontexten maßgeblich von den ersten Erfahrungen in emotional bedeutsamen Beziehungen abhängt, also von der Qualität der frühen Eltern-Kind-Interaktion.

2 Soziale Kognitionen als evolutionärer Vorteil

Menschen und Menschenaffen besitzen die außergewöhnliche Fähigkeit, Theorien über nichtbeobachtbare Inhalte psychischen Erlebens aufzustellen, das heißt zu wissen, dass auch andere Artgenossen wissen, fühlen, wünschen und glauben (Premack u. Woodruff, 1978). Erst kürzlich konnte für Menschenaffen im Rahmen einer sprachfreien Variante des Sally-und-Anne-Tests belegt werden, dass diese ebenfalls über das Konzept der falschen Überzeugungen verfügen (Kano, Krupenye, Hirata u. Call, 2017). Da Orang-Utans sich vor ca. zwölf bis 16 Millionen Jahren vom menschlichen Stammbaum abgelöst haben, verweist dieses Ergebnis darauf, dass falsche Überzeugungen phylogenetisch sehr früh entstanden sind und einen bedeutsamen evolutionären Vorteil darstellen müssen. Das sogenannte soziale Gehirn wird mit spezifischen Hirnregionen in Verbindung gebracht wie der Temporo-parietalen-Junction (TPJ), dem Precuneus (PC) und dem medialen präfrontalen Kortex (MPFC; Gweon, Dodell-Feder, Bedny u. Saxe, 2012). Hier zeigt sich überdies, dass die Größe des (sozialen) Gehirns von der Gruppengröße der sozialen Gemeinschaft abhängt, in der sich das jeweilige Individuum befindet (Dunbar, 1992). Die Art des evolutionären Vorteils wird unterschiedlich hergeleitet: einmal im Sinne des sozialen Wettbewerbs und einmal im Sinne der Kooperation. Viele Ethologen gehen davon aus, dass die Konkurrenz innerhalb der menschlichen Spezies dazu geführt hat, dass diejenigen sozialen Gruppen einen Überlebensvorteil haben, die andere täuschen und Täuschung erkennen können. Tomasello (2014) führt die Entwicklung des sozialen Gehirns hingegen auf den evolutionären Vorteil zurück, den Kooperation in der Gruppe ermöglicht. Er betont dabei die Entwicklung einer geteilten Intentionalität. Fonagy, Luyten und Allison (2015) greifen diese Idee auf und erweitern sie um die Weitergabe kulturellen Wissens: Mit der Entwicklung von Werkzeugen, die andere Werkzeuge herstellen, wird die Verwendung dieser Werkzeuge undurchsichtig und erfordert die Kommunikation der Bedeutung des Werkzeugs. Damit ist menschliche Kommunikation ein evolutionäres Produkt der Notwendigkeit, kulturelles Wissen weiterzugeben (Fonagy u. Allison, 2014).

Allerdings ist die Spezialisierung des menschlichen sozialen Gehirns mit Kosten verbunden (Aiello u. Wheeler, 1995). Durch die Größe des Gehirns entsteht ein hoher Energieverbrauch: 20 % der Gesamtenergie wird vom Gehirn benötigt. In der jeweiligen individuellen Entwicklung ist die Ausprägung u. a. abhängig von der (kulturellen) Vermittlung über die frühen Bindungspersonen. Und schließlich besteht aus funktioneller Perspektive eine hohe Irrtumswahrscheinlichkeit, das heißt, wir müssen unsere Annahmen ständig mit der Realität abgleichen. Darüber hinaus könnte uns dies besonders anfällig für psychische Erkrankungen machen.

3 Die Entwicklung von Mentalisierung in den ersten fünf Lebensjahren

Einen zentralen Bestandteil der Entwicklungstheorie der Mentalisierung stellt die Reifung des Erlebens und Zugangs zum Selbst und der mentalen Befindlichkeiten Anderer dar. Basierend auf Dennetts (1983) Theorie der intentionalen Systeme, nach der Eltern ihrem Kind von Geburt an Intentionen zuschreiben, gehen Fonagy und Kollegen (2002) davon aus, dass sich Mentalisierung dann entwickelt, wenn zwischen dem Säugling und der Bezugsperson ein intersubjektiver Prozess gemeinsamer Erfahrung stattfindet. Bindungsdyade(n) bilden den Ausgangspunkt und den interpersonellen Rahmen zum Erlernen und Verfeinern eines mentalistischen Zugriffs auf die soziale Umwelt und stellen somit das Bindeglied zwischen dem Erwerb der Mentalisierungsfunktion und der Reifung eines integrierten Selbst dar (Allen, Fonagy u. Bateman, 2008). Die wesentlichen Entwicklungslinien hinsichtlich der Selbstentwicklung und des

Erwerbs von Mentalisierungsfähigkeiten in den ersten fünf Lebensjahren werden nachfolgend anhand einer fünfstufigen Unterteilung nachgezeichnet. Das Selbst als mentalisierender Akteur wird in seiner Entwicklung auf 1) physischer, 2) sozialer, 3) teleologischer, 4) intentionaler und 5) mentalisierender Ebene dargestellt, wobei die ersten beiden Stufen zeitlich parallel verlaufen.

3.1 Das Selbst als physischer und sozialer Akteur – Geburt bis neunter Monat

Untersuchungen aus der Säuglingsforschung bestätigen die Annahme von sehr frühen komplexen Fähigkeiten, die es bereits Säuglingen ermöglichen, »Kontingenzen«, also Zusammenhänge, Bedingtheiten und Ähnlichkeiten zwischen Reizereignissen zu erfahren, die entweder Folgen der eigenen Motorik sind (perfekte Kontingenz) oder aus anderen Quellen stammen (unvollkommene Kontingenz) (Fonagy et al., 2002). Säuglinge in den ersten drei Lebensmonaten favorisieren perfekte Kontingenzen, also selbst erzeugte Vorgänge, und wenden sich dann ab dem vierten Lebensmonat auch von anderen erzeugten Vorgängen zu, den unvollkommenen Kontingenzen (Gergely u. Watson, 1999). Daher umfasst der Begriff des physischen Selbst oder der des Akteurs die Hypothese, dass Säuglinge in der Lage sind, bereits in den ersten Lebensmonaten zu erkennen, dass das eigene Selbst eine physische Entität darstellt, die kausal Veränderungen der angrenzenden Umwelt herbeiführen kann (Taubner, 2015). Obwohl der Säugling über ausgeprägte perzeptuelle Differenzierungsmöglichkeiten verfügt, bleibt er bezüglich seiner Affektregulierung zunächst von seinen primären Bezugspersonen abhängig. Wie und was ein Säugling letztlich affektiv erlebt, ist nach der aktuellen Forschungslage noch nicht hinreichend geklärt. Folgt man Fonagy und seinen Mitarbeitern (2002), so können Basisemotionen zwar nonverbal gezeigt und erlebt werden, diese liegen aber nur implizit als prozedurales Wissen vor und können vom Säugling selbst nicht differenziert werden. Die Autoren vertreten die These, »daß der dispositionelle Inhalt von Emotionen zuerst durch die Beobachtung der Affektausdrücke anderer Menschen und durch die Verknüpfung der Ausdrücke mit den jeweiligen Situationen und Verhaltensweisen erlernt wird, die sie begleiten« (Fonagy et al., 2002, S. 160).

Das Konzept der sozialen Biofeedback-Theorie wurde von Gergely und Watson (1996) entwickelt und stellt eine Verbindung her zwischen der angeborenen Kontingenzfähigkeit des Säuglings mit spezifischen Affektregulationserfahrungen durch die Co-Regulation der frühen Bezugspersonen, die im Zusammenspiel den Aufbau sekundärer Kontrollstrukturen für primäre Selbstzustände ermöglichen. Der Säugling erfährt zunächst primäre, körpernahe und affektive Zustände, kann diese aber weder verstehen noch regulieren. Durch eine angeborene Verhaltensfähigkeit kann der Säugling jedoch seine primären Selbstzustände wie z. B. Affekte zum Ausdruck bringen. Dieser Affektausdruck des Säuglings löst eine Resonanz in der Fürsorgeperson aus, sodass der Affekt des Säuglings von der Bindungsperson aufgenommen, mentalisiert und gespiegelt werden kann. Affektspiegelung, insbesondere negativer Affekte, dient einerseits der Online-Regulierung der inneren mentalen Zustände des Säuglings, andererseits ist sie die Grundlage des Aufbaus sekundärer Repräsentanzen genau jener primären Gefühlszustände. Der Säugling erlernt den dispositionellen Inhalt seiner Emotionen also durch die Verknüpfung und Internalisierung der Beobachtung von Affektausdrücken Anderer mit den jeweiligen Kontexten und seinen inneren Zuständen. Seine als »automatisch« zu verstehenden Primäremotionen werden so mit sekundären Kontrollstrukturen verbunden, die im Laufe seiner Entwicklung die Sensibilisierung, Identifizierung, Repräsentanz und somit Kontrolle des eigenen inneren Zustands ermöglichen (Gergely u. Unoka, 2008).

3.2 Das Selbst als teleologischer Akteur – neun Monate bis zweites Lebensjahr

Ungefähr ab dem neunten Lebensmonat findet im Säugling eine soziokognitive »Neunmonatsrevolution« statt, die eine neue Qualität des Verstehens des Selbst und der sozialen Umwelt ermöglicht (Tomasello, 1999). Der Säugling beginnt, neue Verhaltensweisen gemeinsamer Aufmerksamkeit wie Blickverfolgung, soziale Rückversicherung, nachahmendes Lernen und imperative und deklarative Gesten zu zeigen (Moore u. Corkum, 1994). Darüber hinaus kann der Säugling nunmehr zielgerichtete, koordinierte Mittel-Zweck-Verhaltensweisen ausführen und auch das Verhalten anderer als zielorientiert und rational interpretieren. Das Baby nimmt damit einen teleologischen Standpunkt im Sinne einer »naiven Theorie rationalen Handelns« ein, welche sowohl Menschen als auch unbelebten Objekten gegenüber wirksam wird. Daher wird der Säugling in dieser Lebensphase als teleologischer Akteur bezeichnet (Gergely u. Csibra, 1997). Teleologische Mittel-Zweck-Erkenntnisse setzen kein Verständnis von intentionalen mentalen Zuständen voraus, sondern beinhalten lediglich die Repräsentationen einer zielgerichteten Verhaltensorganisation des Gegenübers. Diese Repräsentationen sind quasi präsymbolisch, da sie eher mentalen Modellen entsprechen, die eine Vorhersage und nicht eine Modifizierung von Verhalten ermöglichen (Fonagy et al., 2002). Dabei wird eine rationale Beziehung zwischen Aktion, Zielzustand und Realität hergestellt, die auf mentale Interpretationen verzichtet. Eine teleologische Interpretation von kausalem Verhalten kann sich demnach auf die wahrgenommene Realität stützen und die mentale Repräsentation eines Akteurs außer Acht lassen. Erst bei imaginären (fiktiven oder kontrafaktischen) Realitäten versagt dieser Mechanismus.

3.3 Das Selbst als intentionaler Akteur im dritten bis vierten Lebensjahr

Im Verlauf des zweiten Lebensjahres entwickeln sich allmählich Als-ob-Handlungen und später das Als-ob-Spiel (Leslie, 1987). Der Modus des Als-ob (»pretend mode«) eröffnet dem Kind Zugang zu Prozessen und Informationen, die in anderen bewussten Modi nicht zugänglich sind. Das Als-ob-Spiel basiert auf zwei Kernaspekten: Einerseits setzt das »So-tun-als-ob« eine symbolische Repräsentation von Gegenständen, Handlungen oder Ereignissen voraus, andererseits verlangt eine Als-ob-Handlung eine explizite Markierung, um sich von einer realistischen Handlung zu unterscheiden. Aufgrund der Verfügbarkeit sekundärer Repräsentationen und der damit zusammenhängenden Fähigkeit, Repräsentationen von der Realität abzukoppeln, kann das Kleinkind zumindest partiell Gefühle und Gedanken von ihren Referenten ablösen und damit auch verändern. Dies eröffnet einen innerpsychischen Raum, der als Mentalisierungsvorläufer betrachtet werden kann (Marans et al., 1991).

Das Selbst des Kleinkindes kann ab einem Alter von zwei Jahren als intentionaler Akteur bezeichnet werden, das zukünftiges Verhalten vorhersagen kann, weil es nunmehr über die Fähigkeit verfügt, intentionale mentale Zustände zu repräsentieren (Wellmann u. Phillips, 2000). Dieser Übergang von einem teleologischen zu einem intentionalen Weltbild findet zwischen dem dritten und fünften Lebensjahr statt. Kleinkinder beginnen in diesem Alter, anderen Menschen vorausgehende Intentionen wie Wünsche oder Gefühle zuzuschreiben, und können so intentionale mentale Zustände sowie mentale Verursachung repräsentieren (Fonagy et al., 2002). Sie beginnen auch damit, anderen Personen subjektive Zustände zuzuschreiben, die sie von den eigenen Gefühlen unterscheiden können, und erkennen Kausalbeziehungen zwischen verschiedenartigen intentionalen Zuständen in Form von Wünschen. Diskrepante Wünsche zwischen verschiedenen Personen können dabei früher erkannt werden als unterschiedliche Überzeugungen. Ein einfacher wunschbezogener ToM-Test kann beispielsweise zeigen, dass Kinder durchschnittlich ab etwa 18 Monaten einer anderen Person einen Snack anbieten, den sie selbst nicht präferieren (meistens Brokkoli), wenn sie vorher gelernt haben, dass diese Person Brokkoli lieber mag als Kekse. Jüngere Kinder bieten immer Kekse an, da sie von ihren eigenen Vorlieben noch nicht zurücktreten können (Repacholi u. Gopnik, 1997).

Der Modus der psychischen Äquivalenz (»psychic equivalence«) dominiert das Erleben des intentional denkenden Kleinkindes: Eigene Gedanken werden als real, wahrhaftig und denen Anderer identisch betrachtet, da Gedanken für das Kleinkind Kopien der Realität darstellen. Eigene Gefühle und Wünsche können innerhalb dieses Modus nicht als repräsentational betrachtet, sondern nur als Teil der physikalischen Realität wahrgenommen werden. Das kindliche Erleben ist zwar realitätsorientiert, erscheint aber konkretistisch: »Im Modus der psychischen Äquivalenz gibt es kein repräsentationales Konzept des Wunsches; vielmehr nimmt das Kind eine direkte Verbindung zwischen einer Person und einem realen Objekt an, ohne eine innere Repräsentation zu postulieren« (Fonagy, 2006, S. 126). Damit hat auch die Sprache noch keinen symbolischen Charakter (Astington, 2001). Ohne die Fähigkeit zur Mentalisierung haben jegliche innerpsychische Phänomene wie z. B. Fantasien und Prozesse eine der äußeren Realität vergleichbare Qualität und somit einen direkten, nicht veränderbaren und übermächtigen Einfluss auf das Kind und die Anderen, was bei negativen Inhalten intensive Angst auslösen kann.

Das kindliche Spiel nimmt in diesem Alter eine zentrale Rolle für die Entwicklung des kindlichen Denkens, der emotionalen Erfahrung sowie der Integration der dualen Denk-Modi ein. Das Kind verfügt zwar bereits über symbolisches Denken in dem Sinne, dass ein Gegenstand (Banane) etwas Anderes (Telefon) repräsentieren kann. Was das Kind nicht besitzt, sind aber Symbole für seine innerpsychischen Befindlichkeiten im Sinne von metakognitivem Wissen oder Repräsentanzen zweiter Ordnung, die den repräsentationalen Charakter seiner mentalen Welt widerspiegeln. Auch während des Spiels kann das Kind aus dem Modus des Als-ob in den Modus der psychischen Äquivalenz wechseln, was starke negative Affekte mit sich bringen kann.

3.4 Das Selbst als repräsentationaler oder mentalisierender Akteur ab dem fünften Lebensjahr

Im Zeitraum ab dem fünften Lebensjahr erreicht die Selbstentwicklung im Kontext gelingender Entwicklung die Ebene des repräsentationalen oder mentalisierenden Akteurs durch eine Integration des Modus des Als-ob und des Modus der psychischen Äquivalenz. Das Kind kann nunmehr seine eigenen und fremden Überzeugungen als repräsentational verstehen, das heißt, es weiß darum, dass Überzeugungen falsch sein können, da sie nur Repräsentationen der Realität darstellen. Damit ist die Integration des dualen Modus des psychischen Erlebens in den Modus des Mentalisierens gelungen (Fonagy et al., 2002). Das »Abkoppeln« der Vorstellungen von der Wirklichkeit beruht auf der Erfahrung der Reflexion eigener psychischer Zustände durch die Bezugsperson. Diese zeigt dem Kind eine alternative Sichtweise, die sich eben nicht in dessen Vorstellung befindet. Das Kind hat dadurch die Fähigkeit zur Mentalisierung erlangt und kann verschiedene Perspektiven in Bezug auf menschliches Verhalten einnehmen. Hier ist zu betonen, dass Kinder zuerst verstehen, dass Menschen unterschiedliche Gefühle haben, und erst später andere mentale Zustände, wie Überzeugungen, mentalisieren können (Fonagy u. Target, 2003).

4 Mentalisierung in der Adoleszenz

Es wird davon ausgegangen, dass sich das soziale Verständnis von der Präadoleszenz in die Adoleszenz hinein kontinuierlich weiterentwickelt und differenziert, sodass nicht nur das Repräsentationale der eigenen Überzeugungen verstanden wird, sondern auch die Tatsache, dass andere Personen unter den gleichen Bedingungen zu anderen Schlussfolgerungen gelangen können. Aus Sicht der sozial-kognitiven Neurowissenschaft wird kritisiert, dass die empirischen Methoden der ToM-Forschung nicht altersangemessen seien, da bereits Fünfjährige standardisierte False-Belief-Tests bestehen (vgl. Wimmer u. Perner, 1983). Hierbei entstünden sogenannte Deckeneffekte, die zur Folge hätten, dass individuelle Unterschiede in der ToM-Fähigkeit nicht mehr abgebildet werden. Somit sei fälschlich davon ausgegangen worden, dass die ToM bereits im Vorschulalter ausgereift sei. Erst kürzlich wurde ein neuer altersangemessener ToM-Test entwickelt, bei dem auch Erwachsene Fehler machen und darüber hinaus der Online-Gebrauch sozialer Kognitionen erfasst wird (Keysar, Lin u. Barr, 2003). Der Test erhebt die Fähigkeit, sich von der eigenen egozentrischen Perspektive zugunsten einer Perspektivenübernahme des Gegenübers zu entfernen. In einem Vergleichsgruppendesign mit Kindern, Adoleszenten und Erwachsenen konnten Dumontheil, Apperly und Blakemore (2010) zeigen, dass eine altersabhängige kontinuierliche Verbesserung der Fähigkeit der Perspektivenverschränkung bis ins frühe Erwachsenenalter messbar ist.

Fonagy und Kollegen (2002) haben sich auf der Grundlage klinischer Studien zum Verlauf der Mentalisierung in der Adoleszenz geäußert und sehen den Anstieg psychopathologischer Erkrankungen in dieser Lebensphase eng mit der Mentalisierungsfähigkeit verbunden. Darüber hinaus vermuten sie, dass die Anforderungen der Adoleszenz im Sinne der Loslösung von affektiv hochbesetzten elterlichen Beziehungen hin zu Peer- und romantischen Beziehungen mit einem Rückzug von Mentalisierung oder einer Hypermentalisierung einhergehen könnten, da Adoleszente hypersensibel auf ihre soziale Umwelt reagieren.

Allerdings konnte empirisch gezeigt werden, dass Jugendliche in der mittleren Adoleszenz (15 bis 18 Jahre) während eines Adult-Attachment-Interviews (AAI; George, Kaplan u. Main, 1984/1985/1996) das gleiche Mentalisierungsniveau wie Erwachsene in nichtklinischen Stichproben erreichen (Cropp, Alexandrowic u. Taubner, im Druck). Zumindest in Interviewsituationen ohne Peerdruck können Adoleszente daher ähnlich gut über Bindungsbeziehungen nachdenken wie Erwachsene. Das Ergebnis ergänzt die aktuelle Adoleszenzforschung, die zeigen kann, dass Adoleszente lebensphasentypische Konflikte unter Beibehaltung der Beziehung zu den Eltern lösen und auch in der Adoleszenz die Bindung zu den Eltern höchst bedeutsam bleibt. Allerdings zeigte sich in der Normalstichprobe der Adoleszenten ein Geschlechtseffekt in dem Sinne, dass Mädchen signifikant höhere Werte auf der Reflective Functioning Scale (RFS) erreichen als männliche Adoleszente (Cropp et al., im Druck). Im Rahmen einer US-amerikanischen Studie konnte ebenfalls ein geschlechtsspezifischer Zusammenhang aufgezeigt werden, da der Zusammenhang zwischen expliziten Mentalisierungsfähigkeiten und Sprachkompetenzen nur bei den männlichen Teilnehmern messbar war, während bei den weiblichen Adoleszenten Sprache und Mentalisierung unabhängig war (Rutherford et al., 2012). Diese Ergebnisse verweisen möglicherweise auf geschlechtsspezifisch unterschiedliche oder zumindest geschlechtsabhängig zeitversetzte Entwicklungspfade der Mentalisierung in der Adoleszenz und zeigen den dringenden Forschungsbedarf in diesem Feld auf.

5 Mentalisierung im frühen und mittleren Erwachsenenalter

In Bezug auf Mentalisierungsveränderungen über die Lebensspanne und in Bezug auf Schwellensituationen (z. B. beruflicher Einstieg) liegen bislang weder Konzepte noch empirische Befunde vor, sodass hier ein dringender Forschungsbedarf festgestellt werden kann. Eine Ausnahme davon stellt die Mentalisierungsfähigkeit von jungen Eltern dar, die in vielen Studien im Hinblick auf die transgenerationale Weitergabe von Bindung untersucht wurde, auf die im Folgenden eingegangen wird. Hierbei geht es den meisten Autoren und Forschern darum, den Teufelskreis einer Weitergabe von Kindesmisshandlung zu unterbrechen. Hierfür werden aktuell verschiedene Risiko- und Schutzfaktoren aufgeführt. So haben z. B. Eltern mit eigenen Misshandlungserfahrungen und aktuellen psychischen Erkrankungen ein hohes Risiko, die eigenen Kinder zu misshandeln im Sinne von Vernachlässigung bis Missbrauch (emotional, verbal, körperlich und sexuell). In diesem Zusammenhang wurde Mentalisierung als zentraler protektiver Faktor identifiziert, der die Weitergabe von Misshandlung unterbrechen kann (Katznelson, 2014; Camoirano, 2017). So zeigte die »London Parent Child Study«, dass Mütter trotz eigener traumatisierender Vorgeschichte sicher gebundene Kinder haben können, wenn sie über ausgeprägte Mentalisierungsfähigkeiten verfügen (Fonagy, Steele, Steele, Higgit u. Target, 1994). Schechter und Kollegen (2005) konnten zeigen, dass Mütter mit posttraumatischen Belastungsstörungen aufgrund von Gewalterfahrungen ein ausgewogenes Bild ihrer Kinder hatten, wenn sie gut mentalisieren konnten, im Vergleich zu einseitigen Sichtweisen bei Müttern mit niedrigen Fähigkeiten. Diese Arbeitsgruppe konnte auch belegen, dass herausfordernde emotionale Situationen in der frühen Kindererziehung als Trauma-Trigger fungieren und Mentalisierungsförderung daher an emotional schwierigen Situationen ansetzen sollte. Aktuell gibt es zehn verschiedene Elternprogramme, die eine Steigerung der elterlichen Mentalisierung für verschiedene Zielgruppen anstreben (vorrangig für Mütter mit Risikofaktoren wie z. B. Suchterkrankungen: »Mothering from the inside out«, mit Borderline-Persönlichkeitsstörung: »Lighthouse Programm« oder für Mütter im Teenageralter: »Minding the baby«), deren Wirksamkeit inzwischen als gut belegt gelten kann. Weitere Studien zeigten, dass Mentalisierung auch durch Psychotherapie steigerbar ist (vgl. den Überblick bei Taubner, 2015).

6 Mentalisierung und Weisheit – Überlegungen zum hohen Lebensalter

Im Hinblick auf die Entwicklung von Mentalisierung im späteren und hohen Lebensalter gibt es bislang weder empirische Untersuchungen noch konzeptuelle Überlegungen im engeren Sinne. Ein möglicher Ansatzpunkt für ein Verständnis von Mentalisierung im Alter könnte aber die sogenannte Weisheitsforschung sein. Diese definiert Weisheit mit den folgenden Kernkomponenten und unterscheidet zwischen allgemeiner und selbstbezogener Weisheit (Staudinger u. Glück, 2011):
1. Intelligenz
2. Motivation, komplex zu denken
3. Tiefe Reflexionen über sich, andere und die Welt (inkl. Selbstkritik)
4. Starke Anteilnahme mit anderen
5. »Real-World« Problemlösefähigkeiten

Besonders die hier erwähnten »tiefen Reflexionen« und die »starke Anteilnahme« kommen dem Mentalisierungskonzept nahe. Weisheit wird in der Alltagspsychologie häufig mit einem hohen Lebensalter in Verbindung gebracht. Wenn Menschen auf der Straße weise Personen benennen sollen, so sind diese mindestens 60 Jahre alt (Jason et al., 2001). Im Vergleich von jüngeren und älteren Personen, schneiden Ältere in der Bewertung Dritter als weiser ab (Stange, 2006). Darüber hinaus ist Weisheit ein Aspekt, der als positiv am Älterwerden benannt wird (Staudinger u. Glück, 2011). Die empirischen Studien zeigen jedoch ein recht heterogenes Ergebnis im Hinblick auf den tatsächlichen Zusammenhang zwischen Weisheit und Lebensalter. Aktuell existieren nur die Ergebnisse von Querschnittsstudien, die verschiedene Altersgruppen zu einem definierten Zeitpunkt untersuchen und somit auch Kohorteneffekte abbilden könnten. In diesen Studien zeigen sich zum Zusammenhang zwischen Alter und Weisheit entweder kein Zusammenhang (Staudinger, 1999), ein quadratischer Zusammenhang mit einem Peak in der Lebensmitte (Webster, Bohlmeijer u. Westerhof, 2014) und in einer Studie tatsächlich eine stetig mit zunehmendem Alter ansteigende Weisheit (Grossmann et al., 2010). Diese sich widersprechenden Ergebnisse wurden in der Weisheitsforschung so interpretiert, dass die verschiedenen Instrumente offenbar sehr unterschiedliche Aspekte von Weisheit erfassen. Tatsächlich nehmen bestimmte Weisheitsaspekte mit der Zeit ab wie z. B. komplexes Denken, Selbstreflexion, Humor und Lebensfreude. Im Kontrast dazu werden andere Aspekte von Weisheit im höheren Lebensalter differenzierter und ausgeprägter wie z. B. die Fähigkeiten, die eigenen Lebenserfahrungen zu nutzen, zur Perspektivenübernahme sowie zur Selbst-Transzendenz (Glück et al., 2013). Dies könnte einen Hinweis darauf geben, dass Mentalisierungsfähigkeiten sich ebenfalls im höheren Lebensalter weiter ausformen können.

7 Fazit

Die Mentalisierungstheorie tritt mit dem Anspruch an, Mentalisieren als eine Entwicklungserrungenschaft anzusehen, und legt dafür eine elaborierte Entwicklungstheorie der ersten fünf Lebensjahre vor. Die weitere Entwicklung ist zum gegenwärtigen Zeitpunkt eher lückenhaft beschrieben und bedarf der weiteren Forschung und Konzeptualisierung. Erste Überlegungen und Untersuchungen beziehen sich vorrangig auf die Adoleszenz, da dem Schicksal der Mentalisierung hier ein großer klinischer Stellenwert beigemessen wird. Im Erwachsenenalter wird Mentalisierung als Schlüsselfaktor angesehen, um eine feinfühlige Elternschaft zu ermöglichen und Veränderungen in Psychotherapien anzuregen. Die größte Lücke ist für den Bereich des hohen Lebensalters festzustellen. Ergebnisse der Weisheitsforschung zeigen jedoch, dass auch in diesem Lebensabschnitt weitere qualitative Veränderungen des Mentalisierens erwartbar sind. Die Kenntnis qualitativ und quantitativ verschiedener Entwicklungsaspekte von Mentalisierung sind für die pädagogische Arbeit unabdingbar, wenn pädagogische Felder auf die Besonderheiten der jeweiligen Lebensphasen abgestimmt sein sollen bzw. Mängel in der Entwicklung von Mentalisieren erst durch die genaue Kenntnis des Erwartbaren sichtbar werden.

Literatur

Aiello, L. C., Wheeler, P. (1995). The expensive-tissue hypothesis: The brain and the digestive system in human and primate evolution. Current Anthropology, 36 (2), 199–221.

Allen, J. G., Fonagy, P., Bateman, A. W. (2008). Mentalizing in clinical practice. Washington, DC: American Psychiatric Association Publishing.

Astington, J. W. (1996). What is theoretical about the child's theory of mind? In P. Carruthers, P. K. Smith (Eds.), Theories of theories of mind (pp. 184–199). Cambridge/New York: Cambridge University Press.

Astington, J. W. (2001). The future of theory-of-mind research. Understanding motivational states, the role of language, and real-world consequences. Child Development, 72 (3), 685–687.

Camoirano, A. (2017). Mentalizing makes parenting work: A review about parental reflective functioning and clinical interventions to improve it. Frontiers in Psychology, 8 (14). DOI: 10.3389/fpsyg.2017.00014

Cropp, C., Alexandrowicz, R., Taubner, S. (im Druck). Reflective Functioning Scale in adolescence – A first validation of the scale in a community sample. Attachment & Human Development.

Dennett, D. C. (1983). Styles of mental representation. Proceedings of the Aristotelian Society, 83, 213–226. DOI: 10.2307/4545000

Dumontheil, I., Apperly, I. A., Blakemore, S.-J. (2010). Online usage of theory of mind continues to develop in late adolescence. Developmental Science, 13 (2), 331–338. DOI: 10.1111/j.1467-7687.2009.00888.x

Dunbar, R. I. M. (1992). Neocortex size as a constraint on group size in primates. Journal of Human Evolution, 22 (6), 469–493. DOI: 10.1016/0047-2484(92)90081-J

Fonagy, P. (2006). Soziale Entwicklung unter dem Blickwinkel der Mentalisierung. In J. G. Allen, P. Fonagy (Hrsg.), Mentalisierungsgestützte Therapie. Das MBT-Handbuch – Konzepte und Praxis (S. 89–152). Stuttgart: Klett-Cotta.

Fonagy, P., Allison, E. (2014). The role of mentalizing and epistemic trust in the therapeutic relationship. Psychotherapy (Chic), 51 (3), 372–380. DOI: 10.1037/a0036505

Fonagy, P., Gergely, G., Jurist, E. L., Target, M. (2002). Affect regulation, mentalization, and the development of the self. London: Karnac Books.

Fonagy, P., Luyten, P., Allison, E. (2015). Epistemic petrification and the restoration of epistemic trust: A new conceptualization of borderline personality disorder and its psychosocial treatment. Journal of Personality Disorders, 29 (5), 575–609. DOI: 10.1521/pedi.2015.29.5.575

Fonagy, P., Steele, M., Steele, H., Higgitt, A., Target, M. (1994). The Theory and practice of resilience. Journal of Child Psychology and Psychiatry, 35 (2), 231–257. DOI: 10.1111/j.1469-7610.1994.tb01160.x

Fonagy, P., Target, M. (1995). Understanding the violent patient. The use of the body and the role of the father. International Journal of Psychoanalysis, 76 (3), 487–501.

Fonagy, P., Target, M. (Hrsg.) (2003). Frühe Bindung und psychische Entwicklung. Beiträge aus Psychoanalyse und Bindungsforschung. Gießen: Psychosozial-Verlag.

George, C., Kaplan, N., Main, M. (1984/1985/1996). The Berkeley Adult Attachment Interview. Unveröffentlichtes Manuskript.

Gergely, G., Unoka, Z. (2008). Attachment, affect-regulation, and mentalization: The developmental origins of the representational self. In C. Sharp, P. Fonagy, I. M. Goodyer (Eds.), Social cognition and developmental psychopathology (pp. 305–342). Oxford/New York: Oxford University Press.

Gergely, G., Watson, J. S. (1996). The social biofeedback theory of parental affect-mirroring: The development of emotional self-awareness and self-control in infancy. International Journal of Psychoanalysis, 1181–1212.

Gergely, G., Watson, J. S. (1999). Early social-emotional development. Contingency perception and the social biofeedback model. In P. Rochat (Ed.), Early social cognition. Understanding others in the first months of life (pp. 101–137). Mahwah, N. J.: Lawrence Erlbaum Associates.

Glück, J., König, S., Naschenweng, K., Redzanowski, U., Dorner, L., Straßer, I., Wiedermann, W. (2013). How to measure wisdom: Content, reliability, and validity of five measures. Frontiers in Psychology, 4 (405). DOI: 10.3389/fpsyg.2013.00405

Grossmann, I., Na, J., Varnum, M. E. W., Park, D. C., Kitayama, S., Nisbett, R. E. (2010). Reasoning about social conflicts improves into old age. Proceedings of the National Academy of Sciences of the United States of America, 107 (16), 7246–7250. DOI: 10.1073/pnas.1001715107

Gweon, H., Dodell-Feder, D., Bedny, M., Saxe, R. (2012). Theory of mind performance in children correlates with functional specialization of a brain region for thinking about thoughts. Child Development, 83 (6), 1853–1868. DOI: 10.1111/j.1467-8624.2012.01829.x

Jason, L. A., Reichler, A., King, C., Madsen, D., Camacho, J., Marchese, W. (2001). The measurement of wisdom. A preliminary effort. Journal of Community Psychology, 29 (5), 585–598. DOI: 10.1002/jcop.1037

Kano, F., Krupenye, C., Hirata, S., Call, J. (2017). Eye tracking uncovered great apes' ability to anticipate that other individuals will act according to false beliefs. Communicative & Integrative Biology, 10 (2), e1299836. DOI: 10.1080/19420889.2017.1299836

Katznelson, H. (2014). Reflective functioning. A review. Clinical Psychology Review, 34 (2), 107–117. DOI: 10.1016/j.cpr.2013.12.003

Keysar, B., Lin, S., Barr, D. J. (2003). Limits on theory of mind use in adults. Cognition, 89 (1), 25–41. DOI: 10.1016/S0010-0277(03)00064-7

Leslie, A. M. (1987). Pretense and representation: The origins of »theory of mind«. Psychological Review, 94 (4), 412–426. DOI: 10.1037/0033-295X.94.4.412

Leslie, A. M. (1994). ToMM, ToBy, and Agency: Core architecture and domain specificity. In L. A. Hirschfeld, S. A. Gelman (Eds.), Mapping the mind. Domain specificity in cognition and culture (pp. 119–148). Cambridge/New York: Cambridge University Press.

Marans, S., Mayes, L., Cicchetti, D., Dahl, K., Marans, W., Cohen, D. J. (1991). The child-psychoanalytic play interview: A technique for studying thematic content. Journal of the American Psychoanalytic Association, 39 (4), 1015–1036.

Moore, C., Corkum, V. (1994). Social understanding at the end of the first year of life. Developmental Review, 14 (4) 349–372. DOI: 10.1006/drev.1994.1014

Premack, D., Woodruff, G. (1978). Does the chimpanzee have a theory of mind? Behavioral and Brain Sciences, 1 (4), 515–526. DOI: 10.1017/S0140525X00076512

Repacholi, B. M., Gopnik, A. (1997). Early reasoning about desires. Evidence from 14- and 18-month-olds. Developmental Psychology, 33 (1), 12–21.

Rutherford, H. J. V., Wareham, J. D., Vrouva, I., Mayes, L. C., Fonagy, P., Potenza, M. N. (2012). Sex differences moderate the relationship between adolescent language and mentalization. Personality Disorders, 3 (4), 393–405. DOI: 10.1037/a0028938

Schechter, D. S., Coots, T., Zeanah, C. H., Davies, M., Coates, S. W., Trabka, K. A., Marschall, R. D., Liebowitz, M. R., Myers, M. M. (2005). Maternal mental representations of the child in an inner-city clinical sample: Violence-related posttraumatic stress and reflective functioning. Attachment & Human Development, 7 (3), 313–331. DOI: 10.1080/14616730500246011

Shamay-Tsoory, S. G., Aharon-Peretz, J., Levkovitz, Y. (2007). The neuroanatomical basis of affective mentalizing in schizophrenia: Comparison of patients with schizophrenia and patients with localized prefrontal lesions. Schizophrenia Research, 90 (1–3), 274–283. DOI: 10.1016/j.schres.2006.09.020

Shamay-Tsoory, S. G., Tomer, R., Berger, B. D., Goldsher, D., Aharon-Peretz, J. (2005). Impaired »affective theory of mind« is associated with right ventromedial prefrontal damage. Cognitive and Behavioral Neurology, 18 (1), 55–67. DOI: 10.1097/01.wnn.0000152228.90129.99

Stange, A. (2006). The social dimension of wisdom: Conditions for perceiving advice-giving persons as wise. Dissertation. Freie Universität Berlin: Berlin.

Staudinger, U. M. (1999). Older and wiser? Integrating results on the relationship between age and wisdom-related performance. International Journal of Behavioral Development, 23 (3), 641–664. DOI: 10.1080/016502599383739

Staudinger, U. M., Glück, J. (2011). Psychological wisdom research. Commonalities and differences in a growing field. Annual Review of Psychology, 62 (2), 215–241. DOI: 10.1146/annurev.psych.121208.131659

Taubner, S. (2015). Konzept Mentalisieren. Eine Einführung in Forschung und Praxis. Gießen: Psychosozial-Verlag.

Tomasello, M. (2014). The ultra-social animal. European Journal of Social Psychology, 44 (3), 187–194. DOI: 10.1002/ejsp.2015

Webster, J. D., Bohlmeijer, E. T., Westerhof, G. J. (2014). Time to flourish: The relationship of temporal perspective to well-being and wisdom across adulthood. Aging & Mental Health, 18 (8), 1046–1056. DOI: 10.1080/13607863.2014.908458

Wellman, H. M., Cross, D., Watson, J. (2001). Meta-analysis of theory-of-mind development. The truth about false belief. Child Development, 72 (3), 655–684. DOI: 10.1111/1467-8624.00304

Wimmer, H., Perner, J. (1983). Beliefs about beliefs. Representation and constraining function of wrong beliefs in young children's understanding of deception. Cognition, 13 (1), 103–128. DOI: 10.1016/0010-0277(83)90004-5

Yott, J., Poulin-Dubois, D. (2012). Breaking the rules. Do infants have a true understanding of false belief? The British Journal of Developmental Psychology, 30 (1), 156–171. DOI: 10.1111/j.2044-835X.2011.02060.x

Mentalisieren in der frühen Kindheit

Nicola-Hans Schwarzer

Dieses Kapitel beschreibt die Entwicklung der Mentalisierungsfähigkeit in den ersten Lebensjahren. Von zentraler Bedeutung für die gelingende Entwicklung sind die frühen Bindungs- und Beziehungserfahrungen sowie die Qualität inhärenter, affektiver Kommunikationsprozesse zwischen Kind und Betreuungsperson, die dem Kind nach und nach einen mentalistischen Zugang zur Welt ermöglichen.

The following chapter describes the development of the ability to mentalize. Early experiences in stable relationships as well as included affective communication between caregiver and child are identified in their fundamental meanings for development of a mentalistic access to understand one's own and others' behavior.

1 Primäre Wahrnehmung und die Entwicklung sekundärer Repräsentanzen

Fonagy, Gergely, Jurist und Target (2015a, S. 160) legen dar, dass Säuglinge zunächst über keinerlei Verständnis für innere und äußere Realität sowie deren Wechselwirkungen verfügen, was die Unterscheidung zwischen eigenem psychischen Erleben und interpersonalen Vorgängen ausschließt. Diese Annahmen widersprechen der psychoanalytischen Tradition, die bereits Neugeborenen einen direkten, introspektiven Zugang zu eigenem Befinden zuspricht (beispielsweise Meltzoff u. Gopnik, 1993).

Im Laufe des ersten Lebensjahres lässt sich die rudimentäre Fähigkeit zur Zuschreibung mentaler Zustände identifizieren (Fonagy et al., 2015a) – etwa anhand der gezielten Aufmerksamkeitsmanipulation durch Fingerzeigen (Sodian u. Thoermer, 2004), des Blickverfolgens (Bates, 1979) oder der sozialen Rückversicherung (Campos u. Stenberg, 1981). Fonagy und Kollegen (2015a) formulieren eine Entwicklungstheorie, die postuliert, dass Säuglinge zunächst physiologisch-körperorientierte, nicht bewusst zugängliche Erfahrungen wahrnehmen und diese aufgrund angeborener Tendenz automatisch äußern. Diese körperlichen Ereignisse bezeichnen sie als primäre Repräsentanzen. Die durch jene Äußerung provozierte Reaktion der Bindungsperson übernimmt im Rahmen der affektiv-interaktionellen Kommunikationsprozesse zwischen Kind und Bezugsperson eine affektspiegelnde und -regulierende Funktion, wozu der Säugling zu diesem Zeitpunkt selbst nicht in der Lage ist.

Spätestens hier offenbaren sich enge Bezüge zur Bindungstheorie (Bowlby, 1969, 1973), die die enge, emotionale Beziehung zwischen Bindungsperson und Kind als zentrale Stellschraube in der kindlichen Entwicklung konzeptualisiert und empirisch belegt. Resultat dieser engen Bindungsbeziehungen ist die Entwicklung innerer Arbeitsmodelle, die Vorstellungen und Konzepte »von der eigenen Person, der Bindungsperson und der gemeinsamen Interaktionen« (Kirsch, Brockmann u. Taubner, 2016, S. 26) enthalten. Abgrenzend hierzu forciert das Entwicklungsmodell des Mentalisierens jedoch explizit die emotionale Komponente früher Beziehungserfahrungen sowie die Entwicklung des Selbst, identifiziert die Bindung als konstitutiven »Rahmen für die Entwicklung eines Repräsentationssystems« (Taubner, 2015, S. 29) und nähert sich hierbei psychoanalytischen Konzepten wie der Objektbeziehungstheorie an.

Bereits benannte Spiegelungsprozesse innerhalb der Bindungsbeziehung führen dazu, dass im »Kind ein ›Wissen‹ darüber entsteht, wie mit bestimmten inneren Zuständen umgegangen wurde, beispielsweise mit Angst, Wut oder anderen Affekten« (Ahrbeck, 2010, S. 139 f.). Über die Internalisierung der durch die Bindungsperson fremdregulierten Zustände ist es dem Säugling nach und nach möglich, ein sekundäres, bewusst zugängliches Repräsentanzsystem zu entwickeln. Die verinnerlichte Idee des Zustands kann infolge dessen mit dem körperlichen Ereignis verknüpft werden. Damit bilden »sekundär repräsentierte Selbstzustände die Bausteine eines […] mentalisierenden inneren Arbeitsmodells« (Taubner, 2015, S. 32). Hierbei ist von großer Bedeutung, »daß die Qualität ihrer [der kindlichen] Affektzustände sowie deren auftauchenden selbstregulierende Reaktionen nachhaltig durch die charakteristischen Besonderheiten des affektiven Kommunikationsverhaltens der Mutter beeinflußt werden« (Fonagy et al., 2015a, S. 165). Insbesondere die psychologische Geneigtheit der Bezugsperson – also die Fähigkeit, mentale Zustände, die den zugrunde liegenden Anlass und Auslöser des kindlichen Verhaltens darstellen, treffend zu interpretieren – ist mit der Entwicklung einer robusten, kindlichen Mentalisierungsfähigkeit assoziiert (Fonagy u. Target, 1997; Sharp, Fonagy u. Goodyer, 2006). Dies findet überwiegend in stabilen Bindungsbeziehungen statt: Hier besteht reichlich Gelegenheit, Mentalisieren im Rahmen der sicheren Beziehung zur Betreuungsperson gefahrlos zu erlernen (Fonagy, 2013). Indem das Kind explorierend die mentale Beschaffenheit der Bindungsperson untersuchen kann und selbst mentalisiert wird, erfährt die Entwicklung der eigenen Mentalisierungsfähigkeit und des Selbst fruchtbare Anregung.

2 Mechanismen der Entwicklung – soziales Biofeedback und Kontingenzentdeckung

Bereits zu Beginn dieses Kapitels wurde betont, dass Hinweisreize innerer Zustände vom Säugling zunächst nicht identifiziert werden können – ein introspektiver Zugang liegt nicht vor (Fonagy, 2013, S. 108). Indem die Betreuungsperson dem Säugling im Rahmen von Kommunikationsprozessen wiederholt markierte Spiegelungen des geäußerten Affekts präsentiert, ermöglicht sie diesem die »Sensibilisierung für die relevanten Hinweisreize innerer Zustände sowie [...] [deren] Identifizierung« (Fonagy et al., 2015a, S. 169). Bezug nehmen Fonagy und Kollegen hierbei auf das Modell des Biofeedbacks (Miller, 1978), das die bewusste Wahrnehmung von Probanden für Veränderungen körperinnerer Reize durch deren Repräsentation in Form von externen Stimulusäquivalenzen (Visualisierungen etc.) fördert: Die Kovarianz von innerem Stimulus und externer Repräsentation führt »zur Sensibilisierung für den inneren Zustand und ermöglicht in bestimmten Fällen sogar die Kontrolle über ihn« (Fonagy et al., 2015a, S. 169). Gergely und Watson (1996) übertragen das ursprünglich physiologisch ausgelegte Biofeedback-Modell (Blutdruck, Herzfrequenz) in einen entwicklungspsychologisch-sozialen Kontext: Vom Kind erlebte, über Verhaltensprogramme externalisierte Zustände können durch deren externe Präsentation durch die Bezugsperson neu verinnerlicht, kategorial differenziert und bewusst wahrgenommen werden. Hierbei präsentiert »die Betreuungsperson intuitiv einen zustandskontingenten äußeren Biofeedback-Hinweis in Form ihrer empathischen Widerspiegelung des zustandsexpressiven Emotionsausdrucks des Säuglings« (Fonagy et al., 2015a, S. 177) – und bildet damit die Grundlage für die Reinternalisierung und die Bildung sekundär repräsentierter Selbstzustände.

Hierbei kommt der Kontingenzbeziehung – also der zeitlichen Beziehungsstruktur – zwischen körperlichen Reizen und resultierenden Stimuli eine hohe Bedeutung zu, die Säuglinge bereits in den ersten Lebenswochen explizit und mit großem Interesse wahrnehmen (beispielsweise Watson, 1979). Bahrick und Watson (1985) zeigten in diesem Zusammenhang die Präferenz drei Monate alter Säuglinge für perfekte Kontingenzen (beispielhaft erkennbar im Ertasten des eigenen Körpers: Die Berührungen verursachen eine unmittelbar wahrnehmbare Empfindung), die sich im Alter von etwa vier bis sechs Monaten auf annähernd kontingente Reize verschiebt. Diese Verschiebung zieht ungemein weitreichende Konsequenzen mit sich, die für die psychosoziale Entwicklung von großer Bedeutung sind: »Das Baby beobachtet nicht länger bevorzugt seine eigene Aktivität, sondern interessiert sich nun stärker für seine emotional responsive soziale Umwelt […]. Die neue Präferenz […] versetzt es in die Lage, sein mentales Selbst in der sozialen Umwelt zu entdecken« (Allen, Fonagy u. Bateman, 2011, S. 116). Die reifungsbedingte Verschiebung des Kontingenzdeckungsmoduls auf imperfekte Kontingenzen integrieren Fonagy und Kollegen (2015a, 2013) plausibel in ihre Entwicklungstheorie. Hierbei erlaubt die Präferenzverschiebung dem Säugling, die Orientierung »nach dem dritten Monat von der Selbsterforschung (perfekte Kontingenzen) wegzulenken und auf die Erforschung und Repräsentanz zu verlagern, wie sie durch die mütterliche Umwelt verkörpert wird« (Fonagy et al., 2015a, S. 175). Damit ist es dem Säugling möglich, sich explizit seiner sozial-responsiven Umwelt zuzuwenden und Hinweisreize der Betreuungsperson für die Entwicklung des Selbst und zur Zustandsregulation zu nutzen.

3 Bedeutsame Qualität affektiver Kommunikation – Markierungen

»Das kontingent responsive Mentalisieren der Bezugsperson fördert die Entwicklung des kindlichen Mentalisierens« (Allen et al., 2011, S. 109). Die annähernd kontingente Präsentation des geäußerten, kindlichen Emotionsausdrucks durch die Betreuungsperson ermöglicht intuitiv instruiertes Lernen und kann vom Säugling als extern-behavioraler Hinweisreiz mit primär-körpernahen Zuständen assoziiert werden. Damit obliegt der Spiegelung des Affektausdrucks eine bedeutende Funktion in der Entwicklung der kindlichen Mentalisierungsfähigkeit. Hierbei »markiert« die auf den Emotionsausdruck des Säuglings reagierende Betreuungsperson ihren spiegelnden Emotionsausdruck (Kirsch et al., 2016, S. 27): Durch die Mischung der exakten Spiegelung des kindlichen Emotionsausdrucks mit beigefügten, inkompatiblen Affektausdrücken oder einer übertriebenen Form (beispielsweise Ammensprache) markiert die Betreuungsperson ihre spiegelnde Reaktion (Fonagy et al., 2015a; Allen et al., 2011), um diese von einem realistischen Emotionsausdruck abzugrenzen. Infolgedessen ist es dem Säugling möglich, zwischen eigenen und zur Betreuungsperson gehörigen Emotionsausdrücken zu unterscheiden (referenzielle Entkopplung). Gleichwohl enthält die markierte Spiegelung ausreichend Ähnlichkeit, was eine Identifikation gestattet (referenzielle Verankerung), die insbesondere durch die zeitliche Kontingenzstruktur und die provozierte Aufmerksamkeitszuwendung gegeben ist. »Das Ergebnis besteht darin, daß der Säugling den markierten Spiegelungsreiz referenziell als Ausdruck seines eigenen Selbstzustandes verankert« (Fonagy et al., 2015a, S. 186). Aufgrund der kontingenten Verknüpfung zwischen primärem Affektzustand und sekundärer Repräsentanzstruktur kann im weiteren Entwicklungsverlauf auf eine bivariate Korrespondenz beider Strukturen zurückgegriffen werden, die stets bei spezifischen Emotionszuständen aktiviert werden kann. Zuletzt erlaubt die markierte Spiegelung eine »Suspendierung realistischer Konsequenzen« (Fonagy et al., 2015a, S. 188): Durch Markierungen verleihen Spiegelungen dem Emotionsausdruck einen »Als-ob-Charakter« (Allen et al., 2011, S. 117), was den unmittelbaren Einfluss der Emotion auf die umgebende Umwelt im Sinne eines Äquivalenzerlebens disqualifiziert und indes als Ausdruck die subjektive, psychische Realität repräsentiert.

4 Entwicklungslinien kindlicher Mentalisierung

Es liegt ein profundes Entwicklungsmodell der Mentalisierungsfähigkeit vor, das zusammenfassend von einer fraktionierten, einfachen Weltwahrnehmung und -interpretation hin zu einer integrierend-differenzierten Erfahrungsweise verläuft (Überblick bei Taubner, 2015). Im weiteren Verlauf dieses Kapitels sollen nun zentrale Phasen der Entwicklung von Kleinkindern und Kindern im Alter von null bis sechs Jahren dargestellt werden.

Bereits in der ersten Lebenswoche zeigen Säuglinge großes Interesse an perfekten Kontingenzbeziehungen zwischen körperlichen Reaktionen und resultierenden Stimuli: Fonagy und Kollegen (2015a) folgern, dass jene »angeborenen informationsverarbeitenden Mechanismen es Säuglingen im ersten Lebenshalbjahr ermöglichen, ihr Körperselbst als differenziertes Objekt im Raum zu repräsentieren, das Aktion zu initiieren und kausalen Einfluss auf seine Umwelt auszuüben vermag« (Fonagy et al., 2015a, S. 215). Ein intentionales Verständnis der ausgelösten Kausalbeziehungen zwischen Reaktion und Stimuli hingegen liegt nicht vor. Säuglinge bis zum Alter von etwa neun Monaten sind nicht in der Lage, ihr Verhalten hinsichtlich einer Zielsetzung rational zu organisieren und in Abhängigkeit zu einsetzenden Veränderungen anzupassen (Tomasello, 2006). Damit können die ersten Lebensmonate übergreifend als Phase der »frühen Entwicklung des Selbst als physischer Akteur« (Fonagy et al., 2015a) bezeichnet werden, die eine mentalistische Sichtweise ausschließen.

Ergänzend wurde im Rahmen dieses Aufsatzes eine Verschiebung des Kontingenzentdeckungsmoduls beschrieben: Annähernd perfekte Kontingenzen werden ab etwa dem dritten Lebensmonat den zunächst präferierten perfekten Kontingenzen vorgezogen: »Diese reifungsbedingte Veränderung dient dazu, den Säugling nach dem dritten Lebensmonat von der Selbstexploration (perfekte Kontingenzen) ab- und auf die Exploration und Repräsentation der sozialen Umwelt hinzulenken« (Fonagy et al., 2015a, S. 219). Folglich löst die anhaltend hohe Kontingenzkontrolle auch über annähernd kontingente, in der sozialen Umwelt verortete Stimuli wie der Affektspiegelung durch die Betreuungsperson im Säugling ein positives Arousal sowie das Gefühl kausaler Effektanz aus (Gergely u. Watson, 1996), sensibilisiert für die Existenz innerer Zustände und dient der Bildung sekundärer Repräsentanzen. Fonagy und Kollegen (2015a) bezeichnen diese Phase als »frühes Verständnis des Selbst als sozialer Akteur«, wobei Säuglinge über eine Sichtweise, die Verhaltensweisen als Folge mental-intentionaler Zustände begreift, in dieser Phase noch nicht verfügen.

Im Alter ab etwa neun Monaten erfahren Kleinkinder ihre Umwelt zwar weiterhin aus Sicht rationaler Realisten in präsymbolischen Wenn-dann-Relationen (Gergely u. Csibra, 1997) – beispielhaft erkennbar in Aktionen, die der direkten Veränderung der physischen Umwelt dienen, z. B. Transport oder Berühren von Objekten. Allerdings »beginnt das Kind, Aktionen im Hinblick auf die zugrunde liegenden Intentionen des Akteurs zu verstehen« (Fonagy, 2013, S. 116). Jene sozio-kognitive Neunmonatsrevolution (Tomasello, 2006) erlaubt es dem Kind, Ziele von der Art, wie sie erreicht wurden, zu unterscheiden sowie Modifikationen und Adaptionen der Mittel zur Zielerreichung vorzunehmen (Bischof-Köhler, 2011). Auch entwickelt der Säugling neue soziale Handlungen wie die der gemeinsamen Aufmerksamkeit (Carpenter, Nagell u. Tomassello, 1998), der sozialen Rückversicherung (Campos u. Stenberg, 1981) oder zeigenden Gesten (Sodian u. Thoermer, 2004). Im Zuge dessen offenbart sich ein Verständnis des Selbst als teleologischer Urheber (Fonagy et al., 2015a), das »lediglich unter dem Aspekt rein physikalischer Aktionen und Gegebenheiten verstanden [wird]; mentale Zustände werden noch nicht berücksichtigt« (Fonagy, 2013, S. 116). Im teleologischen Modus prägt also eine naive Theorie des rationalen Handelns (Taubner, 2015, S. 43) die Wahrnehmung des Säuglings, die Zielaspekte unter Nutzung rational-physikalischer Erklärungsmuster berücksichtigt. Zugrunde liegende mental-intentionale Prozesse jedoch werden vernachlässigt.

Ab ungefähr dem zweiten Lebensjahr sehen sich Kinder zunehmend in der Lage, intentionale mentale Zustände in einfacher Form zu repräsentieren (Überblick bei Wellman u. Philips, 2000), diese losgelöst von eigenem Befinden wahrzunehmen (Repacholi u. Gopnik, 1997) und als Gegenstand ihren Überlegungen bezüglich des Verhaltens anderer Akteure zugrunde legen zu können (Fonagy, 2013, S. 116): »Im Alter von zwei Jahren lassen sich an Kleinkindern die ersten Anzeichen dafür beobachten, daß sie verstehen, daß der Andere eine vorgängige Intention oder einen Wunsch haben kann, bevor er entsprechend handelt oder auch ohne überhaupt zu handeln« (Fonagy et al., 2015a, S. 244). Die Fähigkeit, intentional-mentale Zustände zu repräsentieren und als Erklärungsmuster für Verhaltensweisen zu nutzen, ist damit in einer frühen Form gegeben und stellt eine substanzielle Weiterentwicklung der teleologischen, ausschließlich an beobachtbaren Ereignissen orientierten Weltanschauung dar. Fonagy und Kollegen (2015a) bezeichnen das Selbst des Kindes in dieser Phase als »intentionalen mentalen Akteur«. Allerdings ist diese Entwicklungsphase durch eine dualistisch-entkoppelte, psychische Realität gekennzeichnet: Psychisches Äquivalenzerleben dominiert die Wahrnehmung des Kindes zunächst, das die eigenen mentalen Zustände nicht losgelöst von der umgebenden Realität wahrnehmen kann (Fonagy, 2013). Der Erfahrungsmodus der psychischen Äquivalenz ist damit durch eine nach wie vor enge Verknüpfung von äußerer und mentaler Realität gekennzeichnet. »Sie können nicht verstehen, dass mentale Phänomene wie Denken, Wissen, Sich-Vorstellen und Träumen durch […] die Psyche erzeugt werden« (Allen et al., 2011, S. 130). Gedanken werden als Realität erlebt, nicht als subjektiv gefärbte Perspektiven und weisen eine ähnliche Effektanz wie reale Ereignisse auf (Kirsch et al., 2016), präsentieren sich damit als »wahrhaft und mit denen Anderer identisch« (Taubner, 2015, S. 47) und sind konkretistisch.

Lediglich eine aktiv-dissoziierende Trennung von psychischem Erleben und der umgebenden Realität im kindlichen Spiel, die Fonagy und Kollegen als »Als-ob-Modus« bezeichnen (Fonagy et al., 2015a), zeigt die beginnende Loslösung der mentalen Realität von der umgebenden Umwelt, die eine einsetzende, symbolisierende Externalisierung affektiven Befindens (Taubner, 2015, S. 47; Kirsch et al., 2016, S. 28) sowie den Gebrauch von Fantasie (Dornes, 2006) schrittweise ermöglicht. »Wenn sie im Spiel innere und äußere Realität voneinander abkoppeln, bleibt ihnen gleichwohl bewusst, dass ihr Erleben die äußere Welt nicht widerspiegelt« (Allen et al., 2011, S. 131). In diesem Sinne repräsentiert der sich einstellende Als-ob-Modus einen bedeutsamen Entwicklungsschritt, der dem Kind als Pendant zum psychischem Äquivalenzmodus erlaubt, sich partiell »aus der psychischen Äquivalenz zu befreien« (Fonagy, 2013, S. 126).

Dennoch können weder der »Als-Ob-Modus noch der Modus der psychischen Äquivalenz […] die optimale Beziehung zwischen Psyche und der äußeren Realität herstellen – allerdings aus gegensätzlichen Gründen: Die psychische Äquivalenz ist allzu realistisch, das ›Als-ob‹ hingegen allzu unwirklich« (Allen et al., 2011, S. 131). Die Abtrennung mentaler Zustände von der Realität im Als-ob-Erleben ist durch Unwirklichkeit und Dissoziation gekennzeichnet und folglich bedeutungslos für das psychische Erleben des Kindes. »Das Kind oszilliert zwischen beiden parallel existierenden Modi bis zur Integration mit etwa vier Jahren im reflektierenden Modus« (Kirsch et al., 2016, S. 28). In diesem Zusammenhang kommt insbesondere der Bezugsperson, älteren Geschwistern und anderen erwachsenen Betreuungspersonen eine zentrale, vermittelnde Bedeutung zu: »In dem geschützten Spielraum demonstriert der Erwachsene […], dass die Realität über das Spiel ausgeschlossen werden kann, aber gleichzeitig im Spiel innerpsychische Erfahrungen stattfinden können« (Taubner, 2015, S. 50). Indem Erwachsene also auf Spielangebote im Als-ob-Modus angemessen reagieren, offenbart sich dem Kind, dass seine Fantasie durch andere repräsentiert wird: »Wenn die allwissende […] Mutter im Spiel mit dem Kind so tut, als sei die Banane ein Telefon, erlebt das Kind gleichzeitig Schein und Wirklichkeit […]. Es erkennt, daß sie eine ›Als-ob‹-Haltung gegenüber seinem intentionalen Zustand einnimmt« (Fonagy et al., 2015a, S. 271). Dem Kind ist hierbei eine Lernumgebung möglich, die es ihm erlaubt, eigene, im Spiel verortete Überzeugungen auch außerhalb seiner psychischen Realität wahrzunehmen.

Im reflektierenden Modus beginnt das Kind schließlich zu mentalisieren: Zwar repräsentieren mentale Zustände die umgebende Realität, werden allerdings nicht als isomorph erlebt und mit dieser gleichgesetzt. Jener mentalisierend-reflexive Modus kennzeichnet sich durch das Bewusstsein, dass Überzeugungen Anderer different und von eigenen mentalen Zuständen unterscheidbar sind, als Erklärungen für eigenes und das Verhalten anderer genutzt werden können und zur Vorhersage von Verhaltensweisen dienlich sind. Weiterhin ist das Kind in der Lage, mentale Zustände als Repräsentation zu begreifen, die fluide, nicht zutreffend und veränderbar sein können (Fonagy et al., 2015a, S. 269).

Das Erreichen des reflexiven Modus im vierten bis fünften Lebensjahr führt zu einer Vielzahl sozialer und emotionaler Veränderungen im Leben des Kindes: Soziale Interaktionen verändern sich (Wellman, 1990), das Kind ist zu Perspektivübernahme, emotionaler Teilnahme und empathischem Mitgefühl fähig (Zahn-Waxler, Radke-Yarrow, Wagner u. Chapman, 1992; Bischoff-Köhler, 2011) und in der Lage, positive Peerbeziehungen zu gestalten (Dunn u. Cutting, 1999). Fonagy (2013) resümiert zusammenfassend, »dass in der Entwicklung der Mentalisierungsfähigkeiten im Alter von etwa vier Jahren ein Quantensprung zu verzeichnen ist« (S. 118), deren Verlauf maßgeblich durch die sensitive und mentalisierende Interaktion mit Betreuungs- und Bezugspersonen moderiert wird.

Etwa im fünften und sechsten Lebensjahr – also in der Phase des Übergangs von frühpädagogischer zu schulischer Betreuung – stellen sich weitere Entwicklungen ein, die im Rahmen dieses Kapitels abschließend beschrieben werden sollen: Kinder sind erstmalig in der Lage, Intentionen und Erfahrungen »zu einem kohärenten kausal-zeitlichen Rahmen zu organisieren« (Fonagy, 2013, S. 118). Dieser Entwicklungsschritt kann als Merkmal reifer Mentalisierung betrachtet werden und misslingt häufig bei schweren Persönlichkeitsstörungen noch im Erwachsenenalter – was sich in brüchigen, zerrütteten Narrativen äußert und als Indikator für beeinträchtigtes Mentalisieren gewertet wird (Fonagy, Target, Steele u. Steele, 1998). Die Fähigkeit zur kausalen Schlussfolgerung, dass gegenwärtiges Befinden das Resultat vergangener mentaler Einflüsse darstellen kann, sowie die Integration multipler Repräsentationen zu einer »vereinheitlichten autobiographischen Selbstrepräsentanz« (Fonagy et al., 2015a, S. 254) sind Charakteristika gesunden Mentalisierens und bilden die Errungenschaft einer ungefähr sechs Jahre andauernden sozial-emotionalen Entwicklung.

Abschließend ist zu betonen, dass die Entwicklung der kindlichen Mentalisierungsfähigkeit im Lebensalter von sechs Jahren keinesfalls abgeschlossen ist – wenngleich ein stabiles Funktionsniveau zu diesem Zeitpunkt bereits erreicht wurde und komplexe, mentale Operationen möglich sind. Mentalisieren ist als kontext- und personenabhängige Fähigkeit beschrieben, deren situationsabhängige Veränderbarkeit stets gegeben ist. Auch kann vollentwickeltes Mentalisieren in stresshaltigen Situationen zusammenbrechen und eine Regression in prämentalisierende Modi der Wahrnehmung und Interpretation – beispielsweise bei psychischen Erkrankungen – erfolgen.

5 Fazit

Mit fortschreitender Entwicklung der Mentalisierungsfähigkeit werden dem Kind zusehends komplexere mentale Operationen möglich. Die Fähigkeit, zu mentalisieren, ist daher »als Entwicklungserrungenschaft durch graduelle Sensibilisierung und das Erlernen der mentalen Bedeutung relevanter, expressiver, handlungsbezogener, verbaler und situativer Zeichen« (Gergely, Fonagy u. Target, 2005, S. 220) gekennzeichnet. Hierbei durchlaufen Kinder die beschriebenen prämentalisierenden Entwicklungsstadien, bis schließlich im vierten und fünften Lebensjahr der »reflexive Modus« erreicht wird, der einen flexiblen und reflexiven Umgang mit mentalen Inhalten ermöglicht (Fonagy et al., 2015a; Fonagy, Bateman u. Luyten, 2015b).

Von zentraler Bedeutung scheint zunächst, dass die kindliche Mentalisierungsfähigkeit als Produkt aus einem intersubjektiven, dyadischen Kommunikationsprozess zwischen Kind und Betreuungsperson erwächst, der als »›Trainingsrahmen‹ zum Erlernen und Verfeinern eines mentalistischen Zugriffs auf die soziale Umwelt zu sehen« (Taubner, 2015, S. 38) ist. Wesentliche Moderationskomponenten sind hierbei die Responsivität und Sensitivität der primären Bezugsperson gegenüber den mentalen Zuständen des Kindes, was Fonagy und Kollegen (2015b) als »mind-mindedness« bezeichnen. Mind-mindedness – oder die psychologische Geneigtheit – ist die »Fähigkeit, mentale Zustände, die das kindliche Verhalten steuern, zutreffend zu interpretieren« (S. 32), und bildet die Grundlage für angemessene Spiegelungsprozesse (Taubner, 2015). Indem die Betreuungsperson dem Kind durch eine mentalisierende Haltung nach und nach ein Gewahrsam vermittelt, »daß sein eigenes Verhalten am besten verstehbar wird, wenn es ihm Ideen und Überzeugungen, Gefühle und Wünsche als Motivatoren zugrunde legt, und daß die Reaktionen, mit denen seine Bezugspersonen ihm begegnen, auf andere, ähnliche Wesen verallgemeinert werden können« (Fonagy u. Target, 2011, S. 368), kann sich die kindliche Mentalisierungsfähigkeit gelingend entwickeln.

Literatur

Ahrbeck, B. (2010). Innenwelt. Störung der Person und ihrer Beziehungen. In B. Ahrbeck, M. Willmann (Hrsg.), Pädagogik bei Verhaltensstörungen. Ein Handbuch (S. 138–147). Stuttgart: Kohlhammer.
Allen, J., Fonagy, P., Bateman, A. W. (2011). Mentalisieren in der psychotherapeutischen Praxis. Stuttgart: Klett-Cotta.
Bahrick, L., Watson, J. (1985). Detection of intermodal propriospective-visual contingency as a potential basis of self-perception in infancy. Developmental Psychology, 21, 963–973.
Bates, E. (1979). Intentions, conventions, and symbols. In E. Bates, L. Benigni, L. Camaioni, V. Volterra (Eds.), The emergence of symbols: Cognition and communication in infancy (pp. 69–140). New York: Academic Press.
Bischof-Köhler, D. (2011). Soziale Entwicklung in Kindheit und Jugend. Bindung, Empathie, Theory of Mind. Stuttgart: Kohlhammer.
Bowlby, J. (1969). Attachment and loss. Vol. I: Attachment. New York: Basic Books.
Bowlby, J. (1973). Attachment and loss. Vol. II: Separation. Anxiety and anger. New York: Basic Books.
Campos, J., Stenberg, C. R. (1981). Perception, appraisal and emotion: The onset of social referencing. In M. E. Lamp, L. R. Sherrod (Eds.), Infant social cognition (pp. 273–314). Hillsdale: Lawrence Erlbaum.
Carpenter, M., Nagell, K., Tomasello, M. (1998). Social cognition, joint attention, and communciative competence from 9 to 15 months of age. Monographs of the Society for Research in Child Development, 59, 284–303.
Dornes, M. (2006). Die frühe Kindheit. Entwicklungspsychologie der ersten Lebensjahre. Frankfurt a. M.: Fischer.
Dunn, J., Cutting, A. (1999). Understanding others, and individual differences in friendship interactions in young children. Social Development, 8, 201–219.

Fonagy, P. (2013). Soziale Entwicklung unter dem Blickwinkel der Mentalisierung. In J. G. Allen, P. Fonagy (Hrsg.), Mentalisierungsgestützte Therapie. Das MBT-Handbuch – Konzepte und Praxis (2. Aufl., S. 89–152). Stuttgart: Klett-Cotta.

Fonagy, P., Bateman, A. W., Luyten, P. (2015b). Einführung und Übersicht. In A. W. Bateman, P. Fonagy (Hrsg.), Handbuch Mentalisieren (S. 23–66). Gießen: Psychosozial-Verlag.

Fonagy, P., Gergely, G., Jurist, E., Target, M. (2015a). Affektregulierung, Mentalisierung und die Entwicklung des Selbst (5. Aufl.). Stuttgart: Klett-Cotta.

Fonagy, P., Target, M. (1997). Attachment and reflective function: Their role in self-organisation. Development and Psychopathology, 9, 679–700.

Fonagy, P., Target, M. (2011). Psychoanalyse und die Psychopathologie der Entwicklung (3. Aufl.). Stuttgart: Klett-Cotta.

Fonagy, P., Target, M., Steele, H., Steele, M. (1998). Reflective functioning scale manual. University College London. Unveröffentlichtes Manuskript.

Gergely, G., Csibra, G. (1997). Teleological reasoning in infancy: The infant's naïve theory of rational action. A reply to Premack and Premack. Cognition, 63, 227–233.

Gergely, G., Fonagy, P., Target, M. (2005). Bindung, Mentalisierung und die Ätiologie der Borderline-Persönlichkeitsstörung. In P. Fonagy, M. Target (Hrsg.), Frühe Bindung und psychische Entwicklung. Beiträge aus Psychoanalyse und Bindungsforschung (2. Aufl., S. 219–231). Gießen: Psychosozial-Verlag.

Gergely, G., Watson, J. (1996). The social biofeedback model of parental affect-mirroring. International Journal of Psychoanalysis, 77, 1181–1212.

Kirsch, H., Brockmann, J., Taubner, S. (2016). Praxis des Mentalisierens. Stuttgart: Klett-Cotta.

Meltzoff, A., Gopnik, A. (1993). The role of imitation in understanding persons and developing a theory of mind. In S. Baron-Cohen, H. Tager-Flusberg, D. Cohen (Eds.), Understanding other minds: Perspectives from autism (pp. 335–366). New York: Oxford University Press.

Miller, N. (1978). Biofeedback and visceral learning. Annual Review of Psychology, 72, 373–404.

Repacholi, B., Gopnik, A. (1997). Early reasoning about desires. Evidence from 14- and 18-month-olds. Developmental Psychology, 33, 12–21.

Sharp, C., Fonagy, P., Goodyer, I. (2006). Imagining your child's mind: Psychosocial adjustment and mothers' ability to predict their children's attributional states. British Journal of Developmental Psychology, 24, 197–214.

Sodian, B., Thoermer, C. (2004). Infants' understanding of looking, pointing, and reaching as cues to intentional action. Journal of Cognition and Development, 5, 289–316.

Taubner, S. (2015). Konzept Mentalisieren. Eine Einführung in Forschung und Praxis. Gießen: Psychosozial-Verlag.

Tomasello, M. (2006). Die kulturelle Entwicklung des menschlichen Denkens. Zur Evolution der Kognition (5. Aufl.). Frankfurt a. M.: Suhrkamp.

Watson, J. (1979). Perception of contingency as a determinant of social responsiveness. In E. Thomas (Ed.), The origins of social responsiveness (pp. 33–64). New York: Lawrence Erlbaum.

Wellman, H. (1990). The child's theory of mind. Cambridge: MIT Press.

Wellman, H., Phillips, A. (2000). Developing intentional understandings. In L. Moses, B. Male, D. Baldwin (Eds.), Intentionality: A key to human understanding (pp. 125–148). Cambridge: MIT Press.

Zahn-Waxler, C., Radke-Yarrow, E., Wagner, E., Chapman, M. (1992). Development of concern for others. Developmental Psychology, 28, 126–136.

Mentalisieren in der mittleren Kindheit

Karolina Goschiniak und Melanie Henter

In der mittleren Kindheit ist in der Regel der mentalisierende bzw. reflektierende Modus erreicht, der sich durch die Integration des Als-ob-Modus und des Modus der Äquivalenz auszeichnet. Mentalisierung steht in dieser Lebensphase vor allem im Zusammenhang mit der Lernfähigkeit des Kindes und einer Erweiterung von Beziehungsräumen. Pädagogen, wie z. B. Lehrkräfte, und Gleichaltrige können in dieser Phase die Mentalisierungsfähigkeit des Kindes bedingen, stabilisieren und fördern.

The middle childhood is characterized by the achievement of the mentalization or reflective function. Therefore, the integration of the psychic equivalence and the pretend mode is required. In this stage of life, the mentalization mode is mainly related with the child's ability to learn and the expansion of relationships. Teachers and peers can condition, stabilize and support the mentalization mode of the child.

1 Zur Entwicklungsphase der mittleren Kindheit

Die mittlere Kindheit wird zumeist zwischen dem sechsten und zwölften Lebensjahr angesiedelt (Duncker, Scheunpflug u. Schultheis, 2004). Diese Entwicklungsphase wird im psychoanalytischen Kontext als die sogenannte Latenz bzw. Latenzzeit betrachtet. Nach Freud steht diese in engem Zusammenhang mit den beiden komplexen Entwicklungsphasen der Ödipalität und der Adoleszenz und zeichnet sich dementsprechend durch ihre Eigenheiten aus. Der Beginn der Latenzzeit ist mit einem sehr bedeutsamen Ereignis, dem Schuleintritt, assoziiert. Das Kind betritt nun eine Welt des Lernens, der Leistungsbewertungen, neuer Gruppenkonstellationen und Bezugspersonen (Badoni, 2003). Auf innerpsychischer Ebene bedeutet dies eine erhebliche Veränderung und bedingt infolgedessen eine bedeutsame Anpassungsleistung für das Kind.

Nach dem sogenannten *Untergang* des Ödipuskomplexes treten libidinöse Triebregungen in den Hintergrund, das heißt, sie sind von nun an *latent*. Die Identifikation mit den elterlichen Normen führt letztendlich zu einer Konsolidierung des Über-Ichs (Pestalozzi, 2014). Weitere Ziele sind die Festigung des Ichs durch eine Reorganisation von Abwehrmechanismen. Hierbei spielen vor allem die Sublimierung und die Reaktionsbildung eine wichtige Rolle, da infantile Sexualregungen und die damit einhergehende Triebenergie anderen Zwecken und Bereichen zugeführt werden können und daraus Befriedigung bezogen werden kann, wie z. B. aus dem lustvollen Vertiefen intellektueller Anforderungen, dem Lernen und Erforschen (Diem-Wille, 2015). Auch aus gesellschaftlicher Perspektive kommt der Latenzzeit eine große Bedeutung zu, werden hier doch auch kulturelle und moralische Werte übermittelt (Berberich, 2005).

Den ursprünglichen Charakteristika der eigentlich *ruhigen* Latenzzeit steht vor allem die klinische Erfahrung entgegen: 70 % der Kinder, die therapeutische Hilfe in Anspruch nehmen, sind Kinder zwischen sieben und elf Jahren, vorrangig Jungen (Diem-Wille, 2015; Hopf, 2014a). In diesem Zusammhang sei auch auf kulturelle und soziale Veränderungen und damit eingegehende Einflüsse auf die Phase der Latenz hingewiesen. Steigende Anforderungen im Vorschul- und Schulbereich, prekäre Lebensverhältnisse oder fragmentierte Familienstrukturen können die seelische Entwicklung von Kindern in der Latenzphase entscheidend beeinflussen (Endres u. Salamander, 2014; Hopf, 2014a; King, 2014). »Heute wird die Latenz nicht mehr als Zeit der relativen Ruhe und des Wartens oder Verborgenseins, wie es der Name angibt, gesehen. Vielmehr verstehen wir sie als Phase enormer Umbrüche, die Triebschicksale, Ich und Über-Ich, Entwicklung des Narzissmuss, das Ich-Ideal und die Identität betreffen« (Endres u. Salamander, 2014, S. 8).

Entwicklungsaufgaben, die in diesem Alter relevant sind, werden u. a. durch Erikson in seinem Modell der psychosozialen Entwicklungsstufen beschrieben (Erikson, 1973). Diese psychoanalytische Entwicklungstheorie »übernimmt die von Freud postulierten Phasen der psychosexuellen Entwicklung, erweitert diese um den Bereich der psychosozialen Entwicklung und dehnt sein Modell auf die gesamte Lebensspanne aus« (Datler u. Wininger, 2016, S. 289). Die mittlere Kindheit ist dabei primär der vierten Stufe *Kompetenz versus Minderwertigkeit* zuzuordnen. Auf der Ebene bestimmt im günstigsten Fall eine ausreichende oder nicht ausreichende Bewältigung dieser Dualität hin zum Kompetenzgefühl und den Erfahrungen von Selbstwirksamkeit die weitere Identitätsentwicklung (Dlugosch, 2010). Dabei bildet bereits der Transpositionsprozess vom Kindergarten in die Schule eine fremde und verunsichernde Situation, die einer besonderen emotionalen Stabilität bedarf, um die bedeutsamen Veränderungen integrieren sowie reflektieren zu können (Datler u. Wininger, 2016). »Das Kind wechselt von einer spielzentrierten in eine lernzentrierte Umwelt mit anderen Raum- und Zeitstrukturen, die an curricularen Zielkriterien ausgerichtet sind« (Albers u. Lichtblau, 2014, S. 16).

Die spezifische Bewältigung solcher Übergänge und Lebensphasen wird dabei in besonderem Maß durch Gleichaltrige und Lehrpersonen unterstützt (Kessels u. Hannover, 2015). Dadurch ergeben sich vielfältige Gelegenheiten, um die eigenen Absichten und Gefühle sowie die Handlungsweisen und Intentionen anderer Menschen zu explorieren (Bateman u. Fonagy, 2015). »Die Peergruppen-Interaktion gibt dem Kind vermehrt Gelegenheit zur Simulation – Gelegenheit, sich vorzustellen, was es selbst sehen, denken, fühlen usw. würde, wenn es sich in der Situation einer anderen Person befände« (Fonagy, Gergely, Jurist u. Target, 2015, S. 59). Die zwischen dem sechsten und zehnten Lebensjahr »erreichte kognitive Kapazität, Vorstellungen höherer Ordnung vom Selbst zu bilden« (Siegler, Eisenberg, DeLoache u. Saffran, 2016, S. 412), bedingt bei Kindern die Fähigkeit, das eigene Selbst im Kontext sozialer Vergleiche zu verstehen (Schneider u. Lindenberger, 2012). Empirische Studien zeigen, dass der Perspektivenwechsel keine stadientypische Fähigkeit, sondern vielmehr eine in verschiedenen Alters- und Lebensbereichen situative Leistung darstellt (Sodian, 2008). Inwieweit soziale Interaktionsangebote vom Kind demnach genutzt werden können, hängt nach neuesten Erkenntnissen von der spezifischen Entwicklung und gebrauchsabhängigen Nutzung kognitiver Muster in sozialen Kontexten ab (Haubl u. Liebsch, 2009; Hüther, 2012). »Neue Interaktionen ([…] neuronale Verbindungen und synaptische Verschaltungen) können nur im Rahmen und auf der Grundlage bereits etablierter Interaktionsmuster ausgebildet und stabilisiert werden« (Hüther, 2012, S. 95). Eine sichere Bindung fördert dabei die Beteiligung und die Orientierung an sozialen Prozessen (Fonagy et al., 2015).

2 Bindung und Mentalisieren in der mittleren Kindheit

Sicher gebundene Kinder in diesem Lebensabschnitt haben in der Regel die Fähigkeit ausgebildet, fremde und eigene Gefühle zu erkennen, zu erklären und zu verstehen. Durch die verhältnismäßig große Aufgeschlossenheit, die Psyche des Gegenübers zu erkunden, sind sie in der Lage, schwierige soziale Situationen zu bewältigen und entsprechend negative Gefühle anzuerkennen und zu regulieren. Sicher gebundene Kinder haben mit einer größeren Wahrscheinlichkeit Freude am Lernen und zeigen häufig bessere schulische Leistungen (Howe, 2015). Das mentalisierende Selbst entwickelt im Kontext sozialer Interaktionen zunehmend die Fähigkeit weiter, die repräsentationale Beschaffenheit der inneren mentalen Zustände anzunehmen (Fonagy et al., 2015). Freundschaften ermöglichen in diesem Zusammenhang viele Gelegenheiten, die Mentalisierungsfähigkeit (im Spiel) weiterzuentwickeln, indem über den Ausschluss der Realität einerseits und die Integration von realen intrapsychischen Erfahrungen andererseits gemeinsame Lebensthemen bearbeitet werden können (Siegler et al., 2016; Taubner, 2015). Vermeidend gebundene Kinder zeigen sich im Schulalltag eher defensiv. Die Angst vor Abweisung steht hier im Vordergrund, wodurch eher mit Beziehungsvermeidung reagiert wird. Ambivalent gebundene Kinder konzentrieren sich mehr auf die Beziehung als auf die Schularbeit. Sie bevorzugen gefühlsintensive Interaktionen, was jedoch dazu führen kann, dass die Beziehungen zu Schulkameraden abbrechen, da die emotionalen Ansprüche das Gegenüber überfordern können. Die anhaltende Abhängigkeit des Selbst vom Objekt verhindert die Entwicklung einer befriedigenden Affektregulierung. So fällt es ambivalent gebundenen Kindern häufig schwer, einen Kontakt zu ihren eigenen Gefühlen und denen der anderen herzustellen. Desorganisiert gebundene Kinder haben in der Regel keine stabilen Beziehungserfahrungen, auf die sie zurückgreifen können. Durch mangelnde Affektspiegelung und -regulierung in der frühen Kindheit ist davon auszugehen, dass keine ausreichende Mentalisierungsfähigkeit vorhanden ist (Howe, 2015). Im Bereich der Schule kann dies dazu führen, dass jene Kinder oftmals nur bedingt dazu in der Lage sind, ihre Affekte, Impulse oder ihre Aufmerksamkeit zu regulieren (Fonagy u. Target, 2015).

Bei der Bewältigung des Schuleintritts, den damit einhergehenden strukturellen Anforderungen und neu zu ordnenden Gruppendynamiken ist dabei die bislang verfügbare Mentalisierungsfähigkeit des Kindes ebenso bedeutsam wie die Mentalisierungsfähigkeit seiner Pädagogen (Datler u. Wininger, 2016). Dementsprechend kommt der Lehrperson und dem Lernen in Beziehungen eine besondere Bedeutung zu. Kinder benötigen eine sichere Bindungserfahrung und emotionale Stabilität, um sich auf die neue Lernumgebung einzulassen. Mit dem Schuleintritt werden neue Triaden (Schüler–Lehrperson–Eltern oder Schüler–Lehrperson–Lerninhalt) eingegangen (Hechler, 2016). Die Fähigkeit, zu triangulieren, scheint somit eine Grundvoraussetzung zu sein. Der Schüler und der Lehrer müssen sich jeweils selbst und den Lerninhalt *bedenken* können (Datler u. Wininger, 2016). Dies setzt gleichsam eine gute Mentalisierungsfähigkeit beider voraus. Die Schule kann so als Beziehungsraum dienen, in dem die Mentalisierungsfähigkeit des Lehrers »die Anwendung und das Erleben der sprachlichen Benennung und Thematisierung mentaler Zustände« des Kindes weiter stabilisieren und fördern kann (Datler u. Wininger, 2016). Innerhalb der Lehrer-Schüler-Beziehung (und auch der Schulklasse) würden dann korrektive Erfahrungen ermöglicht werden, die einen positiven Einfluss auf die Mentalisierungsfähigkeit haben können. Dies stellt jedoch auch die Lehrpersonen vor neue Herausforderungen: »Die mentalisierende Person mit ausgezeichneten reflektierenden Fähigkeiten ist nicht nur in der Lage, über den eigenen Verstand und den anderer nachzudenken. Sie versteht auch, wie sich Menschen gegenseitig beeinflussen und kognitiv, emotional und verhaltensbezogen interpretieren« (Howe, 2015, S. 50).

3 Affektregulation und schulische Anforderungssituationen

Der Schuleintritt produziert strukturelle Merkmale und normative Anforderungssituationen, die beim Schulkind mit einer progressiven emotionalen Intensität einhergehen (Datler u. Wininger, 2016; Kirsch, Brockmann u. Taubner, 2016). Hinsichtlich der körperlichen und motorischen Anforderungen verlangen die schulischen Strukturen eine enorme Selbstregulierung des Affektgeschehens (Schultz-Venrath, 2013). Die mit dem Schuleintritt einhergehenden externen Erwartungen an konforme Verhaltensweisen und intrinsische Leistungsbereitschaft stellen daher eine besondere Entwicklungsaufgabe dar (Hopf, 2014b; Datler u. Wininger, 2016). Kinder lernen in konkreten Situationen, logisch zu schlussfolgern, und entwickeln die Fähigkeit, Handlungen reversibel zu repräsentieren (Siegler et al., 2016). Sie lernen mit der kognitiven Fähigkeit zur Dezentrierung, Probleme zu bewältigen, bei denen die Aufmerksamkeit auf mehrere Dimensionen fokussiert werden muss, sodass simultan eine Abkehr von egozentrischen Denkstrukturen erfolgt (Oerter, 2010). (Schulisches) Lernen erfordert dementsprechend einen Perspektivenwechsel, im Sinne eines modifizierenden und reorganisierenden Prozesses der bereits etablierten Wissensstrukturen (Katzenbach, 2004). Durch die sich entwickelnde Fähigkeit zur Dekontextualisierung werden solche Wirklichkeiten, die einander bislang entsprachen und einander reziprok bedingen, aus dem bisherigen Erfahrungsraum herausgelöst (Oerter, 2010). Strukturelles Umlernen sowie die Erweiterung des Vorwissens durch neue Inhalte bedingen daher einen spezifischen Verlust des Vertrauens auf frühere Sicherheiten und Wahrheiten und verlangen dabei gleichermaßen »ein Mindestmaß an Neugierde, Differenzierung und Anstrengungsbereitschaft sowie die Fähigkeit, Angst, Hilflosigkeit und Unsicherheit auszuhalten« (von Freyberg u. Wolff, 2006, S. 167). Infolgedessen ist es von besonderer Relevanz, mit der »Fähigkeit ausgestattet [zu sein], den Realitätsgehalt der eigenen mentalen Befindlichkeiten überprüfen zu können, [sodass] ein Individuum sein Innerpsychisches und damit seine Affekte, Impulse und Aufmerksamkeitsprozesse regulieren [kann]« (Taubner, 2015, S. 52). Demnach besteht eine eindrückliche Kongruenz zwischen der Fähigkeit, emotionale und soziale Herausforderungen und Anforderungssituationen kontrollieren zu können, und der Fähigkeit zur Affektregulierung (Katzenbach, 2004). In diesem Zusammenhang erfolgt in der mittleren Kindheit durch Erfahrungen mit Gleichaltrigen, schulischen Inhalten, Lehrpersonen und den gesellschaftlichen Anforderungen generell die Weiterentwicklung eines intrapsychischen Gefühls der eigenen Kohärenz. Darüber hinaus werden gruppenspezifische Rollen übernommen, die letztlich eine identitätsregulierende und -stabilisierende Bedeutung haben (Dlugosch, 2010). Wenn Kinder im sechsten Lebensjahr in der Lage sind, ihre intentionalen Erfahrungen zu einem kohärenten, autobiografischen Selbst zu integrieren, gelingt es ihnen in erweiterten sozialen Interaktionen, das eigene Selbst und das des Anderen mit mentalen Zuständen zu verknüpfen (Fonagy, 2016). Das autobiografische, mentalisierende Selbst bedient sich dabei einer repräsentationalen Logik. Vergangene Erfahrungen werden mit gegenwärtigen Herausforderungen verglichen (Hirblinger, 2011). Dementsprechend werden Situationen des strukturellen Umlernens sowie kumulative Lernprozesse kognitiv und emotional dann als unkontrollierbare Anforderungssituation bewertet, wenn die bedeutsame Entwicklung eines Verstehens und Interpretierens des Selbst und seiner Urheberschaft im Kontext von Mentalisierungsprozessen misslingt (Fonagy, 2016; Fonagy et al., 2015; Katzenbach, 2004). Wenn darüber hinaus innerpsychische Konflikte die kindliche Psyche überfordern, ist es möglich, dass das Kind im Modus der Äquivalenz verbleibt (Taubner, 2015). »Die normale Entwicklung von Bewältigungsstrategien, eines kohäsiven Selbstgefühls und jegliche Sicherheit [werden] verhindert« (Cohen, 2017, S. 135).

4 Fazit

Die mittlere Kindheit stellt eine Entwicklungsphase dar, der »in der psychoanalytischen Entwicklungsforschung lange Zeit wenig Bedeutung beigemessen wurde« (Datler u. Wininger, 2016, S. 287). Auch Fonagy und Kollegen (Fonagy et al., 2015; Sulz, 2010) untersuchen die sozial-emotionale sowie kognitive Entwicklung ab der mittleren Kindheit nur partiell. In diesem Lebensalter scheint der Forschungsfokus vor allem auf der Untersuchung von Ursachen und Konsequenzen einer gescheiterten Entwicklung von Mentalisierung in Zusammenhang bestimmter psychischer Störungen, wie z. B. affektiver Störungen oder Störungen des Sozialverhaltens, zu liegen (Taubner, 2015). Dabei spielt auch die Gewaltprävention an Grundschulen eine wichtige Rolle, wenn die Schulklasse als »mentalisierungsförderndes System« (Straub u. Stavrou, 2014, S. 113) betrachtet wird. In diesem Zusammenhang stellt sich auch die Gruppenarbeit als besonders wirkungsvolles Mittel zur Förderung der Mentalisierungsfähigkeit im schulischen Rahmen dar (Schultz-Venrath, 2013; Straub u. Stavrou, 2014). Insgesamt wird aber in der hier betrachteten Lebensphase der mittleren Kindheit ein erhebliches Forschungsdesiderat in Bezug auf die Mentalisierungsfähigkeit deutlich.

Literatur

Albers, T., Lichtblau, M. (2014). Inklusion und Übergang von der Kita in die Grundschule: Kompetenzen pädagogischer Fachkräfte. Weiterbildungsinitiative Frühpädagogische Fachkräfte, WiFF Expertisen. Bd. 41. Zugriff am 25.06.17 unter http://www.weiterbildungsinitiative.de/uploads/media/Exp_Albers_Lichtblau_web.pdf

Badoni, M. (2003). Reflexionen über die Analyse eines Kindes im Latenzalter. Kinderanalyse, 11 (3), 437–460.

Bateman, A. W., Fonagy, P. (Hrsg.) (2015). Handbuch Mentalisieren. Gießen: Psychosozial-Verlag.

Berberich, E. (2005). Perspektiven und Retrospektiven der Entwicklung in der Latenz. Kinderanalyse, 13 (3), 329–340.

Cohen, Y. (2017). Das traumatisierte Kind. Psychoanalytische Therapie im Kinderheim. Frankfurt a. M.: Brandes & Apsel.

Datler, M., Wininger, M. (2016). Kindheit und Schulalter. In G. Poscheschnik, B. Traxl (Hrsg.), Handbuch Psychoanalytische Entwicklungswissenschaft. Theoretische Grundlagen und praktische Anwendungen (S. 287–309). Gießen: Psychosozial-Verlag.

Diem-Wille, G. (2015). Latenz. Das »goldene Zeitalter« der Kindheit. Psychoanalytische Entwicklungstheorie nach Freud, Klein und Bion. Stuttgart: Kohlhammer.

Dlugosch, A. (2010). Selbst, Identität, Entwicklung und Krisen. In B. Ahrbeck, M. Willmann (Hrsg.), Pädagogik bei Verhaltensstörungen (S. 113–120). Stuttgart: Kohlhammer.

Duncker, L., Scheunpflug, A., Schultheis, K. (2004). Schulkindheit. Anthropologie des Lernens im Schulalter. Stuttgart: Kohlhammer.

Endres, M., Salamander, C. (2014). Vorwort. In M. Endres, C. Salamander (Hrsg.), Latenz. Entwicklung und Behandlung. Jahrbuch der Kinder- und Jugendlichen-Psychoanalyse, Bd. 3. (S. 7–13). Frankfurt a. M.: Brandes & Apsel.

Erikson, E. H. (Hrsg.) (1973). Identität und Lebenszyklus. Drei Aufsätze. Frankfurt a. M.: Suhrkamp.

Fonagy, P. (2016). Soziale Entwicklung unter dem Blickwinkel der Mentalisierung. In P. Fonagy, J. G. Allen (Hrsg.), Mentalisierungsgestützte Therapie. Das MBT-Handbuch – Konzepte und Praxis (S. 89–152). Stuttgart: Klett-Cotta.

Fonagy, P., Gergely, G., Jurist, E., Target, M. (2015). Affektregulierung, Mentalisierung und die Entwicklung des Selbst (5. Aufl.). Stuttgart: Klett-Cotta.

Fonagy, P., Target, M. (2015). Psychoanalyse und die Psychopathologie der Entwicklung (4. Aufl.). Stuttgart: Klett-Cotta.

Haubl, R., Liebsch, K. (Hrsg.) (2010). Mit Ritalin leben – ADHS-Kindern eine Stimme geben. Göttingen: Vandenhoeck & Ruprecht.

Hechler, O. (2016). Warum kommt es auf die Lehrer an? Sonderpädagogische Persönlichkeit und Beziehungsgestaltung im Fokus der Lehrerbildung. In C. Einhellinger, S. Ellinger, O. Hechler, A. Köhler, E. Ullmann (Hrsg.), Studienbuch Lernbeeinträchtigungen, Bd. 3: Diskurse (S. 173–227). Oberhausen: Athena.

Hirblinger, H. (Hrsg.) (2011). Unterrichtskultur. Bd. 1: Emotionale Erfahrungen und Mentalisierung in schulischen Lernprozessen. Gießen: Psychosozial-Verlag.

Hopf, H. (2014a). Latenzzeit heute – zwischen Anpassung und Triebdurchbrüchen. In M. Endres, C. Salamander (Hrsg.), Latenz. Entwicklung und Behandlung. Jahrbuch der Kinder- und Jugendlichen-Psychoanalyse, Bd. 3 (S. 38–52). Frankfurt a. M.: Brandes & Apsel.

Hopf, H. (2014b). Die Psychoanalyse des Jungen. Stuttgart: Klett-Cotta.

Howe, D. (2015). Bindung über die Lebensspanne. Paderborn: Junfermann.

Hüther, G. (2012). Die Auswirkungen traumatischer Erfahrungen im Kindesalter auf die Hirnentwicklung. In K. H. Brisch, T. Hellbrügge (Hrsg.), Bindung und Trauma. Risiken und Schutzfaktoren für die Entwicklung von Kindern (S. 94–105). Stuttgart: Klett-Cotta.

Katzenbach, D. (2004). Wenn das Lernen zu riskant wird. Anmerkungen zu den emotionalen Grundlagen des Lernens. In F. Dammasch, D. Katzenbach (Hrsg.), Lernen und Lernstörungen bei Kindern und Jugendlichen (S. 93–105). Frankfurt a. M.: Brandes & Apsel.

Kessels, U., Hannover, B. (2015). Gleichaltrige. In E. Wild, J. Möller (Hrsg.), Pädagogische Psychologie (S. 284–300). Berlin/Heidelberg: Springer-Verlag.

King, V. (2014). Im Zwischenraum der Latenz. Bindung, Trennung und der Umgang mit Verlorenem in beschleunigten Zeiten des Aufwachsens. Analytische Kinder- und Jugendlichen-Psychotherapie, 162 (2), 131–149.

Kirsch, H., Brockmann, J., Taubner, S. (2016). Praxis des Mentalisierens. Stuttgart: Klett-Cotta.

Oerter, R. (2010). Kognitive Entwicklung in der schulischen Kindheit und im Jugendalter. In S. Sulz, S. Höfling (Hrsg.), … und er entwickelt sich doch! (S. 45–71). München: CIP-Medien.

Pestalozzi, J. (2014). Die Latenzzeit – das verlorene Paradies? Analytische Kinder- und Jugendlichen-Psychotherapie, 162 (2), 151–176.

Schneider, W., Lindenberger, U. (2012). Entwicklungspsychologie. Weinheim: Beltz.

Schultz-Venrath, U. (2013). Lehrbuch Mentalisieren. Psychotherapien wirksam gestalten. Stuttgart: Klett-Cotta.

Siegler, R., Eisenberg, N., DeLoache, J., Saffran, J. (2016). Entwicklungspsychologie im Kindes- und Jugendalter. Berlin/Heidelberg: Springer-Verlag.

Sodian, B. (2008). Entwicklung des Denkens. In R. Oerter, L. Montada (Hrsg.), Entwicklungspsychologie (6. Aufl., S. 436–479). Weinheim: Beltz.

Straub, K., Stavrou, A. (2014). Mentalisierungsbasierte Gewaltprävention an einer Grundschule. In H. Kirsch (Hrsg.), Das Mentalisierungskonzept in der Sozialen Arbeit (S. 96–114). Göttingen: Vandenhoeck & Ruprecht.

Sulz, S. K. D., Richter-Benedikt, A. J., Hebing, M. (2010). Mentalisierung und Metakognitionen als Entwicklungs- und Therapieparadigma in der Strategisch-Behavioralen Therapie. Psychotherapie, 15 (2), 117–126.

Taubner, S. (2015). Konzept Mentalisieren. Eine Einführung in Forschung und Praxis. Gießen: Psychosozial-Verlag.

von Freyberg, T., Wolff, A. (2006). Trauma, Angst und Destruktivität in Konfliktgeschichten nicht beschulbarer Jugendlicher. In M. Leuzinger-Bohleber, R. Haubl, M. Brumlik (Hrsg.), Bindung, Trauma und soziale Gewalt. Psychoanalyse, Sozial- und Neurowissenschaften im Dialog (S. 164–185). Göttingen: Vandenhoeck & Ruprecht.

Die Suche nach dem Selbst

Ein mentalisierungsbasiertes Verständnis der Adoleszenz

Manfred Böge

Dieser Beitrag diskutiert die Adoleszenz als eigenständige Entwicklungsphase. Dabei wird eine mentalisierungstheoretische Perspektive zugrunde gelegt. Im Zentrum steht die Entwicklung des Selbst unter Berücksichtigung adoleszenter Entwicklungsaufgaben und des Zusammenhangs von Bindung und Mentalisierung. Mit Bezug auf empirische Forschungsergebnisse wird zudem die Frage behandelt, unter welchen Bedingungen es zu einem adoleszenten Zusammenbruch und der Entstehung einer psychischen Erkrankung kommen kann.

This article discusses adolescence as an independent development phase. A mentalization-theoretical perspective is used as a basis. The focus is on the development of the self, taking into account adolescent development tasks and the relationship between binding and mentality. With regard to empirical research results the question is also discussed under which conditions an adolescent breakdown and the emergence of a mental illness can occur.

Die Adoleszenz wird gemäß ihrer pädagogischen und entwicklungspsychologischen Einordnung als eigenständige Entwicklungsphase mit eigenen Entwicklungsaufgaben betrachtet. Insofern ist sie von der Phase der Kindheit und des Erwachsenenalters zu unterscheiden. Im Rahmen einer erkenntnistheoretischen Vermessung der Grundlinien einer mentalisierungsbasierten Pädagogik darf eine Auseinandersetzung mit den spezifischen Herausforderungen der Jugendzeit nicht fehlen, nicht zuletzt aufgrund ihrer Bedeutung für die pädagogische Ausgestaltung des Übergangs ins Erwachsenenleben. Die Adoleszenz ist eine Phase mit vielen Veränderungen sowohl seelischer als auch körperlicher Art. Im Zentrum stehen häufig Konflikte um Abhängigkeitsgefühle und Autonomiebestrebungen sowie die Herausbildung einer stabilen Ich-Identität, auf deren Grundlage die sozialen und gesellschaftlichen Anforderungen eines reifen Lebens gemeistert werden müssen. Doch wie kann eine tragfähige Identität gebildet werden? Welche Rolle spielen dabei die sozialen und emotionalen Beziehungserfahrungen der Kindheit? Und wie lässt sich eine gelungene Persönlichkeitsentwicklung von einer Identitätskrise oder einer pathologischen Entgleisung unterscheiden?

Diesen für die Pädagogik relevanten Fragen wird vor dem Hintergrund der Erkenntnisse der Mentalisierungstheorie, die sich als Weiterentwicklung der Bindungstheorie in Verbindung mit psychoanalytischen und kognitionswissenschaftlichen Bezügen verstehen lässt, im Folgenden nachgegangen. Dazu wird in einem ersten Schritt die Beziehung zwischen Bindung und Mentalisierung unter Berücksichtigung adoleszenter Entwicklungsaufgaben und pubertärer Veränderungen diskutiert (1.). Im zweiten Abschnitt wird die Frage behandelt, unter welchen Bedingungen es zu einem adoleszenten Zusammenbruch und der Entstehung einer psychischen Erkrankung kommen kann (2.). In einem dritten Schritt werden schließlich die Befunde zusammengefasst (3.).

1 Adoleszenz und Mentalisierung

Auch für die Pädagogik lässt sich die Adoleszenz als eigenständige Entwicklungsphase verstehen, die sich entwicklungswissenschaftlich in drei Abschnitte einteilen lässt: »die frühe (10–13 Jahre), mittlere (14–17 Jahre) und späte (18–22 Jahre) Adoleszenz« (Taubner u. Volkert, 2017, S. 19). Die Phase der Kindheit unterscheidet sich von der Phase der Jugend vor allem durch »das *Eintreten der Geschlechtsreife,* der sogenannten ›*Pubertät*‹« (Hurrelmann u. Quenzel, 2013, S. 26). Diese ist eine Entwicklungsphase tief greifender Umgestaltung. Nicht nur der Körper verändert sich, angestoßen durch die aufkommende Produktion von Geschlechtshormonen, auch das Gehirn erfährt eine physiologische und strukturelle Neuordnung. Dies steht im Wechselspiel mit adaptiven Prozessen des psychischen Apparates, die gerade in dieser Phase intra- und extrapsychisch nicht konfliktfrei verlaufen, was merkliche Folgen für das soziale Leben mit sich bringt. Zugleich stellt die gesellschaftliche Umwelt an die Heranwachsenden mannigfache Anforderungen, die mit den bisher eingesetzten kindlichen Lösungsstrategien nicht erfolgreich bewältigt werden können. Diese Erwartungen, die maßgeblich durch die jeweils vorherrschende kulturelle Ausgestaltung der Gesellschaft mitbestimmt werden, werden im Allgemeinen als Entwicklungsaufgaben bezeichnet. Sie beschreiben »die für die verschiedenen Altersphasen *konstitutiven gesellschaftlichen Erwartungen,* die an Individuen der verschiedenen Altersgruppen herangetragen werden« (Hurrelmann u. Quenzel, 2013, S. 28).

Im Rückgriff auf die Arbeiten von Havighurst (1953) lassen sich folgende Entwicklungsaufgaben der Adoleszenz identifizieren (vgl. Hurrelmann u. Quenzel, 2013, S. 28): 1) die Entwicklung intellektueller und sozialer Kompetenzen mit dem Ziel der Herausbildung einer beruflichen Identität, die in der Lage ist, den gesellschaftlichen und sozialen Leistungsanforderungen in angemessener Art und Weise zu entsprechen; 2) die erfolgreiche Ablösung vom Elternhaus bei gleichzeitiger Herausbildung einer stabilen Geschlechtsidentität und Bindungsfähigkeit zum Zwecke der Übernahme gesellschaftlich-akzeptierter Rollen; 3) die Fähigkeit, zwischenmenschliche Beziehungen herzustellen, sowie die Kompetenz, angemessen mit Konsumgütern umzugehen; 4) die Entwicklung individueller Lebensgestaltungskompetenz unter Berücksichtigung persönlicher Ideale und Wertvorstellungen sowie die soziale Fähigkeit zur gesellschaftlich-politischen Partizipation.

Diese vier adoleszenten Entwicklungsbereiche können nicht universalisiert werden, da sie gesellschaftlicher Ausdruck einer bestimmten Zeit und historischen Kultur sind. Entwicklungsaufgaben werden vor allem durch kollektive Sozialisationsprozesse vermittelt und unterliegen insofern einer kulturellen Prägung. Auch verweisen Entwicklungsaufgaben direkt oder indirekt aufeinander und hängen miteinander zusammen. »Die Bewältigung einer bereichsspezifischen Entwicklungsaufgabe im Jugendalter, etwa die psychosoziale Ablösung von den Eltern, wirkt sich auf die Art und Weise aus, wie eine Auseinandersetzung mit den Anforderungen in anderen Bereichen – etwa der Aufbau einer Partnerschaftsbeziehung zu Gleichaltrigen des gleichen und des anderen Geschlechts – verläuft« (Hurrelmann u. Quenzel, 2013, S. 29).

Auch die Vertreter der Mentalisierungstheorie bringen die Adoleszenz mit der individuellen Bewältigung von Entwicklungsaufgaben in Verbindung. Vor dem Hintergrund ihrer entwicklungspsychologischen »Theorie der Selbstentwicklung« (Fonagy et al., 2015, S. 322) diskutieren Fonagy und Kollegen die Herausforderungen der Jugendzeit im Kontext der damit einhergehenden Veränderung der Mentalisierungsfähigkeit. Wie die meisten pädagogischen, soziologischen und psychologischen Autoren erblicken auch sie eine der Hauptaufgaben der Adoleszenz in »dem Drang nach Separation von den äußeren und den innerlich repräsentierten Eltern« (Fonagy et al., 2015, S. 321). Das Streben nach Autonomie und die Entwicklung der eigenen Identität bedeutet allerdings nicht, dass die Eltern ihre Rolle als bedeutsame Bezugspersonen verlieren. Die Jugendlichen suchen auch weiterhin regelmäßig die Nähe der Eltern. Diese fungieren nicht nur als stressminderndes Regulativ in Zeiten emotionaler Erregung, sondern auch als profunde Ratgeber beispielsweise in Bezug auf lebenspraktische Fragen wie Studien- oder Berufswahl (vgl. Taubner, Schröder, Nolte u. Zimmermann, 2017, S. 44). »Innere Kohärenz und mentale Separation von Selbst und Objekt setzen also die physische Anwesenheit des Anderen voraus« (Fonagy et al., 2015, S. 324). Auf dieser Grundlage spielen auch die emotionalen Beziehungen zu den Peergroups eine immer wichtigere Rolle; die Heranreifenden müssen im Rahmen der identitätsgenerierenden Bewältigung der gesellschaftlichen Entwicklungsaufgaben »immer mehr Funktionen von den primären Bezugspersonen auf die Peers übertragen« (Taubner et al., 2017, S. 44). Dieser Aspekt hängt eng mit der zweiten Entwicklungsaufgabe zusammen, die im Rahmen der Mentalisierungstheorie eine wichtige Rolle spielt: dem »Sprung zu formalen Denkoperationen, der das Bedürfnis nach interpersonalem Verstehen verstärkt« (Fonagy et al., 2015, S. 321).

Während sich die Fähigkeit zur Mentalisierung bis zur Adoleszenz in Analogie zur subjektiven Bindungsqualität auf einem relativ stabilen Niveau bewegt, gewinnt sie in der Jugendzeit noch einmal deutlich an Komplexität, nicht zuletzt aufgrund der physiologischen Veränderungen im Gehirn. Der Jugendliche ist nun in der Lage, über seine eigenen mentalen Zustände und über die mentalen Zustände anderer Menschen in einem umfassenderen Sinn nachzudenken, was zu einer neuen Qualität der Beziehungen führt. Der Heranwachsende ist aufgrund des Entwicklungsdrucks aufgefordert, primäre Bindungserfahrungen auf gesellschaftliche und soziale Beziehungen zu übertragen. Dies führt nicht nur zu einem signifikanten Anstieg der zu verarbeitenden Informationsmenge, sondern geht auch mit einer intrapsychischen Umarbeitung der Selbst- und Objektrepräsentanzen einher, die die Grundlage für die strukturelle Herausbildung und anhaltende Konsolidierung der eigenen Identität ist. Gelingt die Separation von den Eltern, haben die Jugendlichen sich zugleich ein Bindungsnetzwerk aufgebaut, das aus etwa fünf Personen besteht (vgl. Taubner et al., 2017, S. 45). »Das Ergebnis ist eine entwicklungsbedingte Hypersensibilität für mentale Zustände, die die Fähigkeit des Jugendlichen, mit Gedanken und Gefühlen auf andere Weise als durch körperliche Symptome und körperliche Aktion zu Rande zu kommen, überfordern kann« (Fonagy et al., 2015, S. 322).

Auf der Grundlage dieser Ausführungen lässt sich auch das häufig bei Jugendlichen anzutreffende Phänomen riskanter Verhaltensweisen erklären. »*Risikoverhalten gilt [...] als ein unsicherheitsbezogenes Verhalten, das potenziell zu einer Schädigung führen kann und somit einer produktiven Entwicklung – in Bezug auf die Entwicklungsziele Individuation und Integration – entgegenwirken kann*« (Raithel, 2004, S. 27). Nach Raithel (2004) lässt sich das Spektrum der adoleszenten Risikoverhaltensweisen nach charakteristischen Unsicherheits- bzw. Schädigungsformen ausbuchstabieren, wobei jedem Bereich bestimmte Handlungsfelder zugeordnet werden können: Da ist zum einen das *gesundheitliche*

Risikoverhalten (Ernährung, Straßenverkehr, Sexualität etc.); da ist zum anderen das *delinquente Risikoverhalten* (illegale Drogen, Gewalt, Mutproben etc.); da ist drittens das *finanzielle Risikoverhalten* (Warenkonsum, Glücksspiel etc.); und viertens ist da das *ökologische Risikoverhalten* (Straßenverkehr, Müllentsorgung, Freizeitsport etc.).

Konrad, Firk und Uhlhaas (2013) konnten zeigen, dass die Hirnentwicklung in der Adoleszenz eine wesentliche Rolle spielt, wenn es darum geht, die erhöhte Risikobereitschaft von Jugendlichen zu erklären. Ihre neurowissenschaftlichen Studien belegen, dass es während der Adoleszenz zu einer grundlegenden Reorganisation des Gehirns kommt, wobei das Kennzeichnende in einem »Ungleichgewicht zwischen dem früher reifenden limbischen System und dem Belohnungssystem und einem noch nicht voll ausgereiftem präfrontalen Kontrollsystem« (Konrad et al., 2013, S. 430) besteht. Gleichzeitig beeinflussen Pubertätshormone die geschlechtsspezifischen Umbauarbeiten des Gehirns. Auch ist der Jugendliche während der Reifezeit besonders anfällig für positive und negative Umwelteinflüsse; diese können wiederum einen Einfluss auf die Funktionsweise und die Reorganisation des Gehirns haben (vgl. Konrad et al., 2013).

2 Adoleszenter Zusammenbruch

Die Jugendlichen, die vor dem Hintergrund ihrer primären Beziehungserfahrungen ein sicheres Bindungsmuster herausgebildet haben und deren damit verbundene Entwicklung der Fähigkeit zur Mentalisierung weitestgehend unter stabilen Bedingungen stattgefunden hat, werden die mit der Adoleszenz verbundenen Entwicklungsaufgaben in der Regel erfolgreich bewältigen. Hier zeigen sich im Allgemeinen nur die zu erwartenden normalen Schwankungen einer persönlichen, sozialen und gesellschaftlichen Reifung, an deren entwicklungspsychologischem Ende eine konsolidierte Ich-Identität steht. Erikson (1973) bezeichnet diese Zeit im Rahmen seines Stufenmodells der psychosozialen Entwicklung auch als »*psychosoziales Moratorium* […], während dessen der Mensch durch freies Rollen-Experimentieren sich in irgendeinem der Sektoren der Gesellschaft seinen Platz sucht, eine Nische, die fest umrissen und doch wie einzig für ihn gemacht ist« (Erikson, 1973 S. 137 f.).

Die adoleszente Ich-Entwicklung ist von *Identitätskrisen* begleitet, die immer dann auftreten, wenn zwischen der psychischen Organisation und der äußeren Umwelt eine konflikthafte Diskrepanz entsteht. In der Jugend können die kindlichen Identifikationen in der alten Weise nicht länger aufrechterhalten werden, weil sie nicht geeignet sind, auf die neuen Anforderungen angemessen zu antworten. Dass daraus leicht biografische Brüche entstehen können, ist leicht einzusehen. Es entsteht eine Art psychosozialer Übergangsraum, mit der Folge, dass das Kind einen Weg finden muss, die alten und neuen Identifikationen angemessen in eine übergeordnete Struktur zu integrieren. Die Gesellschaft unterstützt diese Entwicklung, indem sie den Jugendlichen bestimmte Rollenkomplexe beispielhaft zur Verfügung stellt. In der Jugendzeit steht das Ich vor der Aufgabe, sowohl die psychosexuellen als auch die psychosozialen Bausteine zu integrieren, während es gleichzeitig versuchen muss, zwischen den alten und den neuen Elementen der Identität eine Verbindung herzustellen. Das Ich muss einiges an Energie aufwenden, um eine intakte Identität aufzubauen und »betriebsbereit« zu halten. Die älteren Strukturen der infantilen Ich-Identität müssen schon deshalb mitbearbeitet werden, weil sie zum Ursprung für neue Konflikte werden können, besonders »wenn Veränderungen in der Qualität und Quantität der Triebe, Erweiterungen des geistigen Rüstzeugs und neue, oft widerspruchsvolle soziale Anforderungen die vorherigen Anpassungsleistungen gefährden und die bisherigen Gewinne und Hoffnungen entwerten« (Erikson, 1973 S. 143 f.).

Es ist evident, dass solche Krisen von neurotischen Beschwerden zu unterscheiden sind. Während es sich bei der Neurose im Freud'schen Sinne um einen Kompromiss handelt, der das Ergebnis eines ungelösten Triebkonflikts ist, geht es bei der Identitätskrise um seelische Problemlagen im Rahmen einer normalen Ich-Entwicklung. Die Entwicklungskrise ist kein unlösbares Problem, sondern die gesunde Folgeerscheinung einer zu Ende gehenden Lebensphase. Obwohl Erikson nicht übersieht, dass die adoleszente Identitätskrise gewisse symptomatische Ähnlichkeiten mit der Neurose – und manchmal sogar mit der Psychose – aufweist, kommt er dennoch zu dem Schluss, dass es sich hier nicht um eine psychische Erkrankung, sondern um eine entwicklungsbedingte Schwankung handelt, die struktureller Ausdruck einer intrapsychischen Renovierungsarbeit ist, »d. h. eine normale Phase vermehrter Konflikte, charakterisiert einerseits durch eine scheinbare Labilität der Ich-Stärke, andererseits aber auch durch ein hohes Wachstumspotenzial« (Erikson, 1973, S. 144).

Dagegen können Kinder bei einer Kumulation von Risikofaktoren, wie z. B. einer geschwächten Bindungsqualität und Mentalisierungsfähigkeit, Gefahr laufen, so die Annahme von Fonagy und Kollegen (2015), in der Adoleszenz eine Persönlichkeits(entwicklungs)störung zu entwickeln. Wie Bateman und Fonagy (2008) in ihren konzeptuellen Arbeiten zur Entstehung der Borderline-Persönlichkeitsstörung (BPS) gezeigt haben, sind es neben konstitutionellen Vulnerabilitäten vor allem die fehlenden affektiven Abstimmungen im Rahmen sicherer Bindungserfahrungen, die bereits in jungen Jahren zu einer anhaltenden Hemmung der Mentalisierungsfähigkeit führen können und auf diese Weise die kognitive und emotionale Entwicklung des Kindes nachteilig beeinflussen.

Fonagy und Kollegen (2015) gehen davon aus, dass der Ursprung der Störung in einer defensiven Hemmung der Mentalisierungsfähigkeit zu finden ist. Im Zentrum ihrer Auffassung steht die These, dass Vernachlässigung, Misshandlungen, sexuelle Grenzüberschreitungen und andere potenziell traumatische Erfahrungen die Funktion der Reflexionsfähigkeit herabsetzen und die Entstehung einer BPS strukturell begünstigen. Die Autoren bringen die Entstehung der Störung mit frühen Bindungstraumata in Zusammenhang, wobei diese nicht immer zwingend den Charakter schwerer Vernachlässigung oder Übergriffe aufweisen müssen. Für Fonagy und Kollegen (2015) ist es in erster Linie das Fehlen einer affektiv abgestimmten Umwelt, das zur Bildung pathologischer Selbst- und Objektrepräsentanzen und zu einer die Beziehungen störenden Selbst- und Fremdwahrnehmung führt. Es ist einzusehen, dass damit eine hemmende Beeinträchtigung sowohl der Entwicklung des Selbst als auch der Reflexionsfunktion verbunden sein kann, die sich dann nachteilig auf die zwischenmenschliche Beziehungsgestaltung auswirkt.

Die Gründe für eine pathologische Hemmung der Mentalisierungsfähigkeit sind vielfältig. Zum einen kann es für das Kind gefährlich sein, die mentalen Zustände von vernachlässigenden oder misshandelnden Bindungspersonen zu lesen. Das Kind befindet sich in einer Dilemma-Situation, denn emotionale und körperliche Übergriffe lösen Stress und damit Bindungsbedürfnisse aus, die einer Regulation bedürfen. Die Folge ist, dass sich das Kind an seine misshandelnden Bindungspersonen wendet, um sich beruhigen zu lassen. Zum anderen sind die mentalen Zustände dieser Eltern oft verzerrt, da sie innerhalb der Bindungsbeziehung Gefühle und Überzeugungen für sich in Anspruch nehmen, die ihrem Verhalten häufig widersprechen. Auch fällt es Eltern mitunter schwer, eine spielerische Grundhaltung ihren Kindern gegenüber einzunehmen, mit der Folge, dass diesen ein verlässlicher Rahmen fehlt, in dem sie ihre Fähigkeit zur Mentalisierung unter Bedingungen einer sicheren Bindung herausbilden können. Kinder, die solche Beziehungserfahrungen machen, entwickeln laut Fonagy und Kollegen (2015) eine spezifische Abwehrreaktion in Form einer Mentalisierungshemmung. Dadurch soll das Internalisieren pathologischer Objektbeziehungen verhindert werden. Eine entwicklungsbedingte Hemmung der Reflexionsfunktion lässt sich insbesondere dann beobachten, wenn sich zeigen lässt, dass die Mentalisierungsfähigkeit bereits in der Kindheit nicht hinreichend entwickelt worden ist. »Wenn das Denken zu einem gewissen Grad teleologisch geblieben ist und die innere Welt tendenziell weiterhin im Modus der psychischen Äquivalenz repräsentiert wird […], wird das Kind um so eher dazu neigen, jedes Nachdenken über die mentalen Zustände der mißhandelnden Betreuungsperson auszuschalten« (Fonagy et al., 2015, S. 355).

Eine pathologische Persönlichkeitsentwicklung, die sich aufgrund der pubertätsbedingten Labilität des Selbst häufig in der Adoleszenz zeigt, steht für die Vertreter der Mentalisierungstheorie im direkten Zusammenhang mit einer abwehrorganisierenden Hemmung der Mentalisierungsfähigkeit, die häufig das Ergebnis einer desorganisierten Bindungsbeziehung und den damit einhergehenden Konsequenzen für die emotionale und soziale Entwicklung ist. Das instabile Selbstwertgefühl der Betroffenen ist eine Folge der mangelhaften Reflexionsfunktion und der Unfähigkeit, auf der Grundlage regulierender Beziehungserfahrungen sekundäre Repräsentanzen primärer Selbstzustände herauszubilden. In ähnlicher Weise lässt sich auch die fehlende Impulskontrolle Betroffener verstehen. Die kaum entwickelte Fähigkeit zur Mentalisierung macht ein erfolgreiches Regulieren der Spitzenaffekte unmöglich. Die emotionale Instabilität sowie die schnelle Reizbarkeit der Personen stehen im Zusammenhang mit einer relativ starren Realitätskonstruktion. Sie können sich häufig nicht vorstellen, »daß der Andere über eine Realitätskonstruktion verfügen könnte, die sich von derjenigen, die sie selbst als unumstößlich erleben, unterscheidet« (Fonagy et al., 2015, S. 364). Gemäß dem teleologischen Modus orientieren sie sich weniger am Mentalen, sondern am äußeren Verhalten, wobei die Handlungen entsprechend den eigenen Überzeugungen interpretiert werden, was »zu paranoiden Konstruktionen der Wunschzustände anderer Menschen« (Fonagy et al., 2015, S. 364) führen kann.

Zwischen einem entwicklungsbedingten Mentalisierungsdefizit, das die Folge einer pathogenen Bindungsbeziehung ist, und einem in der Adoleszenz auftauchenden seelischen Zusammenbruch besteht demnach ein unmittelbarer Zusammenhang. »Kinder, die mit einer geschwächten Fähigkeit, in Bindungskontexten zu mentalisieren, in die Adoleszenz eintreten, sind auf die Entwicklungsaufgaben dieser Phase ungenügend vorbereitet« (Bleiberg, Rossouw u. Fonagy, 2015, S. 539). Aufgrund der zu bewältigenden Entwicklungsaufgaben besteht die Gefahr eines mentalen Zusammenbruchs und des Auftauchens einer psychischen Störung. »In der Adoleszenz verschränken sich frühe Entwicklungsschwierigkeiten mit Veränderungen des Gehirns, die das Mentalisieren und die mentalisierungsgestützte Affektregulation schwächen, sowie mit starken psychosozialen Erwartungen und entwicklungsbedingten Strebungen, welche die Fähigkeit, das Selbst zu repräsentieren und Affekte zu regulieren, in besonderem Maß fordern« (Bleiberg et al., 2015, S. 539 f.).

Die Mentalisierungstheorie liefert auch Erkenntnisse auf dem Gebiet der externalisierenden Verhaltensstörungen in der Adoleszenz, wobei der Begriff neben aggressivem, oppositionell-trotzigem und hyperaktivem Verhalten auch gewalttätige und antisoziale Handlungen umfasst (vgl. Taubner, Wiswede, Nolte u. Roth, 2010, S. 313). Im Rahmen ihrer empirischen Arbeit haben Taubner und Kollegen (2010) gewalttätige spätadoleszente junge Männer hinsichtlich ihrer Mentalisierungsfähigkeit mit gleichaltrigen nichtgewalttätigen jungen Männern verglichen. Mit ihrer Studie reagieren sie auf den Umstand, dass es bisher wenig Forschung zu diesem Thema, insbesondere unter Berücksichtigung sozialer Kognitionen in der Adoleszenz, gibt. Soziale Kognitionen spielen für das Verständnis externalisierender Verhaltensstörungen eine wichtige Rolle, denn sie beeinflussen die dem Bewusstsein weitgehend entzogene Art und Weise, wie eine soziale Interaktion intrapsychisch verarbeitet wird; folglich besitzen sie einen erheblichen Einfluss auf das antwortende Handeln (vgl. Taubner et al., 2010). Bei der Verarbeitung sozialer Interaktion greift die Person gleichsam habitualisiert auf Wissen zurück, dessen Grundlage innere Arbeitsmodelle von Bindungserfahrungen sind. Die Studien von Taubner und Kollegen (2010) zeigen, dass Jugendliche mit externalisierenden Verhaltensstörungen deutliche Defizite in der sozialen Informationsverarbeitung aufweisen. Die Ursache für diesen mentalisierungstheoretischen Befund verorten sie in konflikthaften Beziehungen, »denn aversive Bindungserfahrungen können die Entwicklung einer angemessenen Wissensbasis mitmenschlicher Interaktion unterbrechen und zu einer defizitären sozialen Informationsverarbeitung beitragen« (Taubner et al., 2010, S. 314). Die ablehnenden Beziehungserfahrungen, die der Jugendliche im Rahmen primärer Bindungen erfahren hat, organisieren sich in seinem Inneren zu feindlich-relationalen Schemata, auf deren Basis neue soziale Interaktionen interpretiert werden bei gleichzeitiger Fokussierung auf aggressive Zwischentöne der Beziehung, wobei feindselige Absichten aufgrund der aversiv gefärbten Arbeitsmodelle häufig unterstellt werden.

3 Ergebnisse

Eine mentalisierungsbasierte Pädagogik sollte die hier charakterisierten Aspekte adoleszenter Entwicklung berücksichtigen, um sich vor dem Hintergrund der Unterscheidung zwischen einer krisenhaften und pathologischen Persönlichkeitsentwicklung auf die spezifischen Herausforderungen dieser Entwicklungsstufe einzustellen, einen subjektiv gelingenden Übergang ins Erwachsenenalter zu gewährleisten und die Identitätskonsolidierung im Hinblick auf eine subjektiv passende und gesellschaftlich teilhabende Lebensgestaltung zu unterstützen. Die stufenweise Entwicklung des Selbst sowie die Entwicklung der Fähigkeit zur

Mentalisierung können unter einer mentalisierungstheoretischen Perspektive nicht unabhängig von den Bindungserfahrungen und den daraus entstandenen inneren Arbeitsmodellen betrachtet werden. Die Adoleszenz ist eine Entwicklungsphase, in der es die Person nicht nur mit der Bewältigung von individuellen und gesellschaftlichen Entwicklungsaufgaben zu tun hat. Die Jugendzeit bietet für die Pädagogik viele Möglichkeiten positiver Einflussnahme im Sinne der Förderung bindungsbasierter Mentalisierungsfähigkeit. Der Jugendliche ist in der Pubertät besonders offen für interpersonale Umwelteinflüsse, speziell wenn es darum geht, ihn durch reifere Beziehungspersonen (gerade auch ältere Peers) bei der stressmindernden Regulierung affektiver Erregungszustände und dem tieferen Verstehen anderer Menschen zu unterstützen. Auf diese Weise lassen sich früher gemachte aversive Beziehungserfahrungen Jugendlicher korrigieren, nicht zuletzt, indem sich die Pädagogik durch Beziehungsarbeit an den durch die Mentalisierungstheorie hervorgebrachten Erkenntnissen hinsichtlich der stufenweisen Entwicklung des Selbst als Urheber orientiert, das den Zugang zu sich selbst und anderen Menschen nur durch tragfähige Bindungsbeziehungen gewinnt.

Literatur

Bateman, A. W., Fonagy, P. (2008). Psychotherapie der Borderline-Persönlichkeitsstörung. Ein mentalisierungsgestütztes Behandlungskonzept. Gießen: Psychosozial-Verlag.
Bleiberg, E., Rossouw, T., Fonagy, P. (2015). Adoleszenter Zusammenbruch und auftauchende Borderline-Persönlichkeitsstörung. In A. W. Batemann, P. Fonagy (Hrsg.), Handbuch Mentalisieren (S. 527–578). Gießen: Psychosozial-Verlag.
Erikson, E. H. (1973). Identität und Lebenszyklus. Drei Aufsätze. Frankfurt a. M.: Suhrkamp.
Fonagy, P., Gergely, G., Jurist, E. L., Target, M. (2015). Affektregulierung, Mentalisierung und die Entwicklung des Selbst (5. Aufl.). Stuttgart: Klett-Cotta.
Havighurst, R. J. (1953). Human development and education. New York: David McKay.
Hurrelmann, K., Quenzel, G. (2013). Lebensphase Jugend. Eine Einführung in die sozialwissenschaftliche Jugendforschung (12. Aufl.). Weinheim/Basel: Juventa.
Konrad, K., Firk, C., Uhlhaas, P. J. (2013). Hirnentwicklung in der Adoleszenz. Neurowissenschaftliche Befunde zum Verständnis dieser Entwicklungsphase. Deutsches Ärzteblatt, 110 (25), 425–431.
Raithel, J. (2004). Jugendliches Risikoverhalten. Eine Einführung. Wiesbaden: VS Verlag für Sozialwissenschaften.
Taubner, S., Schröder, P., Nolte, T., Zimmermann, L. (2017). Bindung und Mentalisierung in der Adoleszenz. In B. Strauß, H. Schauenburg (Hrsg.), Bindung in Psychologie und Medizin. Grundlagen, Klinik und Forschung – Ein Handbuch (1. Aufl., S. 41–53). Stuttgart: Kohlhammer.
Taubner, S., Volkert, J. (2017). Mentalisierungsbasierte Therapie für Adoleszente (MBT-A). Göttingen: Vandenhoeck & Ruprecht.
Taubner, S., Wiswede, D., Nolte, P., Roth, G. (2010). Mentalisierung und externalisierende Verhaltensstörungen in der Adoleszenz. Psychotherapeut, 55 (4), 312–320.

Die mentalisierungsbasierte Therapie für Adoleszente (MBT-A)

Stephan Gingelmaier und Svenja Taubner

Der Beitrag erarbeitet einen kurzen Überblick über die MBT-A als psychotherapeutisches Programm anhand der Publikation von Taubner und Volkert (2017). Dabei wird der vierphasige Aufbau der MBT-A vorgestellt und ihre Durchführung erläutert. Zum Ende hin erfolgt eine Übersicht über die Veränderungstheorie der MBT-A und den Stand der Forschung ihrer empirischen Wirksamkeit.

The article provides an overview of the MBT-A as a psychotherapeutic program based on the publication of Taubner and Volkert (2017). The four-phase design of the MBT-A is being presented and its implementation explained. In the end, an overview of the change theory of MBT-A and the state of the research on its empirical effectiveness is given.

Die mentalisierungsbasierte Therapie (MBT) ist eine der aktuellen psychodynamischen Therapieformen, die neben einem Schwerpunkt auf Persönlichkeitsstörungen auch andere psychische Störungen, wie Angst oder Depression, fokussiert.

Dieser Beitrag möchte als Ergänzung und Kontrast zu den Möglichkeiten einer mentalisierungsbasierten Pädagogik entlang des Buchs von Taubner und Volkert (2017) überblicksartig darstellen, wie die mentalisierungsbasierte Therapie in ihrer klinisch-therapeutischen Ausprägung vorgeht. Wegen des pädagogischen Fokus auf Kinder und Jugendliche wurde die mentalisierungsbasierte Therapie für Adoleszente (MBT-A) ausgewählt. Die MBT-A wurde maßgeblich von Trudie Rossouw entwickelt und hat sich zur Behandlung von selbstverletzendem Verhalten als effektiv erwiesen (Rossouw u. Fonagy, 2012). Dabei stellt die MBT-A eine weitere Anwendung der mentalisierungsbasierten Therapie für Erwachsene (MBT) dar (Bateman u. Fonagy, 2016), unter Einbezug der mentalisierungsbasierten Therapie für Gruppen (MBT-G; Karterud, 2015;

Schultz-Venrath u. Felsenberg, 2016) und der mentalisierungsbasierten Therapie für Familien (MBT-F; Asen u. Fonagy, 2017). Aktuell wurde ein Manual zur Behandlung von Kindern mit MBT, die MBT-C, vorgelegt (Midgley, Ensink, Lindqvist, Malberg u. Muller, 2017).

1 Aufbau der MBT-A

Die Behandlung beinhaltet eine Kombination aus Einzel- und Familiensitzungen. Taubner und Volkert (2017) fassen diese wie folgt zusammen: »Die wöchentliche Frequenz variiert in Abhängigkeit vom jeweiligen Therapierahmen: In ambulanten Settings werden die Einzelsitzungen zumeist einmal die Woche und die Familiensitzungen einmal im Monat durchgeführt; in stationären Settings werden oftmals Einzel- und Gruppensitzungen zweimal pro Woche sowie wöchentliche Familiensitzungen abgehalten« (S. 37).

Das Programm ist dabei folgendermaßen unterteilt (s. Tabelle 1):

Tabelle 1: Aufbau der MBT-A (Taubner u. Volkert, 2017, S. 38)

	Phase	Ziele	Spezifische Prozesse
1	Diagnostik und Fokusformulierung	Beurteilung der Mentalisierung und der Gesamtpersönlichkeit; Patienten gewinnen	Diagnosestellung; Hierarchie therapeutischer Ziele; Stabilisierung von Verhaltensproblemen und sozialen Schwierigkeiten; Überprüfung, Medikation und Krisenplan; schriftliche Fokusformulierung
2	Psychoedukation (MBT-A)	Stärkung des therapeutischen Arbeitsbündnisses und Transparenz über das Vorgehen	Mentalisierungskonzept erarbeiten
3	Einzel- und Familiensitzungen (MBT-A und MBT-F)	Verbesserung der Mentalisierungsfähigkeit	Arbeit an interpersonalen Problemen mit dem Ziel, konstruktive und intime Beziehungen durch Interventionen, die mit empathischer Validierung beginnen, führen zu können; Kontinuierliche Weiterentwicklung der Fokusformulierung
4	Abschied	Abschluss	Drei Monate vor Therapieende Bearbeitung und Vorbereitung der Trennung; Entwicklung eines Follow-up-Programms.

2 Durchführung

Das Programm ist, wie in Tabelle 1 gezeigt, in vier Phasen eingeteilt. Diese sollen im Folgenden kurz vorgestellt werden.

2.1 Diagnose- und Fokusformulierungsphase

Es geht um das Kennenlernen und Einschätzen der Mentalisierungsfähigkeit des Patienten. Dies dauert ca. fünf bis acht Sitzungen. Am Ende steht eine schriftliche Fokusformulierung an den Patienten und seine Familie.

Zur Durchführung der Mentalisierungsdiagnostik nennen Taubner und Volkert (2017) folgende Ziele und Fragestellungen:
1. Welches sind die wichtigsten Beziehungen und welche Verbindung haben sie zu den zentralen Problemen des Patienten?
2. Wie ist die Mentalisierungsqualität in diesen Beziehungen?
3. Wann versagt das Mentalisieren?
4. Ist es dann partiell oder generell eingeschränkt?
5. Welche prämentalisierenden Modi herrschen dann vor?
6. Werden andere durch Mentalisieren missbräuchlich manipuliert?

Die Fokusformulierung ist als Brief an den Patienten gedacht. Folgende Ziele sollten nach Taubner und Volkert (2017) darin berücksichtigt werden:
1. Vertiefung des therapeutischen Fallverständnisses,
2. Fokussierung der Behandlung,
3. Transparenz über therapeutisches Vorgehen und Denken,
4. die therapeutische Einschätzung wird als Einschätzung des mentalisierenden Rahmenverständnisses zur Verfügung gestellt.

Es ist unbedingt darauf zu achten, dies in einfacher, verständlicher Sprache zu schreiben.

2.2 Psychoedukationsphase (MBT-A)

Die Patienten und ihre Familien werden über das Konzept des Programms aufgeklärt. Die Ziele werden von Taubner und Volkert (2017) so beschrieben:
1. Einführung in das Konzept der Mentalisierung und Bindung, Aufklärung über die Bedeutung von Gefühlen,
2. Ermutigung zur individuellen Reflexion: Einflüsse früher Erfahrungen auf das Hier und Jetzt,

3. Reflexion über den Einfluss von Bindung und Mentalisierung auf emotionalen Ausdruck, Verhalten und psychische Gesundheit,
4. Vorbereitung auf langfristige therapeutische Beziehungen,
5. mehr Feinheiten über die Mentalisierungsfähigkeit der Patienten zu erfahren.

Es ist ein zwölfwöchiges Programm für Erwachsene und Jugendliche, mit jeweils einer einstündigen Sitzung pro Woche. Eingesetzt werden interaktive Techniken, Arbeitsblätter, Fallbeispiele und Videosequenzen. Die Gruppe sollte zwischen sechs und acht Teilnehmer haben. Ein therapeutischer Gruppenleiter übernimmt die Leitung (Taubner u. Volkert, 2017). Je nach Störungsbild kann die Dosis der Psychoedukation variiert werden. Im Rahmen der Behandlung von Jugendlichen mit Störung des Sozialverhaltens wird aktuell ein Programm aus zwei Workshops empfohlen (Taubner, Fonagy u. Gablonski, im Druck).

2.3 Einzel- und Familiensitzungsphase (MBT-A und MBT-F)

Als besonders wichtig für die Einzelsitzungen wird die therapeutische Haltung beschrieben. Der Therapeut sollte das Arbeitsbündnis durch authentischen emotionalen Kontakt und eine fürsorgliche Beziehung fokussieren. Er ist aktiver Teilnehmer der Sitzungen und sein Interesse und seine Neugier sollten dauerhaft spür- und sichtbar sein. Ein besonderes Merkmal ist, dass der Therapeut eine Haltung des Nichtwissens einnimmt. Statt Verhalten sollen in den Sitzungen Gefühle exploriert werden (Taubner u. Volkert, 2017).

Die Sitzungen gehen über eine empathisch-unterstützende Haltung immer stärker hin zu einer beziehungsorientierten Prozesserfahrung (Taubner u. Volkert, 2017). Die unterstützenden Techniken stellen eine »Validierung des subjektiven Erlebens« (Taubner u. Volkert, 2017, S. 51) des Patienten dar. Erst wenn dies erfolgreich abgeschlossen ist, können Techniken der Klärung und Exploration mentaler Zustände zum Tragen kommen.

MBT-Techniken folgen übergeordnet diesen Regeln (Taubner u. Volkert, 2017), sie sind:
1. kurz und einfach zu verstehen,
2. affektfokussiert und versuchen darüber, den Patienten aktiv einzubinden,
3. fokussiert und zielen auf die psychische Befindlichkeit statt auf das Verhalten,
4. bezogen auf aktuelle Ereignisse (Arbeitsgedächtnis),
5. auf den Therapeuten als mentales Modell ausgelegt.

Ein Spezifikum der MBT ist, dass sie sich besondere Gedanken darüber macht, wie mit dem Auftreten von prämentalisierenden Modi, die für die Patienten wie beschrieben als entwicklungshemmend gesehen werden, umgegangen wird.

Neben den Einzelsitzungen sind auch Familiensitzungen Teil des Programms. Diese werden nach dem Programm der *mentalisierungsbasierten Therapie für Familien* (MBT-F) abgehalten. Es werden klassische systemische und psychodynamische Interventionen der Familientherapie genutzt: »MBT-F behandelt dysfunktionale Mentalisierungsprozesse innerhalb des familiären Kontextes und fokussiert nicht auf einzelne Symptome oder Personen« (Taubner u. Volkert, 2017, S. 61). Der »Teufelskreislauf der wechselseitigen Hemmung von Mentalisierung in Familien soll unterbrochen werden« (Taubner u. Volkert, 2017, S. 62). Der Therapeut sollte sich und die Behandlungen kontinuierlich supervidieren lassen; dabei ist es wichtig, dass auch in der Supervision mentalisierend vorgegangen wird.

2.4 Abschiedsphase

Drei Monate vor Abschluss der Therapie sollen, wie in psychodynamischen Therapien üblich, die Themen Trennung und Abschied fokussiert werden. Neben dem Herausarbeiten von funktionalen individuellen Bewältigungsstrategien sollte auch ein spezifisches Follow-up-Programm mit dem Patienten erarbeitet werden.

3 Wirksamkeit und Evaluation

3.1 Konzeptionelle Annahmen zur Wirkweise der MBT

Das grundlegende Metaziel der MBT ist eine Verbesserung des effektiven Mentalisierens. Dies lässt sich in vier Bereiche unterteilen:
1. die Wahrnehmung der eigenen Innenwelt,
2. die Selbstrepräsentation, durch ein reiches Erleben des Psychischen,
3. die Wahrnehmung der Gedanken und Gefühle anderer,
4. allgemeine Werte und Haltungen, z. B. im Sinne einer fehlenden Absolutheit von Richtig und Falsch, der Präferenz für Komplexität und Relationismus und darüber, dass Fehlannahmen des Selbst und des Anderen wahrscheinlich sind (Taubner u. Volkert, 2017).

Als zentraler Veränderungsmechanismus in der MBT-A gilt »das Herstellen einer akkurateren Repräsentation der Psyche anderer und des Selbst und die Unterstützung eines besseren Verständnisses, wie das eigene Verhalten das Verhalten anderer beeinflusst. Im Gegensatz zu verhaltenstherapeutischen Modellen, die ähnliche Ziele verfolgen können, fokussiert MBT auf und arbeitet mit Emotionen und nicht mit Kognitionen. Die zentrale Philosophie besteht darin, dass die therapeutische Beziehung einer Bindungsbeziehung gleicht, in deren Rahmen nicht mentalisierte Emotionen und ihre psychischen Repräsentationen erkundet werden können« (Bateman u. Fonagy, zit. nach Taubner u. Volkert, 2017, S. 17).

3.2 Evaluation

Für die MBT-A konnte gezeigt werden, dass sie bei der Reduktion von selbstverletzendem Verhalten wirksam ist (Rossouw u. Fonagy, 2012). Laurenssen und Kollegen (2014) konnten belegen, dass bei einem intensiven teilstationären Training mit MBT-A sowohl die Symptombelastung wie auch die Persönlichkeitsprobleme Jugendlicher zurückgingen.

Eine Studie von Taubner, Gablonski, Nolte, Sevecke und Volkert (in Vorbereitung) untersucht aktuell experimentell die MBT-A für Adoleszente mit Störung des Sozialverhaltens im Vergleich zur Standardbehandlung.

4 Fazit

Es konnte gezeigt werden, dass mit der MBT-A ein vielversprechendes Konzept für die Behandlung von Adoleszenten, insbesondere mit Persönlichkeitsproblemen, vorliegt. Festzustellen ist, dass auf der konzeptionellen Ebene national und international überraschend wenige publizierte Entwürfe zur MBT-A vorliegen. Darum erhalten die Beiträge von Taubner und Volkert (2017) oder auch Sevecke und Taubner (2017) hier einen entsprechenden Stellenwert. Für die empirische Evaluation der Wirksamkeit gilt MBT für Patienten mit der Diagnose Borderline-Persönlichkeitsstörung bei Erwachsenen als evidenzbasiert. Es liegen, wie gezeigt, ebenfalls Ergebnisse vor, die die Wirksamkeit der MBT-A bestätigen. Die weitere Evaluation des Programms erscheint deswegen aussichtsreich.

Literatur

Asen, E., Fonagy, P. (2017). Mentalizing family violence. Part 2: Techniques and interventions. Family Process, 56 (1), 22–44. DOI: 10.1111/famp.12276

Bateman, A. W., Fonagy, P. (2016). Mentalization-based treatment for personality disorders. A practical guide. Oxford: Oxford University Press.

Karterud, S. (2015). Mentalization-based group therapy (MBT-G) – A theoretical, clinical, and research manual. Oxford: Oxford University Press.

Laurenssen, E. P. M., Westra, D., Kikkert, M. J., Noom, M. J., Eeren, H. V., van Broekhuyzen, A. J., Peen, J., Luyten, P., Busschbach, J. J. V., Dekker, J. J. M. (2014). Day hospital mentalization-based treatment (MBT-DH) versus treatment as usual in the treatment of severe borderline personality disorder: Protocol of a randomized controlled trial. BMC Psychiatry, 149 (14). DOI: 10.1186/1471-244X-14-149

Midgley, N., Ensink, K., Lindqvist, K., Malberg, N., Muller, N. (2017). Mentalization-based treatment for children: A time-limited approach. Washington: American Psychological Association.

Rossouw, T., Fonagy, P. (2012). Mentalization-based treatment for self-harm in adolescents: A randomized controlled trial. Journal of the American Academy of Child and Adolescent Psychiatry, 51 (12), 1304-1313.e3. DOI: 10.1016/j.jaac.2012.09.018

Schultz-Venrath, U., Felsberger, H. (2016). Mentalisieren in Klinik und Praxis. Bd 1: Mentalisieren in Gruppen. Stuttgart: Klett-Cotta.

Sevecke, K., Taubner, S. (2017). Mentalisierungsbasierte Therapie für Jugendliche (MBT-A) mit aggressiven Verhaltensstörungen. In O. Bilke-Hentsch, K. Sevecke (Hrsg.), Aggressivität, Impulsivität und Delinquenz. Von gesunden Aggressionen bis zur forensischen Psychiatrie bei Kindern und Jugendlichen (S. 162–166). Stuttgart: Thieme.

Taubner, S., Gablonski, T., Fonagy, P. (in press). Conduct disorder. In A. W. Bateman, P. Fonagy (Eds.), Mentalization in mental health practice (2nd ed.). Hoboken: John Wiley & Sons.

Taubner, S., Gablonski, T., Nolte, T., Sevecke, K., Volkert, J. (im Druck). Mentalisierungsbasierte Therapie für Jugendliche mit Störungen des Sozialverhaltens – eine multizentrische quasi-experimentelle Studie.

Taubner, S., Volkert, J. (2017). Mentalisierungsbasierte Therapie für Adoleszente (MBT-A). Göttingen: Vandenhoeck & Ruprecht.

»Er will mich provozieren und ich kann ihn nicht mehr ertragen!«

Erzieherische Verhältnisse unter fehlender Mentalisierungsfähigkeit

Tillmann F. Kreuzer

Durch eine Szene im schulischen Kontext wird anhand der Geschichte von Jona die Relevanz des Wiedererlangens von Mentalisierungsfähigkeit für Erziehende nach Krisensituationen aufgezeigt. Das Verständnis des Zusammenhangs zwischen innerer und äußerer Realität ist in Verbindung mit Mentalisierung eine Entwicklungsleistung. Um den Verlust der äußeren Realität bei Jona verstehbar werden zu lassen, bedarf es eben dieser Fähigkeit bei den Beteiligten, die verloren gegangen ist.

A school life episode from Jona's case vignette is used to demonstrate the importance of the regain of the mentalization ability for educators. The understanding of the link between internal and external reality is in association with mentalization a development accomplishment. In order to understand the loss of Jona's external reality, it is important for the educators to possess this ability.

> »Wir Erwachsene verstehen die Kinder nicht,
> weil wir unsere eigene Kindheit nicht mehr verstehen.«
> (Freud, 1913/1996, S. 419)

Das pädagogische Verhältnis ist ein Verhältnis, welches auf Wechselwirkung beruht. Psychoanalytisch-pädagogisch ausgedrückt: Es basiert auf Übertragung und Gegenübertragung in einem weiten Feld der Vielfalt von Perspektiven. Grundsätzlich fußt die psychoanalytische Pädagogik auf der Theorie menschlicher Beziehungen. Im Rahmen von kontinuierlich stattfindenden Debatten über die Leistungsfähigkeit der Erziehungswissenschaft, die schon immer zur pädagogischen Tradition gehören (vgl. Reh u. Reichenbach, 2014), findet der Aspekt der Mentalisierung in den Bildungswissenschaften, besonders in der Erziehungswissenschaft, immer mehr Beachtung und große Akzeptanz (vgl. Schultz-Venrath, 2015).

Doch inwiefern lassen sich subjektive Bedürfnisse und gesellschaftliche Erwartungen in Verbindung bringen? Und wie sind menschliche Beziehungsverhältnisse zueinander zu beschreiben? Wie in meiner Fallvignette sichtbar wird, sind es machtvolle Beziehungen, in denen jeder um seine Anerkennung und Integrität kämpft und sich Erziehende um das Etablieren einer mentalisierenden Haltung bemühen sollten, in der es um eine Ethik des Einfühlens und des Mitfühlens geht. In der Fortführung psychoanalytischen Denkens ist nicht nur die Bindungs- und Theory-of-Mind-Forschung (vgl. Fonagy, Gergely u. Jurist, 2004) für den Erzieher von besonderer Bedeutung, sondern auch die Fähigkeit der Entwicklung des Selbst im Erleben des Erwachsenen, das heißt im Sinne von Selbsterkenntnis, der sich in diesem Prozess der Metakognition selbstkritisch reflektiert.

Mehr oder weniger ist die Gesellschaft geprägt von einer Anthropologie (vgl. Wulf, 2015), in der Wesensmerkmale und Eigenschaften der Menschen festgeschrieben sind, die recht unvollständig, fragwürdig oder gar sinnlos erscheinen. Für eine Diskussion zur Frage nach einem Gewinn durch Mentalisierungsfähigkeit auf pädagogischen Feldern leitet sich daher die Forderung ab, gesellschaftliche Prozesse zu reflektieren, wie dies Mertens (2012) formuliert:

»Das Mentalisierungskonzept lässt sich nicht nur bei Menschen mit einem unverarbeiteten Trauma, einer Borderline-Persönlichkeitsstörung oder generell in psychoanalytischer Psychotherapie, in der präventiven Arbeit mit Problemfamilien und in der Sozialen Arbeit sowie in pädagogischen Handlungsfeldern einsetzen, sondern darüber hinaus auch in der politischen Auseinandersetzung mit globalen Konflikten« (S. 122).

Der fehlende Respekt vor der Autonomie des Einzelnen, fehlende Ansprache, Zuwendung und Anerkennung durch Gleichbehandlung gehören mit zum Prozess der Mentalisierung und führten den Jungen Jona in eine krisenhafte Situation. Dabei erscheint nicht so sehr das Problem der Anerkennung auf der individuellen Seite zu bestehen (vgl. Singer, 1998), sondern dass es, mit den Worten Zirfas' (1999) gesprochen, »in einer Ethik der Anerkennung [erforderlich ist,] nicht nur subjektiv […] dem Anderen in seiner Selbstachtung gerecht zu werden, sondern auch […] objektive Bedingungen zu gestalten, die die Selbstachtung für alle möglich mach[en]« (S. 315).

Dies bedeutet für die Betroffenen, ihr *Menschenbild* und ihre Einstellung gegenüber dem Anderen und sich selbst zu betrachten. Dabei gilt es, das eigene Bild zu hinterfragen und sich am Ende eines selbstkritischen Reflexionsprozesses (vgl. Kreuzer, 2013) bewusst für ein Menschenbild zu entscheiden, das nicht allein nach Interessen von Vertretern bestimmter Gruppen, Klassen oder Milieus oder nach Anforderungen des Lehrplans, sondern individuell ausgerichtet ist.

1 Fallvignette

1.1 Jonas Geschichte

Jona ist ein zehnjähriger Junge. Er lebt mit seiner alleinerziehenden Mutter, dem Kater Hulk und seiner namenlosen Schildkröte zusammen. Als seine Mutter ihn bei mir zur Therapie anmeldet, schildert sie sein aggressives Verhalten, verbunden mit Impulskontrollverlusten zu Hause, in seiner Schule für Erziehungshilfe und in der dazugehörigen heilpädagogischen Tagesgruppe, sowie die Frage nach der Möglichkeit, das seit Jahren verordnete Methylphenidat abzusetzen. Die Mutter beklagt, dass die zuständigen Pädagogen überhaupt kein Verständnis für ihn zeigten und er immer der Sündenbock sei. Erschwerend für die Situation ist, dass auf dem familialen Feld weder Vater noch Geschwister für Interaktionen zur Verfügung stehen (vgl. Kreuzer, 2016) und damit ein nicht zu unterschätzendes Übungsfeld für die Mentalisierungsfähigkeit fehlt.

1.2 Familiengeschichte

Die gut dreißigjährige Mutter emigrierte als junges Mädchen mit ihren Eltern aus der Sowjetunion und arbeitet heute als Verkäuferin. Unter ihrem Vater, der gewalttätig und wie ein Diktator gewesen sei, hätten sie und ihr Bruder sehr gelitten. Ihre Mutter beschreibt sie als zu gut; sie sei jahrzehntelang vom Vater ausgenutzt worden und habe sich erst vor Kurzem von ihm trennen können.

Über die Beziehung zum Kindsvater berichtet die Mutter, dass er vom Balkan nach Deutschland gekommen sei und keine Ausbildung habe. Die Trennung von ihm erfolgte schrittweise während der Schwangerschaft und kurz nach der Geburt, da er alkoholabhängig und gewalttätig war. Zu dieser Zeit sei sie 22-jährig zu Hause aus-, jedoch nicht mit dem Partner zusammengezogen.

Sie berichtet weiter, dass die Schwangerschaft ungeplant und nicht erwünscht gewesen sei und Jona als Baby und Kleinkind schlecht geschlafen, viel Bauchweh und häufig heftig geschrien habe. Schon als Kleinkind habe sich gezeigt, dass er bei Aufregungen wütend geworden sei und mit dem Spracherwerb zu stottern angefangen habe.

In den ersten Jahren hätte Jona sich kaum regulieren können und sei kaum zu beruhigen gewesen; weitere Erinnerungen fehlen der Mutter bis zum Beginn des Kindergartens, als es zu ersten Auffälligkeiten im sozialen Raum kam. Die aggressiven Ausbrüche gegen andere Kinder werden von der Mutter als beklemmend und beängstigend geschildert. Sie erinnert sich daran, dass Jona einmal einem anderen Kind die Nase blutig geschlagen habe.

Sein Verhalten habe zur Einschulung auf einer Schule für Erziehungshilfe geführt. Im Nachhinein wäre dies jedoch ein Fehler gewesen. Die tägliche Fahrt zur Schule sei für ihn bis heute eine hohe Belastung, da er im Schulbus gehänselt werde und sich nur schwer kontrollieren könne. Dort fühle er sich in der gleichaltrigen Gruppe unwohl und suche immer wieder den Kontakt zu einem Erwachsenen, was sich auch in der Tagesgruppe wiederhole. Er leide neben seinem Stottern auch unter seinem genetisch bedingten Minderwuchs.

Aufgrund häuslicher Gewalt gegen die Mutter wurde gegen den Vater ein Haus- sowie Umgangsverbot mit Jona ausgesprochen. Dieser erhob in der Folge Klage gegen die Mutter, sie würde ihm Jona vorenthalten. Nach mehreren gerichtlichen Auseinandersetzungen wurde ihm ein Besuchsrecht beim Kinderschutzbund im Beisein eines Mitarbeiters gewährt. Diese begleiteten Kontakte misslangen immer wieder durch die Manipulationsversuche oder das Nichterscheinen des Vaters.

Die sicher großen Enttäuschungen, Frustrationen, die der Vater durch sein kontinuierliches Nichterscheinen bei Jona hervorgerufen hat, führen, so war im therapeutischen Prozess deutlich wahrnehmbar, zu Gefühlen der Trauer, die sich in Ablehnung und Wut zeigen. Zu spüren bekommt dies allerdings die Mutter.

Nach knapp fünfjähriger Kontaktpause gab es vor einem halben Jahr ein zufälliges Treffen mit der Mutter. Jona hatte in der Folge mehrfach Kontakt mit seinem Vater. Seitdem ist dieser jedoch wieder »verschollen« und der erneute Abbruch belastet ihn zusehends.

1.3 Jonas Dilemma

Als ich Jona zum ersten Mal sehe, begegnet mir ein kleiner, drahtiger, zierlicher, knapp neunjähriger Junge mit dunklen Haaren. Er kommt im geschützten Rahmen schnell in Kontakt und hat keine Scheu, zu sprechen. Mir fällt auf, dass er stark zu stottern beginnt, nachdem die anwesende Mutter auf emotionale Äußerungen von ihm im Spiel abweisend reagiert und regulierend eingreift.

Zu Beginn der Einzelsitzungen wirkt er zögerlich, abwartend und im Spiel angepasst. Blickkontakt ist zunächst nicht möglich. Er wirkt intelligent, möchte gern besonders gut sein und gerät schnell unter Druck, als er im Spiel mir ihm bekannte Regeln erklären soll und dies nicht schafft. Im Tipp-Kick-Spiel kommen Aggressionen zum Vorschein, als er meine Figuren immer wieder traktiert und foult. So fällt es ihm sehr schwer, gemeinsam vereinbarte Regeln in Spiel und Setting, gerade bei der Beendigung der Stunde, einzuhalten. Er möchte gewinnen und schreckt nicht davor zurück, die Regeln zu seinen Gunsten zu verändern. Seinen Beziehungswunsch, so interpretiere ich, drückt er dadurch aus, dass er das Stundenende so lange wie möglich hinauszögert.

Jonas intrapsychischer Konflikt kann seit früher Kindheit durch die mütterlichen Spiegelungen sowie mögliche Abspaltungen ihrer eigenen affektiven Zustände erklärt werden. Diese schildert, dass sie aufgrund ihrer Erfahrungen von häuslicher Gewalt in ihrem Elternhaus und später erneut durch den Partner unter Angst und Panikzuständen gelitten sowie eigene »depressive Phasen« ertragen habe. Es ist gut vorstellbar, dass das heftige Schreien Jonas', das die Mutter als Aggression gegen sich erlebt haben könnte, aufgrund der bereits geschilderten eigenen Kindheitserfahrungen der Mutter, als immer wieder auftretende Re-Traumatisierungen verstanden werden können. Dies hätte sich sicherlich negativ auf die Mentalisierungsfähigkeit der Mutter und damit auch auf Jona ausgewirkt.

Betrachte ich dies unter dem Aspekt ihrer Bindungsorganisation, könnte es sein, dass sie ein unsicher-vermeidendes Bindungsmuster ausgebildet hat, da sie beispielsweise körperlichen Kontakt meidet, Jona zurückweist und, wie im therapeutischen Geschehen sichtbar wurde, eigene Gefühle abspaltet. Hilfreich ist es für sie, im Gespräch mit dem Therapeuten des Kindes erzieherisch angeregt zu werden, sich Jona mentalisierend zuzuwenden, indem sie versucht, sich in Jonas Lebenswelt einzufühlen und ihm darüber mehr emotionale Wärme vermitteln zu können.

Mit ihrer Aussage über Jona, sie habe nun den »dritten gewalttätigen Mann«, wird das innere und negativ gefärbte Bild von Männlichkeit auf Jona projiziert und ihm somit die Rolle des Aggressiv-Männlichen zugeschrieben, die er verinnerlicht haben könnte und in der äußeren Realität erfüllen muss, um den Erwartungen seines mütterlichen Objekts zu genügen. Dies könnte psychodynamisch mit einer narzisstischen Aufladung verbunden sein. Der Circulus vitiosus tritt hier in Kraft, da die reale Mutter ihre projizierten Ängste in Jona wiedererkennt und ihm somit die für ihn notwendige Zuneigung und Mentalisierung bislang nicht anbieten kann. Hierin könnte eine Form psychischer Deprivation vorliegen, was transgenerational zu einem unsicheren Bindungsverhalten geführt hat.

Seine so entstandene Selbstunsicherheit führt, gerade weil er unbewusst meint, die Anforderungen des Objekts erfüllen zu müssen, in eine Dilemma-Situation, in der er sich hilflos fühlt und bisher nur durch das »erwartete« männliche Muster der Aggression, auch gegenüber seinen Erziehern, agieren kann. Somit könnte er im Winnicott'schen Sinne ein falsches Selbst, eine Pseudoidentität erworben haben, die ihn vor den eigenen Gefühlen des Schwach- und Unzulänglichseins schützt. Für Jona besteht somit die Gefahr, dass er durch sein aggressives Verhalten die äußere Realität im Kontakt mit den Gleichaltrigen und den Pädagogen verliert. Seine darin möglicherweise zu deutenden Annäherungswünsche werden meist missverstanden und er gerät leicht in die beinahe ausweglose Rolle des aggressiven Außenseiters. Er erlebt sich darin als chancenloser Sündenbock.

1.4 Das erzieherische häusliche Feld

Die häusliche Situation kann für Jona als nicht genügend verlässlich betrachtet werden. Die Mutter fühlt sich Jona gegenüber immer wieder ohnmächtig und selbst als Opfer. Besonders unter Stress, wie beispielsweise beim morgendlichen Ablauf, kann sie wenig feinfühlig auf Jona eingehen, sodass er sein Zuhause wohl nicht als sicher und verlässlich wahrnimmt. Radikale Erziehungsmaßnahmen der Mutter aufgrund von apathisch-verweigerndem Verhalten von Jona werden in vielen Elterngesprächen analysiert und können nach ca. eineinhalbjähriger therapeutischer Arbeit besser von ihr reguliert werden. So kann die Mutter beispielsweise ihren Impuls, Jona morgens im Schlafanzug »vor die Wohnungstür zu stellen«, besser kontrollieren, da sie durch die Arbeit an ihrer Mentalisierungsfähigkeit die darin liegende Beschämung verstehen kann.

Die Mutter flieht infolge ihrer nicht mehr aushaltbaren inneren Konflikte ins Außen, in konkretistisches Verstehen und schlägt vor, Verantwortung zu übernehmen, indem sie alleinig Ämter und Schulen aufsuchen möchte, um für Jona eine möglichst gelingende schulische Lösung zu finden. Somit entfernt sie sich von ihren eigenen Gefühlen und Gedanken und ihrer Wirkung auf andere. Sie spaltet in meinem Erleben in ihrem Abwehrprozess ihre Beziehungserfahrungen, Gefühle und Ängste ab. Jona fühlt sich von seinen Eltern unverstanden und alleingelassen.

Zu den symbiotischen Verstrickungen mit der Mutter kommen Wünsche nach Befreiung und nachvollziehbare Sehnsüchte auf, dass der Vater als triangulierendes Objekt wieder zu Hause einzöge, um eigene Wege gehen zu können. Damit stünde er für einen Mentalisierungsprozess, der gerade in der adoleszenten Entwicklung von großer Bedeutung ist, zur Verfügung (vgl. Fonagy et al., 2004).

Gleichzeitig äußert Jona sich ambivalent über die aktuelle, zeitweilige Anwesenheit des Vaters, den er anfangs stark idealisiert. Anderseits will er den Vater nur eingeschränkt sehen, da er Angst vor einem sich wiederholenden Verlust hat. Das Erleben dieser ihn überflutenden Situation überfordert ihn und er verschiebt seine Aggressionen und Ängste auf andere Bezugspersonen, wodurch er im Umfeld in Konflikte gerät.

Durch den Beginn einer eigenen Therapie sowie immer wieder mentalisierungsbasierte Gespräche und unter Berücksichtigung dessen, dass es der Mutter schwerfällt, eine konstruktive Beziehung und emotionale Wärme zu ihrem Kind aufzubauen, stimmt sie dem Vorschlag zu, für Jona einen weiteren männlichen Begleiter in Form eines Erziehungsbeistandes zu erbitten.

Nach zwei Jahren therapeutischer Begleitung gelingt es der Mutter, kontextspezifisch zu mentalisieren. Unter Stress bricht diese Fähigkeit jedoch wieder in sich zusammen und sie spricht deutlich aus, wie sie ihn in der Beziehung erlebt: »Er will mich provozieren und ich kann ihn nicht mehr ertragen!«

In diesem deprivierenden Umfeld, verbunden mit traumatischen Begebenheiten, wie sie sich hier zeigen, konnte sich die Fähigkeit zu Mentalisieren bei Jona nur bedingt entfalten.

1.5 Das erzieherische schulische Feld

Auch in der Schule fühlt Jona sich der aggressiv-männlichen Rolle verpflichtet. Durch seine Wut gerät er in Dilemma-Situationen, in denen er sich gefangen fühlt, keinen Ausweg sieht, zusammenbricht, regrediert und vorübergehend emotional kaum ansprechbar ist.

Dieses Erleben überträgt sich auch auf den für ihn zuständigen Pädagogen. Leider zeigt sich in dessen Verhalten, dass die auf ihn projizierten Affekte wie Wut und Zorn »unverdaut« (vgl. Bion, 2006) und somit nicht mentalisiert an Jona zurückgegeben werden. Somit wird Jonas Fähigkeit, seine emotionalen Zustände selbst zu regulieren, sowie die Entwicklung seiner Mentalisierungsfähigkeit auch hier nicht gefördert. In solchen Momenten wäre es für ihn zunächst hilfreich, mit seiner »Mordswut« *aus*gehalten zu werden und sich in einem nächsten Schritt der mentalisierenden Annäherung angenommen fühlen zu können. Dies kann aber bisher nur im realen therapeutischen Setting geschehen. Bedeutsam ist jedoch, dass die Erziehenden, die ihm tagtäglich begegnen, ihn zukünftig in einer mentalisierungsfördernden Haltung verstehend auffangen und Halt geben.

Problematisch erscheint hier das sich wiederholende Erziehungsverhalten im häuslichen wie im pädagogischen Feld, in denen nach provokativen Situationen analog sanktioniert wird: Er wird ausgeschlossen und verschiebt diese Gefühle der Ängste und Aggressionen auf Bezugspersonen.

In der Folge nimmt Jona auch seine außerfamiliäre Umwelt als nicht verlässlich wahr und wendet sich narzisstisch gekränkt ab. Im interpersonellen Geschehen werden die väterlichen Gewaltausbrüche in der frühen Kindheit vermutlich angetriggert, wiederholen sich mit bedeutsamen männlichen Bezugspersonen ebenso wie die Tatsache, dass Jona sich bei solchen ihn überflutenden

Situationen überfordert fühlt und seine Aggressionen und Ängste auf andere Bezugspersonen verschiebt. Im therapeutischen dyadischen Setting ist dies aushaltbar, im schulischen sozialen Rahmen aber kaum.

1.6 Geschehen im pädagogischen Feld

Im Laufe des dritten Schuljahres häufen sich Vorfälle im Schulbus, die es notwendig erscheinen lassen, dass Jona morgens mit öffentlichen Verkehrsmitteln zur Schule fährt.

Der Sonderpädagoge Herr F. ist neu. Er betreut vor Unterrichtsbeginn, während der Schulzeit, vor allem aber nach Unterrichtsende, wenn es zum Mittagessen in die heilpädagogische Tagesgruppe geht, Jonas Gruppe. Mehrfach hatte er die Mutter während der Schulzeit und der Tagesgruppe kontaktiert, mit der Bitte, Jona abzuholen, da er durch seine Regel- und Normverstöße nicht mehr »tragbar« sei.

Nach einem halben Jahr ereignet sich folgende Szene auf dem Weg in die Mensa, die ich nach den Erzählungen der Beteiligten mit eigenen Worten wiedergebe:

Jona gerät auf dem Weg mit seinem Klassenkameraden Mustafa aneinander; die Jungen rempeln sich an, laufen zunächst lachend weiter. Ihre Rempler werden zu Stößen und Jona kracht gegen die Wand. Dann holt Jona aus, erwischt Mustafa und dieser fliegt gegen die Wand gegenüber. Die beiden lachen.

In der Mensa sitzen Jona und Mustafa dann an ihrem Tisch und gestikulieren wild miteinander. Plötzlich ist der »Spaß« zu Ende und Jona springt mit erhobenem Besteck auf. Er brüllt mit hochrotem Kopf, Mustafa schmeißt beim Aufspringen seinen Stuhl nach hinten um und rennt weg. Jona verfolgt ihn mit Messer und Gabel. Herr F. springt auf und brüllt »Halt!«, wobei ihn Jona nicht hört. Während Mustafa ihn gehört hat und in seine Richtung läuft, hat Jona nichts gehört. Plötzlich steht er vor Herrn F. »Stopp!«, brüllt der, »Nimm das Messer runter!« Nur mit Mühe kann Herr F. Jona festhalten, ihm Messer und Gabel aus der Hand schlagen und ihn in die Küche zerren. Mustafa folgt mit einigem Abstand grinsend.

Jona selbst schildert mir den Vorfall im Gespräch stotternd aus seiner Sicht: »Mustafa und ich haben nur Spaß gemacht. Ehrlich. Wir sind halt rüber, wie immer. Mustafa hat dann gesagt: ›Du Hurensohn!‹ Da hab' ich ihm gedroht, da ist er dann weggerannt und ich hinterher. Spaß halt. Nix Ernstes. Der F. is'n Arsch. Ich hab' nur Spaß gemacht. Ehrlich.«

Herr F. hat die Situation in einem Protokoll festgehalten: »Jona und Mustafa haben bereits meine Ermahnungen auf dem Weg aus der Schule rüber zur Mensa missachtet. Meine mehrfachen Ermahnungen blieben ohne Reaktion.

Jona ist dann in der Mensa grundlos auf Mustafa mit dem Messer losgegangen und hat ihn bedroht. Ich musste dazwischengehen. Als Jona mich bemerkt hat, richtet er das Messer drohend gegen mich, bis ich es ihm aus der Hand schlagen konnte. Jona konnte kein Fehlverhalten seinerseits beim Gespräch in der Küche feststellen. Er hat nur gelacht und gesagt: ›Spaß!‹«

Herr F. berichtet im Gespräch: »Ich weiß um meinen ›Spezi‹, der mir schon von Beginn an das Leben richtig schwermacht.« In der geschilderten Szene zeigt sich, wie bedrohlich dies auf den besorgten Pädagogen Herrn F. gewirkt haben mag. Seine Angst führt zur Eskalation, indem er Jona das Besteck aus der Hand schlägt und ihn in die Küche zerrt. Dort ist er nicht in der Lage, zu mentalisieren und selektiv wahrzunehmen, was die Situation sicher entschärft hätte. Um Missverständnisse auszuräumen, wäre es schön gewesen, wenn der Pädagoge nach einer beruhigenden Phase der Deeskalation beide Schüler in der Küche befragt hätte, wie es zu diesem aggressiv aufgeladenen Impulsdurchbruch kommen konnte. »Je schlechter wir die Welt unserer Mitmenschen (und unsere eigene) erfassen können und je weniger wir um unsere Fehlinterpretationen wissen, umso häufiger entstehen Missverständnisse« (Kirsch, Brockmann u. Taubner, 2016, S. 22).

Wenn Herr F. seine Kenntnisse einer mentalisierungsbasierten Pädagogik unter der Berücksichtigung der Absichten und Gefühle des Kindes, welches »Spaß« empfunden hat, und der eigenen inneren Wahrnehmung des aufsteigenden Zorns genaugenommen hätte, wäre es für ihn sicher möglich gewesen, seine eigenen aufkommenden aggressiven Impulse zu kontrollieren, Affekte zu regulieren und damit mit einer weniger emotionalen, sondern kognitiven Leistung, unter Berücksichtigung der Situation des Kindes, zu handeln. »Mentalisieren versetzt uns in die Lage, uns von impulsivem, zerstörerischem oder selbstzerstörerischem Verhalten distanzieren zu können, zu reflektieren, anstatt zu handeln« (Kirsch et al., S. 23). Demnach stellt sich die Frage, ob der Pädagoge die Geschichte von Jona überhaupt kennt. Im Agieren des Pädagogen in der Küche zeigt sich, dass es zu einem großen Teil von der Mentalisierungsfähigkeit und der Selbstreflexionsfähigkeit des Pädagogen abhängt, ob das emotionale Erleben des Kindes verstanden wird und angemessen reflektiert werden kann oder ob das emotionale Erleben des Pädagogen dazu führt, die kindlichen Signale verzerrt wahrzunehmen.

Sicher ist es nicht leicht für den begleitenden Pädagogen, die Inszenierungen von Jona auf seine Beziehungserfahrungen und Störung zu beziehen und ihn zu verstehen. Im Nachhinein wäre ein konstruktiv geführtes Gespräch mit *beiden* Jungen sinnvoll und zwingend notwendig gewesen.

Als Folge der vom Sonderpädagogen empfundenen Bedrohung erhält Jona hingegen einige Tage später einen Brief für seine Mutter von der Leitung der Schule und der Tagesgruppe. In diesem wird geschildert, dass die Institutionen in Übereinstimmung zu dem Ergebnis gekommen sind, dass Jona für die kommende Woche von Schule und Tagesgruppe ausgeschlossen wird. Die Leitung droht bei einem nochmaligen Fehlverhalten den Schul- und Tagesgruppenverweis an.

1.7 Lösungsansatz: ein runder Tisch

Aufgrund des Schreibens der Schule wird auf meine Anregung ein »runder Tisch« im Jugendamt initiiert, an dem alle Erziehenden aus Jonas Umfeld teilnehmen. Selbst im Gespräch werden die Stigmatisierungen, die Jona auch durch eine weitere Erzieherin der Tagesgruppe erfährt, deutlich, als sie ihn abfällig als »größten Lügner« bezeichnet.

In diesem Gespräch spürte ich die Außenseiterrolle von Jona, die sich auf mich als Jonas Therapeut übertrug, als ich versuchte, eine höhere Sensibilität und ein größeres Verständnis für Jona zu erreichen und einen Weg zu finden, wie er sowohl in der schulischen als auch häuslichen Situation gehalten werden konnte.

2 Abschließende Gedanken

Auf Basis der Mentalisierung wird nicht der Augenblick festgehalten, sondern die *Erfahrung* des Augenblicks. Dazu müssten Pädagogen, wie in der psychoanalytischen Pädagogik gefordert, einen inneren Beobachter etablieren, der hilfreich die Fähigkeit zur Reflexion unterstützen kann (vgl. Kreuzer, 2013, S. 301). So kann in Form einer professionellen Ich-Spaltung ein Teil des Ichs einem anderen gegenübergestellt werden und diesen dann wie ein Objekt beobachten. Wenn dies gelingt, kann der Pädagoge von dem zurücktreten, was ihn momentan aufwühlt; das heißt, er befähigt sich, in belastenden Situationen seinen subjektiv empfundenen Stress und die dazugehörigen Emotionen – meist negative – von einer Metaebene aus zu betrachten, um nach folgendem Grundsatz in den Mentalisierungsprozess einzutreten: Ich habe Gedanken, Gefühle oder Empfindungen wie der andere auch. Indem ich sie beobachte, bin ich auf eine andere Weise fähig zu handeln. Als mentalisierender und verstehender Beobachter wird mein Sein und somit mein Handeln nicht von überbordenden Gefühlen überschwemmt bzw. bin ich in der Lage, diese belastende Situation auszuhalten. Dies mindert den Handlungsdruck, den starke Emotionen sonst erzeugen. Der Pädagoge, dem es gelingt, mentalisierend zu beobachten, wird weniger dem Druck ausgeliefert sein, den Emotionen in seinem Handeln zu folgen.

Jona wird von seiner Wut überrollt, von seiner Angst beherrscht und von dem Gefühl, nicht geliebt und ausgeschlossen zu sein, getrieben. Eine depressiv-aggressive Grundstimmung über das fehlende väterlich-männliche Objekt, die auch gegenüber seinen Pädagogen spürbar wird, kann aufgrund der mütterlichen Überzeugungen auf ihn projiziert worden sein. Andererseits sucht er die Nähe zu männlichen Bezugspersonen, um ein gutes männliches Objekt zu finden, mit dem er sich identifizieren kann. In diesem Gefühlschaos wird er sich trotz allem, auch aufgrund einer hohen Verlustangst, einen Zugang zur mütterlichen Gefühlswelt erhalten haben, sich mit ihr identifizieren und das Männliche ggf. selbst ablehnen, da es für ihn negativ besetzt ist.

Der hier in Aktion getretene Pädagoge Herr F. hat in der geschilderten Krisensituation vorübergehend seine Mentalisierungsfähigkeit verloren. Beide können ihre inneren Spannungen kaum aushalten und geraten dadurch interagierend immer wieder in Konflikte. Damit der Pädagoge Jona hilfreich zur Seite stehen und einen gelingenden Prozess anleiten kann, ist eine Wiedererlangung seiner Mentalisierungsfähigkeit wichtig. Dadurch könnte er befähigt werden, Jonas innere Realität anzuerkennen.

Bereits im Studium und in Weiterbildungen können Pädagogen lernen zu erkennen, wie sehr Kinder wie Jona leiden und als unsicher gebundenes Kind gar nicht anders reagieren können, als die Gefährlichkeit der Situation zu leugnen, die den Pädagogen so aufgebracht hat. Sicher wünscht sich Jona eine gute Bezugsperson in Schule und Tagesgruppe. Leider lösen die ihn Betreuenden aber eher Bedrohungsgefühle bei ihm aus, was auch in Verbindung mit einer projektiven Identifizierung seitens der Introjektionen der Mutter gesehen werden kann (Allen, 2013). Wichtig ist das Erkennen der betreuenden Menschen, dass sie sich nicht von den Gefühlen und Aktionen von Jona überwältigen lassen, dass Gedanken und Gefühle mehrperspektivisch betrachtet werden können, da diese von den jeweils eigenen Gefühlen und Erfahrungen abhängig sind (Asen u. Fonagy, 2015). »Kennzeichen einer gelingenden Mentalisierung ist eine vertrauensvolle Haltung, denn Vertrauen ist der Kern einer sicheren Bindung. Die Person wird von den Gefühlen und Gedanken anderer Personen nicht überwältigt, da sie weiß, dass die Reaktionen der anderen in einem gewissen Ausmaß vorhersehbar sind und sie getrennt von ihnen besteht« (Klein u. Armendinger, 2016, S. 84).

Durch Fallsupervision anhand von Kasuistikseminaren könnte hier Mentalisierung zur Herstellung einer konstruktiven Gesprächssituation geübt sowie eigene und fremde Gefühle untersucht werden. Das Verstehen von Jona ist ein mühevoller Prozess und der gute Wille, das Kind verstehen zu wollen, führt noch nicht dazu, Verständnis für ein Kind zu haben.

Die Arbeit des Mentalisierens besteht vor allem darin, das Erleben und das Betrachten des Erlebens in eine annehmende und verstehende Beziehung zu sich selbst und dem Anderen zu setzen. Dies kann gelingen, wenn Erziehende bereit sind, sich weiterzubilden, sich weiterzuentwickeln, und dabei den Mut haben, in einem selbsterkennenden Prozess sich selbst und damit auch ihr eigenes inneres Kind kennen und achten zu lernen.

Literatur

Allen, J. G. (2013). Mentalizing in the development and treatment of attachment trauma. London: Karnac.
Asen, E., Fonagy, P. (2015). Mentalisierungsbasierte Familientherapie. In A. W. Bateman, P. Fonagy (Hrsg.), Handbuch Mentalisieren (S. 135–158). Gießen: Psychosozial-Verlag.
Bion, W. R. (2006). Aufmerksamkeit und Deutung. Tübingen: edition diskord.
Fonagy, P., Gergely, G., Jurist, E., Target, M. (2004). Affektregulierung, Mentalisierung und die Entwicklung des Selbst. Stuttgart: Klett-Cotta.
Freud, S. (1913/1996). Das Interesse an der Psychoanalyse. In A. Freud, M. Bonaparte, E. Bibring, W. Hoffer, E. Kris, O. Osakower (Hrsg.), Werke aus den Jahren 1909–1913, GW VIII (S. 389–420). Frankfurt a. M.: Fischer.
Kirsch, H., Brockmann, J., Taubner, S. (2016). Praxis des Mentalisierens. Stuttgart: Klett-Cotta.
Klein, J., Armendinger, T. (2014). Mentalisieren der Erzieherinnen. In H. Kirsch (Hrsg.), Das Mentalisierungskonzept in der Sozialen Arbeit (S. 83–95). Göttingen: Vandenhoeck & Ruprecht.
Kreuzer, T. F. (2013). Die Wurzeln pädagogischen Handelns bei Janusz Korczak und die »Neue Lernkultur« in der heutigen Lehrerausbildung von Baden-Württemberg. In R. Godel-Gaßner, S. Krehl (Hrsg.), Facettenreich im Fokus. Janusz Korczak und seine Pädagogik – historische und aktuelle Perspektiven (S. 297–316). Jena: edition Paideia.
Kreuzer, T. F. (2016). Geschwister als Erzieher?! Bedingungsgefüge, Beziehung und das erzieherische Feld. Paderborn: Schöningh.
Mertens, W. (2012). Psychoanalytische Schulen im Gespräch. Bd. 3: Psychoanalytische Bindungstheorie und moderne Kleinkindforschung. Bern: Huber.
Reh, S., Reichenbach, R. (2014). Zukünfte – Fortschritt oder Innovation? Eine Einleitung zum Thementeil. Zeitschrift für Pädagogik, 60 (1), 1–9.
Schultz-Venrath, U. (2015). Lehrbuch Mentalisieren (3. Aufl.). Stuttgart: Klett-Cotta.
Singer, K. (1998). Die Würde des Schülers ist antastbar. Vom Alltag in unseren Schulen – und wie wir ihn verändern können. Reinbek bei Hamburg: Rowohlt.
Wulf, C. (2015). Pädagogische Anthropologie. Zeitschrift für Erziehungswissenschaft, 18, 5–25.
Zirfas, J. (1999). Die Lehre der Ethik. Zur moralischen Begründung pädagogischen Denkens und Handelns. Weinheim: Beltz.

Teil II
Mentalisieren und Pädagogik

Reflexion als Reaktion

Die grundlegende Bedeutung des Mentalisierens für die Pädagogik

Stephan Gingelmaier und Axel Ramberg

Mentalisieren in der Pädagogik bedeutet, die sozial-emotionale Entwicklung eines jungen Menschen aus dessen Perspektive zu betrachten, um pädagogische Interaktionen über professionelle Haltungen und Interventionen danach auszurichten. Das Verhalten des Kindes wird also über das Verstehen seiner mentalen Zustände und empirisches Entwicklungswissen interpretiert. Diese Reflexionen sind für Pädagogen handlungsleitend, was bedeutet, dass Reflexion somit letztlich als Form der angemessenen Reaktion innerhalb pädagogischer Interaktion zu verstehen ist. Die Relevanz dieses Ansatzes wird im Folgenden überblicksartig nach einer Begriffsbestimmung anhand dreier aktueller Diskurse (Evidenzbasierung, Beziehung, Stress) belegt.

Mentalizing in pedagogy means looking at the social-emotional development of a young person from his perspective in order to align pedagogical interactions with professional attitudes and interventions. The behavior of the child is thus interpreted by understanding its mental states and empirical developmental knowledge. These reflections are action-oriented for pedagogues, which means that reflection can be ultimately understood as a form of appropriate response within pedagogical interaction. In the following, the relevance of this approach is illustrated by a survey-based approach based on three actual discourses (evidence-base, relationship, stress).

1 Begriffsbestimmung

Eine mentalisierungsbasierte Pädagogik unterliegt folgenden theoretischen Annahmen: Sie ist ein entwicklungsbezogener, verstehender und erklärender Ansatz, der auf der einen Seite aus der Sicht des jungen Menschen und den Gruppen, denen der junge Mensch zugehörig ist, pädagogische Interaktionen und Lernfelder entwicklungsförderlich fühlt, begreift, denkt und gestaltet – also den jungen Menschen in seiner Entwicklung bedürfnisorientiert mentalisiert. Auf der anderen Seite rückt gleichzeitig über Haltung und Reflexion auch der Pädagoge in den Fokus, da er durch Mentalisierung positiv auf dessen Erziehung und Bildung einwirkt und somit auch das eigene Handeln prüft und darauf abstimmt.

Der Ansatz der mentalisierungsbasierten Pädagogik ist demnach intersubjektiv und interaktionistisch. Dabei spielen sowohl individuelle situative und biografische (z. B. konflikthafte/potenziell traumatische) Faktoren wie auch empirisch-entwicklungspsychologische Annahmen über junge Menschen bzw. deren Gruppen neben didaktisch-methodischen Befunden eine Rolle. Auch die subjektive Bedeutung des Pädagogen für die Interaktionen wird in die Reflexion einbezogen. Die professionelle Beziehungsgestaltung zwischen dem Pädagogen und dem jungen Menschen ist dabei sowohl zwischenmenschliches Bindeglied als auch Erkenntnis. Ziel ist es, über Anerkennung der Stärken, Ressourcen und der individuellen/gruppenbezogenen Entwicklungsbedürfnisse des Kindes einen Raum anzubieten, in dem Angst bewältigt und so ein epistemisches Vertrauen als Grundlage für Lernfähigkeit und den Umgang mit (Entwicklungs-)Konflikten (wieder-)hergestellt werden kann. Dies ist, wie zu zeigen sein wird, ein präventiver, vor allem aber interventiver Beitrag der Pädagogik zu Lernfähigkeit, mentaler Gesundheit und damit zu psychischer Widerstandsfähigkeit (Resilienz) von Kindern und Jugendlichen sowohl in Schule, Sozial-, Intensiv- und Erwachsenen- als auch Elementarpädagogik. Je jünger und je belasteter die Kinder und Jugendlichen sind, desto stärker muss dies in die alltägliche Interaktion als Primärerfahrung oder sekundäre Alternativerfahrungen und deren Reflexion einbezogen werden. In diesem Sinne wird der interpersonale Raum zwischen Kind und Pädagogen als von bisherigen Beziehungskontingenzen und Bindungserfahrungen geprägt betrachtet. Gleichzeitig stellt dieser Raum ein »window of opportunity« mit Entwicklungspotenzial dar, wenn es gelingt, im Kontext von Erziehung und Wissensvermittlung das Kind als intentionales Individuum zu mentalisieren (Kirsch, 2015; Gerspach, 2007; Hirblinger, 2011; Ramberg u. Gingelmaier, 2016).

Anhand von drei aktuellen Diskursen in der Pädagogik (Evidenzbasierung, Beziehung, Stress) wird die Relevanz der Einführung und Anwendung der Mentalisierungstheorie für die Pädagogik diskutiert und Forschungsdesiderate für dieses Feld angeschnitten.

2 Diskurs um die Bedeutung von Evidenzbasierung. Mentalisierungstheorie als evidenzbasierte Metatheorie des Verstehens

Der ideengeschichtliche Ursprung der Mentalisierungstheorie bezieht sich auf eine aus dem deutschen Idealismus um die Wende des 18. zum 19. Jahrhundert herreichende Idee, die als *Philosophie des Geistes* bezeichnet wird. Diese wurde von den Vertretern der analytischen Philosophie bis heute weiterentwickelt (Jurist, 2000). Phylogenetisch liegt die aus der Humanevolution stammende Idee der *interpersonalen Interpretationsfunktion* zugrunde. Es ist eine im Lauf der Evolution entstandene entwicklungspsychologische Eigenschaft, die ein Bündel mentaler Funktionen für die Interpretation und Verarbeitung neuer interpersonaler Erfahrungen zur Verfügung stellt. Hierbei spielen Mentalisieren und psychische Prozesse, die Mentalisieren ermöglichen, eine große Rolle. Hirnphysiologisch lässt sich diese Interpretationsfunktion durch drei separate, aber kooperierende Hirnzentren, die für soziale Erkennung, Affektregulation und kognitive Regulierung verantwortlich sind, lokalisieren (Fonagy, 2013). So folgern Fonagy, Bateman und Luyten (2015), dass Mentalisieren eine wesentlich menschliche, sozial-emotional-kognitive Grundfunktion ist: »Mentalisieren ist ein Begriff, der etwa zur selben Zeit in den Neurowissenschaften und in der klinischen Literatur auftauchte. Er bezeichnet die stupende Tendenz des Menschen, die körperliche Hülle buchstäblich zu durchschauen, um Verhalten zu verstehen und es unter Bezugnahme auf psychische Zustände zu beschreiben und zu erklären« (Fonagy et al., 2015, S. 23).

Durch die Erweiterung der Bindungstheorie nach Bowlby und weiterer klinischer Forschung, konnte Mentalisieren als ein gut überprüftes Modell extrahiert werden. Inhaltlich ist die Mentalisierungstheorie eine klinische und extraklinische (Meta-)Theorie des Verstehens, methodisch nimmt sie für sich in Anspruch, evidenzbasiert vorzugehen, da sie sowohl neurowissenschaftliche (z. B. fMRT), quantitativ-experimentelle (z. B. randomized controlled trial), validierte qualitative und (tiefen-)hermeneutische Methoden anwendet und integriert (z. B. Fonagy u. Bateman, 2016; Jewell et al., 2016; Sharp et al., 2016; Ensink, Bégin, Normandin, Godbout u. Fonagy, 2016).

2.1 Evidenzbasierung in der Pädagogik

Brinkmann (2015) verweist darauf, dass es in der Pädagogik seit den 1960er Jahren den Trend zu einer »empirisch verfahrenden Erziehungswissenschaft« (S. 528) gibt, was Brezinka (2015) die »Verwissenschaftlichung der Pädagogik«

nennt. Aus Sicht einer neuen und neuesten Wissenschaftshistorik war es wohl vor allem der Schock über die Ergebnisse der TIMMS-Studie 1995 und fünf Jahre später die im internationalen Vergleich schwachen deutschen Ergebnisse der PISA-Studie, die die empirische Bildungswissenschaft in ihrem Versuch, Bildungsergebnisse durch Quantifizierung zu erheben, auch in Deutschland groß und mächtig werden ließen (Aljets, 2015).

Nachvollziehbar tauchte neben der deskriptiven und korrelativen Beschreibung von Schülerleistungen auch der Wunsch danach auf, zu »wissen, was wirkt« (Bellmann u. Müller, 2011a), also die Frage danach, wie sich die unerwünschten Ergebnisse der großen Studien verändern lassen könnten. So wurde Anfang der 2000er Jahre vor allem vonseiten der unter Druck geratenen Bildungspolitik der Bildungsforschung viel Geld zur Verfügung gestellt, um an diesen Schwächen zu arbeiten (Sander, 2015).

Als neu wurde in der deutschen Erziehungswissenschaft deswegen das in der Medizin seit nunmehr ca. 25 Jahren etablierte Paradigma der Evidenzbasierung adaptiert (Bellmann u. Müller, 2011b). Für den Bereich der Medizin lässt sich diese als »der gewissenhafte, ausdrückliche und vernünftige Gebrauch der gegenwärtig besten externen, wissenschaftlichen Evidenz für Entscheidungen in der medizinischen Versorgung individueller Patienten« (Cochrane: Definition Evidenzbasierte Medizin, 2016) definieren. Methodisch ist das evidenzbasierte Vorgehen im klinischen und epidemiologischen Bereich eng an das Paradigma von randomisiert-kontrollierten Studien (RCT) gekoppelt, welche nach wie vor in sämtlichen hierarchisch gegliederten Darstellungen zur Bemessung der Evidenz als Goldstandard der Forschung gelten. Vor allem in Bezug auf somatische Erkrankungen wie beispielsweise Infektionen oder Operationen ist ein solches nach Behandlungsleitlinien aufgebautes Vorgehen zunächst gut nachvollziehbar. Doch auch in der organischen, operativen und apparativen Medizin entstand ein Diskurs zwischen den Polen operationalisierte Leitlinienstandardisierung und individuelle ärztliche Behandlungskunst (Eichler, Pokora, Schwenter u. Blettner 2015; Mühlhauser u. Meyer, 2016a, 2016b) und somit aus Forschungsperspektive um die größere Bedeutung interner oder externer Validität.

15 Jahre nach dem PISA-Schock und einer Verbreitung einseitiger evidenzbasierter Ansätze macht sich in der Pädagogik Ernüchterung breit: »[D]ie schlüssige Gewinnung handlungsleitender Maximen für die Aufgabenbestimmung pädagogischer Institutionen oder für praktisches pädagogisches Handeln aus quantitativen empirischen Daten gelingt nicht und kann auch nicht gelingen« (Sander, 2015, S. 518). Es sei laut Jornitz (2009) zwar möglich, den menschlichen Körper bis zu einem gewissen Grad mit naturwissenschaftlichen Gesetzmäßigkeiten zu erklären, nicht aber die sinnstrukturierende Wirklichkeit des pädago-

gischen Prozesses. »Die lebendige Beziehung zwischen Erzieher und Zögling, Lehrerin und Schülerin, Eltern und Kind ist in seinen Aspekten viel zu komplex und heterogen, um tatsächlich mechanische Hilfen anbieten zu können« (Jornitz, 2009, S. 72). Nach Berliner (2002) beschäftigt sich die Erziehungswissenschaft mit speziellen Problemen und Wissenschaftler müssen sich mit nahezu unkontrollierbaren Einflüssen auseinandersetzen, die eine leichte Generalisierung und Theoriebildung torpedieren. Weil die Erziehungswissenschaft die Macht des Kontextes, in denen sich das menschliche Wesen stets befindet, nie gänzlich einbeziehen kann, sind breit angelegte Theorien sowie ökologische Verallgemeinerungen nahezu unmöglich (Schad, 2015; Meyer-Wolters, 2011). Ein weiterer Grund, den Berliner (2002) als wesentliches Merkmal erziehungswissenschaftlicher Forschung ansieht und den er für die Schwierigkeit dieser Forschung verantwortlich macht, ist das sich stetig wechselnde und komplexe Netzwerk sozialer Interaktion. So interagieren z. B. in der Schule nicht nur individuelle Eigenschaften von Schülern (Herkunft, Lernmotivation, Interesse etc.), sondern vielmehr auch die der Lehrer (Ausbildung, berufliche Motivation, persönliche Ausgeglichenheit etc.) sowie die der Umwelt (Lehrpläne, Kultur des Einzugsgebietes einer Schule, Peergroup etc.) miteinander. Herzog (2011) führt weiter aus, dass der Unterricht mit komplexen Situationen konfrontiert ist und Komplexität u. a. meint, dass es keine Situation gibt, die einer anderen gleicht. »Die Vorstellung, pädagogische Berufsarbeit lasse sich mittels Evidenzen, die aus randomisierten Experimenten gewonnen werden, auf eine operative Basis stellen und der Notwendigkeit subjektiver Entscheidungen entziehen, ist abwegig« (Herzog, 2011, S. 137).

Diese Gegenbewegung innerhalb der Erziehungswissenschaft richtet sich dabei nicht primär gegen die sehr naheliegende Idee, dass pädagogischer Theorie und Handlung Evidenz zugrunde liegen sollte (Heinrich, 2015). Es geht vielmehr um die drängende Frage, was alles als Evidenz gelten kann und wie diese gewonnen wird. Nicht selten geschieht dies unter Rückbesinnung auf die pädagogischen Kernbegriffe Erziehung und Bildung (Smith u. Keiner, 2015).

2.2 Mentalisieren als Evidenz in der Pädagogik (Forschungsdesiderate)

Die Mentalisierungstheorie ist eine nicht zuletzt evolutionär begründete Metatheorie des Verstehens, die den aktuell anerkannten Kriterien der Evidenzbasierung entspricht. Allerdings geht die hier zugrunde gelegte Evidenz weiter über den Standard von randomisiert kontrollierten Studien (RCT) hinaus, weil auch bildgebende und qualitativ-interpretative Verfahren und hermeneutische

Interpretation in den Kanon dieser Form der Evidenzbasierung Eingang finden. Inhaltlich und methodisch verkörpert die Mentalisierungstheorie eine Integration von Verstehen und Erklären.

Das aus der Medizin übernommene Paradigma der Evidenzbasierung zeigt sich für die Pädagogik als verkürzt. Es hat keine ausreichende Passung mit den Traditionen und Erfordernissen des Faches. Die großen und durchaus kontrovers diskutierten geisteswissenschaftlich-philosophischen Konzepte Erziehung und Bildung finden in einer so verstandenen Evidenzbasierung kaum mehr Platz – es droht Wissen und Erkenntnis – also Evidenz – verloren zu gehen. Dies gilt umso mehr, da Konzepte und Programme nicht die Komplexität des pädagogischen Alltags abdecken können.

Deswegen bietet die Mentalisierungstheorie in diesem weitreichenden pädagogischen Diskurs einen zeitgemäßen Mittelweg aus Verstehen (inhaltlich) und Erklären (durch ihre methodische Breite). Der Begriff der Evidenzbasierung kann dadurch für die Pädagogik angemessen erweitert werden, anstatt »zwanghaft« nur Quantifizierung, Standardisierung, Normierung zu fokussieren. Das bedeutet, es sollte darüber nachgedacht werden, mit welchen Mitteln verstehende und reflexive Prozesse in Verbindung mit quantifizierenden Ergebnissen für das Subjekt in der pädagogischen Alltagspraxis erschlossen werden können.

3 Diskurs um die Bedeutung von Beziehungen. Mentalisieren und »Mentalisiertwerden«, Bindung und intersubjektive Beziehungen

Bindungs- und Mentalisierungstheorie sind Beziehungstheorien. Sie erfassen, moderieren und erklären wichtige Bereiche von Beziehung, sind aber nicht synonym mit dem Beziehungsbegriff zu setzen. Mit dem Bindungssystem ist hier ein evolutionär bedingtes Verhaltenssystem nach Bowlby (1958) gemeint, das Bindung als ein emotionales Band zwischen Kindern und ihren primären Bezugspersonen sieht. Ohne das biologisch determinierte Bindungssystem wären Babys weder physisch noch psychisch überlebensfähig. Die Mentalisierungstheorie fußt auf der Bindungstheorie (Fonagy, 2015). Im Säuglingsalter müssen die primären Bezugspersonen die Kinder z. B. über markierte Spiegelung feinfühlig mentalisieren und sich entsprechend verhalten, um sichere Bindungen aufzubauen (vgl. den Beitrag »Mentalisieren in der frühen Kindheit« von Schwarzer in diesem Band). Dies sind die fundamentalen Grundlagen, um das eigene Selbst als Urheber von inneren Regungen und Interaktionen begreifbar werden zu lassen, und sie bilden damit z. B. auch den Anfang davon, Affekte verstehen und regulieren zu können (Rass, 2010).

Fonagy nennt diese Haltung »having mind in mind« (2015), die auch die bereits genannte Philosophie des Geistes erkennen lässt. Eine passende Übersetzung wäre die Erkenntnis, dass es prinzipiell möglich ist, sich und andere durch die Zuschreibung von mentalen Zuständen »lesen« und verstehen zu können, sowie die grundlegende Erfahrung, dass dies funktioniert.

Mentalisierungsfähigkeit, vor allem in ihrer reflexiven Funktion, wird damit die entwicklungspsychologische Grundlage der Selbst- und Affektsteuerung, der individuellen Art und Weise, Interaktionen zu gestalten und sich in Gruppen von Individuen adäquat bewegen und verhalten zu können (Gruppenfähigkeit). Können Kinder und Erwachsene im reflexiven Modus mentalisieren, besitzen sie erstens Wissen und Interpretationsmöglichkeiten, um die mentalen Beweggründe des eigenen Verhaltens und zweitens die Fähigkeit, das Verhalten anderer durch Einbeziehung ihrer Absichten, Emotionen, Einsichten, Grundhaltungen - kurz: ihrer mentalen Zustände - zu interpretieren und adäquat darauf zu reagieren (Fonagy, 2013). Dabei spielt auch das sogenannte Epistemische Vertrauen (epistemic trust) als eine spezifische Art des Vertrauens eine große Rolle. Es ermöglicht, von anderen sozial und kognitiv zu lernen, weil diese als sichere Bezugspersonen identifiziert werden, nur so kann zum Beispiel Veränderung in Psychotherapien möglich werden (Kirsch, Brockmann u. Taubner, 2016). Die Bedeutung des Epistemischen Vertrauens wird von Nolte in diesem Band weiter ausgeführt.

3.1 Beziehungen in der Pädagogik

In der internationalen pädagogischen Forschung wird seit über zehn Jahren vermehrt über die Bedeutung von Beziehungen zwischen Pädagogen, Kindern und Jugendlichen geforscht. Auch hier handelt es sich zumeist um Ergebnisse, die aus dem Feld »Schule« stammen.

Es gibt eine eindeutige Befundlage aus vielen internationalen Studien, die die herausragende Bedeutung der Schüler-Lehrer-Beziehung belegen kann (Fricke, van Ackeren, Kauertz u. Fisher, 2012; Georgiou u. Kyriakides, 2012; Henderson u. Fisher, 2008; Klem u. Connell, 2004; Lepointe, Legault u. Batiste, 2005; Levpuscek, Zupancic u. Socan, 2012; Maulana, Opdenakker, den Brok u. Bosker, 2011; Pianta, Mashburn, Downer, Hamre u. Justice, 2008; Wei, den Brok u. Zhou, 2009). Die Haettie-Studie (2014) ist in diesem Zusammenhang sicherlich am prominentesten. Dabei haben gute Schüler-Lehrer-Beziehungen einen klar belegbaren Effekt erstens auf die Schülermotivation und zweitens auf die schulischen Leistungen

(Wubbels, Brekelmans u. Hooymayers, 1991; Cornelius-White, 2007; den Brok, 2001; Hamre u. Pianta, 2001; Henderson u. Fisher, 2008). Darüber hinaus beeinflussen sie drittens das Wohlbefinden der Lehrkräfte positiv (Evertson u. Weinstein, 2006; Spilt, 2011; Wubbels, Brekelmans, den Brok u. van Tartwijk, 2006).

In der deutschen erziehungswissenschaftlichen Debatte wird dieser internationale Diskurs bisher kaum rezipiert. Allerdings stellt Hillenbrand in Bezug auf den Beziehungsbegriff in der Pädagogik noch 2006 fest, dass er häufig »eher eine Lückenbüßerfunktion« (S. 222) besitzt und dahinter kein ausgereiftes Konzept steckt. Auch wenn sich dies z. B. durch den dreibändigen Sammelband von Tillack, Fischer, Raufelder und Fetzer (2014a, 2014b, 2014c) »Beziehung in Schule und Unterricht« allmählich relativiert, bleibt mindestens ein Feld unerforscht, nämlich wie sich die Lehrer-Schüler-Beziehung über tägliche Interaktionen aufbaut und wie sie über Formen der reflexiven Beziehungsförderung verändert werden kann: »The knowledge base on the relation between these daily interactions and the teacher-student relationship is limited« (Penning et al., 2014, S. 183). Von Freyberg und Wolff (2005) sprechen in diesem Zusammenhang sogar von einer großen »Professionalisierungslücke« (S. 14) von Lehrkräften. Für Kinder und Jugendliche, die biografisch belastenden und dysfunktionalen Beziehungen ausgesetzt waren, stellt sich auch die Aufgabe, an den (schwierigen) erlebten Beziehungen anzuknüpfen. Außerdem bleibt die Frage der Relevanz der Beziehung zwischen Pädagogen sowie Kindern und Jugendlichen als Mittel zur Gesundheitsförderung beider Gruppen bisher unberücksichtigt.

3.2 Beziehung und Mentalisieren in der Pädagogik (Forschungsdesiderate)

Die Mentalisierungstheorie, auf der Bindungstheorie aufbauend, ist eine gut belegte Beziehungstheorie. Mentalisieren ist aber nicht mit Beziehung gleichzusetzen, vielmehr kann sie einen moderierenden Einfluss auf Beziehungen (Taubner, 2015) ausüben. Gelingendes Mentalisieren stellt entwicklungspsychologisch eine wichtige Einflussgröße für das Zustandekommen von Beziehung dar, dies gilt auch für ältere Kinder und Jugendliche. Die Pädagogik konnte, wie bereits erwähnt, vor allem in internationaler Forschung deutlich belegen, dass gute Beziehungen zwischen Pädagogen und Kindern/Jugendlichen sowohl die schulischen Ergebnisse wie auch die Motivation der Schüler erhöhen, bei den Pädagogen steigern sie das Wohlbefinden (Penning et al., 2014).

Allerdings gibt es bisher zu wenig Klarheit darüber, 1. wie sich professionelle Beziehungen über alltägliche Interaktionen aufbauen, 2. wie diese an (schwierige/traumatische) biografische Beziehungen anknüpfen, 3. ob positive

Beziehungen zwischen Pädagogen und Kindern/Jugendlichen zu einer Verbesserung der psychischen Gesundheit auf beiden Seiten führen können und 4. welche Rolle Mentalisieren dabei spielt und ob bzw. wie es professionelle Beziehungen moderieren kann.

4 Diskurs um die Bedeutung von Stress und psychischer Gesundheit. Mentalisieren, interpersoneller Stress und psychische Gesundheit

Wie alle humanen Entwicklungsprozesse ist auch die Entwicklung der Mentalisierungsfähigkeit durchaus störungsanfällig. Die Fähigkeit, sich und seine soziale Welt aktiv oder passiv zu mentalisieren, also etwas über das Zuschreiben von mentalen Zuständen zu verstehen und darüber individuellen Sinn zu erzeugen, hängt hirnphysiologisch von der Nutzung präfrontaler Areale ab (Taubner, 2015). Mit der Aktivierung des Bindungssystems und/oder durch das Aufkommen starker nicht regulierbarer Affekte verlagert sich die Hirntätigkeit in den posterioren und subkortikalen Kortex. Hierbei kommt es aus neurophysiologischer Sicht zu Verlagerungs- und Umschaltprozessen von kontrollierter Handlungssteuerung und damit kontrolliertem Mentalisieren zu einem Kontrollverlust der bewusst zugänglichen und anwendbaren Mentalisierungsfähigkeit. Je stärker die Erregung, desto schwieriger wird es, sich oder soziale Zusammenhänge zu verstehen. Bei einem sehr hohen Arousal wird die reflexive Funktion des Mentalisierens in biologische Notfallprogramme wie »fight or flight« oder traumatische Verarbeitungsmechanismen wie »freeze or fragment« mit ihren entsprechenden physiologischen Korrelaten und Substraten unwillkürlich transformiert. Durch deprivierende Beziehungserfahrungen und traumatische Erlebnisse in der Kindheit kann es dazu kommen, dass der reflexive Modus sich nicht voll ausbildet und Selbstwahrnehmungen und Interaktionen in prämentalisierenden Modi verharren (Kirsch et al., 2016; genaueres dazu im Beitrag von Svenja Taubner in diesem Band).

Aus diesem Verständnis können Menschen aufgrund starker Erregung situativ und temporär durch ein subjektives Übermaß an Disstress in prämentalisierende Modi zurückfallen (Taubner u. Sevecke, 2015; Taubner, 2015; Schultz-Venrath, 2015).

Der folgende Diskurs wird sowohl am Beispiel von Lehrern wie auch von Schülern illustriert, viele der Zusammenhänge lassen sich aber ohne Weiteres auf andere pädagogische Felder (z. B. den Frühbereich oder Sozialpädagogik) übertragen.

4.1 Stress und psychische Gesundheit bei Lehrkräften

Obschon sich das Bild der psychischen Belastung seit einigen Jahren aufseiten der Pädagogen differenziert hat und damit verändert darstellt, bleibt es virulent. Gingen noch zu Beginn der 2000er Jahre bis zu 90 % der Lehrer vor dem gesetzlich vorgegebenen Renteneintrittsalter in den Ruhestand, sind es durch merkliche finanzielle Kürzungen beim Früheintritt aktuell nur noch 35 % der Lehrer, die früher in die Rente gehen (Hillert, Koch u. Lehr, 2013).

Als Belastungsfaktoren konnten vor allem die hohe einzel- und gruppenbezogene Interaktionsdichte im Zwangskontext Schule mit sehr vielen Interaktionspartnern (Schüler, Eltern, Kollegen, Vorgesetzte), der sich Lehrer (aber natürlich auch Schüler) ausgesetzt fühlen, die große Offenheit der Arbeitsgestaltung innerhalb und außerhalb des Unterrichts bei gleichzeitig hohen Erwartungen z. B. durch Dienstvorgesetzte, Eltern und Evaluationen und damit verbunden die Gefahr einer zunehmenden gedanklichen und handelnden Vermischung des Privaten mit dem Dienstlichen (Rothland, 2012; Aktionsrat Bildung, 2014) identifiziert werden. Als besonders belastend werden verbal oder physisch aggressive Auseinandersetzungen mit Schülern erlebt, die 43 % der Lehrer innerhalb eines Jahres erfahren (Unterbrink et al., 2008; Aktionsrat Bildung, 2014). Der Begriff des *Burn-outs* wird aufgrund seiner großen Offenheit bei gleichzeitiger klinischer Unbestimmtheit dabei zunehmend kritisch gesehen (Hillert et al., 2013).

Aus der Gegenüberstellung vergleichbarer Arbeitsbedingungen psychisch erkrankter und nicht erkrankter Lehrkräfte (Hillert et al., 2013) lässt sich Folgendes schlussfolgern: 1. Es mangelt den betroffenen Lehrern an Möglichkeiten, sich gedanklich von belastenden Arbeitszusammenhängen zu lösen; 2. es wird mit beruflichen Misserfolgen resignativ umgegangen; 3. es gibt Schwierigkeiten, aus dem eigenen sozialen Netz Unterstützung zu erhalten (Lehr, Schmitz u. Hillert, 2008). Das Modell der beruflichen Gratifikation (Siegrist, 2009) sieht das Problem in der Diskrepanz einer als sehr hochempfundenen beruflichen Anstrengung bei gleichzeitiger als unangemessen empfundener Anerkennung durch Vorgesetzte, Gehalt, Kollegen und Klienten/Schüler. Lehrer, die kein ausgeglichenes oder positives Verhältnis aus Gratifikation und Engagement erfahren, haben ein sechsfach höheres Risiko, an einer Depression zu erkranken, als Lehrer, bei denen sich das Verhältnis ausgleicht (Hillert et al., 2013).

Fasst man die aktuellen Befunde aus der Lehrergesundheitsforschung zusammen, so entsteht ein Modell der funktionalen bzw. dysfunktionalen Stressbewältigung, das auf persönlichen Dispositionen der Lehrer aufbaut. Es braucht eine stärkere Akzentuierung von verstehender Verarbeitung und Regeneration.

Vor allem selbstreflexive Mechanismen der Stressreduktion müssen viel stärker in das professionelle Selbstverständnis und damit in die Arbeitswelt von Pädagogen einbezogen werden (Hillert et al., 2013).

4.2 Stress und psychische Gesundheit bei Kindern und Jugendlichen

Mindestens zwei Gruppen von Kindern und Jugendlichen können in diesem Zusammenhang aufgrund ihres Alters und ihrer bisher gemachten schwierigen (Beziehungs-)Erfahrungen als sehr vulnerabel gelten – Babys und Kleinkinder und Kinder und Jugendliche mit einem sonderpädagogischen Förderbedarf im Förderschwerpunkt emotionale und soziale Entwicklung. 32,9 % der in Deutschland lebenden Kinder werden in Krippen oder durch Tageseltern betreut, diese Zahl steigt langsam, aber kontinuierlich auch wegen des gesetzlichen Anspruchs auf einen Kindergartenplatz mit der Vollendung des ersten Lebensjahres seit 2013 (Statistische Ämter, 2016). »Die Qualität der frühen Beziehungserfahrungen ist entscheidend für lebenslange psychische Gesundheit« (von Klitzing, Döhnert, Kroll u. Grube, 2015, S. 375). Durch die hohe Bedeutung der basalen Entwicklungsaufgaben bei einer gleichzeitigen Vulnerabilität der frühen Kindheit (Fonagy, 2015) bekommt der professionelle Umgang mit Kindern und Eltern dieser Altersgruppe eine besondere Verantwortung. Es werden neben wichtigen institutionell-politischen Setzungen (Betreuungsverhältnis, Bezahlung der Pädagogen, Ausstattung der Einrichtungen usw.) theoretisch fundierte, psychisch belastbare und altersgemäß interagierende Pädagogen benötigt, was z. B. durch das aktuelle Fehlen von entsprechenden Fachkräften enorm erschwert ist.

Die zweite Gruppe sind Kinder, die durch Verhaltensauffälligkeiten in pädagogischen Institutionen in Erscheinung treten und die oftmals sonderpädagogische Unterstützung erhalten – in Anlehnung an die KMK-Nomenklatur *Kinder mit einem Förderbedarf im Förderschwerpunkt emotionale und soziale Entwicklung*. Häufig werden diese Kinder und Jugendlichen mit Etikettierungen wie *unruhig, labil, impulsiv* und *aggressiv* bezeichnet. Für diese Gruppe konnte Julius (2009) im Kontext von Bindungsmustern herausarbeiten, dass 85 % dieser Kinder mindestens Monotraumata erlitten hatten, 66 % der Kinder waren sogar drei bis fünf (oder mehr) Beziehungstraumata (emotionale und körperliche Vernachlässigung, Verlust, physische Misshandlung und sexueller Missbrauch) durch Menschen aus ihrem unmittelbaren Lebensumfeld ausgesetzt. Im Vergleich dazu erlebten nur 17 % der Kinder einer Kontrollgruppe an einer allgemeinen Grundschule eine traumatische Erfahrung.

Durch die im Rang eines Bundesgesetzes stehende UN-Behindertenrechtskonvention verpflichtet sich Deutschland zur Umsetzung von Inklusion, ohne dabei fertige und überprüfte Konzepte für die genannte Gruppe von Kindern und Jugendlichen aufweisen zu können (Ahrbeck, 2014; Stein u. Müller, 2015), deren Problem meist ist, dass ihnen die notwendigen sozialen und emotionalen Entwicklungsressourcen für verträgliche Integration und Teilhabe fehlen.

Sowohl für die Seite der professionellen Pädagogen wie auch für die der Kinder und Jugendlichen wird deutlich, dass die Themen sozial-emotionale Entwicklung, Umgang mit Stress und psychische Gesundheit zwischen Pädagogen sowie Kindern und Jugendlichen auch aufgrund gesellschaftlicher Entwicklungen eng miteinander zusammenhängen (z. B. Ausbau der Frühbetreuung, Inklusion). Verschiedene Autoren unterstreichen, dass dies viel stärker in den pädagogischen Alltag und als professionseigenes Selbstverständnis in die Pädagogik integriert werden muss (Hillert et al., 2013; Hurrelmann, 2011; Schulte-Körne, 2016).

4.3 Stress und Mentalisieren in der Pädagogik (Forschungsdesiderate)

Die Mentalisierungstheorie geht von einem hirnphysiologischen Umschaltpunkt aus, der bei einem individuell determinierten affektiven Stresslevel das Mentalisieren zunehmend blockiert und fest gebahnte physiologische Reaktionen auslöst. Auch im Kontext pädagogischer Interaktionen spielen Stress und individuelle Stressvulnerabilität eine große Rolle. Das gilt gleichermaßen sowohl für pädagogisches Fachpersonal als auch für die Kinder und Jugendlichen. Besonders erwähnenswert sind dabei Kleinstkinder im Alter von null bis drei Jahren, da in diesem »vulnerablen Zeitfenster der Entwicklung [...] das genetisch determinierte Stressverarbeitungssystem noch nicht hinreichend ausgereift ist« (McEwen, 1998, S. 38). Bei Kleinstkindern, welche zu dieser frühen Zeit negative Stresserfahrungen machen, kann sich in der Folge das Stressverarbeitungssystem chronisch dysfunktional entwickeln, was wiederum eine erhöhte Vulnerabilität für entsprechende Belastungssituationen nach sich ziehen kann (McEwen, 1998). Dies ist insofern von Bedeutung, als dass die Anzahl dieser Kinder in pädagogischen Institutionen aus politischen Gründen zunehmend steigt. Sie sind entwicklungspsychologisch in einer sensiblen Phase des Aufbaus von Bindung und Mentalisierungsfähigkeit. Hier kommt der professionellen Pädagogik eine hohe Verantwortung zu.

Daneben ist eine Gruppe von Kindern/Jugendlichen betroffen, die häufig sonderpädagogische Unterstützung aus dem Förderschwerpunkt soziale und emotionale Entwicklung (ehemals Verhaltensgestörtenpädagogik) erfährt. Nach empirischen Ergebnissen weisen 66 % dieser Kinder (Julius, 2009), die trotz des Inklusionsparadigmas noch eine entsprechende Förderschule besuchen, multiple Beziehungstraumata meist aus dem häuslichen Nahbereich auf. Jene Gruppe von Kindern/Jugendlichen stellt die pädagogische Umsetzung des politisch-normativen Paradigmas der Inklusion vor große Herausforderungen. Die Pädagogen erhalten unter diesen Bedingungen noch stärker den impliziten Auftrag, den jungen Menschen z. B. über Spiegelungen dabei zu helfen, ihre Affekte alters- und situationsadäquat regulieren zu können (Rass, 2010; Ramberg u. Gingelmaier, 2016).

Um diesem politisch-normativen Paradigma eine wissenschaftliche Begründung gegenüberzustellen, ist es empirisch zu überprüfen, ob die Verbesserung der Mentalisierungsfähigkeit von Pädagogen einen Effekt auf die Beziehung zwischen Pädagogen und die ihnen anvertrauten jungen Menschen hat. Dies ist insbesondere für die genannten zwei Gruppen (Kleinkinder und Kinder mit einem sozial-emotionalen Förderbedarf), da sie aufgrund sensibler Phasen oder durch biografische Erfahrungen mit pädagogischen Institutionen konfrontiert sind, von höchster Relevanz. Des Weiteren wird auch der Effekt der Verbesserung der Mentalisierungsfähigkeit von Pädagogen in Beziehung zu einer individuellen Stressempfindlichkeit möglicherweise wichtige Hinweise geben können.

5 Ausblick

Es wird, wie beschrieben, davon ausgegangen, dass immer, wenn Pädagogik förderlich ist bzw. wenn Pädagogen förderlich mit Kindern/Jugendlichen diagnostizieren und interagieren, sie dabei das Kind explizit oder implizit mentalisieren. Durch diese spezifische Form der mentalisierenden Reflexion versucht der Beitrag unter dem paradoxen Titel *Reflexion als Reaktion* die Nähe des Reflexiven zum pädagogisch Interaktionellen herzustellen. Dies ist dadurch begründbar, dass die Basis pädagogischer Interaktion und Intervention eine Vorstellung davon ist, wo sich das Kind situativ, biografisch und/oder entwicklungspsychologisch verorten lässt und mit welchen mentalen Zuständen dies einhergeht. Jenen ursächlichen Kern gilt es erzieherisch aufzugreifen. Die Besonderheit des Ansatzes liegt in seiner interaktionistischen Ausrichtung. Mentalisieren (und damit die Entwicklung des Selbst) entsteht dadurch, dass man mentalisiert wird bzw. sich mentalisiert fühlt. Küchenhoff formuliert: »Das Selbst konstituiert sich also durch den Anderen« (2009, S. 5), ergänzend ließe sich »über Mentalisierungsprozesse« hinzufügen. Dies gilt nicht nur für Babys und Kleinkinder, bei denen sich die Mentalisierungsfunktion erst ausbildet, sondern für Menschen generell, wenn auch spätere Prozesse des Nachreifens komplexer sind. Mentalisieren und mentalisiert werden findet in pädagogischen Prozessen immer statt, hat aber eine besonders wichtige Bedeutung bei sehr kleinen Kindern und psychisch belasteten Kindern/Jugendlichen. Gleichzeitig, und dies macht diesen jungen Ansatz so attraktiv für das Feld der Pädagogik, muss ein mentalisierender Pädagoge auch sich selbst reflexiv mentalisieren. Gelingt es dem Pädagogen, etwas von der Interaktion zwischen dem Kind und ihm zu verstehen und entsprechend zu interagieren, nützt dies nicht nur dem Kind, weil es mentalisiert wird und dadurch gegebenenfalls seine Mentalisierungsfähigkeit ausbauen kann. Es kann auch für den Pädagogen z. B. Stressprävention durch Psychohygiene bedeuten, da er über Verstehensprozesse einen Zugang zur pädagogischen Interaktion erhält und diese letztlich als beeinflussbar und sich selbst (wieder) als wirkmächtig erlebt.

Aktuell befindet sich die mentalisierungsbasierte Pädagogik am Anfang, Befunde und Ideen aus der klinischen Anwendung der Mentalisierungstheorie zu adaptieren (Kirsch, 2015; Gerspach, 2007; Hirblinger, 2011; Ramberg u. Gingelmaier, 2016). Die Relevanz des Ansatzes kann, wie hier gezeigt, gut begründet werden, nun ist es an einer Spezifizierung für das pädagogische Feld und einer empirischen Überprüfung, die die beschriebene breite Form von Evidenz anstreben sollte. So wären z. B. Befunde darüber sehr wichtig, wie das Wissen aus Mentalisierungsprozessen beim individuellen Pädagogen auch in stressauslösenden Situationen so hineinwirken kann, dass er trotzdem in einer förderlichen Haltung und Intervention agieren kann.

Literatur

Ahrbeck, B. (2014). Inklusion – eine Kritik. Stuttgart: Kohlhammer.
Aktionsrat Bildung (2014). Psychische Belastung und Burnout beim Bildungspersonal. Empfehlungen zur Kompetenz- und Organisationsentwicklung. Münster: Waxmann Verlag.
Aljets, E. (2015). Der Aufstieg der Empirischen Bildungsforschung. Ein Beitrag zur institutionalistischen Wissenschaftssoziologie. Wiesbaden: Springer VS.
Bateman, A. W. (2016). Vorwort. In H. Kirsch, J. Brockmann, S. Taubner (Hrsg.), Praxis des Mentalisierens (S. 9–20). Stuttgart: Klett-Cotta.
Bellmann, J., Müller, T. (Hrsg.) (2011a). Wissen, was wirkt. Kritik evidenzbasierter Pädagogik. Wiesbaden: Springer VS.
Bellmann, J., Müller, T. (2011b). Evidenzbasierte Pädagogik – ein Déjà-vu? In J. Bellmann, T. Müller (Hrsg.), Wissen, was wirkt. Kritik evidenzbasierter Pädagogik (S. 9–32). Wiesbaden: Springer VS.
Berliner, D. C. (2002). Educational research: The hardest science of all. Educational Researcher, 31, 18–20.
Bowlby, J. (1958). The nature of the child's tie to his mother. International Journal of Psychoanalysis, 39, 350–373.
Brezinka, W. (2015). Die »Verwissenschaftlichung« der Pädagogik und ihre Folgen. Rückblick und Ausblick. Zeitschrift für Pädagogik, 61, 282–294.

Brinkmann, M. (2015). Pädagogische Empirie. Zeitschrift für Pädagogik, 61, 527–545.
Cochrane Deutschland (2016). Evidenzbasierte Medizin: Definition und Hintergrund. Zugriff am 01.07.2017 unter www.cochrane.de/de/ebm
den Brok, P. (2001). Teaching and student outcomes. A study on teachers' thoughts and actions from an interpersonal and a learning activities perspective. Utrecht: W. C. C.
Eichler, M., Pokora, R., Schwenter, L., Blettner, M. (2015). Evidenzbasierte Medizin – Möglichkeiten und Grenzen. Deutsches Ärzteblatt, 112, A 2190–2192.
Ensink, K., Bégin, M., Normandin, L., Godbout, N., Fonagy, P. (2016). Mentalization and dissociation in the context of trauma: Implications for child psychopathology. Journal of Trauma & Dissociation: The Official Journal of the International Society for the Study of Dissociation (ISSD), 18 (1), 11–30. DOI.org/10.1080/15299732.2016.1172536
Evertson, C. M., Weinstein, C. S. (2006). Classroom management as a field of inquiry. In C. M. Evertson, C. S. Weinstein (Eds.), Handbook of classroom management: Research, practice, and contemporary issues (pp. 3–16). Mahwah, NJ: Lawrence Erlbaum Associates.
Fonagy, P. (2013). Soziale Entwicklung unter dem Blickwinkel der Mentalisierung. In J. G. Allen, P. Fonagy (Hrsg.), Mentalisierungsgestützte Therapie. Das MBT-Handbuch – Konzepte und Praxis (2. Aufl., S. 89–152). Stuttgart: Klett-Cotta.
Fonagy, P. (2015). Bindung und Reflexionsfunktion. In P. Fonagy, G. Gergely, E. L. Jurist, M. Target (Hrsg.), Affektregulation, Mentalisierung und die Entwicklung des Selbst (S. 31–74). Stuttgart: Klett-Cotta.
Fonagy, P., Bateman, A. W. (2016). Adversity, attachment, and mentalizing. Comprehensive Psychiatry, 64, 59–66.
Fonagy, P., Bateman, A. W., Luyten, P. (2015). Einführung und Übersicht. In A. W. Bateman, P. Fonagy (Hrsg.), Handbuch Mentalisieren (S. 23–66). Gießen: Psychosozial-Verlag.
Fricke, K., van Ackeren, I., Kauertz, A., Fisher, H. E. (2012). Students' perceptions of their teachers' classroom management in elementary and secondary science lessons and the impact on student achievement. In T. Wubbels, P. den Brok, J. van Tartwijk, J. Levy (Eds.), Interpersonal relationships in education: An overview of contemporary research (pp. 167–185). Rotterdam: Sense Publications.
Georgiou, M., Kyriakides, L. (2012). The impact of teacher and principal interpersonal behavior on student learning outcomes: A large scale study in secondary schools of Cyprus. In T. Wubbels, P. den Brok, J. van Tartwijk, J. Levy (Eds.), Interpersonal relationships in education: An overview of contemporary research (pp. 119–135). Rotterdam: Sense Publications.
Gerspach, M. (2007). Vom szenischen Verstehen zum Mentalisieren. Notwendige Ergänzungen für pädagogisches Handeln. In A. Eggert-Schmid Noerr, U. Finger-Trescher, U. Pforr (Hrsg.), Frühe Beziehungserfahrungen. Die Bedeutung primärer Bezugspersonen für die kindliche Entwicklung (S. 261–307). Gießen: Psychosozial-Verlag.
Hamre, B. K., Pianta, R. C. (2001). Early teacher child relationships and the trajectory of children's school outcomes through eighth grade. Child Development, 72 (2), 625–638.
Heinrich, M. (2015). Zur Ambivalenz der Idee evidenzbasierter Schulentwicklung. Zeitschrift für Pädagogik, 61, 778–792.
Henderson, D. G., Fisher, D. L. (2008). Interpersonal behaviour and student outcomes in vocational education classes. Learning Environments Research, 11, 19–29.
Herzog, W. (2011). Eingeklammerte Praxis – ausgeklammerte Profession. Eine Kritik der evidenzbasierten Pädagogik. In J. Bellman, T. Müller (Hrsg.), Wissen, was wirkt. Kritik evidenzbasierter Pädagogik (S. 123–146). Wiesbaden: Springer VS.
Hillenbrand, C. (2006). Einführung in die Pädagogik bei Verhaltensstörungen. München/Basel: Reinhard UTB.
Hillert, A., Koch, S., Lehr, D. (2013). Das Bournout-Phänomen am Beispiel des Lehrerberufs. Paradigmen, Befunde und Perspektiven berufsbezogener Therapie- und Präventionsansätze. Nervenarzt, 84, 806–812.

Hirblinger, H. (2011). Emotionale Erfahrungen und Mentalisierung in schulischen Lernprozessen. Gießen: Psychosozial-Verlag.
Hurrelmann, K. (2011). Die Lebenssituation von Kindern und Jugendlichen. In Senatsverwaltung für Bildung, Jugend und Wissenschaft (Hrsg.), 2. Schulartübergreifende Tandem-/Tridemfachtagung. Zum Programm Jugendsozialarbeit an Berliner Schulen (S. 12–31). Berlin: Senatsverwaltung für Bildung, Jugend und Wissenschaft und Sozialpädagogisches Fortbildungsinstitut Berlin-Brandenburg (SFBB).
Jewell, T., Collyer, H., Gardner, T., Tchanturia, K., Simic, M., Fonagy, P., Eisler, I. (2016). Attachment and mentalization and their association with child and adolescence eating-pathology: A systematic review. International Journal of Eating Disorders, 49 (4), 354–373.
Jornitz, S. (2009). Evidenzbasierte Bildungsforschung. Pädagogische Korrespondenz, 40, 68–75.
Julius, H. (2009). Bindung und familiäre Gewalt, Verlust und Vernachlässigung. In H. Julius, B. Gasteiger-Klicpera, R. Kißgen (Hrsg.), Bindung im Kindesalter – Diagnostik und Interventionen (S. 13–37). Göttingen: Hogrefe.
Jurist, E. (2000). Beyond Hegel and Nietzsche: Philosophy, culture and agency. Cambridge, MA: MIT Press.
Kirsch, H. (2015). Das Mentalisierungskonzept in der Sozialen Arbeit. Göttingen: Vandenhoeck & Ruprecht.
Kirsch, H., Brockmann, J., Taubner, S. (2016). Praxis des Mentalisierens. Stuttgart: Klett-Cotta.
Klem, A. M., Connell, J. P. (2004). Relationships matter: Linking teacher support to student engagement and achievement. Journal of School Health, 74 (7), 262–273.
Küchenhoff, J. (2009). Definitionen und Beziehungsarbeit. In J. Küchenhoff, R. Mahrer Klemperer (Hrsg.), Psychotherapie im psychiatrischen Alltag. Die Arbeit an der therapeutischen Beziehung (S. 2–11). Stuttgart: Schattauer.
Lehr, D., Schmitz, E., Hillert, A. (2008). Bewältigungsmuster und psychische Gesundheit. Eine clusteranalytische Untersuchung zu Bewältigungsmustern im Lehrerberuf. Zeitschrift für Arbeits- und Organisationspsychologie, 52, 3–16.
Lepointe, J. M., Legault, F., Batiste, S. J. (2005). Teacher interpersonal behavior and adolescents' motivation in mathematics: A comparison of learning disabled, average, and talented students. International Journal of Educational Research, 43, 39–54.
Levpuscek, M. P., Zupancic, M., Socan, G. (2012). Predicting achievement in mathematics in adolescent students: The role of individual and social factors. Journal of Early Adolescence, 33 (4), 523–551.
Maulana, R., Opdenakker, M.-C., den Brok, P., Bosker, R. (2011). Teacher-student interpersonal relationships in Indonesia: Profiles and importance to student motivation. Asia Pacific Journal of Education, 31, 33–49.
McEwen, B. S. (1998). Stress, adaptation, and disease. Allostasis and allostatic load. Annals of the New York Academy of Sciences, 840 (1), 33–44.
Meyer-Wolters, H. (2011). Evidenzbasiertes pädagogisches Handeln. In J. Bellman, T. Müller (Hrsg.), Wissen, was wirkt. Kritik evidenzbasierter Pädagogik (S. 148–172). Wiesbaden: Springer VS.
Mühlhauser, I., Meyer, G. (2016a). Evidenzbasierte Medizin: Der Sündenbock. Deutsches Ärzteblatt, 113, A 85.
Mühlhauser, I., Meyer, G. (2016b). Evidenzbasierte Medizin – Klarstellung und Perspektiven. Deutsches Ärzteblatt, 113, A 486–488.
Pennings, H. J. M., van Tartwijk, J., Wubbels, T., Claessens, L. A. C., van der Want, A., Brekelmans, M. (2014). Real-time teacher-student interactions: A dynamic systems approach. Teaching and Teacher. Education, 37, 183–193.
Pianta, R. C., Mashburn, A. J., Downer, J. T., Hamre, B. K., Justice, L. (2008). Effects of web-mediated professional development resources on teacher-child interactions in pre-kindergarten classrooms. Early Childhood Research Quarterly, 23, 431–451.

Ramberg, A., Gingelmaier, S. (2016). Mentalisierungsgestützte Pädagogik bei Kindern, die Grenzen verletzen. In B. Rauh, T. F. Kreuzer (Hrsg.), Grenzen und Grenzverletzungen in Bildung und Erziehung (S. 79–98). Opladen u. a.: Barbara Budrich.

Rass, E. (2010). Bindungssicherheit und Affektregulation im pädagogischen Handlungsfeld. Der Lehrer als Beziehungs- und Kulturarbeiter. In R. Göppel, A. Hirblinger, H. Hirblinger, A. Würker (Hrsg.), Schule als Bildungsort und »emotionaler Raum«. Der Beitrag der Psychoanalytischen Pädagogik zu Unterrichtsgestaltung und Schulkultur (S. 111–24). Opladen/Farmington Hills: Barbara Budrich.

Rothland, M. (2012). Belastung und Beanspruchung im Lehrerberuf. Modell – Befunde – Interventionen. Wiesbaden: Springer VS.

Sander, W. (2015). Was heißt »Renaissance der Bildung«? Ein Kommentar. Zeitschrift für Pädagogik, 61, 517–526.

Schad, G. (2015). Evidenzbasierte Erziehung? Zeitschrift für Heilpädagogik, 66, 335–344.

Schulte-Körne, G. (2016). Psychische Störungen bei Kindern und Jugendlichen im schulischen Umfeld. Deutsches Ärzteblatt, 113, 183–190.

Schultz-Venrath, U. (2015). Lehrbuch Mentalisieren – Psychotherapien wirksam gestalten. Stuttgart: Klett-Cotta.

Sharp, C., Venta, A., Vanwoerden, S., Schramm, A., Ha, C., Newlin, E., Reddy, R., Fonagy, P. (2016). First empirical evaluation of the link between attachment, social cognition and borderline features in adolescents. Comprehensive Psychiatry, 64, 4–11.

Siegrist, J., Wege, N., Pfühlhofer, F., Wahrendorf, M. (2009). A short generic measure of work stress in the era of globalization: Effort-reward imbalance. International Archives of Occupational and Environmental Health, 82, 1005–1013.

Smith, R., Keiner, E. (2015). Erziehung und Wissenschaft, Erklären und Verstehen. Zeitschrift für Pädagogik, 61, 665–682.

Spilt, J. L., Koomen, H. M. Y., Thijs, J. T. (2011). Teacher well-being: The importance of teacher-students relationships. Educational Psychology Review, 23, 457–477.

Statistische Ämter des Bundes und der Länder (Hrsg.) (2016). Kindertagesbetreuung regional 2015. Zugriff am 28.12.2016 unter https://www.destatis.de/DE/Publikationen/Thematisch/Soziales/KinderJugendhilfe/KindertagesbetreuungRegional5225405157004.pdf?__blob=publicationFile

Stein, R., Müller, T. (Hrsg.) (2015). Inklusion im Förderschwerpunkt emotionale und soziale Entwicklung. Stuttgart: Kohlhammer.

Taubner, S. (2015). Konzept Mentalisieren. Eine Einführung in Forschung und Praxis. Gießen: Psychosozial-Verlag.

Taubner, S., Sevecke, K. (2015). Kernmodell der Mentalisierungsbasierten Therapie. Psychotherapeut, 60, 169–182.

Tillack, C., Fischer, N., Raufelder, D., Fetzer, J. (2014a). Beziehungen in Schule und Unterricht. Teil 1 – Theoretische Grundlagen und praktische Gestaltungen pädagogischer Beziehungen. Immenhausen bei Kassel: Prolog.

Tillack, C., Fischer, N., Raufelder, D., Fetzer, J. (2014b). Beziehungen in Schule und Unterricht. Teil 2 – Soziale Beziehungen im Kontext von Motivation und Leistung. Immenhausen bei Kassel: Prolog.

Tillack, C., Fischer, N., Raufelder, D., Fetzer, J. (2014c). Beziehungen in Schule und Unterricht. Teil 3 – Soziokulturelle und schulische Einflüsse auf pädagogische Beziehungen. Immenhausen bei Kassel: Prolog.

Unterbrink, T., Zimmermann, L., Pfeifer, R., Wirsching, M., Brähler, E., Bauer, J. (2008). Parameters influencing health variables in a sample of 949 German teachers. International Archives of Occupational and Environmental Health, 82, 117–123.

von Freyberg, T., Wolff, A. (2005). Einleitung. In T. von Freyberg, A. Wolff (Hrsg.), Störer und Gestörte. Bd. 1: Konfliktgeschichten nicht beschulbarer Jugendlicher (S. 11–22). Frankfurt a. M.: Brandes & Apsel.

von Klitzing, K., Döhnert, M., Kroll, M., Grube, M. (2015). Psychische Störungen in der frühen Kindheit. Deutsches Ärzteblatt, 112, 375–385.

Wei, M., den Brok, P., Zhou, Y. (2009). Teacher interpersonal behaviour and student achievement in English as a foreign language classrooms in China. Learning Environments Research, 12, 157–174.

Wubbels, T., Brekelmans, M., Hooymayers, H. (1991). Interpersonal teacher behavior in the classroom. In B. J. Fraser, H. J. Walberg (Eds.), Educational environments: Evaluation, antecedents and consequences (pp. 141–160). Elmsford, NY: Pergamon Press.

Wubbels, T., Brekelmans, M., den Brok, P., van Tartwijk, J. (2006). An interpersonal perspective on classroom management in secondary classrooms in the Netherlands. In C. Evertson, C. Weinstein (Eds.), Handbook of classroom management: Research practice and contemporary issues (pp. 1161–1191). New York: Lawrence Erlbaum Associates.

Mentalisierungsbasierte Interventionen und professionelle Haltung in der Pädagogik am Beispiel von Schule

Axel Ramberg

Das Mentalisierungskonzept bietet trotz seiner klinisch-therapeutischen Wurzeln wichtige praxeologische Handlungs- und Reflexionsideen, die sich sehr gut auch auf das pädagogische Feld anwenden lassen. Im Beitrag wird diese Standortbestimmung differenziert erörtert. Darüber hinaus sollen Ableitungen für mögliche mentalisierungsbasierte Interventionen auf das pädagogische Feld im Allgemeinen sowie der Schule im Speziellen angewandt werden.

Despite its clinical and therapeutic roots, the concept of mentalization offers important ideas for praxeological treatment and reflection, which can also be applied to the pedagogical field. In the article, this position fixing is discussed in a differentiated way. Furthermore, there will be deductions for mentalization-based interventions, which are applied to the pedagogical field in general as well as to the school in particular.

1 Vorbemerkung

Das Mentalisierungskonzept von Fonagy, Gergely, Jurist und Target (2008) spielt derzeit nicht nur im klinisch-therapeutischen Setting eine große Rolle, sondern findet zunehmend auch seinen Weg in nichtklinische Bereiche (Gerspach, 2009). Zu nennen seien hier exemplarisch die mentalisierungsgestützte Pädagogik (Ramberg u. Gingelmaier, 2016), die mentalisierungsgestützte Berufsausbildung (Taubner, 2015), mentalisierungsgestützte Angebote in weiteren sozialen Arbeitsfeldern (Kirsch, 2014) oder auch mentalisierungsgestützte Gewaltprävention (Twemlow u. Fonagy, 2009) sowie institutionsübergreifende Projekte zur Förderung seelischer Gesundheit auf der Grundlage des Mentalisierungskonzepts (Bak, 2012). Gemeinsamer Nenner dieser Ansätze ist die Postulierung des präventiven Aspektes des Mentalisierens im Kontakt mit Kindern und Jugendlichen bzw. Schülerinnen und Schülern. Hierin liegt auch die Bedeutung des Mentalisierens in Schulen, denn nicht erst durch die Einführung der Inklusion (siehe die Beiträge von Rauh bzw. Link in diesem Band) im Rahmen der Ratifizierung der UN-Behindertenrechtskonvention stehen Lehrkräfte vor der Aufgabe, jeden Schüler ausgehend von dessen Bedürfnissen und Bedarfen individuell bestmöglich zu fördern. Dieser – zu Recht als hoch anzusehende – Anspruch hat weitläufige Folgen für die Gestaltung des pädagogischen/schulischen Feldes, denn so bedarf es letztlich eines veränderten Bildungsbegriffs, der nicht ausschließlich auf Aspekte wie Wissen, Können und Leistung fokussiert, sondern vielmehr auch emotionale und intersubjektive Bereiche mit in den Blick nimmt. Gerade unter Beachtung der wachsenden Probleme und Konflikte insbesondere im Interaktionsfeld Schule gewinnt der Bereich der angemessenen Beziehungsgestaltung zwischen Lehrkräften und Schülern immer mehr an Bedeutung (Reiser, 1992; Warzecha, 1997; Datler, 2004; Stein, 2011). Aus diesem Blickwinkel entwickelt sich demnach für die pädagogische Situation die Dringlichkeit, Interaktionsprozessen und dementsprechend der Beziehung und Beziehungsgestaltung größtmögliche Aufmerksamkeit zu widmen. Kinder und Jugendliche müssen in pädagogischen Kontexten auf positive Beziehungsangebote treffen, welche es ihnen ermöglichen, bisherige eventuell auch negative Beziehungsmuster zu reflektieren und auf der Grundlage neuer, reflexiv zugänglicher Beziehungserfahrungen zu einem angemessenen Verhalten in Momenten der Interaktion zu gelangen. Dass dabei der Fokus in erster Linie auf dem professionellen Rollenverständnis der Pädagogen liegen muss, ist schnell ersichtlich, denn es bedarf für die Kinder der reifen Persönlichkeitsstruktur eines Erwachsenen, der in der Beziehung zum Kind eigene Emotionen und Affekte dank reifer Eigenregulation adäquat verarbeitet, sein Gegenüber wertschätzt und versucht, die konkrete Beziehungssituation positiv zu gestalten (Rass, 2010).

An dieser Stelle scheint sich das Konzept der Mentalisierung anzubieten. Mentalisierung wird definiert als die Fähigkeit zur aufmerksamen »Beachtung und Reflexion des eigenen psychischen Zustands und der psychischen Verfassung anderer Menschen« (Allen, Fonagy u. Bateman, 2011, S. 21). Damit ist in erster Linie ein aktiver Prozess des »Sich-Vergegenwärtigens« angesprochen, weshalb häufig auch vom Mentalisieren gesprochen wird (Schultz-Venrath u. Döring, 2011). Dieses Reflexionsvermögen erscheint nicht nur für die therapeutische, sondern auch für die pädagogische Situation von Bedeutung, denn es verhilft durch das Nachdenken sowie Bewusstmachen emotionaler Zustände zu einer angemessenen Affektregulation (siehe die Beiträge von Taubner in diesem Band).

2 Warum Mentalisieren in der Schule?

Indem Schirp (2008) auf die Bedeutung des Nachdenkens über Gefühle und darauf bezogene Verhaltensweisen auch im Unterricht und in der Schule eingeht, wird bereits treffend auf die Wichtigkeit des Mentalisierens in der Schule verwiesen. Versteht man Schule nicht nur als Lern-, sondern auch als Lebensraum, ergibt sich daraus ein Bildungsauftrag, welcher weit über die reine Vermittlung von Fachwissen hinausgeht. Dabei ist – insbesondere unter dem Blickwinkel der inklusiven Beschulung – zu berücksichtigen, dass Lehrkräfte eben nicht nur mit Kindern und Jugendlichen zu tun haben, die in ihrer bisherigen Biografie über ausreichend tragende und haltende Beziehungen verfügten. Brisch (2009) weist darauf hin, dass ca. die Hälfte aller Kinder unsichere Bindungsmuster verinnerlicht haben, die sie in den schulischen Alltag mit einbringen. Julius (2009) macht auf die hohen Prävalenzzahlen bindungsgestörter Kinder und Jugendlicher insbesondere im Förderbereich der emotionalen und sozialen Entwicklung, welche Lehrkräfte ebenfalls immer wieder in Konflikte verstricken, aufmerksam. Die Folge kann sowohl aufseiten der Schüler als auch aufseiten der Lehrkräfte »blanke Ohnmacht und daraus resultierende Wut« (Gerspach, 2009, S. 209) sein. Dass sich diese Aspekte in Zeiten von Ganztagsbetreuung, Nachmittagsangeboten und Spätdiensten noch verschärfen, liegt auf der Hand. Schule ist heute ein Kontext, der sich durch vielfältige Interaktionsmomente und Beziehungsstrukturen auszeichnet. Dies ist für die Bedeutung des Mentalisierens insofern relevant, da dieser Zeitraum, in welchem sich Kinder in der Schule aufhalten, oftmals umfangreicher ist als die Zeit, die sie im familiären Kontext verbringen (Rass, 2012). Aber die Dringlichkeit positiver Beziehungserfahrungen verbunden mit dem Erleben mentalisierender Erwachsener ergibt sich nicht allein aus dem hohen Zeitanteil, den Kinder heute in Schulen verbringen (Rass, 2010). Vielmehr bedarf es einem veränderten Verständnis der Schule an sich, um Kindern und Jugendlichen einen haltenden und vertrauten Rahmen zu bieten, innerhalb dessen die Lehrkräfte zu wichtigen nachgeordneten Bindungspersonen werden und so den Kindern dabei helfen, ihre affektiven Zustände angstfrei zu erkunden und gegebenenfalls zu bewältigen. Schule muss sich zu einem intermediären Raum entwickeln, in welchem es Schülern ermöglicht wird, »hinter bestimmten Verhaltensweisen auch seelische Zustände zu vermuten, um über die vermuteten psychischen Zustände im reflektierenden Modus dann zu sprechen, um diese zu verstehen« (Hirblinger, 2009, S. 148). Anders ausgedrückt: Schule sollte ein Ort sein, in dem zusammen mit Lehrkräften und Gleichaltrigen mentalisiert werden kann. Um dies zu ermöglichen, braucht es aufseiten der Lehrkräfte neben dem Verständnis und der vertieften Kenntnis des Mentalisierungskonzepts die Bereitschaft, eine mentalisierende ergo reflexive Haltung im Umgang mit den Schülern, aber auch mit sich selbst zu generieren. Diese Haltung lässt sich als der Teilbereich pädagogisch professionellen Handelns verstehen, in dem der Blick aus der professionellen Beziehung zu den Kindern zunächst auf die Lehrkraft selbst gerichtet ist (Staats, 2014). Dieser Anspruch stellt – insbesondere unter den gegenwärtigen schulorganisatorischen Bedingungen – eine große Herausforderung an die Lehrerprofessionalität dar, welcher darüber hinaus nicht dem Professionsverständnis aller Lehrkräfte entspricht (Katzenbach, 2004). Auch Daubner und Döring-Seipel (2012) verweisen auf dieses Problem: »Die Bereitschaft zur Selbstreflexion ist bei Lehrern relativ gering ausgeprägt. Das kann auch eine déformation professionelle sein. Der Schüler muss etwas machen und bringt ein falsches Ergebnis. Also hat er etwas falsch gemacht. Wenn man jahrelang erlebt, dass immer die anderen etwas falsch machen, dann glaubt man, man mache selbst alles richtig, dann färbt diese Haltung auch auf andere soziale Bereiche ab« (S. 209).

Allerdings braucht es gerade wegen der zunehmenden institutionellen Fremderziehung für Pädagogen und Lehrkräfte genau diese Erweiterung in der Berufsrolle. Mit dem Wissen um die Zusammenhänge zwischen positiven Beziehungserfahrungen und Entwicklung lässt sich erahnen, welche weitreichende Bedeutung eine stärkere Gewichtung dieser Aspekte im pädagogischen Miteinander haben könnte (Rass, 2012). Die Schule ist auch und gerade wegen ihres staatlichen Bildungsauftrags ein emotionaler und sozialer Lernort. Wird diese Perspektive vernachlässigt und Schule nur als leistungs- und wettbewerbsorientierte Institution erlebt, hat dies auch Konsequenzen auf die Entwicklung der dort betreuten Kinder und Jugendlichen.

3 Mentalisierungsbasierte Intervention und professionelle Haltung

Das Mentalisierungskonzept bietet neben den stringenten entwicklungspsychologischen Theoremen auch Ableitungen für eine praktische, feinfühlige Erforschung der eigenen sowie der Innenwelt des Anderen (Brockmann u. Kirsch, 2010). Dabei steht der grundlegend für pädagogisches Handeln bedeutsame Begriff der *reflexiven Haltung* im Mittelpunkt. Er bildet zunächst die Basis jeglicher Beziehungsarbeit innerhalb pädagogischer Settings (Jungmann u. Reichenbach, 2009). Auch Gerspach (2007) sieht die Reflexionsfähigkeit von Pädagogen wie z. B. Lehrkräften als wichtigen Baustein professionellen Handelns an. Willmann (2012) begreift den Prozess der Reflexion sogar als den Kernaspekt pädagogischen Handelns und versteht allgemeine Pädagogik grundsätzlich als Interventionspädagogik auf der einen und Reflexionspädagogik auf der anderen Seite. Gleiches gilt letztlich auch für das Mentalisierungskonzept. Eine kompetente Reflexionsfähigkeit dient sowohl in Pädagogik als auch in Therapie nicht nur dem Aufbau einer sicheren Bindungsbeziehung, sondern führt auch dazu, dass zu schnelles, das heißt unreflektiertes Ausagieren vermieden werden kann.

Für die Etablierung einer solch reflexiven Haltung bedarf es stimmiger Konzepte, die auch im pädagogischen Alltag tragen können (Dlugosch u. Reiser, 2009). Hier wird die Anschlussfähigkeit des Mentalisierungskonzepts für die Pädagogik deutlich, da hier reflexive Prozesse im Sinne einer mentalisierenden Haltung nicht nur theoretisch, sondern auch handlungsleitend für praktische Felder generiert werden können. Die mentalisierende Haltung wird ähnlich der professionellen pädagogischen Haltung als eine »aufgeschlossene, forschende Haltung der Neugier auf das, was in anderen Menschen und in Ihrer [sic!] eigenen Psyche vorgeht«, (Allen et al., 2011, S. 402) beschrieben.

Die mentalisierungsgestützte Haltung von Lehrkräften im schulischen Kontext beinhaltet dabei »die Basiskriterien des Mentalisierens, nämlich […] die Integration von Innen- und Außenwelt, […] die Anerkennung des Selbsterlebens und des Selbstkonzepts und […] die daraus folgende intersubjektive Konstruktion von Realität« (Bolm, 2009, S. 63). Gleichzeitig gilt die Prämisse, dass eine mentalisierende Haltung abhängig von den Mentalisierungsfähigkeiten der Lehrkräfte ist. Die Lehrkraft kann den Schülern das Mentalisieren nur in der Art und Weise vorleben, wie sie es selbst auch beherrscht.

Ausgehend von den dargestellten Grundannahmen lassen sich eine Reihe von praktischen Interventionsideen ableiten, welche uneingeschränkt für den schulischen Kontext denkbar sind. Dabei sollen diese Interventionen im Allgemeinen: »1. die Aufmerksamkeit für eigene und fremde mentale Zustände schärfen, 2. ein Gewahrsein multipler Perspektiven kultivieren und 3. die Mentalisierungsfähigkeit – vor allem in emotionalen Erregungszuständen – verbessern« (Allen et al., 2011, S. 46).

Die im Folgenden dargestellten Interventionen und Handlungsideen werden unter dem Begriff der professionellen Haltung, im Sinne »eines professionellen Selbstbildes, das in der beruflichen Auseinandersetzung mit den beruflichen Anforderungen und der eigenen Lebensgeschichte konstruiert wird« (Reiser, 2006, S. 52), subsumiert.

Es ist eine Grundannahme innerhalb des Mentalisierungskonzepts, dass wir nur Vermutungen darüber anstellen können, was andere Menschen denken oder fühlen (Fonagy, 2009). Grundlegend für diese Annahme ist die vollständige

Akzeptanz der Wahrnehmung des Anderen als *so von ihm empfunden* (Brockmann u. Kirsch, 2010). Eine Person kann nur erahnen, jedoch nicht wissen, was im Anderen vorgeht. Dementsprechend ist es wichtig, dass Lehrkräfte zu einer Haltung des »*Nicht-schon-Wissens*« finden. Dabei ist es hilfreich, das Erleben und das Denken von Schülern als etwas hoch Subjektives zu beobachten und zu erforschen. Dies ist im pädagogischen Alltag aufgrund der vielen Widersprüche und der Unplanbarkeit insbesondere im schulischen Kontext oftmals nur schwer umzusetzen. Dennoch bedarf es im Sinne einer Mentalisierungsförderung der Entwicklung einer solchen Toleranz für widersprüchliches Verhalten (Allen et al., 2011). Äußerungen, Ansichten oder aber auch Verhaltensweisen und Emotionen von Kindern sollte zunächst *neugierig* und unvoreingenommen begegnet werden (Kirsch, Brockmann u. Taubner, 2016). In der Folge wird nicht nur das Erleben des Kindes wertgeschätzt, sondern auch sein affektiver Zustand ernst genommen. Dies kann dazu führen, dass auch die Kinder und Jugendlichen eigene affektive Zustände erkunden und die Lehrkraft gleichzeitig in Bezug auf ihr inneres und äußeres Bild des Kindes offenbleibt.

Hilfreich hierbei kann es sein, in Interaktionssequenzen eher abwartend und dennoch *interessiert* zu fragen, als zu schnell zu urteilen: »Neugieriges Fragen ist einerseits gelebte Grenzziehung (›Du weißt etwas, was ich nicht weiß‹) und andererseits Verbindung zwischen Innen und Außen, Subjekt und Objekt (›Ich möchte gerne etwas von Dir wissen‹)« (Bolm, 2009, S. 63). Hierzu gehört auch, dass es wichtig sein kann, sich bezüglich des Erlebens des Anderen sowie seiner selbst (verbal) rückzuversichern (Allen et al., 2011). Dabei ist es bedeutsam, dass weiterhin der momentane mentale Zustand des Anderen im Mittelpunkt steht und so der Prozess des Mentalisierens aufrechterhalten bleibt. Letztlich führt diese Erforschung der mentalen Prozesse aller Beteiligten zu einem ausgewogenen Verhältnis unterschiedlicher Perspektiven. Die Entwicklung solch alternativer Perspektiven ist Kernaspekt des Mentalisierens, denn so können eigene Überzeugungen reflektiert und die Vielfältigkeit des Erlebens offen besprochen werden.

Das »Nichtwissen« hat auf der intersubjektiven Ebene zur Folge, dass Lehrkräfte eine *fehlerfreundliche Haltung* einnehmen sollten, welche mit »gerechtfertigten Selbstenthüllungen« (Allen et al., 2011, S. 219) einhergeht. Es sollte ein Raum geschaffen werden, in dem es möglich ist, über Fehler – auch die der Pädagogen – zu sprechen und dies als Möglichkeit zu verstehen, unterschiedliche Ansichten auszutauschen und so eigene Perspektiven zu erweitern. Somit gehört zum Aspekt des »Nichtwissens« auch die Generierung von Transparenz in der Interaktion mit Kindern und Jugendlichen. Lehrkräfte sollten ihre eigenen Gedanken oder auch emotionalen Zustände an passenden Stellen und in professionell-adäquater, das heißt mentalisierter Form mitteilen und so die Kinder an der eigenen Psyche teilhaben lassen. Hierfür können sie ihre Denkprozesse und Empfindungen verbal äußern, ihr Handeln kommentieren (Allen et al., 2011) oder aber formulieren, wie sie sich an Stelle des Kindes fühlen würden.

Neben der angemessenen *Selbstoffenbarung* ist es auch bedeutsam, affektive Zustände von Schülern in dafür passenden Momenten vorsichtig zu benennen und zu erfragen. Dies kann dabei helfen, einen besseren Zugang zu und ein besseres Verständnis von eigenen Gefühlen zu etablieren (Kirsch et al., 2016). Im Sinne des Mentalisierungskonzepts kann dies auch durch *markierte Spiegelungsprozesse* erfolgen. Durch die kontingente und kongruente Spiegelung der Emotionen vermag die Lehrkraft, diese an die Schüler zurückzugeben, um ihnen so einen modifizierten Eindruck ihrer eigenen Affekte zu vermitteln (Allen et al., 2011).

Eine fehlerfreundliche Haltung ist auch im Hinblick darauf bedeutsam, dass die Lehrkraft stets darum bemüht sein sollte, *nicht mentalisierende Zustände oder Interaktionen zu unterbrechen,* auch wenn diese durch das Verhalten der Lehrkraft selbst ausgelöst wurden. Das Erkennen und die Benennung eigener Anteile an affektiven Zuständen der Kinder und Jugendlichen bzw. an nichtmentalisierenden Interaktionen eröffnet so einen Raum, in dem das Mentalisieren und die Beziehungssicherheit gefördert werden können (Schultz-Vennrath, 2013). Hirblinger (2009) spricht in diesem Zusammenhang davon, dass die Lehrkraft es schaffen muss, im Kontext von Schule einen »intermediären Raum« (Winnicott, 2015, S. 11) zu schaffen, damit es den Schülern gelingen kann, zu mentalisieren und kreativ mit ihrer Lebenswelt umzugehen. Somit trägt die Lehrkraft die Verantwortung dafür, dass Kinder und Jugendliche bei der Affektregulation unterstützt und der affektive Kontext beim Verlust von Mentalisierungsfähigkeit erforscht werden können (Kirsch et al., 2016). In diesem Zusammenhang ist es für die Lehrkraft wichtig, dass sie darauf achtet, ihre Interventionen an die Mentalisierungsfähigkeit der Kinder anzupassen (Allen et al., 2011). In heftigen affektiven Zuständen, in welchen das emotionale Arousal zu hoch ist, wird das Mentalisieren erschwert. In diesem Zustand gelingt es nicht mehr, eigene oder fremde mentale Zustände zu erforschen oder zu berücksichtigen (Allen, 2013; Bolm, 2009). In solchen Momenten kann jede affektiv aufgeladene Reaktion von Lehrkräften potenziell verwirrend oder unempathisch wirken (Hirblinger, 2009). Die Folge sind oftmals Macht-Ohnmacht-Konflikte zwischen Lehrkräften und Schülern.

Ein weiterer wichtiger Aspekt der mentalisierenden Haltung ist die eigene *Authentizität*. Hierzu gehört neben einer klaren und authentischen Sprache auch der Humor (Schultz-Venrath, 2013). Insbesondere in Konfliktsituationen bietet Humor die Möglichkeit, einen kreativen Umgang mit der Situation sowie den eigenen Emotionen aufzubauen. Somit hilft Humor dabei, das Mentalisieren im Als-ob-Modus zu unterbinden und dem Erleben im Äquivalenzmodus entgegenzuwirken.

Neben den bislang genannten Faktoren der mentalisierenden Haltung ist es noch einmal wichtig, den Fokus auf das schulische Feld und dessen Bedeutung für das Mentalisieren zu legen, denn die Schule ist aufgrund der vielfältigen Beziehungssituationen a priori ein Raum, in welchem vielfältig mentalisiert wird (Bolm, 2009). »Die dosierte und begrenzte Verbundenheit innerhalb einer Gruppe in Kombination mit dem Erleben von Pluralität und Individualität ergibt ideale Bedingungen, um die Wechselwirkung zwischen beobachtbarer Interaktion und dem mentalen Hintergrund eigenen und fremden Erlebens und Verhaltens kennen, einschätzen und voraussehen zu lernen« (Bolm, 2009, S. 119).

Der Lehrkraft als Leiter des Gruppenprozesses kommt hier eine wichtige Rolle zu. So übernimmt sie regulative Funktionen im täglichen Miteinander. Impulsive Ausbrüche werden von ihr gestoppt und Reflexionsprozesse eingeleitet. Auch hierbei stellen das interessierte Nachfragen, eine Haltung des Nichtwissens und der Blick dafür, wann bestimmte Kinder nicht oder verzerrt mentalisieren, wichtige Aspekte des Mentalisierens dar. Dabei besteht in Gruppensituationen die große Chance, dass die Spiegelung des mentalen Zustands nicht mehr nur dyadisch, sondern polyadisch erfolgt (Schultz-Venrath, 2013). Somit dient nicht nur die Lehrer-Schüler-Beziehung, sondern auch die Schüler-Schüler-Beziehung als exemplarischer Raum für das Verstehen von mentalen Zuständen im interpersonellen Kontext.

Kirsch et al. (2016) haben in Anlehnung an Karterud et al. (2013) eine »Checkliste für eine mentalisierungsfördernde Praxis« (Kirsch et al., 2016, S. 271) erarbeitet, in der sie verschiedene Aspekte der mentalisierenden Haltung für das therapeutische Setting darstellen. Im Folgenden sollen die hiervon auch auf die Pädagogik übertragbaren Ideen unter Berücksichtigung der bislang vorgestellten Bereiche der mentalisierungsgestützten Pädagogik noch einmal zusammengefasst werden.

Mögliche Reflexionsanregungen für eine mentalisierungsgestützte Pädagogik (in Anlehnung an Kirsch et al., 2016):
- Ich bin empathisch und versuche mich in das Kind hineinzuversetzen.
- Ich zeige Interesse am Erleben des Kindes.
- Ich bin neugierig auf sein Verhalten.
- Ich nehme eine nicht-wissende Haltung ein und ertrage Ungewissheit.
- Ich bin transparent im Hinblick auf meine Interventionen/Handlungen.
- Ich benenne vorsichtig affektive Zustände, wenn der Raum dafür gegeben ist.
- Ich bringe andere Perspektiven ein oder stelle festgefahrene Überzeugungen infrage.
- Ich nutze Humor an passenden Stellen.

- Ich gehe bei Konflikten an den Ausgangspunkt zurück und versuche, den Kontext gemeinsam zu verstehen.
- Ich gestehe mir und dem Kind Fehler und Missverständnisse zu.
- Ich bin geduldig.
- Ich stelle mich und meine Gedanken/Gefühle durch kontrollierte Ich-Botschaften oder Selbstenthüllungen zur Verfügung.
- Ich sorge für ein positives Arbeitsklima.

Zusammenfassend lassen sich diese mentalisierungsgestützten Interventionen verstehen als: ausgerichtet am Erleben der Kinder und fokussiert auf deren Befindlichkeiten; darum bemüht, die Schüler aktiv miteinzubinden; authentisch, klar und transparent sowie letztlich selbstreflexiv und wertschätzend.

4 Grenzen und Bedingungen

Aufgrund der »klinisch-therapeutischen Herkunft« des Mentalisierungskonzepts erscheint es sinnvoll, auch die sich ergebenden Schwierigkeiten bei der Transformation des Konzepts in die Pädagogik zu beleuchten, denn es ist nicht selten, dass im pädagogischen Kontext therapeutische Konzepte eingesetzt werden, um einer pädagogischen Hilflosigkeit und dem Gefühl, alle Möglichkeiten ausgeschöpft zu haben, zu begegnen, da deren Einflussmöglichkeiten häufig als höher eingeschätzt werden (Stein u. Stein, 2014). Im Sinne eines Kompetenztransfers können therapeutische Sichtweisen und Erklärungskonzepte der Erweiterung pädagogischer Anschauungen dienen. Entscheidend ist allerdings, dass dies in der Ausbildung von Pädagogen oder in Fortbildungen supervisorisch begleitet werden muss. Der konkrete, nicht auf die Pädagogik adaptierte Einsatz therapeutischer Handlungskonzepte durch Lehrkräfte wird entsprechend häufig kritisch betrachtet. Vorrangig bei psychodynamischen Verfahren wird vielfach angemerkt, dass diese Konzepte zu hohe Anforderungen an die Person der pädagogischen Fachkräfte stellen, da sie nicht nur programmatische Handlungsideen entwerfen, sondern verstehende und (selbst-)reflexive Prozesse in den Mittelpunkt ihrer Überlegungen stellen. Hier tritt drängend die Frage nach den derzeitigen Gegebenheiten der Ausbildung von Lehrkräften in den Blick, die diesen Anforderungen an die Person der Lehrkraft möglicherweise nicht gerecht wird. Bestimmte Aspekte müssten zwangsläufig Teil der Lehramtsausbildung sein, um Lehrkräfte bestmöglich darauf vorzubereiten, eine mentalisierende Haltung gegenüber ihren Schülern einnehmen zu können und diese bewusst und gezielt zur Regulierung von Affekten nutzen zu können, sowie den Schülern die Möglichkeit zu geben, das eigene affektive Erleben differenzierter wahrzunehmen und zu erforschen. Dazu gehören z. B. institutionelle Selbsterfahrung, stete begleitende Supervision, aber auch entsprechendes theoretisches Wissen oder spezielle Beobachtungskompetenzen: »Die Förderung von Mentalisierungsfähigkeit ist dabei [...] von der affektiven-interaktionellen Qualität des ›pädagogischen Bezugs‹ abhängig, also von der professionell erworbenen und methodisch verfügbaren Fähigkeit des Lehrers zu Empathie, Spiegelung und Affektcontaining« (Hirblinger, 2009, S. 148).

Dieser grundlegende Anspruch an einen veränderten Professionsbegriff von Lehrkräften wird an verschiedenen Stellen betont (Tausch, 2007; Vernooij, 2007; Katzenbach, 2004) und bildet eine wichtige Erweiterung des Verständnisses von Professionalität im Lehrerberuf: »Der Professionalisierungsschub der zurückliegenden Jahrzehnte hat sich weitgehend auf das Feld der Vermittlung von Kenntnissen, Fertigkeiten und Wissen konzentriert; das Feld der sozialen Beziehungen jedoch – und das schließt den Erziehungsauftrag der Schule ein – ist durch eine große Professionalisierungslücke geprägt« (von Freyberg u. Wolff, 2005, S. 14).

Aber auch die allgemeinen Rahmenbedingungen für das Mentalisieren im Kontext von Schule seien an dieser Stelle genannt. So ist es unumgänglich, dass auch ein schulorganisatorischer Rahmen geschaffen wird, innerhalb dessen Lehrkräfte so viel Halt erleben, wie sie zum Aufbau einer entsprechenden mentalisierenden Haltung benötigen. Denn um »verstehend und haltend arbeiten zu können, müssen wir uns selbst durch den institutionellen Rahmen gehalten fühlen« (Gerspach, 2009, S. 119). Trescher (2001) spricht in diesem Zusammenhang vom »Prinzip der Optimalstrukturierung« (S. 185), welche dazu dient, pädagogische Institutionen überhaupt zu befähigen, »kompensatorisch und korrigierend primäre Sozialisationsfunktionen übernehmen zu können« (S. 187). Hierzu gehört neben der Bereitstellung optimaler personeller, materieller und räumlicher Ressourcen auch die Schaffung einer wertschätzenden Atmosphäre, innerhalb der für die Lehrkräfte sowohl feste Strukturen als auch Gestaltungsfreiräume vorhanden sind. Dabei ist ebenso klar, dass es in pädagogischen Handlungsfeldern immer Situationen geben wird, in denen ein schnelles Handeln oder Eingreifen erforderlich ist. Spätestens danach aber sollten Möglichkeitsräume zur Verfügung stehen, innerhalb derer es möglich ist, reflexive Prozesse in Gang zu setzen (Uhl, 2013). An Letzterem wird ersichtlich, dass das Mentalisieren oftmals durch den Realcharakter in schulischen Kontexten erschwert ist. Dies gilt vor allem dort, wo eine rein wissenschaftsorientierte Schule die hier beschriebene anzustrebende Geborgenheit aufgegeben hat (Rass, 2012).

5 Fazit

Das Mentalisierungskonzept bietet die Möglichkeit, Handlungsideen im Sinne einer reflexiven Haltung für Lehrkräfte zu kreieren, welche Schülern im schulischen Alltag alternative Beziehungserfahrungen ermöglicht. Durch anteilnehmende und reflexive Interventionen der Lehrkräfte, die das Kind dabei unterstützen, seine Affekte zu regulieren, können sich auch im Kontext von Schule stabilere Selbst- und Objektrepräsentanzen sowie sekundäre Affektrepräsentanzen entwickeln. Dies erfordert bestimmte Rahmenbedingungen, die das Mentalisieren in der Schule ermöglichen. Im Hinblick auf die derzeitig vorhandenen Voraussetzungen und Ressourcen im schulischen Kontext ist es sicher keine leichte Aufgabe für Lehrkräfte, andauernd zu mentalisieren und die Mentalisierungsfähigkeit der Schüler dadurch zu erweitern (Hirblinger, 2009). Gelingt es aber, die bereits skizzierten mentalisierenden Interventionen in der schulischen Praxis zu realisieren, wären die Folgen eine Festigung der Lehrer-Schüler-Beziehung durch die »intersubjektive Konstruktion von Realität« (Bolm, 2009, S. 63) sowie die Stärkung von affektregulatorischen Kompetenzen aufseiten der Schüler. Dass dabei selbst unter optimalen schulischen Bedingungen die Herstellung einer positiven Bindungsbeziehung, in welcher affektive Zustände von Schülern mentalisiert werden, mögliche Schwierigkeiten in deren bisheriger Entwicklung nicht ungeschehen machen kann, ändert nichts daran, dass diese neuen Beziehungserfahrungen mit entsprechenden Lehrkräften einen helfenden und stabilisierenden Faktor für die Kinder darstellen und entsprechend beziehungsvermeidende oder rein leistungsorientierte Schulen und Lehrkräfte eher zu einer weiteren Destabilisierung der Kinder beitragen (Rass, 2012).

Literatur

Allen, J. G. (2013). Mentalisieren in der Praxis. In J. G. Allen, P. Fonagy (Hrsg.), Mentalisierungsgestützte Therapie. Das MBT-Handbuch – Konzepte und Praxis (2. Aufl., S. 23–61). Stuttgart: Klett-Cotta.

Allen, J. G., Fonagy, P., Bateman, A. W. (2011). Mentalisieren in der psychotherapeutischen Praxis. Stuttgart: Klett-Cotta.

Bak, P. L. (2012). Thoughts in Mind. Promoting mentalizing communities for children. In N. Midgley, I. Vrouva (Eds.), Minding the child (pp. 202–217). New York: Routledge.

Bolm, T. (2009). Mentalisierungsbasierte Therapie (MBT) für Borderline-Störungen und chronifizierte Traumafolgen. Köln: Deutscher Ärzte-Verlag.

Brisch, K. H. (2009). Bindungsstörungen. Stuttgart: Klett-Cotta.

Brockmann, J., Kirsch, H. (2010). Konzept der Mentalisierung. Relevanz für die psychotherapeutische Behandlung. Psychotherapeut, 55, 279–290.

Datler, W. (2004). Pädagogische Professionalität und die Bedeutung des Erlebens. In B. Hackl, G. H. Neuweg (Hrsg.), Zur Professionalisierung pädagogischen Handelns (S. 113–130). Münster: LIT-Verlag.

Daubner, H., Döring-Seipel, E. (2012). Lehrergesundheit aus Perspektive der Psychotherapie: Interview mit Peter Berger. In D. Bosse, H. Daubner, E. Döring-Seipel, T. Nolle (Hrsg.), Professionelle Lehrerbildung im Spannungsfeld von Eignung, Ausbildung und beruflicher Kompetenz (S. 207–216). Bad Heilbrunn: Klinkhardt.

Dlugosch, A., Reiser, H. (2009). Sonderpädagogische Profession und Professionstheorie. In G. Opp, G. Theunissen (Hrsg.), Handbuch schulische Sonderpädagogik (S. 92–98). Bad Heilbrunn: Julius Klinkhardt.

Fonagy P. (2009). Soziale Entwicklung unter dem Blickwinkel der Mentalisierung. In J. G. Allen, P. Fonagy (Hrsg.), Mentalisierungsgestützte Therapie. Das MBT-Handbuch – Konzepte und Praxis (S. 89–152). Stuttgart: Klett-Cotta.

Fonagy, P., Gergely, G., Jurist, E. L., Target, M. (2008). Affektregulierung, Mentalisierung und die Entwicklung des Selbst (3. Aufl.). Stuttgart: Klett-Cotta.

Gerspach, M. (2007). Vom szenischen Verstehen zum Mentalisieren. Notwendige Ergänzungen fürs pädagogische Handeln. In A. Eggert-Schmid Noerr, U. Finger-Trescher, U. Pforr (Hrsg.), Frühe Beziehungserfahrungen. Die Bedeutung primärer Bezugspersonen für die kindliche Entwicklung (S. 261–308). Gießen: Psychosozial-Verlag.

Gerspach, M. (2009). Psychoanalytische Heilpädagogik. Stuttgart: Kohlhammer.

Hirblinger, H. (2009). Überich-Fixierung und Störung der Mentalisierungsfähigkeit in pädagogischen Praxisfeldern. Aspekte einer Entwicklung des Selbst im Unterricht und in der Lehrerbildung – Fallbeispiele und Analysen. In M. Dörr, C. Aigner (Hrsg.), Das neue Unbehagen in der Kultur und seine Folgen für die psychoanalytische Pädagogik (S. 141–158). Göttingen: Vandenhoeck & Ruprecht.

Julius, H. (2009). Bindungsgeleitete Interventionen in der schulischen Erziehungshilfe. In B. Gasteiger-Klicpera, H. Julius, R. Kisgen (Hrsg.), Bindung im Kindesalter. Diagnostik und Interventionen (S. 293–316). Göttingen: Hogrefe-Verlag.

Jungmann, T., Reichenbach, C. (2009). Bindungstheorie und pädagogisches Handeln: Ein Praxisleitfaden. Dortmund: Bormann Media.

Karterud, S., Pedersen, G., Engen, M., Johansen, M., Johansson, P., Schlüter, C., Urnes, O., Wilber, T., Bateman, A. W. (2013). The MBT Adherence and Competence Scale (MBT-ACS): Development, structure and reliability. Psychotherapy Research, 23, 705–717.

Katzenbach, D. (2004). Wenn das Lernen zu riskant wird. Anmerkungen zu den emotionalen Grundlagen des Lernens. In F. Dammasch, D. Katzenbach (Hrsg.), Lernen und Lernstörungen bei Kindern und Jugendlichen. Zum besseren Verstehen von Schülern, Lehrern, Eltern und Schule (S. 83–104). Frankfurt a. M.: Brandes & Apsel.

Kirsch, H. (Hrsg.) (2014). Das Mentalisierungskonzept in der Sozialen Arbeit. Göttingen: Vandenhoeck & Ruprecht.

Kirsch, H., Brockmann, J., Taubner, S. (2016). Praxis des Mentalisierens. Stuttgart: Klett-Cotta.

Ramberg, A., Gingelmaier, S. (2016). Mentalisierungsgestützte Pädagogik bei Kindern, die Grenzen verletzen. In B. Rauh, T. Kreuzer (Hrsg.), Grenzen und Grenzverletzungen in Bildung und Erziehung (S. 79–98). Opladen u. a.: Barbara Budrich.

Rass, E. (2010). Bindungssicherheit und Affektregulation im pädagogischen Handlungsfeld. Der Lehrer als Beziehungs- und Kulturarbeiter. In R. Göppel, A. Hirblinger, H. Hirblinger, A. Würker (Hrsg.), Schule als Bildungsort und »emotionaler Raum«. Der Beitrag der Psychoanalytischen Pädagogik zu Unterrichtsgestaltung und Schulkultur (S. 111–124). Opladen u. Farmington Hills: Barbara Budrich.

Rass, E. (2012). Die Affektregulationstheorie und ihre Anwendungsfelder. In E. Rass (Hrsg.), Allan Schore: Schaltstellen der Entwicklung (S. 165–172). Stuttgart: Klett-Cotta.

Reiser, H. (1992). Beziehung und Technik in der psychoanalytisch orientierten themenzentrierten Gruppenarbeit. In H. Reiser, H.-G. Trescher (Hrsg.), Wer braucht Erziehung? Impulse der psychoanalytischen Pädagogik (S. 175–190). Mainz: Matthias-Grünewald-Verlag.

Reiser, H. (2006). Psychoanalytisch-systemische Pädagogik. Erziehung auf der Grundlage der Themenzentrierten Interaktion. Stuttgart: Kohlhammer.

Schirp, H. (2008). Neurowissenschaften und Lernen. Was können neurobiologische Forschungsergebnisse zur Weiterentwicklung von Lehr- und Lernprozessen beitragen? In R. Caspary (Hrsg.), Lernen und Gehirn. Der Weg zu einer neuen Pädagogik (5. Aufl., S. 99–127). Freiburg i. Br.: Herder.

Schultz-Venrath, U. (2013). Lehrbuch Mentalisieren. Psychotherapien wirksam gestalten. Stuttgart: Klett-Cotta.

Schultz-Venrath, U., Döring, P. (2011). Wie psychoanalytisch ist das Mentalisierungsmodell? – Playing with or without reality of science. Journal für Psychoanalyse, 52, 7–27.

Staats, H. (2014). Feinfühlig arbeiten mit Kindern. Göttingen: Vandenhoek & Ruprecht.

Stein, R. (2011). Pädagogik bei Verhaltensstörungen – zwischen Inklusion und Intensivangeboten. Zeitschrift für Heilpädagogik, 9 (62), 324–336.

Stein, R., Stein, A. (2014). Unterricht bei Verhaltensstörungen (2. Aufl.). Bad Heilbrunn: Julius Klinkhardt.

Taubner, S. (2015). Konzept Mentalisieren. Eine Einführung in Forschung und Praxis. Gießen: Psychosozial-Verlag.

Tausch, R. (2007). Lernförderliches Lehrerverhalten. Zwischenmenschliche Haltungen beeinflussen das fachliche und persönliche Lernen der Schüler. In W. Mutzeck, K. Popp (Hrsg.), Professionalisierung von Sonderpädagogen. Weinheim: Beltz.

Trescher, H.-G. (2001). Handlungstheoretische Aspekte der Psychoanalytischen Pädagogik. In M. Muck, H.-G. Trescher (Hrsg.), Grundlagen der Psychoanalytischen Pädagogik (S. 167–201). Gießen: Psychosozial-Verlag.

Twemlow, S. W., Fonagy, P. (2009). Vom gewalterfüllten sozialen System zum mentalisierenden System: ein Experiment an Schulen. In J. G. Allen, P. Fonagy (Hrsg.), Mentalisierungsgestützte Therapie. Das MBT-Handbuch – Konzepte und Praxis (S. 399–421). Stuttgart: Klett-Cotta.

Uhl, C. (2013). Frühprävention durch Förderung von Mentalisierungsprozessen: psychoanalytisch verstehen – pädagogisch handeln. Kassel: kassel university press.

von Freyberg, T., Wolff, A. (Hrsg.) (2005). Störer und Gestörte. Bd. 1: Konfliktgeschichten nicht beschulbarer Jugendlicher. Frankfurt a. M.: Brandes & Apsel.

Vernooij, M. (2007). Therapeutisch orientierter Sonderunterricht (TOS) bei Schülern mit Verhaltensauffälligkeiten. In W. Mutzeck, K. Popp (Hrsg.), Professionalisierung von Sonderpädagogen. Standards, Kompetenzen und Methoden (S. 232–249). Weinheim: Beltz.

Warzecha, B. (1997). Grundlagen der Verhaltensgestörtenpädagogik (I): Eine psychoanalytisch orientierte Einführung. Hamburg: LIT Verlag.

Willmann, M. (2012). De-Psychologisierung und Professionalisierung der Sonderpädagogik. München: Ernst Reinhardt Verlag.

Winnicott, D. W. (2015). Vom Spiel zur Kreativität (14. Aufl.). Stuttgart: Klett-Cotta.

Freuds Rasiermesser und die Mentalisierungstheorie
Psychoanalytische Pädagogik und Mentalisierung –
ein kritischer psychoanalytischer Blick

Robert Langnickel und Pierre-Carl Link

Dieser Beitrag untersucht, ausgehend vom Feld der Psychoanalyse, die Grenzen und Möglichkeiten einer mentalisierungsbasierten Pädagogik. Hierzu wird zuerst untersucht, ob und inwiefern Konzepte aus der mentalisierungsbasierten Therapie (MBT) auf das Feld der psychoanalytischen Pädagogik übertragen werden können. Zweitens wird der Subjektbegriff der Mentalisierungstheorie analysiert und mit dem Subjektbegriff der Psychoanalyse verglichen. Am Schluss wird erörtert, welche Auswirkungen der mentalisierungsbasierten Pädagogik auf die pädagogische Praxis zu erwarten sind.

The following article examines the boundaries and possibilities of a mentalization-based pedagogy ensuing from the field of psychoanalytical pedagogy. For this purpose, we will first examine if and to what extent mentalization-based treatment (MBT) concepts can be used in the field of pedagogy. Secondly, we will analyse the concept of subject of mentalization-theory and compare it with the concept of subject of psychoanalysis. In conclusion, we will discuss the possible practical implications for the field of pedagogy.

1 Psychoanalytische Pädagogik und mentalisierungsbasierte Pädagogik – Problemaufriss

Auf der einen Seite ist in den letzten Jahren Mentalisierung das Kernkonzept in vielen psychoanalytischen Erklärungsansätzen geworden (vgl. Galgut, 2010, S. 915; Taubner, 2015, S. 9; Fischer-Kern u. Fonagy, 2012, S. 225). Auf der anderen Seite wird von psychoanalytischen Kritikern wiederholt infrage gestellt, ob Mentalisierung überhaupt als ein psychoanalytisches Konzept aufgefasst werden kann (vgl. Target, 2008, S. 261–279).

Mentalisieren ist, wie Evidenzbasierung, Traumapädagogik und Inklusion, ein Wort à la mode, das sich – subjektiv betrachtet – zunächst gut, das heißt professionell anfühlt. Das Selbstverständnis der Pädagogik als mentalisierungsbasierte Erziehungswissenschaft, wie dieser Band propagiert, legt darüber Rechenschaft ab, dass die Pädagogik nunmehr auch im 21. Jahrhundert angekommen zu sein scheint und, etwas überspitzt formuliert, nun vollends anschlussfähig an die Naturwissenschaften geworden ist. Schließlich hat sich beispielsweise auch die Psychologie, welche oftmals als paradigmatisches Vorbild für die Pädagogik dient, schon vor vielen Jahrzehnten klar als Experimentalpsychologie positioniert. Zu fragen bleibt, ob dieses pädagogische Selbstverständnis nicht vielleicht als Selbstmissverständnis zu charakterisieren ist.

Oder ist die Mentalisierungstheorie, wie Taubner (2015, S. 9) schreibt, »als ein Brückenkonzept anzusehen, das auch jenseits klinischer Aspekte empirisch überprüft und weiterentwickelt wird«? Könnte das Mentalisierungskonzept sogar als eine Brücke über die Gräben innerhalb der Erziehungswissenschaften dienen? Scheint es doch z. B. in der Sonderpädagogik eine zunehmende Spaltung zwischen Theorieverfechtern und Empirikern zu geben (vgl. Brodkorb, 2017) und auch innerhalb der allgemeinen Pädagogik lässt sich eine Demarkationslinie zwischen systematischen Erziehungswissenschaften und empirischer, primär quantitativ ausgerichteter Bildungsforschung finden. Fast scheint es, als sei die Redeweise Snows (1959/1987) von den zwei Kulturen in der Wissenschaft nicht nur inter-, sondern auch intradisziplinär auf die Pädagogik anwendbar.

Die Psychoanalyse ist nicht nur ein »exquisit geselliges Unternehmen« (Freud, 1924/1968, S. 373), sondern eben auch ein exquisit interdisziplinäres (Freud, 1913/1999, S. 390–420), bei dem die Pädagogik eine Sonderrolle spielt, ist doch, so Freud, »die Anwendung der Psychoanalyse auf die Pädagogik, die Erziehung der nächsten Generation [...] vielleicht das Wichtigste von allem, was die Analyse betreibt« (Freud, 1933/1999, S. 157; vgl. auch Freud, 1925/1999, S. 565). Sein (Freud, 1913/1999, S. 419) Diktum »Ein Erzieher kann nur sein, wer sich in das kindliche Seelenleben einfühlen kann« könnte als ein Votum für eine Mentalisierungstheorie *avant la lettre* verstanden werden, da pädagogische Fachpersonen primär über die Fähigkeit verfügen müssen, das subjektive Erleben anderer Menschen zu erfassen, und eben diese Fähigkeit im Zentrum des Konzepts der Mentalisierung steht (Fonagy, 2006, S. 498).

Die psychoanalytische Pädagogik ist im deutschsprachigen Raum weitgehend wissenschaftlich marginalisiert. Der Doyen der deutschsprachigen psychoanalytischen Pädagogik, Günter Bittner (2010a, S. 12; 2010b, S. 32), diagnostiziert eine »Theoriearmut« bei gleichzeitigem kasuistischen Reichtum und schlägt vor, dass durch die Integration der Mentalisierungsforschung dieses Defizit der Theoriebildung behoben wird (vgl. Bittner, 2010a, S. 12). Ist die Mentalisierung, welche eine dem Selbstverständnis nach integrative Theorie ist (Fonagy, Target,

Gergely u. Jurist, 2002), der Ausweg aus der selbstgewählten Nabelschau der psychoanalytischen Pädagogik? Im Sinne Bittners möchten wir das stumpfgewordene Seziermesser der psychoanalytischen Kritik schärfen, indem wir das Vorhaben einer mentalisierungsbasierten Pädagogik, dem Wortsinn von Kritik entsprechend, prüfend beurteilen.

2 Möglichkeiten und Grenzen der Übertragbarkeit des Konzepts der Mentalisierung auf pädagogische Phänomene

Da das Mentalisierungskonzept in der akademischen Psychologie und Psychotherapieforschung entwickelt wurde, ist die Frage durchaus berechtigt, inwiefern sich dieses für die Pädagogik überhaupt eignet, bedenkt man die zur Professionalisierung der Berufe notwendigen Versuche der Abgrenzung von Psychotherapie/Psychologie und Pädagogik (vgl. Stein, 2005, S. 112 ff.). So könnte man die Pädagogik mit Huschke-Rhein (2003, S. 23) als auch kurative »Lebensbegleitungswissenschaft« verstehen, unter die sich die Psychotherapieansätze subsumieren lassen. Strittig bleibt, ob die Psychoanalyse überhaupt eine Therapie im Sinne eines Heilverfahrens ist, da die Psychoanalyse keine Heilslehre ist (vgl. Freud u. Jung, 1909/1974, S. 424; Freud, 1912/1999, S. 381).

Inwiefern das Konzept des Mentalisierens auf erziehungswissenschaftliche Theorie und Praxis übertragbar ist, hängt also mit dem jeweiligen Verständnis von Pädagogik zusammen. Eine Pädagogik, die sich als kurative Heil- und Sonderpädagogik betrachtet, würde damit genauso wenig in wissenschaftstheoretische Konflikte kommen wie eine Bildungsforschung, die sich qua empirisch quantitativer Forschungsdesigns von einer sich als Naturwissenschaft begreifenden Psychologie und deren Methodologie – außer eventuell über den Gegenstandsbereich – kaum noch abgrenzen lässt. Die Frage wird auch sein, inwiefern es der Pädagogik gelingt, einer De-Professionalisierung und einer Psychologisierung (Willmann, 2012) entgegenzuwirken bzw. ihre jeweiligen Verhältnisse zu diesen Wissenschaften (selbst) zu bestimmen. Dies wird mit Blick auf die Psychoanalyse deshalb wichtig sein, damit Pädagogik sich ihre Eigenständigkeit bewahrt. Eine mentalisierungsbasierte Pädagogik wirft somit die alte Frage zwischen dem Spannungsverhältnis von *Bilden und Heilen* (Datler, 1997) in anderer Form wieder auf. Können die primär klinisch gewonnenen Annahmen überhaupt für pädagogische Alltagssituationen verwendet werden oder ist die Anwendung beschränkt auf die Arbeit mit Klienten, welche unter schweren Persönlichkeitsstörungen leiden? Erinnern wir uns an die Anfänge der Psychoanalyse: Indem Freud das Leiden und das Sprechen der Hysterikerinnen ernst genommen hat, entdeckte er die Psychoanalyse, die eben nicht nur eine Behandlungsmethode ist, sondern Aufschluss über das Wesen des Menschen im Allgemeinen gibt (Freud, 1933/1999, S. 169). Auch Fonagy, Target, Gergely und Jurist (2002, S. 314) argumentieren dafür, dass die gleichen psychologischen Mechanismen bei unterschiedlichen Personengruppen zugrunde liegen und somit die gewonnenen Ergebnisse übertragbar sind.

Schon Freud versuchte das Verhältnis von Psychoanalyse und Pädagogik näher zu bestimmen. So erläutert er die psychoanalytische Behandlungsmethode mit pädagogischem Vokabular und verwendet explizit die Begriffe »Erziehungsarbeit« und »Nacherziehung« (Freud, 1905/1999, S. 118). Wie Bittner treffend bemerkte, »stellte sich die Frage nach der erzieherischen Komponente im therapeutischen Prozeß« (Bittner u. Rehm, 1966, S. 11). Allerdings weist Freud später auch auf die Schwierigkeiten einer möglichen Synthesis von Psychoanalyse und Pädagogik hin (Freud, 1925/1999, S. 566) und wendet sich erstens gegen eine Verschmelzung von Pädagogik und Psychoanalyse, da sich das psychoanalytische Setting – die Couch und die freie Assoziation – nicht ohne Weiteres auf die pädagogische Praxis übertragen lässt. Zweitens bestimmt Freud die »Nacherziehung« genauer und weist auf den Unterschied zwischen Erziehung von Kindern und Nacherziehung von erwachsenen Neurotikern hin (Freud, 1925/1999, S. 566). Die Möglichkeit der psychoanalytischen Beeinflussung sei, so Freud weiter, an die »Ausbildung gewisser psychischer Strukturen« gebunden, die beim Kind und, modern ausgedrückt, dissozialen Jugendlichen (noch) nicht vorlägen (Freud, 1925/1999, S. 566). Gelten diese Warnungen Freuds nicht genauso für die *Verschmelzung* von Psychotherapie und Pädagogik, wie sie die mentalisierungsbasierte Pädagogik impliziert?

Autoren wie Michels (2009, S. 457) versuchen zwar, das Konzept der Mentalisierung aus dem »medizinischen Modell der Pathologie und Therapie« herauszulösen und unter dem »Blickwinkel der Psychoedukation« zu betrachten. Indes könnte solch ein Vorhaben problematisch sein, da die Psychoanalyse, wie eben erwähnt, an ein typisches Setting gebunden ist, welches nicht ohne Schwierigkeiten auf andere Felder übertragen werden könne (vgl. Körner u. Ludwig-Körner, 1997). Ein weiteres Beispiel hierfür ist, dass Psychoanalytiker Personen sind, die, wie Foucault (1977, S. 16) es trefflich ausdrückt, »ihre Ohren vermietet haben«. Es trifft also die psychoanalytische *Praxis des Hörens* auf die pädagogische *Praxis des Sehens* (vgl. Pazzini, 1993; vgl. für eine *Praxis des Zeigens* den Beitrag von Hechler in diesem Band). Gegen eine solche *Amalgamierung* von Psychoanalyse und Pädagogik im Sinne einer Psychoedukation, wie Michels es vorschlägt, spricht auch, dass die Psychoanalyse keine moralischen normativen Wertungen vornehmen sollte, Pädagogik aber eben solche Wertungen zumindest voraussetzt (vgl. Figdor, 1993).

Einige der Schwierigkeiten hinsichtlich der Verschmelzung von verschiedenen Disziplinen und verschiedener Techniken ließen sich verringern, wenn, der Einteilung Freuds folgend (vgl. Freud, 1926/1999, S. 300), schärfer zwischen Psychoanalyse als Behandlungsmethode und Psychoanalyse als Wissenschaft des Unbewussten unterschieden würde – als ein Drittes könnte die Psychoanalyse als Reflexionswissenschaft für erzieherische Alltagshandlungen angeführt werden. Indes ist eine solche Grenzziehung aus mehreren Gründen problematisch. Erstens besteht in der Psychoanalyse seit jeher »ein Junktim von Heilen und Forschen« (Freud, 1927/1999, S. 293). Zweitens besteht die Gefahr, dass sich bei einer solchen Trennung der Metapsychologie entledigt wird, die für die (Konzept-)Forschung unentbehrlich ist (Freud, 1937b/1999, S. 69). Bowlby lehnte bekanntlich die freudsche Metapsychologie ab, da diese nur ein bloßer spekulativer Zugang zum menschlichen Geist sei und somit jenseits einer empirischen Überprüfung stehe (vgl. Holmes, 1993). Die Mentalisierungstheorie, die ihrem Selbstverständnis nach eine Erweiterung der Bindungstheorie ist (Fonagy, Luyten, Allison u. Campbell, 2016, S. 788), vernachlässigt ganz im Sinne der Tradition Bowlbys ebenfalls die (freudsche) Metapsychologie. Andererseits müsste man auch die Frage stellen, ob nicht die freudschen Paradigmen des Triebes und des dynamischen Unbewussten durch neue metapsychologische Termini (Bindung und Mentalisierung) ersetzt werden.

3 Der Subjektbegriff der Mentalisierung und der Subjektbegriff der Psychoanalyse im Vergleich

Ob die Mentalisierungstheorie unter den Oberbegriff Psychoanalyse zu subsumieren ist, ist umstritten. Gemäß Bleiberg (2003, S. 219) ist die Mentalisierung ein eigenständiges technisches Verfahren und getrennt von der Psychoanalyse. Taubner und Sevecke (2015), die klar zwischen Psychoanalyse als Behandlungsmethode und Psychoanalyse als Theorie trennen, bezeichnen das Mentalisierungskonzept einerseits als »eine der bedeutsamsten neuen Theorien im Bereich der Psychoanalyse« (Taubner u. Sevecke, 2015, S. 170; vgl. Taubner, 2015, S. 9) und die MBT andererseits als eine »psychodynamische Psychotherapie« (Taubner u. Sevecke, 2015, S. 172). Unter dem Oberbegriff der psychodynamischen Therapien finden sich inzwischen diverse störungsspezifische Ansätze, welche sich zum Teil als Weiterentwicklung der freudschen Psychoanalyse (miss-)verstehen.

Die Annahme von unbewussten Vorgängen ist »der Grundpfeiler der psychoanalytischen Theorie« (Freud, 1923a/1999, S. 223). Schon früh legt Freud (1900/1999, S. 617) das Primat auf das Unbewusste: »Das Unbewußte ist das eigentlich reale Psychische.« Auch betont er in seinen späteren Schriften, dass die Scheidung des Psychischen in Unbewusstes und Bewusstes das Schibboleth der Psychoanalyse sei (Freud, 1923b/1999, S. 239). 1926 äußerte Freud prophetisch, »daß die Bedeutung der Psychoanalyse als Wissenschaft des Unbewußten ihre therapeutische Bedeutung weit übertrifft« (Freud, 1934/1999, S. 301).

Das Subjekt der Psychoanalyse, ist, im Gegensatz zum Subjekt der Naturwissenschaft, die von der Einheit des Subjekts ausgeht, ein gespaltenes. Das Subjekt ist gespalten durch den anderen Schauplatz, durch das Unbewusste. Allerdings ist die Spaltung des Subjekts nicht etwas, was sich nur in einer Psychoanalyse offenbart, in einer verborgenen Tiefe ist, sondern diese Spaltung ist die Bedingung der Möglichkeit des normalen, *neurotischen Subjekts* und das Unbewusste zeigt sich fortwährend im Alltag anhand von Fehlleistungen und Träumen (vgl. Freud, 1915/1999, S. 265).

Die Phänomene im Unbewussten sind indes mehrdeutig, das Unbewusste ist kein Code, da es keine eindeutige Zuordnung des Symbolischen in Sprache gibt. Freud selbst warnt vor der Überbewertung der symbolischen Deutung beim Traum (Freud, 1900/1999, S. 365) und wertet die symbolische Deutung nur als Hilfstechnik (Freud, 1916–1917/1999, S. 152).

Allerdings hat Freud selbst das Missverständnis hinsichtlich einer Dekodierbarkeit provoziert, da er erstens eine Liste von populären Traumsymbolen für die symbolische Deutung angab (vgl. beispielsweise Freud, 1900/1999, S. 348) und zweitens Fälle von sogenannten typischen Träumen anführte, die scheinbar auch ohne die Assoziationen des Träumenden gedeutet werden können. Drittens sind einige von Freud angeführte Beispiele zur Demonstration des Unbewussten wie die Versprecher eher Belege für eine vorbewusste, aber nicht für unbewusste Seelentätigkeit (vgl. beispielsweise Freud, 1916–1917/1999, S. 35).

Das Verfahren der MBT verwendet weder die Technik der freien Assoziation noch die Technik der Deutungen, wenngleich eine markierte Spiegelung gewisse Anteile einer Deutung aufweisen könnte (zur markierten Spiegelung vgl. beispielsweise Fonagy et. al., 2008). Taubner (2015, S. 172) schreibt, dass in der MBT »keine Verwendung oder Betonung der Deutung schwer zugänglicher unbewusster Konflikte zugunsten von bewusstseinsnahen Inhalten« erfolgt. In gewisser Hinsicht geht die MBT jedoch davon aus, dass mit ihrer Technik die wesentlichen mentalen Vorgänge annähernd vollständig vom Klienten affektiv und kognitiv verstehbar sind.

Auch Freud kann so verstanden werden, dass es *eine* Technik gäbe, welche eine einfache Übersetzung des Unbewussten ermögliche, wenn er schreibt: »Es ist nur eine Frage der analytischen Technik, ob es gelingen wird, das Verborgene vollständig zum Vorschein zu bringen« (Freud, 1937a/1999, S. 46 f.).

Die MBT ist gemäß unserem Dafürhalten eine Technik, die ähnlichen Schwierigkeiten ausgesetzt ist wie die Technik der symbolischen Deutung. Das Unbewusste als solches ist eben gerade nicht mentalisierbar und das Subjekt in der Psychoanalyse ist ein anderes Subjekt als das in der MBT, da diese zum Ziel hat, ein prinzipiell *opakes Subjekt* sich selbst und anderen durchsichtig zu machen, wie Fonagy und Target andeuten (1998, S. 92). Es soll durch die Mentalisierung die Fähigkeit erworben werden, eigene sowie fremde Affekte und Vorstellungen zu vergegenwärtigen und eine Vorstellung davon zu besitzen, welche mentalen Gründe für das Verhalten eines Menschen vorliegen, wodurch das Opake des Subjekts verleugnet wird.

Es sei jedoch darauf hingewiesen, dass für die sogenannte Ich-Psychologie psychische Strukturen und nicht unbewusste Konflikte im Zentrum der Psychoanalyse stehen. Mentalisierung kann in dieser postfreudianischen Tradition als Strukturbildung verstanden werden. Obwohl Freud den Strukturbegriff nur selten verwendet (vgl. Schneider u. Seidler, 2013, S. 27), wird dieser jedoch gerade an prominenter Stelle im Kontext der psychoanalytischen Pädagogik angeführt (Freud, 1925/1999, S. 566) – allerdings um zu erläutern, dass die psychoanalytische Beeinflussung eben solche Strukturen voraussetzen muss und nicht selbst schaffen kann. Könnte die mentalisierungsbasierte Pädagogik eben solche Strukturen schaffen und somit ein der Analyse nicht zugängliches Klientel erreichen?

Das Subjekt der Psychoanalyse ist, so könnte man einwenden, hingegen dadurch gekennzeichnet, dass nicht alles bestimmbar ist, es in einem »Halbdunkel« verbleibt (Bittner, 2016, S. 9), dem Subjekt der Mentalisierung geradezu konträr gegenübersteht. Nun könnte man entgegnen, dass ein Ziel der MBT auch sein könnte, die prinzipielle Neugierde für das Mentale zu erhalten und sich bewusst zu machen, wie sehr unsere Erklärungen des Erlebens und Verhaltens einem Bias unterliegen. Man würde gemäß dieser Position die MBT missverstehen, wenn man glaube, dass sie *alles* zu erklären versuche oder dass die Psyche vollständig durch Mentalisierung entschlüsselt werde. Gemäß dieser Interpretation scheint es ein Anliegen der MBT zu sein, durch Perspektivenwechsel sich immer wieder von der Unberechenbarkeit des Subjekts überraschen zu lassen und dadurch in der Interpretation des Subjekts und seines Verhaltens flexibel und seiner Mehrdeutigkeit gerecht bleiben zu können (vgl. Link, Müller u. Stein, 2017). Trotz aller Multiperspektivität der MBT ist fraglich, ob diese den nicht aufzulösenden Rest des Subjekts anerkennt, ist doch die Psychoanalyse bis zu einem gewissen Grad auch eine *arkanische* Disziplin (Bittner, 2016, S. 9), da das Unbewusste etwas ist, was man wirklich nicht weiß.

Ein weiterer Kritikpunkt an der Mentalisierungstheorie ist die Unterbewertung des Triebbegriffs. Das Subjekt der Psychoanalyse ist ein subiectum, welches unbewussten Motiven, zumeist sexueller und aggressiver Natur, unterworfen ist, wohingegen die Mentalisierungstheorie das Menschsein in gänzlich anderer Perspektive in den Fokus nimmt. So sieht Schultz-Venrath (2013, S. 56) die Mentalisierungstheorie vor die »herausfordernden Aufgaben« gestellt, das Fehlen einer Trieb- und Sexualtheorie zu legitimieren bzw. diese zu integrieren. Fehlen diese Theorien, gehört das Mentalisierungskonzept nicht mehr zum sogenannten klassischen »Heer« der Psychoanalyse, wohl aber in die Traditionsgeschichte der Bindungstheorie.

Die Vernachlässigung der Triebtheorie durch die Mentalisierungstheorie wird deutlich, wenn beispielsweise Michels (2009, S. 458) schreibt, dass es die Mentalisierungsfähigkeit und nicht eine andere Ausstattung sei, wodurch sich der Mensch von höheren Säugetieren unterscheide. Diese Apotheose der Mentalisierungsfähigkeit als *differentiam specificam* des Menschseins ist recht problematisch, da eben auf diese Weise die Triebe und noch genauer der konflikthafte und durch Abwehr geprägte Umgang mit den eigenen unbewussten Wünschen ausgeschlossen sind und es gerade diese Konflikte sind, die den Menschen menschlich machen. Eben dieses dynamische Unbewusste »bleibt der Kern unseres Wesens, aus unbewussten Wunschregungen bestehend, unfassbar und unhemmbar für das Vorbewusste« (Freud, 1900/1999, S. 609; vgl. zu den Charakteristika des dynamischen Unbewussten Langnickel u. Markowitsch, 2009, S. 164), und eben dieser Kern wird nur bedingt von der Mentalisierungstheorie anerkannt – so charakterisiert Marty (1990) Mentalisierung als eine vorbewusste Ich-Funktion. Die Kritik hinsichtlich der mangelnden Berücksichtigung der Trieb- und Sexualtheorie gilt jedoch nicht nur für die Mentalisierungstheorie, sondern im gleichen, wenn nicht größeren Ausmaß auch für die Bindungstheorie (vgl. beispielsweise Meissner, 2009; Zamanian, 2011).

4 Mentalisierungsbasierte Pädagogik und Implikationen für die berufliche Praxis

Nach diesen theoretischen Erörterungen zur (psychoanalytischen) Subjekttheorie wenden wir uns nun den Implikationen für die pädagogische Arbeit zu und untersuchen, welche Beiträge die Mentalisierungstheorie leistet bzw. leisten könnte. Indem die Mentalisierungstheorie nämlich das Irrationale und die Affekte in die Theorie des Geistes inkludiert, wird die klassische Theory of Mind (ToM) sowohl erweitert als auch relevanter für die Berufspraxis.

Bislang wurden die Ergebnisse der klassischen ToM-Forschung im pädagogischen Feld primär in der Psychologie bei Menschen mit Autismus-Spektrum-

Störungen (ASS) angewendet. Klienten mit ASS haben u. a. die Schwierigkeit, Gedanken und Absichten anderer Menschen zu erschließen, und Probleme, diese von ihren eigenen Gedanken und Absichten zu trennen. Dieses kann experimentell evoziert werden mit sogenannten First-order-false-Belief-Aufgaben. Eines der bekanntesten Beispiele ist die Sally-und-Anne-Aufgabe (vgl. Baron-Cohen, Leslie u. Frieth, 1985; Wimmer u. Perner, 1983).

Die um die Mentalisierung erweiterte ToM bietet neue Anwendungsmöglichkeiten. So beschreibt Hechler (2013) als ein Anwendungsfeld mentalisierungsbasierter Pädagogik Möglichkeiten der Mentalisierungsförderung für die Pädagogik bei Lernbeeinträchtigung. Wie Ramberg (2012) feststellt, treten insbesondere bei Lernenden im sonderpädagogischen Förderbereich häufig Probleme im Zusammenhang mit »affektiv und emotionalen Stressoren auf« (Ramberg, 2012, S. 81) – was auch durch eine mangelnde Mentalisierungsfähigkeit erklärt werden kann (Ramberg, 2012, S. 86). In dieser Linie weiterdenkend ist es naheliegend, dass Pädagogen die Fähigkeit zur Mentalisierung gezielt durch häufige Anwendung (Ramberg, 2013, S. 87) ausbilden, um die emotionalen und affektiven Zustände des Lernenden gezielt einschätzen zu können und diesen wiederum das Wissen über die Kognitionen auf altersgerechte Weise zu vermitteln. In Hinblick auf Interventionsmaßnahmen ist darauf hinzuweisen, dass mentalisierungsförderliches Verhalten nicht nur eine bloße Technik ist, sondern es ebenso einer Änderung der pädagogischen Haltung bedarf (Hechler, 2013, S. 324), welche der psychischen Realität der Betroffenen Raum gibt.

Für die Klientel der Kinder und Jugendlichen mit Lernbeeinträchtigungen, selbiges könnte man auch für die Klientel mit Verhaltensstörungen konstatieren, schlägt Hechler (2013, S. 326 ff.) mit Erfolg als pädagogisches Förderangebot eine mentalisierungsbasierte Gruppenanalyse vor. Es ist in der Tat festzustellen, dass, wenn (pädagogische) Bezugspersonen »ihren problematischen Eigenanteil nicht selbstkritisch zu reflektieren vermögen[,] [es] zu Störungen im Beziehungsgeschehen [führt]«, was pathogene Konsequenzen bei der Bezugsperson zur Folge hat (Gerspach, 2008, S. 41). Dieses gilt auch für Lehrpersonen, da eine gestörte Mentalisierungsfunktion nicht nur Störungen der Affektregulierung bedeuten können, sondern sich auf den didaktischen Prozess selbst auswirkt (vgl. Hirblinger, 2011, S. 388). So sieht Hirblinger es als »[e]ines der wichtigsten Resultate gelungener Mentalisierung […], Affektzustände in zwischenmenschlichen Beziehungen zu modulieren und dadurch dem Subjekt in Situationen der Betroffenheit die Rolle eines *reflektierenden Akteurs* wieder zurückzugeben« (Hirblinger, 2011, S. 386 f.). Diese Kompetenz ist grundlegend für die Entwicklung des Kindes in der Eltern-Kind-Beziehung (Fonagy u. Target, 1998, S. 969) wie auch bedeutsam für alle pädagogischen Fachpersonen.

Die mentalisierungsbasierte Pädagogik gehört zwar nicht zum klassischen psychoanalytischen Feld Freuds, wohl aber zu den psychodynamischen Theorien und ist als Fortschritt gegenüber den behavioristischen, kognitiven und konstruktivistischen Menschenbildern vieler Pädagoginnen und Pädagogen zu werten. Vereint sind die psychoanalytische und mentalisierungsbasierte Pädagogik indes mit ihrer Haltung, den Mut aufzubringen, das Nichtwissen auszuhalten. Bateman und Fonagy (2009, S. 280) plädieren explizit für eine eben solche Haltung des Nichtwissens hinsichtlich des Fremdpsychischen. Im Vokabular der Psychoanalyse ausgedrückt, geht es um die Anerkennung der psychischen Realität eines Menschen, die wir nicht wissen können, welche jedoch gleichwohl sehr wirkmächtig ist. Die Differenz besteht darin, wie diese psychische Realität erschlossen werden kann.

5 Epilog oder das reine Gold der Analyse und die Legierung der Mentalisierungstheorie

Fassen wir die bisherigen Ausführungen über die Mentalisierungstheorie in Hinsicht auf ihre Kompatibilität mit der Psychoanalyse zusammen. Marker der Psychoanalyse, wie sie Schultz-Venrath (2013, S. 56–64) bezeichnet, sind erstens das Triebmodell, zweitens die Annahme eines dynamischen Unbewussten und drittens die psychoanalytische Technik der freien Assoziation und Deutung. Keiner dieser sogenannten Marker, die als mögliche Indikatoren die Zugehörigkeit von Theorien zum psychoanalytischen Theoriefundus ermöglichen, ist hinsichtlich der Mentalisierungstheorie erfüllt, womit sie allerdings in prominenter Gesellschaft ist, denn diese Kritik trifft ebenso auf die Bindungstheorie zu.

Psychoanalytische Forschung beschränkte sich in der Vergangenheit oftmals entweder auf metapsychologische Konzeptforschung oder auf die Publikation von Fallberichten. Dieses ist einer der Gründe, warum die (klassische) Psychoanalyse den Anschluss an die *scientific community* verloren hat. Gleichberechtigt neben der Konzeptforschung und Fallstudien sollten in der Tat, wie Leuzinger-Bohleber (2010) vorschlägt, die experimentelle Forschung und die interdisziplinäre Forschung stehen. Die Mentalisierungstheorie könnte somit, wie auch die Bindungstheorie oder die Neuro-Psychoanalyse, psychoanalytische Annahmen in eine Sprache übersetzen, welche anschlussfähiger ist an den Diskurs der Wissenschaften, insbesondere der akademischen (klinischen) Psychologie und der Psychosomatik. Freilich läuft eine solche Übersetzung oftmals nicht ohne Schwierigkeiten ab (vgl. Leuzinger-Bohleber u. Pfeifer, 2006, S. 64).

Trotz aller Kritik ist eine mentalisierungsbasierte Pädagogik ein erheblicher Fortschritt gegenüber rein kognitiven oder gar lerntheoretischen Ansätzen, da nunmehr das Subjekt mitsamt seiner Affektivität und seinen vorbewussten Wünschen berücksichtigt wird, was sich nicht nur positiv auf die Reflexionsfähigkeit in der täglichen pädagogischen Arbeit auswirken kann, sondern die Pädagogik um eine neue und psychoanalytisch inspirierte Form von methodisch geleiteter Selbsterfahrung ergänzt, die allein schon auf der Ressourcenebene erheblich zugänglicher ist als die klassische psychoanalytische Selbsterfahrung.

Wenn aber für das Selbstverständnis der psychoanalytischen Pädagogik die Grundannahmen der Psychoanalyse wie beispielsweise das dynamische Unbewusste unverzichtbare Bestandteile sind, bestände die Möglichkeit einer Inkorporation der psychoanalytischen Pädagogik durch die mentalisierungsbasierte Pädagogik. Gleichwohl begünstigt eine Übertragung von analytischen Annahmen auf andere Felder immer die Gefahr, »das reine Gold der Analyse« (Freud, 1919/1999, S. 193) zu legieren. Die Frage ist nur, ob wir am Ende mehr Legierung oder Gold haben werden.

Literatur

Baron-Cohen, S., Leslie, A. M., Frith, U. (1985). Does the autistic child have a »theory of mind«? Cognition, 21 (1), 37–46.

Bateman, A. W., Fonagy, P. (2009). Mentalisieren und Persönlichkeitsstörung. In J. G. Allen, P. Fonagy (Hrsg.), Mentalisierungsgestützte Therapie. Das MBT-Handbuch – Konzepte und Praxis (S. 263–285). Stuttgart: Klett-Cotta.

Bittner, G. (2010a). Einleitung. In G. Bittner, M. Dörr, V. Fröhlich, R. Göppel (Hrsg.), Allgemeine Pädagogik und Psychoanalytische Pädagogik im Dialog (S. 7–22). Opladen u. Farmington Hills: Barbara Budrich.

Bittner G. (2010b). Eisbär und Walfisch. Historisch-systematische Anmerkungen zum Verhältnis von Psychoanalyse und Pädagogik. In G. Bittner, M. Dörr, V. Fröhlich, R. Göppel (Hrsg.), Allgemeine Pädagogik und Psychoanalytische Pädagogik im Dialog (S. 23–39). Opladen u. Farmington Hills: Barbara Budrich.

Bittner, G. (2016). Das Unbewusste – die »große Unbekannte X«. Sinn und Grenzen arkanischer Diskurse in der Psychoanalyse. Würzburg: Königshausen & Neumann.

Bittner, G., Rehm, W. (1966). Psychoanalyse und Erziehung. München: Goldmann.

Bleiberg, E. (2003). Treating professionals in crisis: A framework focused on promoting mentalization. Bulletin of the Menninger Clinic, 67 (3), 212–226.

Brodkorb, M. (2017). Die Erheiterten und die Empörten. FAZ vom 01.12.2017, Nr. 27, S. N4.

Datler, W. (1997). Bilden und Heilen. Auf dem Weg zu einer pädagogischen Theorie psychoanalytischer Praxis. Ostfildern: Matthias Grünewald.

Figdor, H. (1993). Wissenschaftstheoretische Grundlagen der Psychoanalytischen Pädagogik. In M. Muck, H.-G. Trescher (Hrsg.), Grundlagen der Psychoanalytischen Pädagogik (S. 63–99). Gießen: Psychosozial-Verlag.

Fischer-Kern, M., Fonagy, P. (2012). Die Reflective Functioning Scale. In S. Doering, S. Hörz (Hrsg.), Handbuch der Strukturdiagnostik (S. 225–256). Stuttgart: Schattauer.

Fonagy, P. (2006). Persönlichkeitsstörung und Gewalt – ein psychoanalytisch-bindungstheoretischer Ansatz. In O. F. Kernberg, H. P. Hartmann (Hrsg.), Narzissmus, Grundlagen, Störungsbilder, Therapie (S. 486–540). Stuttgart: Schattauer.
Fonagy, P., Target, M. (1998). Mentalization and the changing aims of child psychoanalysis. Psychoanalytic Dialogues, 8 (1), 87–114.
Fonagy, P., Target, M., Gergely, G., Jurist, E. (2002). Affect regulation, mentalization, and the development of the self. New York: Other Press.
Fonagy, P., Luyten, P., Allison, E., Campbell, C. (2016). Reconciling psychoanalytic ideas with attachment theory. In J. Cassidy, P. R. Shaver (Eds.), Handbook of attachment: Theory, research, and clinical applications (3rd ed.; pp. 780–804). New York: Guilford Press.
Foucault, M. (1977). Der Wille zum Wissen. Sexualität und Wahrheit. Bd. I. Frankfurt a. M.: Suhrkamp.
Freud, S. (1900/1999). Die Traumdeutung. GW II/III. Frankfurt a. M.: Fischer.
Freud, S. (1905/1999). Der Witz und seine Beziehung zum Unbewussten. GW VI. Frankfurt a. M.: Fischer.
Freud, S. (1912/1999). Ratschläge für den Arzt bei der psychoanalytischen Behandlung (S. 376–387). GW VIII. Frankfurt a. M.: Fischer.
Freud, S. (1913/1999). Das Interesse an der Psychoanalyse (S. 389–420). GW VIII. Frankfurt a. M.: Fischer.
Freud, S. (1915/1999). Das Unbewußte (S. 264–303). GW X. Frankfurt a. M.: Fischer.
Freud, S. (1916–1917/1999). Vorlesungen zur Einführung in die Psychoanalyse. GW XI. Frankfurt a. M.: Fischer.
Freud, S. (1919/1999). Wege der psychoanalytischen Therapie (S. 183–194). GW XII. Frankfurt a. M.: Fischer.
Freud, S. (1923a/1999). Psychoanalyse (S. 211–233). GW XIII. Frankfurt a. M.: Fischer.
Freud, S. (1923b/1999). Das Ich und das Es (S. 237–289). GW XIII. Frankfurt a. M.: Fischer.
Freud, S. (1924/1968). Briefe 1873–1993. Frankfurt a. M.: Fischer. Frankfurt a. M.: Fischer.
Freud, S. (1925/1999). Geleitwort Aichhorn, August. Verwahrloste Jugend. Die Psychoanalyse in der Fürsorgeerziehung (S. 565–567). GW XIV. Frankfurt a. M.: Fischer.
Freud, S. (1926/1999). Psycho-Analysis (S. 299–307). GW XIV. Frankfurt a. M.: Fischer.
Freud, S. (1927/1999). Nachwort zur Frage der Laienanalyse (S. 287–296). GW XIV. Frankfurt a. M.: Fischer.
Freud, S. (1933/1999). Neue Folge der Vorlesungen zur Einführung in die Psychoanalyse. GW XV. Frankfurt a. M.: Fischer.
Freud, S. (1934/1999). Psycho-Analysis (S. 299–307). GW XIV. Frankfurt a. M.: Fischer.
Freud, S. (1937a/1999). Konstruktionen in der Analyse (S. 43–56). GW XVI. Frankfurt a. M.: Fischer.
Freud S. (1937b/1999) Die endliche und die unendliche Analyse (S. 57–99). GW XVI. Frankfurt a. M.: Fischer.
Freud, S., Jung, C. G. (1909/1974). Briefwechsel. Frankfurt a. M.: Fischer.
Galgut, E. (2010). Reading minds: Mentalization, irony and literary engagement. International Journal of Psychoanalysis, 91 (4), 915–935.
Gerspach, M. (2008). Grundzüge einer psychoanalytischen Heilpädagogik. In T. Mesdag, U. Pforr (Hrsg.), Phänomen geistige Behinderung. Ein psychoanalytischer Verstehensansatz (S. 27–68). Gießen: Psychosozial-Verlag.
Hechler, O. (2013). Metakognition und Mentalisierung. Förderung lernbeeinträchtigter Kinder und Jugendlicher durch Gruppenpsychotherapie. In C. Einhellinger, S. Ellinger, P. Hechler, A. Köhler, E. Ullmann (Hrsg.), Studienbuch Lernbeeinträchtigungen. Bd. 1: Grundlagen (S. 313–336). Oberhausen: Athena.
Hirblinger, H. (2011). Unterrichtskultur. Bd. 2: Didaktik als Dramaturgie im symbolischen Raum. Gießen: Psychosozial-Verlag.

Holmes, J. (1993). John Bowlby and attachment theory. London: Routledge.
Huschke-Rhein, R. B. (2003). Einführung in die systemische und konstruktivistische Pädagogik (2. Aufl.). Weinheim: Beltz.
Körner, J., Ludwig-Körner, C. (1997). Psychoanalytische Pädagogik. Eine Einführung in vier Fallgeschichten. Freiburg i. Br.: Lambertus.
Langnickel, R., Markowitsch, H. (2009). Das Unbewusste Freuds und die Neurowissenschaften. In A. Leitner, H. G. Petzold (Hrsg.), Sigmund Freud heute. Der Vater der Psychoanalyse im Blick der Wissenschaft und der psychotherapeutischen Schulen (S. 149–173). Wien: Krammer.
Leuzinger-Bohleber, M. (2010). Pluralität oder Einheit? Transgenerationelle Forschung in der Psychoanalyse heute. In K. Münch, D. Munz, A. Springer (Hrsg.), Die Psychoanalyse im Pluralismus der Wissenschaften (S. 109–140). Gießen: Psychosozial-Verlag.
Leuzinger-Bohleber, M., Pfeifer, R. (2006). Recollecting the past in the present: Memory in the dialogue between psychoanalysis and cognitive science. In M. Mancia (Ed.), Psychoanalysis and neuroscience (pp. 63–95). Milan u. a.: Springer.
Link, P.-C., Müller, T., Stein, R. (2017). Die sonderpädagogische Wirksamkeit von Trainings und Förderprogrammen und die Komplexität von Erziehung. In D. Laubenstein, D. Scheer (Hrsg.), Sonderpädagogik zwischen Wirksamkeitsforschung und Gesellschaftskritik (S. 163–170). Heilbrunn: Klinkhardt.
Marty, P. (1990). La psychosomatique de l'adulte (6. Aufl.). Paris: Presses universitaires de France.
Meissner, W. W. (2009). The question of drive vs. motive in psychoanalysis: A modest proposal. Journal of the American Psychoanalytic Association, 57 (4), 807–845.
Michels, R. (2009). Epilog. In J. G. Allen, P. Fonagy (Hrsg.), Mentalisierungsgestützte Therapie. Das MBT-Handbuch – Konzepte und Praxis (S. 450–458). Stuttgart: Klett-Cotta.
Pazzini, C. (1993). Wer nicht hören will, muß fühlen. Einige Diskussionsbeiträge zum Hören in der Psychoanalyse und der Pädagogik. Paragrana. Bd. 2, Heft 1–2, 15–28.
Poustka, F., Bölte, S., Feineis-Matthews, S., Schmötzer, G. (2008). Autistische Störungen. Leitfaden Kinder- und Jugendpsychiatrie. Göttingen: Hogrefe Verlag.
Ramberg, A. (2012). Bindung und Mentalisierung – Überlegungen zur professionellen Haltung im Kontext der schulischen Erziehungshilfe. In B. Herz (Hrsg.), Schulische und außerschulische Erziehungshilfe. Ein Werkbuch zu Arbeitsfeldern und Lösungsansätzen. Heilbrunn: Klinkhardt.
Schneider, G., Seidler G. H. (2013). Internalisierung und Strukturbildung. Theoretische Perspektiven und klinische Anwendungen in Psychoanalyse und Psychotherapie. Gießen: Psychosozial-Verlag.
Schultz-Venrath, U. (2013). Lehrbuch Mentalisieren. Psychotherapien wirksam gestalten. Stuttgart: Klett-Cotta.
Snow, C. P. (1959/1987). Die zwei Kulturen. Rede Lecture. In H. Kreuzer (Hrsg.), Die zwei Kulturen. Literarische und naturwissenschaftliche Intelligenz. C. P. Snows These in der Diskussion (S. 19–96). München: dtv.
Stein, R. (2005). Einführung in die pädagogische Gestaltarbeit und die gestalttheoretische Sicht von Störungen. Baltmannsweiler: Schneider.
Target, M. (2008). Commentary. In F. Busch (Ed.), Mentalization: Theoretical considerations, research findings, and clinical implications (pp. 261–279). New York/London: Analytic Press.
Taubner, S. (2015). Konzept Mentalisieren. Eine Einführung in Forschung und Praxis. Gießen: Psychosozial-Verlag.
Taubner, S., Sevecke, K. (2015). Kernmodell der Mentalisierungsbasierten Therapie. Psychotherapeut, 60 (2), 169–184.
Willmann, M. (2012). De-Psychologisierung und Professionalisierung in der Sonderpädagogik: Kritik und Perspektiven einer Pädagogik für »schwierige« Kinder. München: Ernst Reinhardt.
Wimmer, H., Perner, J. (1983). Beliefs about beliefs: Representation and constraining function of wrong beliefs in young children's understanding of deception. Cognition, 13 (1), 103–128.
Zamanian, K. (2011). Attachment theory as defense: What happened to infantile sexuality? Psychoanalytic Psychology, 28, 33–47.

Teil III
Mentalisieren in pädagogischen Feldern

Feld: Frühpädagogik

Zur Bedeutung des Mentalisierungskonzepts in frühpädagogischen Handlungsfeldern

Nicola-Hans Schwarzer

> Mentalisieren ist ein Entwicklungsresultat, dessen Fundament im Kindesalter gelegt wird. Hierbei kommt der institutionalisierten Frühpädagogik eine bedeutsame Funktion in der generalisierenden Anwendung eines mentalistischen Verständnisses zu, das sich zuvor auf dyadische Beziehungssysteme begrenzt. Zudem erlaubt funktionales Mentalisieren der Fachkraft die Integration externer Stressoren in kohärentes Selbsterleben – und trägt damit wesentlich zur Gesundheit von Frühpädagogen bei.
>
> *Mentaliziation is a result of development, whose foundation is laid in childhood. In this the institutionalized childhood-education has a huge impact on the generalized application of a mentalistic comprehension, which was previously limited to a dyadic relationship system. Furthermore, functional mentalizing promotes the professionals to integrate external stressors for a coherent self-experience. Thus, it is a major factor to the mental health of early childhood educators.*

1 Übertragung in frühpädagogische Handlungsfelder

Ziel dieses Aufsatzes ist die Ausweitung des vorrangig an der affektiven Kommunikation zwischen Bindungsperson und Kind orientierten oder in klinisch-therapeutischen Kontexten untersuchten Mentalisierungskonzepts. Hierzu werden zwei zentrale Gesichtspunkte des Mentalisierens – Selbstbezug und dessen Bezug auf andere Personen – im Hinblick auf Passung und Relevanz in frühpädagogischen Handlungsfeldern auf Grundlage theoretischer Überlegungen untersucht. Sollte sich das Mentalisierungskonzept im Rahmen der angestrebten Prüfung als relevant und nützlich erweisen, bedürfte es (1.) mentalisierungsbasierter Grundlagenforschung, um das Verhältnis zwischen Mentalisierung, Konstitution der Fachkraft und kindlicher Entwicklung nachhaltig zu erhellen.

Auf Basis dieser Erkenntnisse wären dann (2.) mentalisierungsbasierte Interventions- und Präventionsprogramme ableitbar, deren Funktionalität und Tauglichkeit empirisch zu prüfen sind. Dieser Aufsatz bildet damit einen ersten Schritt in der umfänglich-systematisierenden Konzeptualisierung einer mentalisierungssensiblen Frühpädagogik.

2 Sich selbst verstehen – Mentalisieren als Modus der Stress- und Belastungsverarbeitung

Es zeichnet sich ab, dass das Belastungsniveau von Fachkräften in frühkindlichen Bildungs- und Betreuungsinstitutionen hoch ist. In einer 2004 in Baden-Württemberg durchgeführten Befragung gaben 10 % von 947 Frühpädagogen an, sich dauerhaft emotional ausgebrannt zu fühlen. 75 % aller Befragten wollen bemerkt haben, dass Verhaltensstörungen bei den betreuten Kindern zugenommen haben, wodurch sich 31 % stark belastet fühlten (Rudow, 2004). In einer Studie zur Arbeitsqualität aus Sicht von Erzieherinnen antworteten lediglich 26 %, sich vorstellen zu können, unter bisher bestehenden Arbeitsbedingungen gesund das Rentenalter zu erreichen. Zudem klagten 87 % der befragten Fachkräfte über gesundheitliche Beschwerden: Hierbei wurden sowohl körperliche Beeinträchtigungen als auch psychische Beschwerden genannt (GEW, 2009). Ähnliche Befunde zeigen sich ebenfalls für Fachpersonal der stationären Kinder- und Jugendhilfe (Steinlin et al., 2016) oder für Lehrkräfte (Unterbrink et al., 2008): »Psychische und psychosomatische Erkrankungen kommen […] bei Lehrkräften häufiger vor als in anderen Berufen, ebenso unspezifische Beschwerden wie Erschöpfung, Müdigkeit, Kopfschmerzen und Angespanntheit« (Scheuch, Haufe u. Seibt, 2015, S. 347). Für Fachkräfte in frühpädagogischen Einrichtungen fassen Viernickel und Solomon (2010) zusammen: »Die Arbeit von Erzieherinnen ist anspruchsvoller geworden« (S. 7).

Als spezifische Stressoren in pädagogischen Handlungsfeldern werden die hohe pädagogische und disziplinarische Verantwortung (Hillert, Koch u. Lehr, 2013), schwierige Interaktionen und grenzverletzendes Verhalten gegenüber den Fachkräften, eine geringe gesellschaftliche Anerkennung und Wertschätzung (Steinlin et al., 2016), Fachkräftemangel und hohe Fluktuationsraten (AGJ, 2011) sowie Rahmenbedingungen wie Lärm (Scheuch et al., 2015) genannt. Folgen sind körperliche und psychische Erschöpfungssymptome, was mitunter dazu führte, dass sich durch »Burn-out« begründete Fehltage von 2001 bis 2010 verneunfachten. Frauen und Mitarbeiter in helfenden Berufen waren hierbei am deutlichsten betroffen (WIdO, 2011).

Lehr, Schmitz und Hillert (2008) zeigten in einer clusteranalytischen Untersuchung an Lehrkräften vertiefend, dass weniger von einer pauschalen Überbelastung gesprochen werden kann als eher von Typen spezifischer Bewältigungsmuster. Die Zugehörigkeit zu einzelnen Bewältigungsmustern konnte weiterhin als Schutz- oder Risikofaktor identifiziert werden. Hierbei waren objektive Arbeitsbedingungen wie Klassengröße oder Migrationsanteil ohne statistischen Einfluss auf den aktuellen Gesundheitszustand. Indes erwies sich die Kombination aus mangelhafter Distanzierungsfähigkeit, einem resignativen Umgang mit Misserfolg und der geringen Fähigkeit, soziale Unterstützung zu mobilisieren, als charakteristisch für ausgebrannte und psychisch belastete Lehrkräfte. Offensichtlich sind also personale – auf die einzelne Person bezogene – Faktoren von bedeutsamer Qualität für funktionale Stress- und Belastungsbewältigung, wie auch Befunde von Döring-Seipel und Dauber (2010) anzeigen.

Rückführend zu den zu Beginn dieses Kapitels getätigten Aussagen ist anzunehmen, dass selbstbezogenes Mentalisieren einen bewussteren Umgang mit eigenen Empfindungen ermöglicht. Stress- und Belastungserlebnisse können infolge einer angemessenen und expliziten Rückführung auf deren Ursprung in Konsequenz und Auswirkung auf Empfindungen und Verhalten reflektierter wahrgenommen und verstanden werden. Dieser Zusammenhang dürfte nicht nur maßgeblichen Einfluss auf die psychische Gesundheit frühbildender Fachkräfte ausüben, sondern ist damit zweifelsfrei für alle pädagogischen Teildisziplinen relevant. Insbesondere Überforderungsmomente sowie Ausmaß und Gehalt stressinduzierender Erfahrungen werden in ihrer subjektiven Bedeutung durch stabiles Mentalisieren realistischer eingeschätzt. Es wäre infolge dessen ergiebig, Zusammenhänge zwischen dem Funktionsniveau individueller Mentalisierungsfähigkeit, dessen präventiver Stärkung und subjektivem Stress- und Belastungserleben von früh- und allgemeinbildenden Pädagogen systematisch zu untersuchen – insbesondere da bereits klinische Untersuchungen die Bedeutung der Mentalisierungsfähigkeit im Gesundungs- und Gesunderhaltungsprozess eindrücklich hervorheben:

Mentalisieren erweist sich hierbei als je in störungsbildspezifischer Art und Weise beeinträchtigt (Fonagy et al., 1996; Fischer-Kern et al., 2010; Staun, Kessler, Buchheim, Kächele u. Taubner, 2010; Taubner, Wiswede, Nolte u. Roth, 2010). Weiterhin weisen längsschnittlich angelegte Untersuchungen die Wirksamkeit mentalisierungsfördernder therapeutischer Interventionen nach: Eine gezielte Förderung der Mentalisierungsfähigkeit trägt zur Gesundung von Patienten bei (z. B. Bateman u. Fonagy, 1999, 2001, 2003, 2008, 2009, 2013; Bales et al., 2012, 2015). Empirische Untersuchungen, die hingegen die Abhängigkeiten zwischen Mentalisierungsleistungen und psychischer Gesundheit an nichtklinischen Stichproben untersuchen, liegen bis heute kaum vor (Badoud et al., 2015).

Aus präventiver Perspektive jedoch könnte die reife Mentalisierungsfähigkeit einen wesentlichen Indikator für die psychische Widerstandsfähigkeit einer Person darstellen (Taubner, 2015; Stein, 2013; Fonagy, Steele, Steele, Higgitt u. Target, 1994), indem in selbstreflexiver Art und Weise innere und äußere Stressoren absorbiert und durch die Anreicherung mit innerpsychischer Bedeutung in ein kohärent-reflexives Selbsterleben integriert werden können (Luquet, zit. nach Taubner, 2015, S. 124). Befunde von Hartmann (2015) lassen vermuten, dass Stressoren bei gut entwickelter Mentalisierungsfähigkeit grundsätzlich bewusster empfunden werden können – was die explizite Wahrnehmung der subjektiven Belastung ermöglicht und die Voraussetzung einer adaptiv-gelingenden Bewältigung bildet.

Mentalisierung operiert in diesem Verständnis als »intrapsychisches Filtersystem« (Stein, 2013, S. 428), psychisches Immunsystem und innerpsychische Ressource (Fonagy et al., 1994), was dem Subjekt flexiblere Verhaltensadaptionen und Regulationsstrategien zur Stress- und Anforderungsbewältigung in Aussicht stellt. Es tritt an dieser Stelle die durchweg konstruktive Ausrichtung von Mentalisierung zutage, die an Grundideen des Kohärenzgefühls (Antonovsky, 1997) und des Resilienzkonzepts (Werner u. Smith, 1992) erinnert. Auf Grundlage der erfolgten theoretischen Ausführungen soll die These formuliert werden, dass eine stabile, mentalisierende Haltung gegenüber (1.) sozialer Information in ihrer Vielfältigkeit und (2.) subjektivem Empfinden im Sinne einer Sensitivität gegenüber eigenen Zuständen maßgeblichen Einfluss auf psychisches Befinden ausübt.

Ließen sich jene Thesen empirisch bestätigen, operiert selbstbezogenes Mentalisieren als vermittelnde Komponente, deren Funktionsniveau letztlich über die Bewältigung von Herausforderungen oder psychischen Zusammenbrüchen des Akteurs entscheidet – es könnte sich also um einen Resilienzfaktor handeln (Stein, 2013). In diesem Fall wäre angesichts der als hoch erlebten Stress- und Belastungsintensität eine Übertragung in früh- und allgemeinpädagogische Handlungsfelder nicht nur gerechtfertigt, sondern im höchsten Maß sinnvoll.

3 Mentalisierende Haltung – Entwicklungsraum und »Trainingsrahmen«

Zu Beginn dieses Kapitels wurden zwei substanzielle, dem Mentalisieren inhärente Aspekte benannt: Selbstbezug und Interpersonalität. Selbstbezogenes Mentalisieren konnte in einem weiteren Schritt als Zwischen- und Verarbeitungsmodul identifiziert werden, das es erlaubt, Stressoren konstruktiv in kohärentes

Selbsterleben zu integrieren. »Mentalisierenden Individuen stehen alternative Möglichkeiten zur Verfügung, sich ihre eigene innere Verfassung und die Psyche anderer Menschen vorzustellen; [...] [s]ie sind besser darauf vorbereitet, sich angesichts widriger Umstände und Erfahrungen resilient anzupassen« (Stein, 2013, S. 446). Interpersonale Aspekte des Mentalisierens sind in ihrer Bedeutung dem Selbstbezug in keinerlei Weise nachgestellt, wie im Folgenden gezeigt werden soll. Für frühpädagogische Handlungsfelder ergibt sich insbesondere im Hinblick auf die Entwicklungspsychologie des Mentalisierens hierbei eine elementare, professionsspezifische Bedeutsamkeit – die als Spezifikum der Frühpädagogik eine übergeordnete Funktion zukommen lässt und die Notwendigkeit einer mentalisierungssensiblen Frühpädagogik nachdrücklich hervorhebt.

Fonagy, Gergely, Jurist und Target (2015a) beschreiben eine differenzierte Entwicklungstheorie der kindlichen Mentalisierungsfähigkeit für die ersten sechs Lebensjahre (siehe den Beitrag »Mentalisieren in der frühen Kindheit« von Schwarzer in diesem Band), die die mentalisierende Haltung der Betreuungsperson als Kernkomponente und Rahmenstruktur des einsetzenden mentalistischen Verständnisses identifiziert (Kirsch, Brockman u. Taubner, 2016). Hierbei kommt der Bindungsbeziehung zur primären Betreuungsperson die größte Bedeutung zu. Bei genauer Betrachtung der Entwicklungslinien des Mentalisierens zeigt sich, dass Kinder in den ersten sechs Lebensjahren zunehmend komplexere prämentalisierende Wahrnehmungsmodi durchlaufen und diese in einen reflexiv-mentalisierenden Erfahrungsmodus im fünften und sechsten Lebensjahr integrieren (Fonagy et al., 2015a; Fonagy, 2013; Taubner, 2015).

Diese Entwicklung allerdings ausschließlich als Resultat auf affektive Kommunkationsprozesse zwischen Bindungsperson und Kind zu begrenzen, dürfte angesichts einer derart komplexen Fähigkeit unvollständig und einseitig sein – wenngleich die substanzielle Bedeutsamkeit der frühen Bindungserfahrungen nicht geschmälert werden soll. Allerdings ist anzunehmen, dass im Zuge der einsetzenden generalisierenden Anwendung eines mentalistischen Verständnisses durch das Kind die emotionale Interaktion mit Fachkräften und anderen Kindern ab der institutionalisierten Betreuung katalytischen Einfluss auf die Entwicklung der kindlichen Mentalisierungsfähigkeit verüben könnte (Taubner, 2015). Fonagy (2013) bekräftigt, »dass die Erfahrungserwartungen des kindlichen Gehirns, seine Bereitschaft, neue Erfahrungen zu machen, auf eine größere Anzahl Erwachsener angewiesen ist, die der kindlichen Subjektivität mit einer pädagogischen Haltung beggnen« (Fonagy, 2013, S. 127). Daher ist die einsetzende Vielfalt sozialer Information, mit der sich das Kind ab dem Besuch frühkindlicher Bildungsangebote konfrontiert sieht, als Meilenstein in der Öffnung einer bis zu diesem Zeitpunkt auf wenige Akteure begrenzten Mentalisierungsfähigkeit zu betrachten. In diesem Aufsatz wird die These vertreten, dass Kinder für die Entwicklung einer stabilen Mentalisierungsfähigkeit »auf ebenso vielfältige Beziehungserfahrungen mit verschiedenen Erwachsenen auch außerhalb der engeren Familien angewiesen« (Uhl, 2013, S. 63) sind.

Ergänzend ist es nötig, zumindest überblicksartig von einer veränderten Betreuungssituation im frühkindlichen Bildungs- und Betreuungssektor zu berichten (Cloos, 2016). Hierbei unterstreicht das Kinderförderungsgesetz, das seit August 2013 jedem Kind den rechtlich geltenden Anspruch auf Kindertagesbetreuung bereits ab dem ersten Lebensjahr zusichert (BMFSFJ, 2013), jene Veränderung in der frühkindlichen Betreuungskonstellation. Laut dem Bildungsbericht 2016 (Autorengruppe Bildungsberichterstattung, 2016) wurden 2016 in Deutschland 32,9 % der Null- bis Dreijährigen (Null- bis Einjährige: 3 %; Einjährige: 36 %; Zweijährige: 61 %), 90 % aller Dreijährigen sowie 96 bzw. 98 % aller Vier- und Fünfjährigen in einer Kindertagesstätte betreut. Die Autorengruppe resümiert, »dass der Besuch einer Kindertageseinrichtung zu einem festen Bestandteil der frühkindlichen Biografie geworden ist« (Autorengruppe Bildungsberichterstattung, 2016, S. 59).

Die kindliche Mentalisierungsfähigkeit entwickelt sich in ihren Grundzügen in den ersten sechs Lebensjahren im Rahmen affektiver Interaktionsprozesse zwischen Kind und Betreuungsperson (Fonagy et al., 2015a). Zentrale Determinante einer gelingenden Entwicklung stellt die mentalisierende Haltung der Betreuungsperson gegenüber dem Kind dar – die Beziehung zwischen beiden bildet hierbei den »›Trainingsrahmen‹ zum Erlernen und Verfeinern eines mentalistischen Zugriffs auf die soziale Umwelt« (Taubner, 2015, S. 38). Gleichermaßen muss von weitreichenden Veränderungen des frühkindlichen Bildungsbereichs berichtet werden: Zunehmend mehr Kinder besuchen zunehmend früher institutionalisierte frühe Bildungsangebote (Autorengruppe Bildungsberichterstattung, 2016). Gemäß dieser Darstellung übernimmt die professionelle Frühpädagogik damit (1.) eine bedeutsame Funktion in der Entwicklung der kindlichen Mentalisierungsfähigkeit, die sich in ihrer Grundstruktur in den ersten fünf Lebensjahren entwickelt (vgl. den Beitrag »Mentalisieren in der frühen Kindheit«) – die temporäre, sich über die frühe Bildungsbiografie anhaltend erstreckende Überschneidung von institutionalisierter Rahmenstruktur und sensibler Entwicklungsphase zeigt an, dass Mentalisieren inhärenter Aspekt der Bildungs- und Erziehungsarbeit in Kindertagesstätten und frühbildenden Einrichtungen ist. Zugleich kann die institutionalisierte Betreuung (2.) als entwicklungsförderliches Korrektiv und stärkende Gegenerfahrung verstanden werden, die bei dysfunktionalen primären Beziehungskonstellationen wichtige kompensatorische Funktion übernehmen kann – und damit die Entwicklung der kindlichen Mentalisierungsfähigkeit auch unter bis dahin bestehenden deprivierenden Verhältnissen stärkt.

Zusammenfassend legt dieser Aufsatz dar, dass, ebenso wie die selbstbezogene Komponente des Mentalisierens, auch interpersonelles Mentalisieren in frühpädagogischen Handlungsfeldern von großer Bedeutung ist. Die Fähigkeit, Kindern mit einer mentalisierenden Haltung zu begegnen, sowie nötiges Wissen um die kindliche Entwicklung der Mentalisierungsfähigkeit bilden Kernkompetenzen professionalisierter und zeitgemäßer Frühpädagogik – insbesondere im Hinblick auf die zuvor beschriebenen hohen Nutzungsraten frühkindlicher Bildungsangebote: »Je mehr Anregungen ([…] sozial, emotional) ein Kind in seinen ersten Lebensjahren erhält, desto besser sind die sensiblen Zeitfenster genutzt und desto positiver wird es sich entwickeln« (Pauen, 2015, S. 37). Somit ist auch die interpersonelle Komponente der Mentalisierungsfähigkeit insbesondere im Hinblick auf die Entwicklung der kindlichen Mentalisierungsfähigkeit von übergeordneter Bedeutung – und vervollständigt damit den angestrebten Relevanznachweis.

4 Fazit

Dieser Aufsatz versucht, zwei grundlegende Aspekte des Mentalisierens – selbstbezogenes und interpersonell orientiertes Mentalisieren – auf Grundlage theoretischer Überlegungen im Hinblick auf Passung und Relevanz für frühpädagogische Handlungsfelder zu prüfen. Hierbei ist zunächst zu betonen, dass die vorgenommene Unterteilung vorrangig der plausiblen Argumentation geschuldet ist. Eine derart strikte Trennung zwischen Selbst- und interpersonellem Bezug, wie es dieses Kapitel suggerieren könnte, ist für realgegebenes Mentalisieren auszuschließen – treffender ist die Koexistenz beider Aspekte, die sich in gelingendem Mentalisieren stets zeitgleich niederschlagen und sich zudem wechselseitig beeinflussen.

Weiterhin arbeitet der Aufsatz heraus, dass in ihrer Mentalisierungsfähigkeit beeinträchtigte Fachkräfte in frühbildenden Einrichtungen nur eingeschränkt in der Lage sein könnten, eigenes sowie fremdes Verhalten und Befinden als Resultat mentaler Zustände zu erkennen, zutreffend zu identifizieren und angemessen zu interpretieren. Jene Beeinträchtigung schlägt sich in einer verzerrten Wahrnehmung subjektiver und interpersonaler Realität nieder, was gravierende Einflüsse auf Selbstkonstitution, resultierende Verhaltensregulation und soziale Interaktionen mit Kindern, Kollegen und Eltern verübt. Weiterhin ist die kausale Relation zwischen der Fähigkeit, Kinder als mentale Akteure wahrzunehmen, und dem sich entwickelnden kindlichen Gewahrsam für mentales Befinden von Relevanz (Fonagy et al., 2015a). Die kindliche, grundlegende Entwicklungsphase endet zwischen dem fünften und sechsten Lebensjahr (Taubner, 2015), indem Kinder schließlich in der Lage sind, prämentalisierende Modi der Wahrnehmung in einen reflexiv-mentalisierenden Wahrnehmungsmodus zu integrieren. Dieser Zeitraum dürfte damit als unmittelbar bedeutsam im Hinblick auf die professionalisierte und institutionalisierte Elementarpädagogik einzuschätzen sein – wenngleich auch hierzu bis heute kaum empirische Arbeiten vorliegen.

Zweifelsfrei wird die Beziehung zwischen Fachkraft und Kind kaum die Qualität einer Bindungsbeziehung erlangen. Allerdings nehmen Fachkräfte in frühbildenden Einrichtungen – so die Kernthese dieses Kapitels – eine gewichtige Funktion in der transformierenden Weiterentwicklung, einsetzenden Generalisierung und beginnenden Ausweitung der kindlichen Mentalisierungsfähigkeit ein. Im Sinne einer Probehandlung kann das Kind die noch stark auf die Bindungsperson bezogene Zuschreibungsfähigkeit auch auf andere vertraute Personen anwenden. Ergänzend ist anzunehmen, dass ein hohes Mentalisierungsniveau der Fachkraft auch unmittelbaren Einfluss auf pädagogische Alltagsinteraktionen verübt, indem insbesondere stressintensive Ereignisse im Sinne eines Verständnisprozesses durch die mentalisierende Haltung der Fachkraft reflektierter erfahren werden und angemessene, situationsgebundene Reaktionen (beispielsweise Spiegelungsprozesse) möglich sind. Zuletzt ist zu erwarten, dass reflektiertes Mentalisieren der Fachkräfte nicht nur einen stabilen Entwicklungsrahmen für kindliche Mentalisierung repräsentiert, sondern mit einer differenzierteren Wahrnehmung eigener Befindlichkeit einhergeht: Mentalisierung ermöglicht als konstruktive Fähigkeit die Integration von Stressoren, die durch die mentalisierende Haltung als versteh- und veränderbar begriffen werden können. Mentalisierung nimmt aus dieser Perspektive eine maßgebliche Funktion als Faktor psychischer Gesundheit ein und sollte trotz aller Fokussierung auf eine gelingende kindliche Entwicklung in seiner funktionellen Wertigkeit und Bedeutung auch für pädagogische Fachkräfte nicht außer Acht gelassen werden.

Literatur

Antonovsky, A. (1997). Salutogenese. Zur Entmystifizierung der Gesundheit. Hrsg. von Alexa Franke. Tübingen: dgvt-Verlag.
Arbeitsgemeinschaft für Kinder- und Jugendhilfe (AGJ) (2011). Fachkräftemangel in der Kinder- und Jugendhilfe. Positionspapier der Arbeitsgemeinschaft für Kinder- und Jugendhilfe AGJ. Berlin: Arbeitsgemeinschaft für Kinder- und Jugendhilfe AGJ.
Autorengruppe Bildungsberichterstattung (Hrsg.) (2016). Bildung in Deutschland 2016. Ein indikatorengestützter Bericht mit einer Analyse zu Bildung und Migration. Bielefeld: W. Bertelsmann Verlag.

Badoud, D., Luyten, P., Fonseca-Pedrero, E., Eliez, S., Fonagy, P., Debbané, M. (2015). The French version of the reflective functioning questionnaire: Validity data for adolescents and adults and its association with non-suicidal self-injury. PLoS ONE, 10 (12), e0145892. DOI: 10.1371/journal.pone.0145892

Bales, D., Timman, R., Andrea, H., Busschenbach, J. J. V., Verheul, R., Kamphuis, J. H. (2015). Effectiveness of day hospital mentalization-based treatment for patients with serve borderline personality disorder: A matched control study. Clinical Psychology and Psychotherapy, 22, 409–217. DOI: 10.1002/cpp.1914

Bales, D., van Beek, N., Smits, M., Willemsen, S., Busschenbach, J. J. V., Verheul, R., Andrea, H. (2012). Treatment outcome of 18-month, day hospital mentalization-based treatment (MBT) in patients with servere borderline personality disorder in the Netherlands. Journal of Personality Disorders, 26 (4), 568–582. DOI: 10.1521/pedi.2012.26.4.568

Bateman, A. W., Fonagy, P. (1999). Effectiveness of partial hospitalization in the treatment of borderline personality disorder: A randomized controlled trial. American Journal of Psychiatry, 156 (10), 1563–1568. DOI: 10.1176/ajp.156.10.1563

Bateman, A. W., Fonagy, P. (2001). Treatment of borderline personality disorder with psychoanalytically oriented partial hospitalization: An 18-month follow-up. American Journal of Psychiatry, 158 (1), 36–42. DOI:10.1176/appi.ajp.158.1.36

Bateman, A. W., Fonagy, P. (2003). Health service utilization costs for borderline personality disorder patients treated with psychoanalytically oriented partial hospitalization versus general psychiatric care. American Journal of Psychiatry, 160 (1), 169–171. DOI: 10.1176/appi.ajp.160.1.169

Bateman, A. W., Fonagy, P. (2008). 8-year follow-up of patients treated for borderline personality disorder: Mentalization-based treatment versus treatment as usual. American Journal of Psychiatry, 165 (5), 631–638. DOI: 10.1176/appi.ajp.2007.07040636

Bateman, A. W., Fonagy, P. (2009). Randomized controlled trial of outpatient mentalization-based treatment versus structured clinical management for borderline personality disorder. American Journal of Psychiatry, 166 (12), 1355–1364. DOI: 10.1176/appi.ajp.2009.09040539

Bateman, A. W., Fonagy, P. (2013). Impact of clinical severity on outcomes of mentalisation-based treatment for borderline personality disorder. The British Journal of Psychiatry, 203, 221–227. DOI: 10.1192/bjp.bp.112.121129

Bundesministerium für Familie, Senioren, Frauen und Jugend (BMFSFJ) (2013). 14. Kinder- und Jugendbericht. Bericht über die Lebenssituation junger Menschen und die Leistungen der Kinder- und Jugendhilfe in Deutschland. Berlin: Referat Öffentlichkeitsarbeit.

Cloos, P. (2016). Professionalisierung der Kindertagesbetreuung. In T. Friedrich, H. Lechner, H. Schneider, G. Schoyerer, C. Ueffing (Hrsg.), Kindheitspädagogik im Aufbruch. Professionalisierung, Professionalität und Profession im Diskurs (S. 18–37). Weinheim/Basel: Beltz Juventa.

Döring-Seipel, E., Dauber, H. (2010). Was hält Lehrer und Lehrerinnen gesund – die Bedeutung von Ressourcen, subjektiver Bewertung und Verarbeitung von Belastung für die Gesundheit von Lehrern und Lehrerinnen. Schulpädagogik heute, 2, 1–16.

Fischer-Kern, M., Schuster, P., Kapusta, N. D., Tmej, A., Buchheim, A., Rentrop, M., Buchheim, P., Hörz, S., Doering, S., Taubner, S., Fonagy, P. (2010). The relationship between personality organization, reflective functioning, and psychiatric classification in borderline personality disorder. Psychoanalytic Psychology, 27 (4), 395–409.

Fonagy, P. (2013). Soziale Entwicklung unter dem Blickwinkel der Mentalisierung. In J. G. Allen, P. Fonagy (Hrsg.), Mentalisierungsgestützte Therapie. Das MBT-Handbuch – Konzepte und Praxis (2. Aufl., S. 89–152). Stuttgart: Klett-Cotta.

Fonagy, P., Gergely, G., Jurist, E., Target, M. (2015). Affektregulierung, Mentalisierung und die Entwicklung des Selbst (5. Aufl.). Stuttgart: Klett-Cotta.

Fonagy, P., Leigh, T., Steele, M., Steele, H., Kennedy, R., Mattoon, G., Target, M., Gerber, A. (1996). The relation of attachment status, psychiatric classification, and response to psychotherapy. Journal of Consulting and Clinical Psychology, 64 (1), 22–31.

Fonagy, P., Steele, M., Steele, H., Higgitt, A., Target, M. (1994). The theory and practice of resilience. Journal of Child Psychology and Psychiatry, 35 (2), 231–257.
Fonagy, P., Target, M. (2011). Psychoanalyse und die Psychopathologie der Entwicklung (3. Aufl.). Stuttgart: Klett-Cotta.
Hartmann, L. (2015). Mentalisierungsförderung als professionalisierter Erkenntnisprozess. Kassel: kassel university press.
Hillert, A., Koch, S., Lehr, D. (2013). Das Burnout-Phänomen am Beispiel des Lehrerberufs. Nervenarzt, 84 (7), 806–812.
Kirsch, H., Brockmann, J., Taubner, S. (2016). Praxis des Mentalisierens. Stuttgart: Klett-Cotta.
Lehr, D., Schmitz, E., Hillert, A. (2008). Bewältigungsmuster und psychische Gesundheit. Zeitschrift für Arbeits- und Organisationspsychologie, 52 (1), 3–16.
Pauen, S. (2015). Sensible Entwicklungsfenster in den ersten Lebensjahren: Beispiele, Erklärungen, Implikationen. In Nationales Zentrum Frühe Hilfen (Hrsg.), Tagungsbegleiter. Heidelberg: Universität Heidelberg.
Rudow, B. (2004). Belastungen und der Arbeits- und Gesundheitsschutz bei Erzieherinnen (Projektbericht). Mannheim u. Mühlhausen: Institut für Gesundheit und Organisation (IGO).
Scheuch, K., Haufe, E., Seibt, R. (2015). Lehrergesundheit. Deutsches Ärzteblatt, 112 (20), 347–356.
Staun, L., Kessler, H., Buchheim, A., Kächele, H., Taubner, S. (2010). Mentalisierung und chronische Depression. Psychotherapeut, 55 (4), 299–305.
Stein, H. (2013). Fördert das Mentalisieren die Resilienz? In J. G. Allen, P. Fonagy (Hrsg.), Mentalisierungsgestützte Therapie. Das MBT-Handbuch – Konzepte und Praxis (2. Aufl., S. 422–449). Stuttgart: Klett-Cotta.
Steinlin, C., Dölitsch, C., Fischer, S., Schmeck, K., Fegert, J., Schmid, M. (2016). Der Zusammenhang zwischen Burnout-Symptomatik und Arbeitszufriedenheit bei pädagogischen Mitarbeitenden in der stationären Jugendhilfe. Praxis der Kinderpsychologie und Kinderpsychiatrie, 65, 162–180.
Taubner, S. (2015). Konzept Mentalisieren. Eine Einführung in Forschung und Praxis. Gießen: Psychosozial-Verlag.
Taubner, S., Wiswede, D., Nolte, T., Roth, G. (2010). Mentalisierung und externalisierende Verhaltensstörungen in der Adoleszenz. Psychotherapeut, 55, 312–320.
Uhl, C. (2013). Frühprävention durch Förderung von Mentalisierungsprozessen. Psychoanalytisch verstehen – pädagogisch handeln. Kassel: kassel university press.
Unterbrink, T., Zimmermann, L., Pfeifer, R., Wirsching, M., Brähler, E., Bauer, J. (2008). Parameters influencing health variables in a sample of 949 German teachers. International Archives of Occupational and Environmental Health, 82, 117–123.
Viernickel, S., Solomon, A. (2010). Anforderungen an die pädagogische Arbeit von Erzieherinnen in Tageseinrichtungen für Kinder. In Gewerkschaft Erziehung und Wissenschaft (GEW) – Hauptvorstand (Hrsg.), Ratgeber. Betriebliche Gesundheitsförderung im Sozial- und Erziehungsdienst (S. 7–17). Frankfurt a. M.: Gewerkschaft Erziehung und Wissenschaft.
Werner, E., Smith, R. (1992). Overcoming the odds. High risk children from birth to adulthood. Ithaca: Cornell University Press.
Wissenschaftliches Institut der AOK (WIdO) (2011). Burnout auf dem Vormarsch. Pressemitteilung vom 11.05.2012. Zugriff am 20.03.2017 unter http://www.wido.de/fileadmin/wido/downloads/pdf_pressemitteilungen/wido_pra_pm_krstd_0411.pdf

Ein mentalisierungsbasiertes Präventionsprogramm zum Übergang von der Familie in die Kindertageseinrichtung

Christine Bark

Dargestellt wird ein mentalisierungsbasiertes Präventionsprogramm für Kinderkrippen. Ziel des Programms ist die Unterstützung von Familien beim Übergang ihres Kindes in die Fremdbetreuung. Theoretischer Hintergrund des Präventionsprogramms ist das Mentalisierungskonzept. Im Kontext von Stress und emotionaler Erregung ist die Mentalisierungsfähigkeit häufig deutlich eingeschränkt. Ziel des Programms ist Stressprävention und die Stärkung der Mentalisierungsfähigkeit zur Unterstützung der Eltern-Kind-Beziehung und Förderung der kindlichen Entwicklung.

A mentalization-based early prevention program for daycare will be presented. Major goal of the program is to support families during the transition phase from care at home to day care. Theoretical background of the program is the concept of mentalization. In the context of stress and intensive emotional arousal mentalization can be reduced. Goal of the program is to prevent stress and to strengthen the mentalization ability to support the parent-child relationship and to promote the child's development.

1 Bindung sichern als Ziel und Aufgabe einer mentalisierungsbasierten Pädagogik in der frühen Kindheit

1.1 Sichere Bindung

Empirische Studien zeigen, dass vor allem für Kinder zwischen dem siebten und dem zwanzigsten Lebensmonat eine unbekannte Umgebung unter Abwesenheit der Bindungsperson einen erheblich stressauslösenden Faktor darstellt (Laewen, Andres u. Hédervári-Heller, 1990). Fehlt die Bindungsperson, läuft das von Bowlby beschriebene aktive bindungssuchende Verhalten ins »Leere« (Bowlby u. Ainsworth, 1992); dieser Zustand (z. B. schreien, sich anklammern) bleibt unter Umständen über einen längeren Zeitraum bestehen. Ein Kind muss seine primäre Bindungsperson als sichere Basis nutzen können, um zumindest bindungsähnliche Beziehungen zu zunächst fremden Personen wie Erzieherinnen aufbauen zu können (Hédervári-Heller, 2008).

Sind Bindungserfahrungen in der frühen Kindheit dysfunktional, so entstehen Lücken im Reifungsprozess der Persönlichkeit, die langfristige Auswirkungen haben können. Die Bindungstheorie gründet auf der Annahme, dass die dyadischen Interaktions- und Bindungserfahrungen zwischen Mutter und Kind in der frühen Kindheit vom Kind im Laufe der Entwicklung verinnerlicht und Repräsentanzen dessen gebildet werden. Diese nannte Bowlby das »innere Arbeitsmodell« von Bindung (»Internal Working Model«, IWM; Pietromonaco u. Barrett, 2000). Das innere Arbeitsmodell hilft dem Kind, sich eine Vorstellung von sich selbst und von Bindungspersonen zu machen, und dient zur Orientierung in Beziehungen. Es organisiert darüber hinaus das Denken, Fühlen und Verhalten im weiteren Entwicklungsverlauf bis in das Erwachsenenalter hinein, hilft dem Kind seine Entwicklungsaufgaben zu bewältigen und prägt den Umgang mit Emotionen sowie die Entwicklung der Empathiefähigkeit und seiner sozialen Kompetenzen (Grossmann et al., 1989).

1.2 Mentalisieren und Prävention in der frühen Kindheit

Es wird angenommen, dass Mentalisieren und Bindung korrespondieren, da die Fähigkeit zu Mentalisieren und eine sichere Bindung sowohl auseinander resultieren als auch miteinander einhergehen. In verschiedenen Untersuchungen konnte ein Zusammenhang »[...] zwischen der Bindungssicherheit im Kleinkindalter und einer frühen Mentalisierungsaktivität in der frühen Kindheit« (Bateman u. Fonagy, 2008) nachgewiesen werden. Eine Bezugsperson, die über eine gut ausgebildete Mentalisierungsfähigkeit verfügt, kann emotionale Zustände des Kindes besser wahrnehmen und spiegeln. Dieser Prozess fördert die Fähigkeit des Kindes, sich und seine Umwelt unter der Einbeziehung mentaler und emotionaler Zustände zu begreifen (Bateman u. Fonagy, 2008).

Präventive Maßnahmen in der frühen Kindheit mit dem Ziel, die Bindungssicherheit zu fördern, haben bei hoher Neuroplastizität großen Einfluss auf die Reifungsbedingungen neuronaler Strukturen (Strüber u. Roth, 2012) und auf die sozio-emotionale, kognitive und sprachliche Entwicklung des Kindes (Egeland, Weinfield, Bosquet u. Cheng, 2000). Hertzman und Wiens (1996) führen die Wirksamkeit von Präventionsprogrammen auf zwei Prinzipien zurück: Zum einen auf ein »Je-früher-desto-besser«, zum anderen auf ein »Immer-wieder«, also die Möglichkeit, Entwicklung auch in späteren Lebensphasen immer wieder anzustoßen. Das »Je-früher-desto-besser« gilt vor allem für die Neugeborenenzeit bis zum Vorschulalter.

Mit einer primärpräventiven Maßnahme in Kinderkrippen werden die sozial-emotionalen Kompetenzen des Kindes, die Erziehungskompetenz der Eltern und die positive Emotionalität in der Beziehung zwischen Eltern und Kind gefördert und gesichert. Vor allem familiäre Hochrisikokonstellationen haben erhebliche einschränkende Auswirkungen auf die Mentalisierungsfähigkeit (Fonagy u. Target, 2002) und auf die elterliche Feinfühligkeit (Ainsworth, 1977). Den Eltern gelingt es dann zumeist nur unzureichend, einzuschätzen, was emotional in ihren Kindern vorgeht. Mentalisierungshemmende Interaktionen in der Familie und mangelnde elterliche Feinfühligkeit werden als Ursache für unterschiedliche Verhaltensauffälligkeiten von Kindern wie aggressives Verhalten, emotionale Probleme und Beziehungsschwierigkeiten gesehen. Fraiberg, Adelson und Shapiro (1975) beschreiben, wie unverarbeitete konflikthafte Erfahrungen der Eltern in ihrer Kindheit ihre Wahrnehmungen in der Beziehung zu ihrem Kind verzerren. Solche Interaktionsschwierigkeiten zwischen Eltern und Kindern gehen häufig mit unsicheren Bindungsmustern einher (Übersicht bei Dornes, 1999; Grossmann, 2000). Während ein sicherer Bindungstyp sich als ein wichtiger protektiver Faktor für eine gesunde psychische Entwicklung des Kindes herauskristallisiert hat, steht bei den unsicheren Mustern (unsicher-vermeidend, unsicher-ambivalent) und beim desorganisierten Muster die primäre Bezugsperson nicht oder nur sehr eingeschränkt als »sicherer Hafen« bei gefühlter Gefahr und als »sichere Basis« für exploratives Verhalten zur Verfügung (Marvin, Cooper, Hoffmann u. Powell, 2003). Vor diesem Hintergrund stellen Trennungserfahrungen, wie der Übergang von der Familie in die Fremdbetreuung, eine hohe Belastung für das Kind dar. Das Kind kann bei den beschriebenen Irritationen das Angebot der Krippe nur eingeschränkt nutzen, sein Explorationsverhalten ist häufig deutlich eingeschränkt. Im frühkindlichen Alter liegt dabei der Fokus vorbeugender Interventionen auf den Eltern, die ihrerseits selbst von den Maßnahmen deutlich profitieren. Einen besonderen Fokus stellt die Stärkung der Mentalisierungsfähigkeit und der »sicheren Basis« dar. Die Vermittlung der Intervention ist am einfachsten durch Berufsgruppen gewährleistet, die mit jungen Familien regelmäßig im Kontakt sind und die Entwicklung des Kindes dicht begleiten, das sind z. B. Familienhebammen/Familien-Gesundheits- und Kinderkrankenschwestern (FGKiKPs), Erzieherinnen in Kinderkrippen und Personen der Tagespflege.

2 Die Eingewöhnung in die Kindertageseinrichtung

2.1 Eintritt in die Kindertageseinrichtung als kritische Lebenssituation

Der Übergang von der Betreuung des Kleinkindes in der Familie in die Betreuung des Kleinkindes in der Kindertageseinrichtung ist eine mit einem hohen Stresslevel verbundene Situation für jedes Kind, nicht nur für somatisch oder psychosozial vorbelastete Kinder (Vermeer u. van Ijzendoorn, 2006). Dem wollen verschiedene Eingewöhnungsmodelle Rechnung tragen. In der Praxis besonders relevant ist das Berliner Eingewöhnungsmodell. Die hier vorgestellte Intervention zur Stärkung der Beziehung und Förderung der Entwicklung beim Übergang in die Kindertageseinrichtung ergänzt dies in Kindertageseinrichtungen verbreitete und erprobte Eingewöhnungsmodell (Laewen et al., 1990)

2.2 Berliner Eingewöhnungsmodell

Die Ergebnisse eines in den 1980er Jahren durchgeführten Forschungsprojektes an der Freien Universität Berlin stellten einen Zusammenhang fest zwischen einem begleiteten bzw. unbegleiteten Eingewöhnungsprozess der Kinder durch ein Elternteil und erhöhten Krankheitsfehlzeiten im ersten Halbjahr, dem Entwicklungsstand des Kindes nach diesem Zeitraum und der Qualität der Bindungsbeziehung zur Mutter. Kinder, die ohne Begleitung im Sinne eines Eingewöhnungsmodells auskommen mussten, fehlten krankheitsbedingt im Mittel viermal häufiger und lagen in ihrer kognitiven Entwicklung deutlich zurück bei einer gleichzeitigen Beeinträchtigung der Bindungsqualität zur Mutter (Laewen, 1989; vgl. auch Rottmann u. Ziegenhain, 1988).

Hédervári-Heller (2008) entwickelte daraufhin ein Konzept zur Eingewöhnung von Kindern in Krippen, unter der Berücksichtigung der frühen Bindungen des Kindes an seine Hauptbezugspersonen und deren Begleitung während des Eingewöhnungsprozesses.

Kern des Berliner Modells ist die Einbeziehung der Bindungsperson in den Eingewöhnungsprozess des Kindes. Im Erstgespräch werden die Eltern über die Bedeutung ihrer Anwesenheit für das Kind und die Wichtigkeit des Aufbaus einer Beziehung zwischen dem Kind und der Erzieherin eingehend informiert. Die darauf folgende Eingewöhnung ist in drei verschiedene Phasen unterteilt: (1) die Grundphase, (2) die Stabilisierungsphase und die (3) Abschlussphase.

3 Ein mentalisierungsbasiertes Eingewöhnungsmodell

3.1 Besondere Merkmale des mentalisierungsbasierten Eingewöhnungsmodells

Das im Folgenden beschriebene Programm (Bark, 2016; Bark, Baukhage u. Cierpka, 2016a) unterscheidet sich von vergleichbaren Konzepten maßgeblich vor allem durch folgende Merkmale:

- Das Programm identifiziert diejenigen Kinder, die eine zusätzliche, individuelle Stärkung der Eltern-Kind-Interaktion im Sinne einer Beziehungsstärkung benötigen, damit auch sie sich ausgehend von einer gestärkten »Sicherheitsbasis« entfalten können und entwicklungsfördernde Impulse von der Bezugsperson aufnehmen können.
- Das Programm ist so konzipiert, dass es trotz des hohen Anspruchs, den es aufgrund der individuellen Begleitung von Eltern-Kind-Konstellationen stellt, über eine Train-the-Trainers-Komponente flächendeckend eingesetzt werden kann. Hierzu werden Trainertandems bestehend aus mindestens einem Psychotherapeuten rekrutiert, die vorab an einer Ausbildung des Programms (drei Wochenenden) teilnehmen, um ausreichend Kenntnisse sowohl ihn theoretischen als auch praktischen Grundlagen zum Mentalisierungskonzept und zur mentalisierungsbasierten Eingewöhnung zu erlangen.
- Das Programm trägt den Erkenntnissen und Vorgaben des Präventionsgesetzes 2015 Rechnung. Entscheidend neu an diesem Gesetz ist u. a., dass sich Maßnahmen in Zukunft statt auf Individuen auf die »Lebenswelten der Kinder« richten sollen und die Familien und bei Kleinkindern die Kindertageseinrichtungen miteinbeziehen.
- Das Programm ist begleitend zu seiner modellhaften Einführung nach allgemeinen wissenschaftlichen Kriterien positiv evaluiert worden (Bark, 2016; Bark et al., 2016a und Fazit und Ausblick in diesem Beitrag). Die Prozessevaluation umfasst die Datenerhebung, -auswertung und -präsentation der durchgeführten Projektarbeit. Im Rahmen der Prozessevaluation wurden die einzelnen Abläufe im Projektverlauf evaluiert und in ihrer Praktikabilität geprüft. Dabei war nicht nur wichtig zu prüfen, wie die Programminhalte im Einzelnen durchgeführt werden, sondern auch, welche Schwierigkeiten dabei auftreten. Die Prozessqualität umfasst alle Maßnahmen, die im Laufe des Screening-Prozesses und der Durchführung der Intervention unter Berücksichtigung der jeweils spezifischen Situation ergriffen – oder nicht ergriffen worden sind (Herzog u. Stein, 2000; Bark, Baukhage, Taubner u. Cierpka, 2016b).

3.2 Konzeption des Projektes

Die Konzeption des Projektes (Bark, 2016; Bark et al., 2016a) basiert auf aktuellen Forschungen zu präventiven Maßnahmen in der frühen Kindheit (Taubner, Thomas, Unger u. Wolter, 2013; Roos, 2012). Ihnen allen eigen ist es, die Elternkompetenzen zu stärken und die Eltern-Kind-Beziehung zu verbessern mit dem Ziel einer sicheren Bindung.

Übernommen wurden in die Konzeption die Präventionsgrundsätze »Je früher, desto besser« und »Immer wieder« (Hertzman u. Wiens, 1996). Ferner griff die Konzeption auf bewährte Vorarbeiten am Universitätsklinikum Heidelberg zurück, insbesondere das Projekt zur Erprobung von primär- und sekundärpräventiven Strategien in den Bundesländern Saarland und Hessen »Frühe Hilfen – Keiner fällt durchs Netz« (Cierpka, 2009) und auf die Erfahrungen und Erkenntnisse aus der Eltern-Säuglings- und Kleinkindambulanz am Institut für Psychosoziale Prävention, Universitätsklinikum Heidelberg, die zum Zeitpunkt der Konzeption bereits 16 Jahre bestand (Thiel-Bonney u. Cierpka, 2014; Bark, 2016; Bark et al., 2016a; Bark, Taubner u. Georg, 2016c). Über die Einzel-Familienberatung hinaus wurde und wird in gruppentherapeutischen Angeboten die Mentalisierungsfähigkeit der Eltern gestärkt (Bark, 2013). Rechnung getragen wurde ferner der Feststellung, dass die Eingewöhnung von Kindern in die Krippe in Deutschland ganz überwiegend nach dem Berliner Eingewöhnungsmodell (Laewen, Andres u. Hédervári-Heller, 2009) erfolgt. Eine vergleichbare Bedeutung haben ferner der »Leitfaden für frühpädagogische Fachkräfte und Eltern« der Karl Kübel Stiftung (Kobelt Neuhaus, Haug-Schnabel u. Bensel, 2014) und die Erkenntnisse der Wiener Krippenstudie (Funder, Fürstaller u. Hover-Reisner, 2013). Die Besonderheit des Programms und entscheidender Faktor für seine Wirksamkeit sind aber das Konzept Mentalisieren und die Entwicklung der Mentalisierungsfähigkeit, die mit dem Programm gestärkt werden sollen. Die leitende Grundannahme des Projektes besteht darin, dass eine Kenntnis und Praxis von Mentalisierung dauerhaft die Haltung der Teilnehmer verändert und ihre Beziehungsfähigkeit und pädagogische Kompetenz eindrücklich steigert.

3.3 Umsetzung des Projektes in der Praxis

Die Umsetzung erfolgt anhand eines Manuals, das den Krippenerziehern zur Verfügung gestellt wird.

3.4 Qualifizierungsmaßnahme für Krippenerzieherinnen

Die Erzieherinnen werden im Rahmen einer zweitägigen mentalisierungsbasierten Qualifizierungsmaßnahme geschult, die sie befähigt, Interventionen für Eltern-Kind-Dyaden bei der Eingewöhnung der Kinder durchzuführen. Im psychoedukativen Schulungsabschnitt für die Erzieherinnen werden der Prozess des Mentalisierens und die Entwicklung der Mentalisierungsfähigkeit in der frühen Kindheit zunächst theoretisch erläutert. Die Bedeutung des reifen Mentalisierens (reflektierte Affektivität/reflexive Kompetenz) für Erzieher und Eltern für die Stärkung der Bindungsbeziehung zum Kind wird dabei betont. Die reflexive Kompetenz der Erwachsenen im Miteinander mit dem Kind vollzieht sich prozessual in verschiedenen Dimensionen und ist beeinflussbar durch affektiven Stress. Eine zentrale Dimension der reflexiven Kompetenz verläuft vom Pol der automatisch-impliziten Verhaltensinterpretation hin zum Pol des kontrolliert-expliziten Mentalisierens. In Abhängigkeit vom gegenwärtigen bindungsbezogenen Stress schaltet das explizite Mentalisieren in automatisch-implizites Mentalisieren um, dabei variiert der Schaltpunkt abhängig von Bindungsrepräsentationen (Luyten, Fonagy, Lowyck u. Vermonte, 2012). Der implizit sich vollziehende Mentalisierungsprozess ist nur dann kritisch zu betrachten, wenn aufgrund des Erreichens des Schaltpunktes bei affektivem Stress zu einfach oder verzerrt mentalisiert wird oder Interaktionspartner in prämentalisierende Modi zurückfallen, die in früheren Stufen der Entwicklung der Mentalisierungsfähigkeit eine Rolle spielten. In diesem Fall wird in der Präventionsmaßnahme ein explizites, reifes, reflektierendes Mentalisieren angeregt. Grundlage dafür sind eine mentalisierungsbasierte Haltung und Interventionen, die das explizite Mentalisieren im Umgang mit Eltern und Kind anregen. Die Einführung der Stufen des Mentalisierens bis zum Erreichen einer reflektierten Affektivität und ihre Wahrnehmung in bestimmten Altersabschnitten des Kindes können dem Erwachsenen helfen, zu reflektieren, in welchen Situationen er dazu neigt, in bestimmte prämentalisierende Modi zurückzufallen, und wie das Erleben im jeweiligen Modus das Miteinander prägt.

Um die Sensitivität für das sich entwickelnde Kind zu erhöhen, werden zudem im psychoedukativen Teil die Entwicklungsstufen des Selbstempfindens in der frühen Kindheit (Stern, 2003; Gustafsson, 1995) eingeführt und die Art und Weise, wie Kinder aus diesen Entwicklungsstufen des Selbstempfindens kommunizieren (Brodin, 2002).

Dabei finden die Entwicklungsstufen ihren äußerlich sichtbaren Ausdruck im Blickverhalten, in der Gestik und Mimik des Kindes und in seinen objektbezogenen Handlungen, das heißt dem Spiel des Kindes als seinem Umgang mit der Welt. Eine Sensitivität der Bezugspersonen für diese Aspekte, die offene

Neugierde für die Entwicklung der Intentionalität des Kindes sind entscheidend (Meins, Fernyhough, Fradley u. Tuckey, 2001; Meins et al., 2002).

Im Spiel können grundlegende körperliche (fein- und grobmotorische), kognitive und emotionale Entwicklungsaspekte anschaulich nachvollzogen werden. Die Entwicklung des Selbstempfindens nach Stern (2003) wird um eine weitere Entwicklungsstufe ergänzt: die Entwicklung des forschenden Selbst (Gustafsson, 1995). Die Autonomie des Kindes wird in der Begleitung des kindlichen Spiels besonders gefördert.

3.5 Interventionsabschnitt

Im Interventionsabschnitt setzen die Krippenerzieher das in dem psychoedukativ gestalteten Schulungsabschnitt Gelernte um und führen primärpräventive Interventionen zur Stärkung der Beziehung und Förderung der Entwicklung des Kindes beim Übergang in die Kinderkrippe durch. Die in der Schulung vermittelten Inhalte und die mentalisierungsbasierte Haltung werden dabei von den Erzieherinnen an die Eltern im Sinne einer supervidierten Eltern-Kind-Aktivität weitervermittelt, sodass die Interventionen von den Erziehern im Umgang mit dem Kind und von den Eltern im Umgang mit ihrem Kind durchgeführt werden. Dies geschieht je nach individuellem Bedarf der Familien in ca. zehn bis 15 Einheiten. Die Interventionen können flexibel ausgewählt bzw. auch wenige einzelne vertiefend wiederholt werden, um damit individuelle Schwerpunkte zu setzen. Die beziehungsstärkenden Interventionen werden im Vorfeld der Eingewöhnung beim Aufnahmegespräch in die Kinderkrippe, für die Phase vor der Eingewöhnung in den Prozess und durch Interventionen in der Grundphase der Eingewöhnung miteinbezogen. Die Intervention, die das Erkunden des Kindes im Beisein der Bezugsperson begleitet, wird beim Bringen des Kindes in der Eingewöhnungsphase als Eingangsdiagnostikum verwendet. Die darauf folgenden entwicklungsfördernden Interventionen können am besten beim Abholen des Kindes durchgeführt werden. In der Stabilisierungsphase der Eingewöhnung kann der Zeitpunkt, an dem das Kind abgeholt wird, noch individuell vereinbart werden, sodass dieser Zeitpunkt geeignet erscheint für die beziehungsstärkende und entwicklungsfördernde Aktivität.

Die Eltern sollten sich für die Interventionseinheiten ca. eine Stunde Zeit nehmen. Jede Kurseinheit besteht aus: (1) einem theoretischen entwicklungspsychologischen Teil sowie einer Vertiefung der Theorie mit Videobeispielen, (2) aus einer Übung, die zunächst von den Erzieherinnen demonstriert und (3) im Folgenden von den Eltern übernommen wird, und (4) einem Transferteil mit weiteren Anleitungen für die Begleitung des kindlichen Spiels und spezifischen Entwicklungsaufgaben des Kindes zu Hause. Im Übungsteil fördern die Erzieherinnen die Entwicklung des Kindes durch die Begleitung eines altersgerechten Spiels zwischen Eltern und Kind. Über das Spiel wird ein gemeinsamer Aufmerksamkeitsfokus gestärkt, die sichere Bindung zur primären Bezugsperson und die Beziehungskompetenz werden gefördert. Das entwicklungsgemäße Spiel ist der inhaltliche Schwerpunkt der Maßnahme als wichtigstem kindlichem Lernkontext und zur Entfaltung der Kreativität des Kindes im Alleinspiel, im spielerischen Zwiegespräch und im gemeinsamen Spiel.

In einer DVD, die den Trainern und Krippenerzieherinnen zur Verfügung gestellt wird, werden die Übungen veranschaulicht. Die DVD dient ferner dazu, eine mentalisierungsbasierte Haltung unter Berücksichtigung der Perspektivenvielfalt zu üben und einen Blick für die Entwicklungsphasen des Selbstempfindens zu entwickeln. In der Analyse der Videos werden darüber hinaus die bindungsstärkenden Faktoren nach Meins (Meins et al., 2001, 2002) sowie die Kriterien der emotionalen Verfügbarkeit verdeutlicht und geübt.

3.6 Supervisionsangebot

Ergänzt wird die Maßnahme durch eine Supervision, die von qualifizierten Supervisoren durchgeführt wird, die mit der Methode der Qualifizierungsmaßnahme vertraut sind. Die Supervisionen finden ca. alle sechs Wochen oder bei Bedarf statt. Fragestellungen, die einer Supervision bedürfen, können bei der Projektleitung angemeldet und gegebenenfalls videografiert werden. Jeder geschulte Mitarbeiter sollte zur Qualitätssicherung im Verlauf dieses Interventionsabschnittes eine Videoaufnahme mit einer von ihr angeleiteten Kurseinheit vorlegen.

3.7 Selbsterfahrungsangebot

Das Selbsterfahrungsangebot an die Krippenerzieher dient dazu, die Arbeit mit den Kindern als Chance und Herausforderung für die persönliche Entwicklung kennenzulernen. Dabei wird die selbstreflexive Dimension des Mentalisierens gestärkt. Für die Begleitung der Eingewöhnungsphase von Kindern steht dabei der eigene Umgang mit Übergangssituationen und Trennungen im Fokus. Das Selbsterfahrungsangebot ist nicht zwingend Bestandteil des Programms.

Drei Grundbedürfnisse werden an drei Selbsterfahrungstagen genauer erkundet:
1. das »Herz-Bedürfnis« nach Beziehung, Liebe, Versorgung und Verbundenheit,
2. das »Kopf-Bedürfnis« nach Wissen, Orientierung und Sicherheit,
3. das »Bauch-Bedürfnis« nach Autonomie, Abgrenzung und Selbstbehauptung.

Ein mitfühlendes Verständnis für eigene Umgangsformen ist der erste Schritt, um sich für alternative Formen zu öffnen und Eltern und Kinder in ihren individuellen Formen zu begleiten. Das Selbsterfahrungsangebot für Krippenerzieher findet an drei Tagen in gemischten Gruppen mit einer gesamten Gruppengröße von bis zu 24 Teilnehmern statt.

Die Erfahrungen mit diesem Selbsterfahrungsangebot haben gezeigt, dass die Motivationswirkung dieses Angebotes besonders wichtig ist, um sich auf die Individualisierung des Eingewöhnungsprozesses einzustellen.

4 Fazit und Ausblick

Die Implementationsstudie an sechs Modellkrippen im Saarland konnte zeigen, dass sich das Programm als zielführend und praktikabel erwiesen hat. Alle Beteiligten gaben an, von dem Programm profitiert zu haben. Dies gilt in erster Linie für die Kinder, die Erzieherinnen und die Krippenleitungen. Es gilt in nicht geringerem Maße auch für die Eltern (Bark et al., 2016b). Die erfolgreiche Einführung spiegelt sich auch in den hohen Zufriedenheitswerten aller am Projekt beteiligten Personen (Eltern, Erzieherinnen, Krippenleitungen) wider (Bark et al., 2016b). Die Einführung des Programms hat in den beteiligten Krippen einen Prozess in Gang gesetzt, der mit dem Ende der Modellphase nicht abgeschlossen war. Dieser Prozess wurde daher mit Supervisionen und nachfolgender Schulung neu eintretender Erzieherinnen in die Krippen fortgesetzt. Die Evaluation hat gezeigt, dass es ein besonderes Anliegen der Erzieherinnen war, die Interventionen an das einzelne Kind anzupassen. Das Programm bewirkt tiefgreifende strukturelle, konzeptionelle und kognitiv-emotionale Veränderungen bei allen Beteiligten. Veränderungen dieser Art brauchen Zeit und erfordern personelles Engagement, sodass personelle Stabilität und der Zeitfaktor in Relation zu diesem Vorhaben standen (Bark et al., 2016b).

Literatur

Ainsworth, M. (1977). Feinfühligkeit versus Unempfindlichkeit gegenüber Signalen des Babys. In K. E. Grossmann (Hrsg.), Entwicklung der Lernfähigkeit in der sozialen Umwelt (S. 98–107). München: Kindler.

Bark, C. (2013). Mentalisierungsbasierte Mutter-Kind-Therapie in der frühen Kindheit. Psychotherapeut, 58, 388–394.

Bark, C. (2016). Amor Parentum – ein mentalisierungsgestütztes Präventionsprogramm zur Eingewöhnung in die Kinderkrippe. Heidelberg: Institut für Psychosoziale Prävention, Universitätsklinikum Heidelberg. Unveröffentlichtes Manuskript.

Bark, C., Baukhage, I., Cierpka, M. (2016a). A mentalization-based primary prevention program for stress prevention during the transition from family care to day care. Mental Health & Prevention, 4 (1), 49–55.
Bark, C., Baukhage, I., Taubner, S., Cierpka, M. (2016b). Frühe Hilfen Plus. Abschlussbericht Projektlaufzeit September 2014–März 2016. Heidelberg: Institut für Psychosoziale Prävention, Universitätsklinikum Heidelberg. Unveröffentlichtes Manuskript.
Bark, C., Taubner, S., Georg, A. (2016c). Mentalisierungsbasierte Eltern-Säuglings- und -Kleinkind-Therapie. Dargestellt am Beispiel der Ambulanz für Familientherapie des Instituts für Psychosoziale Prävention des Universitätsklinikums Heidelberg. Familiendynamik, 41 (4), 312–321.
Bateman, A. W., Fonagy, P. (2008). Psychotherapie der Borderline-Persönlichkeitsstörung. Ein mentalisierungsgestütztes Behandlungskonzept (S. 134). Gießen: Psychosozial-Verlag.
Bowlby, J., Ainsworth, M. (1992). The origins of attachment theory. Developmental Psychology, 28 (5), 759–775.
Brodin, M., Hylander, I. (2002). Wie Kinder kommunizieren. Daniel Sterns Entwicklungspsychologie in Krippe und Kindergarten. Weinheim/Basel: Beltz.
Cierpka, M. (2009). »Keiner fällt durchs Netz«. Wie hochbelastete Familien unterstützt werden können. Familiendynamik, 34, 156–167.
Dornes, M. (1999). Die Entstehung seelischer Erkrankungen: Risiko- und Schutzfaktoren. In G. J. Suess, K. W. Pfeife (Hrsg.), Frühe Hilfen. Die Anwendung von Bindungs- und Kleinkindforschung in Erziehung, Beratung, Therapie und Vorbeugung. Gießen: Psychosozial-Verlag.
Egeland, B., Weinfield, N. S., Bosquet, M., Cheng, V. K. (2000). Remembering, repeating, and working through: Lessons from attachment-based interventions. In J. D. Osowsky, H. E. Fitzgerald (Eds.), Infant mental health in groups at high risk. New York: John Wiley & Sons.
Fonagy, P., Target, M. (2002). Neubewertung der Entwicklung der Affektregulation vor dem Hintergrund von Winnicotts Konzept des »falschen Selbst«. Psyche – Zeitschrift für Psychoanalyse und ihre Anwendungen, 56, 839–862.
Fraiberg, S., Adelson, E., Shapiro, V. (1975). Ghosts in the nursery. Journal of the American Academy of Child & Adoelscent Psychiatry, 14, 387–421.
Funder, A., Fürstaller, M., Hover-Reisner, N. (2013). Holding mind in mind – Work Discussion: Eine Methode zur Förderung der Mentalisierungsfähigkeit von Erzieherinnen? In M. Wininger, W. Datler, M. Dörr (Hrsg.), Psychoanalytische Pädagogik und frühe Kindheit. (S. 217–236). Opladen: Barbara Budrich.
Grossmann, K. E. (2000). Bindungsforschung im deutschsprachigen Raum und der Stand des bindungstheoretischen Denkens. Psychologie in Erziehung und Unterricht, 47, 221–237.
Grossmann, K. E., August, P., Fremmer-Bombik, E., Friedl, A., Scheuerer-Englisch, H., Spangler, G., Suess, G. (1989). Die Bindungstheorie: Modell und entwicklungspsychologische Forschung. In H. Keller (Hrsg.), Handbuch der Kleinkindforschung. Berlin/Heidelberg: Springer.
Gustafsson, L. (1995). Kinder weit weg und doch ganz nah. Stuttgart: Kreuz Verlag.
Hédervári-Heller, E. (2008). Die Bindungstheorie. In J. Maywald, B. Schön (Hrsg.), Krippen. Wie frühe Betreuung gelingt (S. 65–73). Weinheim/Basel: Beltz.
Hertzman, C., Wiens, M. (1996). Child development and long-term outcomes: A population health perspective and summary of successful interventions. Social Science & Medicine, 43 (7), 1083–1095.
Herzog, T., Stein, B. (2000). Qualitätsmanagement – Konzepte und Methoden. In T. Herzog, B. Stein, M. Wirsching (Hrsg.), Qualitätsmanagement in Psychotherapie und Psychosomatik (S. 1–32). Stuttgart: Thieme.
Kobelt Neuhaus, D., Haug-Schnabel, G., Bensel, J. (2014). Qualität der Zusammenarbeit mit Eltern. Kooperationsprojekt der Karl Kübel Stiftung für Kind und Familie und der Vodafone Stiftung Deutschland. Gefördert durch die AG für Kind und Familie. Worms. Zugriff am 26.11.2017 unter http://www.kkstiftung.de//files/kitaqm_publikation_1.pdf

Laewen, H.-J. (1989). Nichtlineare Effekte einer Beteiligung von Eltern am Eingewöhnungsprozess von Krippenkindern. Die Qualität der Mutter-Kind-Bindung als vermittelnder Faktor. Psychologie in Erziehung und Unterricht, 2, 102–108.

Laewen, H.-J., Andres, B., Hédervári-Heller, E. (1990). Ein Modell für die Gestaltung der Eingewöhnungssituation von Kindern in Krippen. Kleine Fachreihe zur Frühsozialisation. Bd. 1. Weinheim/München: Juventa.

Laewen, H.-J., Andres, B., Hédervári-Heller, É. (2009). Die ersten Tage. Ein Modell zur Eingewöhnung in Krippe und Tagespflegestelle. Berlin: Cornelsen.

Luyten, P., Fonagy, P., Lowyck, B., Vermote, R. (2012). Assessment of mentalization. In A. W. Bateman, P. Fonagy (Eds.), Handbook of mentalizing in mental health practice (pp. 43–65). Washington, DC: American Psychiatric Association Publishing.

Marvin, R. S., Cooper, G., Hoffmann, K., Powell, B. (2003). Das Projekt »Kreis der Sicherheit«: Bindungsgeleitete Intervention bei Eltern-Kind-Dyaden im Vorschulalter. In H. Scheuerer-Englisch, G. Suess, W.-K. Pfeifer (Hrsg.), Wege der Sicherheit (S. 25–49). Gießen: Psychosozial-Verlag.

Meins, E., Fernyhough, C., Fradley, E., Tuckey, M. (2001). Rethinking maternal sensitivity: Mothers' comments on infants' mental processes predict security of attachment at 12 months. Journal of Child Psychology and Psychiatry, 42, 637–648.

Meins, E., Fernyhough, C., Wainwright, R., das Gupta, M., Fradley, E., Tuckey, M. (2002). Maternal mind-mindedness and attachment security as predictors of theory of mind understanding. Child Development, 73, 1715–1726.

Pietromonaco, P., Barrett, L. F. (2000). The internal working models concept: What do we really know about the self in relation to others? Review of General Psychology, 4 (2), 155–175.

Präventionsgesetz (PrävG). Bundesgesetzblatt Jahrgang 2015 Teil I Nr. 31, ausgegeben zu Bonn am 24. Juli 2015. Gesetz zur Stärkung der Gesundheitsförderung und der Prävention (Präventionsgesetz – PrävG). Zugriff am 28.03.2017 unter https://www.bgbl.de/xaver/bgbl/start.xav?startbk=Bundesanzeiger_BGBl&jumpTo=bgbl115s1368.pdf#__bgbl__%2F%2F*%5B%40attr_id%3D%27bgbl115s1368.pdf%27%5D__1490691983638

Roos, J. (2012). Präventive Interventionen in der frühen Kindheit – Implikationen für Forschung und Qualitätssicherung. Praxis der Kinderpsychologie und Kinderpsychiatrie, 61, 738–749.

Rottmann, U., Ziegenhain, U. (1988). Bindungsbeziehung und außerfamiliale Tagesbetreuung im frühen Kindesalter: Die Eingewöhnung einjähriger Kinder in die Krippe. Dissertation am Fachbereich Erziehungs- und Unterrichtswissenschaften der Freien Universität Berlin. Zugriff am 30.03.2017 unter http://www.infans.net/pdf/Eingewoehnung.pdf

Stern, D. (2003). Die Lebenserfahrung des Säuglings. Stuttgart: Klett-Cotta.

Strüber, N., Roth, G. (2012). Pränatale Entwicklung und neurobiologische Grundlagen der psychischen Entwicklung. In M. Cierpka (Hrsg.), Familienstützende Prävention. Frühe Kindheit 0–3. Heidelberg: Springer.

Taubner, S., Thomas, M., Unger, A., Wolter, S. (2013). Zur Wirksamkeit präventiver Früher Hilfen in Deutschland – ein systematisches Review und eine Mentaanalyse. Praxis der Kinderpsychologie und Kinderpsychiatrie, 62, 598–619.

Thiel-Bonney, C., Cierpka, M. (2014). Exzessives Schreien. In M. Cierpka (Hrsg.), Frühe Kindheit 0–3. Beratung und Psychotherapie für Eltern mit Säuglingen und Kleinkindern (S. 171–198). Berlin/Heidelberg: Springer. DOI: 10.1007/978-3-662-45742-9_13

Vermeer, H. J., van Ijzendoorn, M. H. (2006). Children's elevated cortisol levels at daycare. A review and meta-analysis. Early Childhood Research Quartely, 21, 390–401.

Feld: Mentalisieren und (schulisches) Lernen

Epistemisches Vertrauen und Lernen

Tobias Nolte

Im diesem Kapitel werden zunächst Betrachtungen zu epistemischem Vertrauen und dessen Bedeutung im Zusammenspiel mit Mentalisierung aus entwicklungspsychologischer Sicht dargelegt. Im Fokus stehen dabei Charakteristika der kulturellen Wissensweitergabe in frühen Beziehungserfahrungen zwischen Bindungsfigur und Kind. Anschließend unternehmen wir den Versuch, die Rolle des epistemischen Vertrauens auf Aspekte des pädagogischen Dreiecks, insbesondere auf die Beziehungsebene zwischen Pädagogen und Lernenden, zu übertragen, um Kommunikationsprozesse in *dynamischen* Einheiten von der pädagogischen Dyade bis hin zu Gruppen in Lernkontexten herauszuarbeiten. Erziehung und Bildung werden dabei als essenziell relationale Erfahrung betrachtet, in denen sich frühkindliche Interaktionsmuster wiederholen, aber auch modifiziert und weiterentwickelt werden können.

In this chapter I will first introduce our conceptualisations regarding epistemic trust and mentalizing from a developmental perspective. Central to this are characteristics of the transmission of cultural knowledge as shaped by early experiences in attachment relationships. We then attempt to apply the role of epistemic trust to aspects of the pedagogical triangle, in particular to the relationship between teacher and learner, in order to shed light on to communication processes in dynamic units from the pedagogical dyad to learning groups. Educational settings, from our perspective, are viewed as essentially relational experiences, during which early patterns of interacting are repeated but can also be modified and further developed.

1 Vorbemerkung

Wir [gemeint ist damit im Weiteren die Forschergruppe um Fonagy, Target, Allen und Bateman, die Hrsg.] beschreiben an anderer Stelle (Fonagy et al., 2017) ausführlicher eine Art Ideengeschichte entwicklungspsychologisch dominierender Triebe: von einem Fokus auf Aggression und Sexualität über Bindung hin zu Mentalisierung. Isoliert betrachtet können diese drei Komponenten soziale Phänomene nicht ausreichend erklären: »Kommunikation ist zweifelsfrei der ›Trieb‹, der die Weitergabe von Wissen und Kultur befördert« (Fonagy, Luyten u. Allison, 2015, S. 576). Sichere Bindung ist in dieser Triade als anpassungsfähige Reaktionsbereitschaft zu sehen, neue Informationen innerhalb eines Systems an der Schnittstelle zwischen Person und sozialer Umwelt zu entnehmen (Nolte, Allison u. Fonagy, in Vorbereitung). Epistemisches Vertrauen (EV), definiert als Offenheit für Wissensvermittlung durch vertrauensbesetzte Personen, soll daher als Errungenschaft der sicheren Bindungserfahrung verstanden werden, erworben auf dem »Trainingsplatz« der frühen Bindungsbeziehungen. Gleichzeitig stellt der Begriff eine integrierende Perspektive für andauernde psychische Entwicklung im Sinne eines Resilienzfaktors und Adaptationsrahmens dar, in dem sich das Selbst in Interaktion mit seiner sozialen Umwelt über den Lebenszyklus reorganisiert.

2 Entwicklungspsychologische Aspekte zu Bindung und epistemischem Vertrauen

EV beschreibt den Prozess der Informations- und Wissensvermittlung als durch ausreichendes Vertrauen in die Authentizität und wohlmeinende Intention der Quelle (hier verstanden als die primären Bindungsfiguren) geprägt. Dies geht einher mit dem Erkennen der persönlichen Relevanz von Wissen, das von einer zur nächsten Person weitergegeben wird.

Kinder zeichnen sich durch eine artspezifische Sensibilität gegenüber bestimmten nonverbalen ostensiven, das heißt *eine Absicht sichtbar machenden* Kommunikationssignalen aus (Csibra u. Gergely, 2009, 2011). Diese umfassen beispielsweise Blickkontakt, zielgerichtete Zeigebewegungen oder den individuellen Singsang der mütterlichen Stimme oder auf verbaler Ebene das direkte Ansprechen des Kindes beim Namen. Bisher wurde davon ausgegangen, dass diese Signale besonders wichtig für kontingentes und markiertes Spiegeln (siehe den Beitrag von Taubner in diesem Band) primärer mentaler Zustände des Kindes durch die Mutter sind und damit während Interaktionen zwischen Mutter und Säugling die Affektregulierung des Kindes ermöglichen. Darüber hinaus hat sich kürzlich gezeigt, dass Säuglinge und Kleinkinder im Rahmen eines kommunikativen Aktes präferenziell auf diese zuvor beschriebenen Signale sensibilisiert sind (z. B. Egyed, Király u. Gergely, 2013). Damit steigt ihre Aufmerksamkeit und Aufnahmewahrscheinlichkeit gegenüber den nachfolgend vermittelten Informationen (Csibra u. Gergely, 2009) – dies öffnet eine Art »epistemische Autobahn« (Fonagy et al., 2015). Ostensiv bedeutet hierbei ein explizites An*zeigen* der Kommunikationsintention im Sinne von »Was ich jetzt mitzuteilen habe, ist wichtig und speziell für dich bestimmt«. Dies führt dazu, dass der sich so Adressierte als selbstwirksamer und intentionaler Akteur wahrnehmen kann, weil der Kommunikationspartner ihm mit einer »pädagogischen Haltung« (Fonagy et al., 2015) begegnet. Gleichzeitig werden die zu vermittelnden Informationen als persönlich relevant markiert (Fonagy et al., 2015), z. B. indem man zuerst das Kind direkt in den Blick nimmt und die Stimme modulierend hebt, um anschließend mit Mimik und Gestik Distanz oder Ekel einem neuen Objekt gegenüber auszudrücken, von dem man das Kind fernhalten will.

Neuronale Befunde zu dieser Ostentionsfunktion konnten mittels funktioneller Bildgebung (Nahinfrarotspektroskopie) schon bei sechs Monate alten Kindern gefunden werden (Lloyd-Fox, Széplaki-Köllöd, Yin u. Csibra, 2015). In zwei Experimenten wurde dabei untersucht, ob sich bei Kindern die kortikalen Aktivierungsmuster auf Sprache verstärken, wenn ihre Eltern dieser Sprache ostensive Signale vorausstellen, die das Kind als Empfänger des folgenden kommunikativen Aktes identifizieren. Sprache allein, zumal wenn semantisches Kodieren entwicklungsbedingt noch nicht möglich ist, zeigt nicht automatisch an, wer ihr Adressat ist (in den relativ naturalistischen Laborsettings waren jeweils mehrere Kinder und ihre Eltern anwesend). Stärkere Aktivität in Hirnstrukturen, die denen Erwachsener beim Verarbeiten sozialer Kommunikation ähnelten, konnte sich nur bei einer Kombination aus direktem Anschauen und einer auf das Kind abzielenden Modulation der Intonation finden lassen.

Des Weiteren setzen ostensive Signale *(ostensive cues)* die evolutionär verankerte Schutzfunktion wie epistemische Wachsamkeit oder epistemisches Misstrauen gegenüber potenziell irreführender oder malintendierter Wissensweitergabe außer Kraft. Um zu gewährleisten, dass ein Individuum von einer kommunikativen Interaktion profitiert und damit initial transgenerationale, später in der Entwicklung dann allgemeine Wissensvermittlung stattfinden kann, scheint eine gewisse Wachsamkeit als kritische Instanz hinsichtlich des idiosynkratischen Wahrheitsgehalts der Information (und damit der expliziten wie auch der latenten Absichten des Senders) nötig. Bezüglich der Wissensinhalte betrifft dies unserer Überzeugung nach sowohl kulturelles Wissen als auch die Haltung, eigene mentale Zustände sowie die Anderer als bedeutsam und nutzbringend zu betrachten. Noch einmal anders formuliert: Jenseits abstrakter Wissensgegenstände ermöglicht EV die *Versubjektivierung* mentaler Befindlichkeiten.

In Abwesenheit der beschriebenen epistemischen Vigilanz vergrößert sich die Wahrscheinlichkeit, fehlinformiert zu werden, da nach stattgefundener Informationsweitergabe eine direkte Überprüfung oft nicht möglich ist. Dieser evolutionär äußerst relevante Mechanismus stellt unter Umständen einen Selektionsgewinn dar: Bevorteilt wird jemand mit einer gut entwickelten Fähigkeit zum Täuschen von Konkurrenten, aber ebenso derjenige mit ausgeprägtem Gespür dafür, richtige Informationen zu erkennen und darauf basierend sein Handeln auszurichten beziehungsweise das Verhalten Anderer zu interpretieren (Sperber et al., 2010).

Diese Aspekte scheinen in der sicheren Bindungsbeziehung zwischen Mutter und Kind größtenteils obsolet: EV entsteht, da sich hier der »Sender als wiederholt vertrauenswürdig, von guten Absichten geleitet, als Quelle belastbarer und über den aktuellen Kontext hinaus verallgemeinernd anzuwendendem Wissen gezeigt *und* gleichzeitig eine adäquate Sensibilität gegenüber fragwürdigen anderen Wissensquellen demonstriert hat« (Nolte u. Fonagy, 2017).

Die frühen sicheren Bindungserfahrungen sind als interaktionistischer Prototyp zur Erlangung EVs zu sehen: Fürsorgeverhalten innerhalb des Bindungssystems vermittelt durch die Kontingenzen feinabgestimmter Interaktionen (Fonagy et al., 2015) eine besondere Art von Aufmerksamkeit. Dabei fungieren spezifische ostensive Hinweise als automatische Marker dafür, dass die Bezugsperson eine das Kind mentalisierende Haltung eingenommen hat. Dieses kann sich dadurch sekundäre Repräsentanzen subjektiv erlebter mentaler Zustände und Interaktionen mit Anderen aufbauen (Nolte, Allison u. Fonagy, in Vorbereitung). Gleichzeitig ist eine mentalisierende und von Neugier geprägte Einstellung (als interpersonale Interpretationsfunktion), die das Verstehen und Erklären mentaler Zustände fördert (siehe den Beitrag von Gingelmaier und Ramberg in diesem Band), *an sich* ostensiv und damit als biologischer Marker zu verstehen, der Sicherheit zum Lernen gibt. Ein so wahrgenommenes Kind kann sich als Akteur mit eigener Psyche konstituieren und aktualisieren.

Hat ein Kleinkind es wiederholt als sicher empfunden, sich offen für derartige Verstehens- und damit implizit für Affektregulierungsangebote der Bezugsperson zu zeigen, und diese als hilfreiche und wirksame Erfahrungen verinnerlicht, wird das sich entwickelnde EV außerdem zum positiven Verstärker einer phylogenetischen epistemophilen Disposition: Der Wille zur Wissensaufnahme führt zu weiterer Ressourcengewinnung durch Andere und damit zu sozialer Resilienz sowie den damit einhergehenden protektiven Regulationsmechanismen für das Selbst. Gerade während kritischer Transformationsperioden in der Entwicklung kann Bindungssicherheit neue oder diversifizierte Beziehungs- und

Rollenangebote, im Rahmen eines »broaden and build« der Persönlichkeit (Fredrickson, 2002), ermöglichen. Die Zugänglichkeit für soziales Lernen erlaubt es, die Wahrnehmung der sozialen Welt zu ändern. Mentalisierung, verstanden in diesem Bezugsrahmen, ermöglicht und verbessert den Zugang zu einer biologisch determinierten und evolutionär konservierten Methode, überdauernde Strukturen des Wissens über die Welt zu modifizieren (Fonagy et al., 2015). Sich derart über die Kindheit (und weitere Lebensabschnitte hinaus) konsolidierendes EV schützt das Individuum vor psychischer Rigidität bzw. hilft, sich von einer solchen zu befreien, sodass ein flexibles und reziprokes Erleben von sozialen Beziehungen möglich wird und das eigene Verhalten sowie das anderer verstanden werden kann. Es fühlt sich dann gewissermaßen sicher an, über sich selbst und andere nachzudenken und von diesen zu lernen.

Empirische Befunde dazu, in welchem Ausmaß das Zusammenspiel von EV, Mentalisierung und Bindung unterschiedliche Entwicklungspfade innerhalb der Kindheit und Adoleszenz sowie auch darüber hinaus vorhersagen kann, stehen derzeit noch aus. Allerdings lässt sich mutmaßen, dass für zukünftige Forschung EV als kritischer Faktor im Hinblick auf das Verständnis von Resilienz und Vulnerabilität mehr und mehr an Bedeutung gewinnen wird, speziell im Sinne eines Modells zu differenzieller Anfälligkeit für die Entstehung von Psychopathologie (Ellis, Boyce, Belskay, Bakermans-Kranenburg u. van Ijzendoorn, 2011). Gleichwohl stellt das hier postulierte Modell nur eine bestimmte Beschreibungsebene dar, ohne dezidiert auf unbewusste Prozesse und deren unbestreitbaren Einfluss auf den Zugang mentaler Zustände des Selbst und Anderer einzugehen (siehe Abbildung 1).

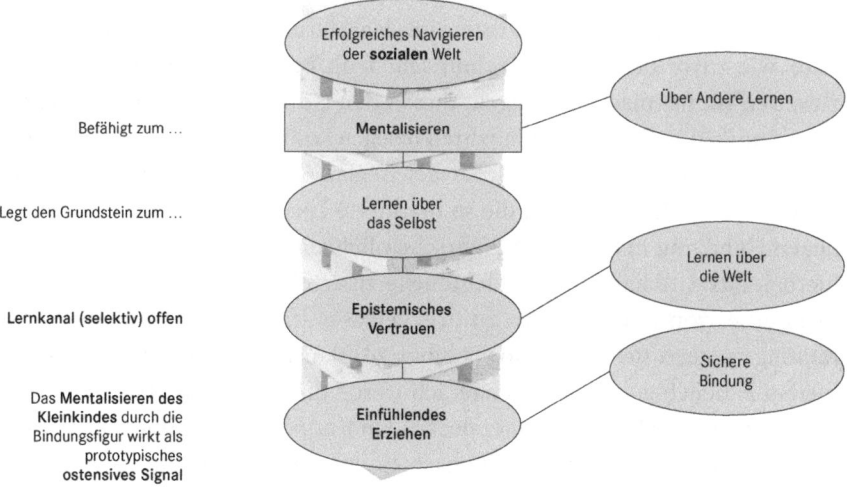

Abbildung 1: Entwicklung von Mentalisierung und sozialem Lernen bei epistemischem Vertrauen (mit freundlicher Genehmigung von Peter Fonagy)

3 Epistemisches Vertrauen, sichere Bindung und Lernen

Laut Tomasello (2008) ist die Entwicklung der menschlichen Spezies (sowie die Ontologie eines Individuums) nicht nur durch Lernen, sondern genauso durch Lehren geprägt. Hier kommen Transitionserfahrungen (so z. B. während und nach der Einschulung, Schulwechsel etc.) wie auch der Adoleszenz als restrukturierender Entwicklungsphase eine außergewöhnliche Bedeutung zu, da sich diese beiden Funktionen aufgrund der deutlichen Erweiterung des Beziehungsrepertoires gegenseitig verstärkend fortentwickeln. So ist ein Grundschüler oder Jugendlicher, vor allem in Bezug zu Gleichaltrigen, oft zugleich direkter Empfänger wie auch Sender von sozialem Wissen über mentale Zustände. Dies bedeutet, dass ausreichend Sicherheit vermittelnde und überdauernde Bindungserfahrungen in die Lage versetzen, später im Leben Interaktionen in (sehr) großen sozialen Gruppen zu tolerieren und zu akkumulieren und diese sogar als bedeutungsvoll und gewinnbringend zu schätzen. Expansion sozialer Bezogenheit im Rahmen diverser pädagogischer Settings – wie beispielsweise in Peerbeziehungen, Interaktionen mit Lehrenden etc., aber zunehmend auch im Austausch über soziale Medien – lässt diese Prozesse weit über dyadisches Lernen hinaus um ein Vielfaches komplexer werden. Die Grundlage dieser Transformationsleistung für den Lernenden ist in der sich entwickelnden Fähigkeit zu sehen, die subjektiven Veranlagungen und Motive Anderer als bedeutsam anzuerkennen, also zu mentalisieren, sowie Errungenschaften aus der Kindheit durch den Erwerb von Wissen zu erweitern (Shafto, Goodman u. Frank, 2012).

Dass der Lerneffekt durch ostensive Markierungen wissensvermittelnder Akte, wie zuvor beschrieben, schon sehr früh bei Kindern empirisch nachzuweisen ist, hat die Forschung zu dieser, den Adressaten berücksichtigender Kommunikation, in den letzten Jahren belegen können (z. B. Egyed et al., 2013; Marno, Davelaar u. Csibra, 2014; Kovács, Téglás, Gergely u. Csibra, 2016). Dies ist selbst dann der Fall, wenn die so markierte Lernerfahrung bezüglich einer neuen Handlung mit geringer Wahrscheinlichkeit zum Erfolg führt (Ziel war hierbei, das Anschalten einer Lichtquelle zu erreichen, wozu in dem Experiment einer von zwei Knöpfen zu drücken war – also eine Handlung-Effekt-Kontingenz herzustellen; Marno u. Csibra, 2015). Das anzeigende Signal bestand hierbei lediglich aus einem »Schau, ich werde dir jetzt etwas Spannendes zeigen«, gefolgt vom Betätigen einer der beiden Knöpfe, wobei jedoch in 50 % der Fälle das Angehen der Lichtquelle nach einem der zwei Knöpfe ausblieb. Kinder folgten überdurchschnittlich oft der ostensiv markierten Anleitung, egal ob der gewünschte Effekt eintrat. Dieser Befund verdeutlicht, dass ein solcher

Bias für Ostention förderlich für schnelle und effiziente Wissensweitergabe zwischen Generationen im Sinne einer *natürlichen Pädagogik* ist – wobei der Effekt kommunikativer Signale die Verlässlichkeit des Ergebnisses gewissermaßen »übertrumpft«: Die zuerst angesprochenen Kinder (im Gegensatz zu jenen, die das Experiment ohne Ansprache vollzogen) folgten der durch den Testleiter demonstrierten Instruktion häufiger, auch wenn die von ihnen vermittelte Handlung weitaus seltener zur gewünschten Konsequenz (Licht an nach Knopfdruck) führte als unter der anderen Testbedingung.

In einer anderen Studie konnten Kovács und Kollegen (2014) Hinweise für eine grundlegende epistemophile, das heißt wissensdurstige Veranlagung finden. Ihre Ergebnisse deuten an, dass nicht nur das Verstehen, sondern auch das Hervorbringen kommunikativer Signale hilfreich für das soziale Lernen ist. In ihren Experimenten machten sie sich zunutze, dass kleine Kinder um ihren ersten Geburtstag herum beginnen, auf Gegenstände zu zeigen. Die Autoren untersuchten, ob dies nur dazu dient, Interesse an oder Vorlieben für etwas mit Erwachsenen zu teilen, oder ob diese Zeigegesten eine Art »Verlangen« nach Wissensvermittlung in Bezug auf ein neues Objekt darstellen. In zwei Versuchsanordnungen reagierten die Versuchspersonen auf die kindliche Geste entweder, indem sie den Gegenstand mit ihnen teilten, oder aber, indem sie eine neue Information über diesen vermittelten. In der »Informationsanordnung« zeigten die Kinder im weiteren Verlauf signifikant häufiger auf. Dies wurde als ein Beleg dafür interpretiert, dass die Rückmeldung, die neue Informationen enthielt, stärker mit den Erwartungen des Kindes einhergingen, etwas vermittelt zu bekommen. Interessant wäre es, in Folgestudien zu untersuchen, wie sich individuelle Unterschiede hinsichtlich EVs oder der ostensiven Qualität der Erwachsenen – also ihrer Fähigkeit, mit spezifischen, ihr Kind adressierenden Kommunikationsgesten soziales Lernen zu begünstigen – auf das kindliche Verhalten in solchen Studien auswirken.

Auf diesen Befunden aufbauend postulieren wir eine Perspektive auf das Lernen durch Erfahrung (Bion u. Krejci, 1992), bei der der epistemische Wert von Beziehungen zentral ist (Fonagy et al., 2015). Sichere Bindung hat sich dabei empirisch als vorteilhaft zumindest für bestimmte kognitive Fähigkeiten erwiesen. Exemplarisch sei hier die Arbeit von Corriveau und Kollegen (2009) vorgestellt. Die Autoren untersuchten in einer Längsschnittstudie das Lernverhalten bei 147 Kindern im Alter von 50 und 61 Monaten, wobei zu einem früheren Entwicklungszeitpunkt bereits das kindliche Bindungsverhalten anhand des Fremde-Situation-Tests bestimmt worden war. In verschiedenen Lernexperimenten wurden ihnen widersprüchliche Informationen zu neuen Wissensgegenständen entweder von der Mutter oder einem Fremden präsentiert. Die

Häufigkeit, mit der dem Wissensangebot einer der beiden Informanten gefolgt (das heißt dieses als epistemisch vertrauenswürdig beurteilt) wurde, hing dabei interessanterweise direkt von der Bindungsklassifikation des Kindes ab. Sicher gebundene Kinder entschieden sich im Kontext von völlig neuen Objekten und bei Ungewissheit (das Objekt war ein 50 %/50 % Hybrid aus zwei anderen Objekten, beispielsweise ein Pferdvogel) signifikant häufiger für den Vorschlag ihrer Mütter im Gegensatz zur Präferenz eines Fremden (siehe Abbildung 2). Des Weiteren fühlten sie sich sicher genug, ihrer eigenen Intuition zu vertrauen, wenn die von ihrer Mutter angebotene Information mit ihrer eigenen Wahrnehmung in Konflikt stand.

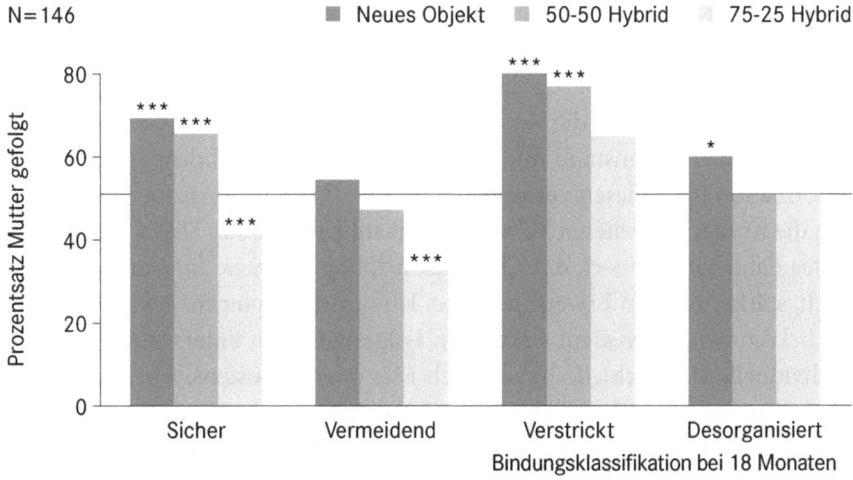

Abbildung 2: Studie von Corriveau et al. (2009) zur Informationsaufnahme von verschiedenen Quellen (Mutter versus Fremder) in Abhängigkeit der kindlichen Bindungsklassifikation; modifiziert nach Corriveau et al. (2009)

4 Nichtmentalisierung und epistemisches Verschlossensein

Der bereits beschriebene Prozess des Beziehungslernens ist für unsicher gebundene Individuen eingeschränkt; ihr epistemischer Gewinn im Sinne eines flexiblen Lernens und kontext- und beziehungsabhängigen Abwägens, ob Neuem vertraut werden kann, ist unter Umständen stark reduziert. Solches Verschlossenhalten epistemischer Kanäle geht selbst im Erwachsenenalter bei unsicherer Bindung mit kognitiver »Benachteiligung« einher. Wissensverarbeitung bei stark ausgeprägter

Bindungsunsicherheit in diesem späteren Entwicklungsstadium ist gekennzeichnet durch eine eingeschränkte Toleranz gegenüber Mehrdeutigkeit, höhere Anfälligkeit für dogmatisches Denken sowie Stereotypien. Allgemein bleiben intellektuelle Ressourcen ungenutzt bzw. werden Wahrnehmungen, Vermutungen oder Überzeugungen nach nur wenigen wahrgenommenen Informationen schnell bewertet und gegebenenfalls im Lichte weiterer Daten nur unzureichend neu evaluiert (Mikulincer, 1997). Dies stellt also ein größeres Ausmaß an kognitivem Verschlossensein oder Sich-Verschließen (Fonagy u. Allison, 2014) dar.

Vermeidende Kinder zeigten in der bereits erwähnten Studie ein allgemein niedrigeres Vertrauen ihren Müttern gegenüber, während Bindungsverstricktheit erwartungsgemäß mit höherer Wahrscheinlichkeit, der Sichtweise der Mutter zu folgen, assoziiert war (Corriveau et al., 2009). Letzteres war auch dann überdurchschnittlich oft der Fall, wenn das eigene Urteil und Vorwissen (75/25 Hybridobjekt) eine andere Schlussfolgerung nahelegte (siehe Abbildung 2).

Das Potenzial der Wissensaufnahme kann im Kontext von desorganisierter Bindung ungenutzt bleiben, sodass sich rigide sogenannte »generative Modelle« von Selbst und Anderen (Nolte, Moutoussis, Fonagy u. Friston, in Vorbereitung) konsolidieren und als Schemata im Sinne von inneren Arbeitsmodellen für weitere zwischenmenschliche Informationsverarbeitung dienen. Widersprüchliche Erfahrungen mit einer Bindungsfigur, die manchmal Sicherheit bietet, in anderen Momenten aber der Verursacher von traumatisierendem Verhalten ist, sind dahingehend überwältigend, dass sie es dem Kind fast unmöglich machen, die inneren Beweggründe oder mentalen Zustände einer solchen Person ihnen gegenüber explorieren oder gar verstehen zu können. Ein daraus resultierender Schutzmechanismus geht mit einer Verfestigung oder gar »Petrifizierung« der Offenheit für soziales Lernen einher und ist motiviert durch epistemische Überwachsamkeit (Hypervigilanz). Eine solche Haltung scheint aufgrund früher Vernachlässigungs- oder Missbrauchserfahrungen zunächst adaptiv; sie führt letztlich aber zur Entkopplung von Vertrauen, Wissensaneignung und Intimität. Relevante Teile der Psyche des Erwachsenen sind für ein solches Kind schlichtweg nicht *sicher;* sie können daher nicht als verlässliche und als von wohlmeinenden Intentionen geleitete Wissensquelle wahrgenommen werden.

Corriveau und Kollegen (2009) konnten in ihrer Längsschnittstudie zeigen, dass Bindungsdesorganisation als Derivat solcher Traumata grundlegende Konsequenzen für Lernen im Rahmen der Mutter-Kind-Beziehung hat: Bei Kindern mit desorganisierter Bindung war in der 50/50 Hybridbedingung die Wahrscheinlichkeit, Mutter oder Fremden zu vertrauen, gleich groß (Argwohn beiden Quellen gegenüber). Dies geschah bei gleichzeitig stark eingeschränktem Selbstvertrauen bezüglich der eigenen Überzeugung, was ein neues Objekt darstellen könnte, wenn externe Quellen dies nicht richtig bezeichneten. Vergleichbare Befunde konnten wir bei einer gemischten Erwachsenenstichprobe gesunder Probanden und Patienten mit Persönlichkeitsstörungen feststellen: Der Grad an Indifferenz gegenüber einer Informationsquelle als Ratgeber zur Entscheidungsfindung in fiktiven Szenarien war stärker bei größerem Ausmaß an frühkindlicher Traumatisierung in Kombination mit Bindungsunsicherheit (Nolte, O'Connell u. Fonagy; under review). Auch hier wurden die Mutter oder eine fremde Person als mögliche Quellen zur Wahl gestellt. Das Maß an EV gegenüber der Mutter in der kombinierten Stichprobe ließ sich weiterhin durch die Schwere früherer Traumata vorhersagen. Die Fähigkeit zu EV ist also durchaus interindividuell unterschiedlich ausgeprägt und als Ergebnis der Entwicklungsgeschichte zu verstehen.

Anschauliche Befunde zu den Auswirkungen von Nichtmentalisierungsmodi (siehe dazu den Beitrag von Taubner in diesem Band) verdeutlichen, wie wichtig das Aufrechterhalten ausgewogenen Mentalisierens innerhalb der Mutter-Kind-Beziehung ist. Die Schaffung einer sich wechselseitig mentalisierenden Dyade beruht zu großen Teilen auf Bindungsaktivierung, die eine von Mitgefühl und Fürsorge gekennzeichnete Haltung begründet. Im Falle einer übermäßigen Aktivierung von Bindung, die oftmals bei traumatisierten Personen, Gruppen oder sozialen Systemen hervorgerufen wird, besteht jedoch das Risiko einer weiteren Überaktivierung des Bindungssystems mit resultierender unausgewogener Mentalisierung oder gar dem völligen Zusammenbruch der Mentalisierungsfähigkeit (bio-behaviorales Umschaltmodell, Fonagy u. Luyten, 2009). Wir konnten beispielsweise mittels funktioneller Bildgebung experimentell zeigen, dass es spezifisch durch Bindungsstress (im Vergleich zu nichtinterpersonellem sonstigen Stress) zu einem Einbruch der Mentalisierungsfähigkeit kommt. Nur der bindungsbezogene Stress führte zu einer relativen Deaktivierung und Entkopplung von Hirnregionen, die für erfolgreiche soziale Kognition und das Verstehen Anderer unerlässlich sind (Nolte et al., 2011). Es ist zu vermuten, dass dieser hier bei gesunden Probanden untersuchte, universelle Mechanismus, bei dem die starke Aktivierung des Bindungssystems zu evolutionär verankerter und zunächst scheinbar adaptiver reflexhafter Nichtmentalisierung führt, im Kontext von traumatisch belasteten Individuen und bei Vorliegen von Deprivationserfahrungen noch weitaus gravierender und prolongierter zutage tritt. Auf kontrolliertes oder explizites Mentalisieren kann dann unter Umständen lange nicht zurückgegriffen werden, selbst wenn es eigentlich wieder adäquat erscheint – z. B. nachdem eine akute Gefahr abgewendet wurde und Ressourcen wieder für das Verstehen mentaler Zustände bereitgestellt werden könnten. Diese angst- oder stressinduzierten Einbrüche der Mentalisierungsfähigkeit betreffen oft beide Partner in einer Dyade (auch wenn meist einer von beiden initiale Ursache ist – beispielsweise die Mutter, die durch das Schreien ihres Kindes eigene frühe Bindungstraumata reaktiviert und von ihnen übermannt wird). Als Ergebnis dessen geht die allgemein ostensive Funktion des Mentalisiert-Werdens durch den Anderen verloren, wodurch sich die Überzeugung, ihm und der sozialen Umwelt nicht vertrauen zu können, deutlich verstärkt.

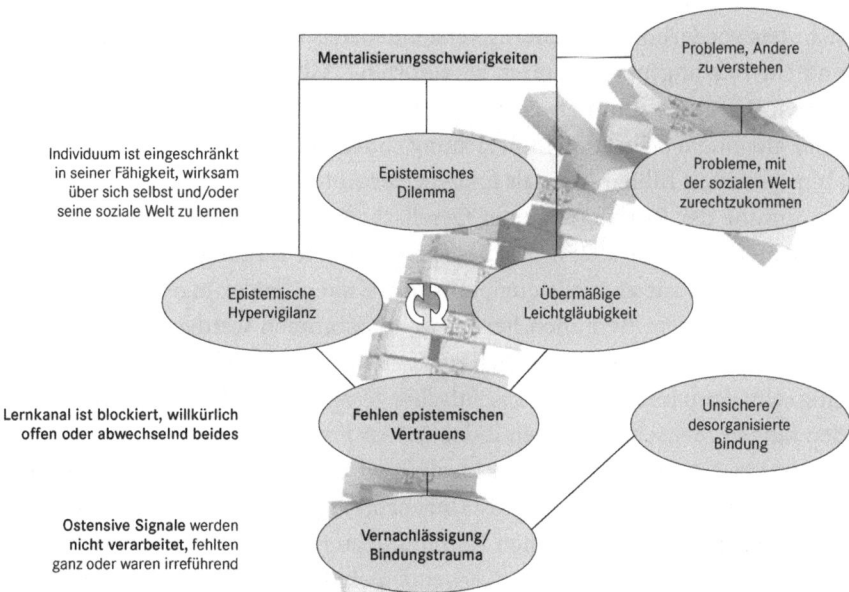

Abbildung 3: Entwicklung eingeschränkter Mentalisierung und kompromittiertes soziales Lernen bei epistemischer Hypervigilanz (mit freundlicher Genehmigung von Peter Fonagy)

5 Die pädagogische Situation als besondere Form einer mentalisierenden Beziehung

Die pädagogische Beziehung stellt einen Sonderfall für die Relevanz EVs dar. Das ostensive *Anzeigen* ist dabei essenzieller Bestandteil des Aktes der Wissensvermittlung in allen lehrenden Feldern. Die Beziehung zwischen Pädagogen und Lernendem muss deshalb ihre ostensive Funktion so erfüllen, dass die Barrieren epistemischer Überwachsamkeit fallen und damit der Lernende neues Wissen verinnerlichen kann (Gergely u. Jacob, 2012). Wenn das Anliegen von Bildung und Erziehung die »vermittelte Aneignung nicht-genetischer Tätigkeitsdispositionen« (Sünkel, 2011; vgl. den Beitrag von Hechler in diesem Band) im

Sinne eines breiten Begriffs der Weitergabe kulturellen und von allen der sozialen Gruppe geteilten Wissens sein soll, ist das Anzeigen der Kommunikationsabsicht durch den Pädagogen unerlässlich. Die von Hechler (2013) beschriebene Kopräsenz der konstituierenden Elemente des didaktischen Dreiecks – Lehrender, Lernender, Lerngegenstand – kann nur fruchtbringend hergestellt werden, wenn sich beide Personen mentalisierend verstehen und Änderungen in der mentalen Verfasstheit des Anderen erfassen wollen und können.

Den Kern der pädagogischen Situation, von Gingelmaier und Ramberg als sich stets wiederholende Haltung verstanden, das »Kind situativ, biographisch und entwicklungspsychologisch zu verorten« (Gingelmaier und Ramberg in diesem Band), ist somit als genuin relational zu sehen. Sodann wird sich das Kind mit einem Selbst *und* in Beziehung zum Pädagogen und Lerngegenstand als mentalisiert fühlen, oder als fokussierter Anteil dessen, was »Erziehung als die Summe der Reaktionen einer Gesellschaft auf die Entwicklungstatsache« betrachtet (Bernfeld, 1925). Um diese pädagogische Haltung aus Sicht der Mentalisierungstheorie zu realisieren, muss das Kind oder der Jugendliche z. B. als Schüler aus einem Bemühen heraus wahrgenommen werden, ob er momentan pädagogisches Wirken auf sich zulassen kann oder nicht (erst diagnostisch tätig sein, dann intervenierend). Einfacher gesagt geht es darum, das Kind oder den jungen Menschen – neben didaktischen Fragen – aus dessen Perspektive heraus verstehen zu wollen. Im Idealfall wird dann ein Lernen im Kontext von Sicherheit vermittelnden Kontingenzen möglich. Für Pädagogen gelten damit, wie für alle erfolgreichen Kommunikatoren, die gleichen Mittel: ostensive Signale zu maximieren, im Lernenden ein Gefühl zu erzeugen, als selbstwirksamer Akteur gesehen zu werden, sein »Publikum« (ob Individuum oder Gruppe) direkt zu adressieren, dessen momentane Beweggründe aufzunehmen, die Anstrengungen *und* Schwierigkeiten des Anderen, etwas zu verstehen, zu sehen und wahrzunehmen und Konflikte mentalistisch aufzugreifen.

Zudem hängt gelingendes Mentalisieren davon ab, ob und inwieweit die Neugier aller im lernenden Setting hinsichtlich der Gedanken und Gefühle der jeweils anderen vergrößert werden kann. Darüber hinaus ist es unerlässlich, zu erkennen, wenn sich Mentalisierung in Pseudo-Mentalisierung verkehrt – in ein »Vortäuschen« von Einsicht und einem Verständnis sozialer Prozesse. Das gilt sicher insbesondere für den Pädagogen, der aufgrund seines Alters und seiner Erfahrung eine Monitorfunktion gegenüber den potenziellen Schwierigkeiten von Schülern übernehmen sollte. Hier ist ein Bewusstsein für das Auftreten von Missverständnissen in der Didaktik anzustreben sowie eine von Respekt geprägte Ungewissheit, worin genau die mentalen Zustände anderer Menschen bestehen (genauer: eine Einsicht, diese nie mit absoluter Sicherheit erfassen zu können), gepaart mit einer Neugier hinsichtlich der Gedanken und Gefühle Anderer (siehe dazu auch den Beitrag Ramberg in diesem Band). Erst dann kann Mentalisierung wieder ihre Ostentionsfunktion wahrnehmen und für das Lernen bereit machen.

In Analogie zur Mutter-Kind-Beziehung ist dies von besonderer Bedeutung, wenn Kinder aus dysfunktionalen Beziehungen kommen und mit derartigen Beziehungserwartungen auch in pädagogische Settings gehen (»I hear you, but I'm not listening«). Werden epistemische Überwachsamkeit und die zugrunde liegenden Ängste nicht verstanden, kann das Kind auch im pädagogischen Kontext und in Bezug zum Lerngegenstand sein eigenes Selbst nicht als Urheber begreifen, sodass ihm die Erfahrung von (spielerischer) Selbstwirksamkeit verwehrt bleibt.

Natürlich spielen sich dabei in pädagogischen Settings komplexe (unbewusste) Dynamiken ab, vor allem weil es sich zumeist um Gruppenprozesse mit vielen Akteuren und heterogenen Bedürfnissen und Ressourcen handelt (z. B. bestimmte Dispositionen benachteiligter oder früh traumatisierter Kinder) und sich die Mentalisierungspotenziale und -defizite aller Beteiligten wechselseitig beeinflussen.

In einem nichtmentalisierenden sozialen Kontext werden die menschliche Subjektivität und das Gefühl von eigener Wirkmächtigkeit ignoriert oder außer Kraft gesetzt, weil die Grundlage zum Verstehen von Intentionalität fehlt. Dies schafft ein »evolutionistisches Umfeld«, das für Selbstgenügsamkeit, Abkapselung, »Nichtzusammenarbeit«, Resignation und Abwehrhaltung steht – dies nicht unbedingt nur aufseiten des jungen Menschen, sondern mitunter auch beim Pädagogen bei Überforderung oder chronisch zu hoher Ohnmachtserfahrung und Bindungsaktivierung. Auch im pädagogischen Setting tendieren nichtmentalisierende Interaktionen in der Regel dazu, Angst zu erzeugen und als Folge dessen einen überwältigenden Wunsch nach äußerem Schutz und Rückgriff, sofern möglich, auf internalisierte sichere Bindung. Wenn sich ein affektregulierendes Gefühl der Sicherheit nicht einstellen lässt, erfolgt eine andauernde Hyperaktivierung des Bindungssystems: Die Abwesenheit von Sicherheit erzeugt weitere Angst, die wiederum zu noch mehr nähesuchendem Verhalten führt. Dieser charakteristische Kreislauf setzt sich dann unvermittelt fort. Solche sich selbst verstärkenden Systeme sind sehr stabil, obwohl sie bei den Betroffenen emotionale Instabilität, Insuffizienzgefühle bis hin zu Burnout und Rückzug hervorrufen können.

Eine potenzielle Abwärtsspirale der Nichtmentalisierung kann sich innerhalb eines solchen »desorganisierten« sozialen Settings (z. B. im Klassenraum, in der Tages- oder Kindergartengruppe) festsetzen, wobei die angstverursachenden, unterminierenden, frustrierenden, belastenden oder durch Ausübung von Zwang und Kontrolle gekennzeichneten Interaktionen aufseiten von Person A (z. B. Schüler mit besonderen Bedürfnissen) starke emotionale Reaktionen in Person B (Lehrer) hervorrufen. Diese überwältigende und überfordernde emotionale Reaktion in Person B reduziert ihre Fähigkeit, bedürfnisorientiert zu mentalisieren, was wiederum ihre Bereitschaft, die Gefühle anderer zu verstehen oder gar auf sie Acht zu geben, beeinträchtigt. Andere Menschen erscheinen ihr deshalb als unverständlich, undurchsichtig, ihre Absichten und Gefühle erscheinen nicht in Übereinstimmung mit oder gar in Opposition zu denen von B. Die Reaktion von Person B ist dementsprechend, zu versuchen, sich selbst oder das Verhalten der anderen zu ändern, vor allem durch Ausüben von steuernder Kontrolle. Dies führt bei ihnen selbst zu angsterzeugenden, unterminierenden, frustrierenden oder belastenden Interaktionen. Und so wird der Zyklus von starken Emotionen, verminderter und ineffizienter Mentalisierung usw. gefüttert und weiter am Leben gehalten. Im schlimmsten Fall kann er nur durch einen Kollaps des »Systems« oder durch Hilfe von außen durchbrochen werden, soll die »sinnstrukturierende Wirklichkeit des pädagogischen Prozesses« (Jornitz, 2009), also Verstehen und Verständnis, wiederhergestellt werden.

6 Fazit

Für Hattie (2012) ist der »epistemisches Vertrauen vermittelnde« Pädagoge das wirksamste Mittel in der Pädagogik – auch wenn an dieser Stelle nicht explizit als solcher bezeichnet. In seiner umfassenden Metastudie identifiziert der Neuseeländer allerdings die Aspekte mit den größten Effektstärken für erfolgreiches Lernen. Weit oben in seinem Ranking ließen sich dabei eine ganze Reihe von Faktoren finden, die den Einfluss der Schüler-Lehrer-Beziehung betonen und Einfühlungsvermögen in die situativen und individuellen Entwicklungsbedürftigkeiten des Schülers erkennen lassen – kurz: diejenigen Aspekte, die der mentalisierten und mentalisierenden pädagogischen Beziehung zu ihrer ostensiven und damit EV herbeiführenden Funktion verhelfen. Mentalisierungsbasierte Pädagogik könnte es sich deshalb zum Ziel machen, solche Prozesse diagnostisch besser zu fassen, empirisch zu untersuchen und mentalisierungs- und damit epistemisches Vertrauen fördernde Interventionen zu entwickeln. Ein »interventiver Beitrag der Pädagogik im interpersonalen Raum zwischen Kind und Pädagogen« (siehe dazu den Beitrag Gingelmaier und Ramberg in diesem Band), mit EV und Mentalisierung als dynamischen Prozessen, die in beide Richtungen und auf alle Akteure wirken, kann einen Beitrag leisten zu:

a) Verstehens- und Verständnisprozessen des individuellen Kindes/Schülers im Umgang mit Wissenserwerb und b) salutogenetischen Aspekten beim Pädagogen, selbstreflexiven Prozessen und nicht zuletzt der Offenheit, selbst dazuzulernen und, bei Bedarf, Hilfe anzunehmen.

Literatur

Bernfeld, S. (1925). Sisyphus oder die Grenzen der Erziehung. Leipzig u. a.: Internationaler Psychoanalytischer Verlag.
Bion, W. R., Krejci, E. (1992). Lernen durch Erfahrung. Frankfurt a. M.: Suhrkamp.
Corriveau, K. H., Harris, P. L., Meins, E., Fernyhough, C., Arnott, B., Elliott, L., Liddle, B., Hearn, A., Vittorini, L., de Rosnay, M. (2009). Young children's trust in their mother's claims: Longitudinal links with attachment security in infancy. Child Development, 80 (3), 750–761.
Csibra, G., Gergely, G. (2009). Natural pedagogy. Trends in Cognitive Sciences, 13, 148–153.
Csibra, G., Gergely, G. (2011). Natural pedagogy as evolutionary adaptation. Philosophical transactions of the Royal Society of London, Series B, Biological Sciences, 366, 1149–1157.
Egyed, K., Király, I., Gergely, G. (2013). Communicating shared knowledge in infancy. Psychological Science, 24 (7), 1348–1353.
Ellis, B. J., Boyce, W. T., Belsky, J., Bakermans-Kranenburg, M. J., van Ijzendoorn, M. H. (2011). Differential susceptibility to the environment: An evolutionary-neurodevelopmental theory. Development and Psychopathology, 23 (1), 7–28.
Fonagy, P., Allison, E. (2014). The role of mentalizing and epistemic trust in the therapeutic relationship. Psychotherapy, 51 (3), 372–380.
Fonagy, P., Luyten, P. (2009). A developmental, mentalization-based approach to the understanding and treatment of borderline personality disorder. Development and Psychopathology, 21 (04), 1355–1381.
Fonagy, P., Luyten, P., Allison, E. (2015). Epistemic petrification and the restoration of epistemic trust: A new conceptualization of borderline personality disorder and its psychosocial treatment. Journal of Personality Disorders, 29 (5), 575–609.
Fonagy, P., Luyten, P., Allison, E., Campbell, C. (2017). What we have changed our minds about. Part 2: Borderline personality disorder, epistemic trust and the developmental significance of social communication. Borderline Personality Disorder and Emotion Dysregulation, 4, 9. DOI: 10.1186/s40479-017-0062-8
Fredrickson, B. L. (2004). The broaden-and-build theory of positive emotions. Philosophical Transactions of the Royal Society of London, Series B, Biological Sciences, 359 (1449), 1367–1378.
Gergely, G., Jacob, P. (2012). Reasoning about instrumental and communicative agency in human infancy. Advances in Cild Development and Behavior, 43, 59–94.
Hattie, J. (2012). Visible learning for teachers: Maximizing impact on learning. London/New York: Routledge.
Hechler, O. (2013). Erziehung – Bildung – Sozialisation. In S. T. Braune-Krikau, S. Ellinger, C. Sperzel (Hrsg.), Handbuch Kulturpädagogik für benachteiligte Jugendliche. Kreative Förderung für benachteiligte Jugendliche (S. 161–186). Weinheim/Basel: Beltz.
Jornitz, S. (2009). Evidenzbasierte Bildungsforschung. Pädagogische Korrespondenz, 40, 68–75.
Kovács, Á. M., Tauzin, T., Téglás, E., Gergely, G., Csibra, G. (2014). Pointing as epistemic request: 12-month-olds point to receive new information. Infancy, 19 (6), 543–557.
Kovács, Á. M., Téglás, E., Gergely, G., Csibra, G. (2016). Seeing behind the surface: Communicative demonstration boosts category disambiguation in 12-month-olds. Developmental Science, 20 (6), 1–9.

Lloyd-Fox, S., Széplaki-Köllőd, B., Yin, J., Csibra, G. (2015). Are you talking to me? Neural activations in 6-month-old infants in response to being addressed during natural interactions. Cortex, 70, 35–48.

Marno, H., Csibra, G. (2015). Toddlers favor communicatively presented information over statistical reliability in learning about artifacts. PloS one, 10 (3). DOI: e0122129

Marno, H., Davelaar, E. J., Csibra, G. (2014). Non-verbal communicative signals modulate attention to object properties. Journal of Experimental Psychology. Human Perception and Performance, 40 (2), 752–762.

Mikulincer, M. (1997). Adult attachment style and information processing: Individual differences in curiosity and cognitive closure. Journal of Personality and Social Psychology, 72, 1217–1230.

Nolte, T., Allison, E., Fonagy, P. (in Vorbereitung). Epistemisches Vertrauen und frühkindliche Entwicklung. Unveröffentlichtes Manuskript.

Nolte, T., Bolling, D. Z., Hudac, C., Fonagy, P., Mayes, L. C., Pelphrey, K. A. (2013). Brain mechanisms underlying the impact of attachment-related stress on social cognition. Frontiers in Human Neuroscience, 7, 816.

Nolte, T., Fonagy, P. (2017). Zur Rolle von epistemischem Vertrauen. Wie lassen sich mentalisierende soziale Systeme schaffen? In S. Kotte, S. Taubner (Hrsg.), Mentalisieren in Organisationen. Wiesbaden: Springer Psychologie (angenommen).

Nolte, T., Moutoussis, M., Fonagy, P., Friston, K. (in preparation). The Bayesian infant and generative interpersonal models in normal developmental and severe psychopathology. Unpublished manuscript.

Nolte, T., O'Connell, J., Fonagy, P. (under review). Epistemic trust in borderline personality disorder. The role of early adversity and attachment. Unpublished manuscript.

Shafto, P., Goodman, N. D., Frank, M. C. (2012). Learning from others. The consequences of psychological reasoning for human learning. Perspectives on Psychological Science, 7 (4), 341–351.

Sperber, D., Clement, F., Heintz, C., Mascaro, O., Mercier, H., Origgi, G., Wilson, D. (2010). Epistemic vigilance. Mind & Language, 25, 359–393.

Sünkel, W. (2011). Erziehungsbegriff und Erziehungsverhältnis. Allgemeine Theorie der Erziehung. Band 1. Weinheim, München: Juventa.

Tomasello, M. (2008). Origins of human communication. Cambridge, MA: MIT Press.

Mentalisierungsfördernder Unterricht

Bindungstheoretische Grundlagen und didaktische Ansätze[1]

Oliver Hechler

Forschendes Lehren und Lernen tragen maßgeblich zu Bildungsprozessen von Schülern bei. Im Fokus des Unterrichts steht die Anbahnung und Aufrechterhaltung von Aneignungsprozessen mit Blick auf einen Gegenstand, der durch seinen Inhalt und durch seine Form die Kinder zunächst mit Neuem konfrontiert, dabei aber auch deren neugierige Exploration herausfordert. Lernen in diesem Verständnis erfordert sowohl eine angstfreie Atmosphäre als auch eine herausfordernde und fehlerfreundliche Didaktik. Im Modell eines mentalisierungsfördernden Unterrichts kommen der Lehrkraft und der Lehrer-Schüler-Beziehung als zentrale Moderatoren schulischen Lernens eine herausragende Bedeutung zu.

Research teaching and learning significantly contributes to the education-process of the pupils. The focus of the classes is the initiation and maintaining of appropriation-processes of an object, which through its context and form confronts the child with something new, but also challenges their inquisitive exploration. Learning in this understanding requires a non-threatening atmosphere as well as a challenging and error-friendly didactics. In a model of a mentalization promoting classes, the teaching-force and the teacher-pupil-relationship are of outstanding importance as the central moderators in school learning.

---

1 Einige Passagen sind übernommen aus der Monographie: O. Hechler (2018). Feinfühlig Unterrichten – Lehrerpersönlichkeit – Beziehungsgestaltung – Lernerfolg. Stuttgart: Kohlhammer.

1 Einleitung

Jeder »gute« Lehrer mentalisiert[2], wenn er unterrichtet – und dies in dreifacher Hinsicht. Zunächst (1) bedenkt er sich als Lehrer. Hierzu gehören sowohl die reflexive Beschäftigung mit sich in der Rolle des Lehrers oder der Lehrerin als auch die damit zusammenhängende Eingebundenheit in entsprechende schulische Organisationsstrukturen. Darüber hinaus sollte der Lehrer aber auch seine Berufsbiografie, die sicherlich eng verbunden ist mit dem eigenen Lebenslauf und dessen affektiv-emotionalen, sozial-interaktiven und kognitiv-geistigen Aspekten, berücksichtigen und in der Lage sein, die eigene aktuelle Verfasstheit und das eigene Gewordensein in Bezug zur Tätigkeit als Lehrer zu setzen. Im Kern geht es um das Bewusstsein darüber, dass die Person des Lehrers als der zentrale Moderator schulischen Lernens angesehen werden muss (Hattie u. Zierer, 2017). Es geht weiterhin (2) um eine fachliche Vergewisserung dessen, was wie wem gezeigt werden soll – also ganz klar eine Reflexion der didaktischen Aufgabe der Lehrkraft in operativer Absicht. Im Zentrum dieser Vergegenwärtigung steht aber nicht so sehr das *Was,* sondern mehr das *Wie* und das *Wem.* »Welche Kinder habe ich vor mir und wie kann ich am besten ihr Lernen erreichen?« sind die zwei zentralen Fragen, die das reflexive Bedenken des Lehrers und damit die spezifische pädagogische Kunstlehre des professionellen Akteurs ausmachen. Schließlich (3) werden auch noch die Schüler mitbedacht – und zwar nicht nur als Adressaten schulischer Erziehung, sondern, wie dies im Kontext von Professionen konstitutiv ist, als ganze Personen. Lehrer denken also über ihre Schüler nach, sie machen sich Gedanken über ihre Aneignungsprozesse und Lernprobleme und setzen das Lernen, oder eben auch das Nichtlernen, in einen sinnvollen Kontext, der sowohl die schulischen Rahmenbedingungen, das didaktische Vorgehen, die eigene Person als Lehrer, die Beziehungsgestaltung als auch die Biografie des Kindes und die Bedingungen seines Aufwachsens umfasst. Indem der Lehrer den Schüler bedenkt, macht er sich ein Bild vom Kind, in dem einer wechselseitigen Bezogenheit und einer grundlegenden Intentionalität menschlichen Handelns, zu dem eben auch Lernen gehört, grundlegende Bedeutung zugesprochen wird.

---

2 In diesem Text wird das Verb »mentalisieren« überwiegend mit »bedenken« übersetzt, da der Begriff im Deutschen keine eindeutige Entsprechung hat. Trotz der Gefahr einer einseitigen kognitiven Konnotation erscheint »bedenken« – pädagogisch gewendet – als ein angemessener Begriff, der in der Lage ist, sowohl die kognitiv-geistigen und sozial-interaktiven als auch die emotional-affektiven Aspekte menschlicher Lebenspraxis zu fassen.

Im Fokus eines mentalisierungsfördernden Unterrichts steht allerdings nicht vordringlich die Mentalisierungsfähigkeit der Lehrkraft, sondern die *Förderung der Mentalisierungsfähigkeit der Schüler durch Unterricht*. Diese Zielrichtung ist für die Pädagogik im Allgemeinen und für die Schulpädagogik im Besonderen an sich nichts Neues, geht es beiden doch um die Anbahnung und Aufrechterhaltung von Bildung als Prozess und als Ziel der Erziehung. Damit dies gelingen kann, ist Bildung auf Lernprozesse angewiesen, die wiederum zu einem nicht unbeträchtlichen Teil erzieherisch angestoßen und begleitet werden müssen. Die im Rahmen der Erziehung vermittelten und vom Subjekt angeeigneten Lerninhalte werden durch individuelle Sinn- und Bedeutungszuschreibungen zu relevanten Elementen seines Bildungsprozesses und so auch zu Teilen seiner Bildung. Bildung ist so das Ergebnis transformatorischer Lernprozesse (Nohl, 2011; Koller, 2012). Erst durch Bildung wird es dem Menschen möglich, sein Verhältnis zu sich und zur Welt zu bedenken, zu überdenken und reflexiv zu gestalten. Das »Sich-in-Beziehung-Setzen« zu sich selbst, zu den Anderen und zu der uns umgebenden Welt setzt allerdings die Fähigkeit zum Mentalisieren voraus. Bildungsprozesse und Entwicklungsprozesse der Mentalisierungsfähigkeit verweisen damit wechselseitig aufeinander. Das Programm oder der Gründungsakt einer Theorie der Bildung und der Mentalisierung gleichermaßen, kann sicherlich in der antiken Forderung »Erkenne dich selbst« (griech.: γνῶθι σε αυτόν), die der Überlieferung nach am Eingang des Tempels von Delphi angebracht gewesen sein soll, gesehen werden. Beide fokussieren auf den gleichen anthropologischen Tatbestand: Erkenntnis über die Außenwelt nimmt überwiegend ihren Ausgang in der Kenntnis der Innenwelt und über die Auseinandersetzung mit der eigenen Persönlichkeit des Erkennenden. So betrachtet sind sowohl der Prozess der Bildung als auch der der Entwicklung der Mentalisierungsfähigkeit krisenhafte Prozesse, die nicht selten mit Angst verbunden sind (Mitgutsch, 2009). Unterricht muss dies beachten, weil sich dort die Mentalisierungsprozesse und die Bildungsprozesse der Kinder dergestalt miteinander verschränken, dass sowohl eine Förderung als auch eine Hemmung potenziell möglich sind.

2 Bindungstheoretische Grundlagen

Im Grunde lassen sich zwei polare, aber aufeinander verweisende und sich regulierende motivationale Systeme ausmachen, die uns Menschen zwar konstitutiv mitgegeben sind, deren Funktionalität aber im Laufe unserer Entwicklung ausgebildet werden muss. Für unsere Lebenspraxis und für unsere Entwicklung, sowohl in phylogenetischer als auch in ontogenetischer Hinsicht, haben sich das Explorationssystem und das Bindungssystem als ausgesprochen hilfreich erwiesen (Brisch, 1999). Neben der Entwicklungstatsache, dass der Mensch seine Welt erkunden muss, um sich eine Vorstellung von dieser zu machen, sodass er sein Verhältnis zur Welt reflexiv gestalten kann, ist er aus anthropologischer Perspektive von Geburt an auf die Unterstützung durch versorgende Bezugspersonen angewiesen. Ohne diese Bezugspersonen würde der Säugling nicht überleben. Das Bindungssystem sorgt dafür, dass der Säugling die schutzgebietende Nähe von Bezugspersonen sucht und umgekehrt, dass sich die Bezugspersonen durch die Signale des Säuglings aufgefordert fühlen, sich um diesen zu kümmern. Stets, wenn bei Menschen Angst, aus welchen Gründen auch immer, entsteht, wird das Bindungssystem aktiviert – Kleinkinder suchen dann vertraute Bezugspersonen, um die innere Anspannung zu regulieren. In der Regel können Menschen sich später durch verinnerlichte Modelle früher Bindungsbeziehungen schließlich selbst beruhigen. Dass dies mit fortschreitendem Lebensalter möglich wird, verdanken wir der Tatsache, dass wir die frühen ko-regulierenden Erfahrungen mit den bedeutsamen Anderen generalisieren können und auf diesem Wege ein internales Arbeitsmodell (Lengning u. Lüpschen, 2012; Bretherton u. Munholland, 2008) ausbilden – also eine beständige und verlässliche Vorstellung darüber, dass ängstigende Zustände regulierbar sind, und wie dies geht. So entsteht das, was die Bindungstheorie als Bindungsrepräsentationen bezeichnet. Je nach Qualität der frühen Beziehungserfahrungen bilden Kinder ein sicheres (B), ein unsicher-vermeidendes (A), ein unsicher-ambivalentes (C) oder ein desorganisiertes (D) Arbeitsmodell von Bindung aus.

2.1 Ausdrucksgestalten der internalen Arbeitsmodelle

Im Arbeitsmodell sicher gebundener Kinder sind die Bezugspersonen aufgrund entsprechender Erfahrung als verlässlich, feinfühlig, unterstützend und verfügbar repräsentiert. Die Kinder haben die Erfahrung gemacht, dass sie sich in belastenden Situationen auf die Unterstützung ihrer primären Bezugspersonen verlassen können, dass ihnen Trost und Beruhigung zuteil wird, wenn sie sich ängstigen, und dass sie grundsätzlich auch mit ihrem negativen Erleben nicht allein gelassen werden, sondern die Äußerung negativer Gefühlszustände zu einer feinfühligen Reaktion aufseiten der Bezugsperson führt. Diese Kinder sind außerhalb von belastenden Situationen in ihrem Explorationsverhalten nicht eingeschränkt.

Unsicher-vermeidend gebundene Kinder haben hingegen ihre Bezugspersonen als eher zurückweisend und nicht unterstützend repräsentiert.

Dadurch suchen die Kinder in belastenden Situationen nicht die Nähe zu ihren Bezugspersonen, sondern wenden sich z. B. anderen Objekten zu, um so den mit der Situation verbundenen Stress zu regulieren. Damit zeigen diese Kinder ein erhöhtes Explorationsverhalten. Gefühle von Trauer und Ärger werden so nicht unmittelbar zum Ausdruck gebracht.

Im Arbeitsmodell unsicher-ambivalent gebundener Kinder zeichnen sich die Repräsentationen der Beziehungserfahrungen mit ihren Bezugspersonen durch Diskontinuität aus. Die Kinder können sich der Verfügbarkeit der Bezugspersonen in belastenden Situationen nicht sicher sein. So suchen diese Kinder auf der einen Seite ständig die Nähe zu den Bezugspersonen, zeigen diesen gegenüber aber auch aufgrund der Nichtbeachtung ihrer Bindungsbedürfnisse einen zum Teil massiven Ärger. Die permanente Beschäftigung mit der Bezugsperson führt auch hier zu einer Beeinträchtigung des Explorationsverhaltens.

Schließlich ist im Arbeitsmodell desorganisiert gebundener Kinder (Main u. Solomon, 1986, 1990) sowohl das Kind selbst als vulnerabel und hilflos angesichts einer emotional belastenden Situation als auch die Bezugsperson als eine Person repräsentiert, deren Bindungssystem selbst noch aktiviert ist und damit außerstande ist, das Kind bei der Regulation seiner Angst zu unterstützen. Den Kindern gelingt es nicht, eine Organisation der Beziehungserfahrungen aufzubauen, die bei Aktivierung in der Lage ist, eine interpersonelle Situation herzustellen, die hilft, Stress zu regulieren. Das Bindungssystem ist dann zumeist chronisch aktiviert, da die Bezugsperson die Aktivierung durch Berücksichtigung der Bindungsbedürfnisse des Kindes nicht zu beenden vermag.

2.2 Internale Arbeitsmodelle und dynamische Lerndreiecke

Die pädagogische Relevanz der Bindungstheorie lässt sich damit schon erahnen. Es ist aber neben den Forschungen von Julius (2009) und Jungmann und Reichenbach (2016) insbesondere englischen Forschern zu verdanken, den Zusammenhang zwischen Bindungs- und Explorationssystem auf der einen Seite und der didaktischen Situation im Unterricht auf der anderen Seite systematisch untersucht und dargestellt zu haben. Die Studie von Geddes (2012) konnte deutlich machen, dass sich das didaktische Dreieck, bestehend aus der Lehrkraft, dem Schüler und dem Thema, vor dem Hintergrund der skizzierten unterschiedlichen internalen Arbeitsmodelle jeweils auch unterschiedlich ausbildet. Die dynamischen Lerndreiecke von sicher gebundenen Kindern unterscheiden sich von denen unsicher-vermeidend und unsicher-ambivalent gebundener Kinder und diese drei noch einmal deutlich vom Arbeitsmodell desorganisiert gebundener Kinder.

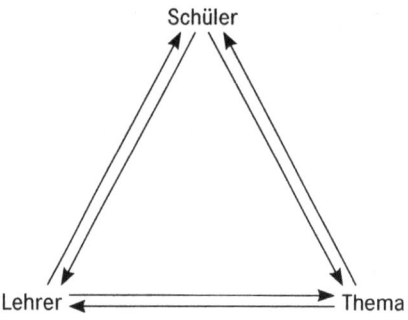 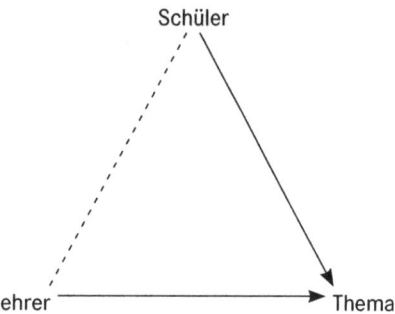

Abbildung 1: Lerndreieck eines sicher gebundenen Kindes

Abbildung 2: Lerndreieck eines unsicher-vermeidend gebundenen Kindes

So kann ein *sicher gebundenes Kind* seine Aufmerksamkeit sowohl auf das Thema als auch auf die Lehrerin bzw. den Lehrer richten (siehe Abbildung 1). Beide Beziehungen sind, auch wenn es manchmal schwierig wird, von einer milden positiven Übertragung getragen. Im Grunde sind das die sozio-emotionalen Voraussetzungen, um »Szenen gemeinsamer Aufmerksamkeit« (Tomasello, 2002) herzustellen. Die Kinder oszillieren je nach Bedarf zwischen Bezugnahme auf den Lehrer bzw. die Lehrerin und Bezugnahme auf das Thema. Damit wird das didaktische Dreieck funktional ausgestaltet und in eine flexible triadische Dynamik versetzt, die Lernräume ermöglicht.

Unsicher-vermeidend gebundene Kinder hingegen wenden sich mehr dem Thema zu und sparen die Beziehung zum Lehrer bzw. zur Lehrerin tendenziell aus (siehe Abbildung 2). Diese Kinder fallen im schulischen Kontext nicht so auf, insbesondere auch deswegen, weil sie sich relativ unproblematisch mit der Lernaufgabe beschäftigen – so scheint es zumindest, denn die Kinder haben natürlich, wie alle anderen Kinder auch, mehr oder weniger Schwierigkeiten, sich das Thema anzueignen. Die Hinwendung zur Sache geht mit der Vermeidung einer personalen Beziehung einher. Die Kinder vermeiden oftmals den Augenkontakt mit der Lehrkraft, entziehen sich körperlicher Nähe und fragen selten um Hilfe. Wenn sie Ärger zeigen, dann meist in aggressiver Auseinandersetzung mit Objekten. Bleiben aggressive Durchbrüche aus, dann besteht die Gefahr, die schulischen Schwierigkeiten unsicher-vermeidend gebundener Kinder zu übersehen.

Unsicher-ambivalent gebundene Kinder sind dagegen permanent in Kontakt mit der Lehrerin bzw. dem Lehrer – und dies meist in einer konflikthaften Art und Weise, sodass sich die Lehrkraft häufig vom Kind gestört fühlt und im ungünstigsten Fall das Kind ablehnt (siehe Abbildung 3). Die Kinder äußern zumeist einen großen Wunsch nach körperlicher Nähe und zeigen sich sehr ver-

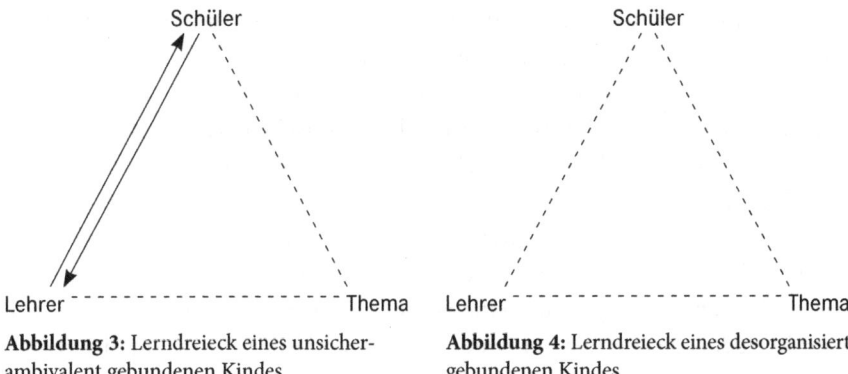

Abbildung 3: Lerndreieck eines unsicher-ambivalent gebundenen Kindes

Abbildung 4: Lerndreieck eines desorganisiert gebundenen Kindes

ärgert, wenn diesem nicht entsprochen wird. Ihr Verhalten wird oft als klammernd und kontrollierend beschrieben und zeichnet sich nicht selten durch offene Feindseligkeit gegenüber der Lehrerin und dem Lehrer aus. Im Zentrum stehen das Bemühen der Kinder, die Aufmerksamkeit der Lehrperson für sich zu gewinnen, und gleichzeitig damit auch die Angst, diese zu verlieren.

Schließlich zeigt sich das didaktische Dreieck von *desorganisiert gebundenen Kindern,* dargestellt in Abbildung 4, entsprechend ihres internalen Arbeitsmodells – eine stabile Beschäftigung erscheint weder mit der Person des Lehrers und der Lehrerin noch mit der Sache noch mit sich selbst (Selbstbezug) als möglich. Diese Kinder sind sprunghaft in ihrer Aufmerksamkeit, in ihrer Motorik, in ihren Gedanken und Affekten. Häufig treten diese Kinder trotz aller Sprunghaftigkeit auch durch ein äußerst rigides kontrollierendes Verhalten in Erscheinung, das letztendlich dazu dient, die frei flottierende Angst der Kinder zu regulieren.

2.3 Schulpädagogische Implikationen der Bindungstheorie

Ob Lehrkräfte und die Schule als Organisation einerseits und die Schüler und deren Familien andererseits die Wissensbestände der Bindungstheorie zur Kenntnis nehmen oder nicht, ändert nichts an der Tatsache des Einflusses der internalen Arbeitsmodelle auf das jeweilige Lernen der Kinder. Fest steht: Lernen gelingt dann am besten, wenn es in einem potenziell angstfreien (inneren und äußeren) Raum stattfinden kann (Hattie, 2013). Ein signifikantes Lernen, das zu Bildungsprozessen und damit zur personalen Selbstbestimmung führt, verträgt sich nicht mit den Bedingungen der Angst. Das pädagogische Management von Angst, die zwangsläufig im Lernprozess auftritt, ist eine der zentralen Aufgaben der Lehrkräfte, denn es geht darum, die aufkommenden Ängste in der Weise zu regulieren bzw. die Kinder bei der Regulation ihrer Ängste so zu unterstützen, dass die notwendige Exploration für die Aneignung der Lernthemen aufgebracht werden kann. Das heißt, die Lehrkraft muss erstens von der Bedeutung der Bindungsmuster für das schulische Lernen wissen und dieses Wissen auch als relevant betrachten. Daraus folgt zweitens die Forderung nach Wahrnehmung und nach feinfühligem Umgang mit den unterschiedlichen Manifestationen der Bindungsrepräsentationen im Unterricht. Und drittens schließlich muss die Lehrkraft, da ja nicht nur die Kinder ihre Bindungsmuster mit in die Schule bringen, um eine vertiefte Selbstreflexion bemüht sein, um sowohl eigene, das Lernen der Kinder hemmende Muster zu mentalisieren als auch auf diesem Wege in der Lage zu sein, die eigenen Reaktionsweisen als Hinweis auf die Bindungsmuster der Kinder hin zu befragen.

3 Didaktische Ansätze

Mentalisierungsfördernder Unterricht ist seinem Wesen nach *forschender Unterricht*. Diesem Konzept liegt die Differenzierung von Forschen und Unterrichten zugrunde. Zugespitzt ließe sich festhalten: »Forschen bedeutet das Simulieren von Krisen« (Oevermann, 2016, S. 112), und Unterrichten bedeutet die Vermittlung von Routinen. Erkennbar wird, dass es beim Forschen immer um das Nachspüren von Ungewissheiten geht, wohingegen sich der Unterricht mit der Vermittlung von Gewissheiten begnügt. Sicherlich ist die Vermittlung von routinisiertem Wissen und Können zentral für einen forschenden Zugang zu unterschiedlichen Phänomenen – man muss also auch etwas wissen und können, um zu forschen! Selten aber geht der schulische Unterricht nicht über die Stufe der Vermittlung von Routinewissen hinaus. Damit droht die Gefahr, dass die vermittelten Themen für die Kinder nicht anschlussfähig sind, als nicht sinnhaft erlebt werden und somit nicht zu nachhaltigen Aneignungsprozessen führen. Die Nichtbeachtung der Erfahrungsbezogenheit produziert häufig »totes« Wissen, dessen Reproduktion schließlich nur noch der schulischen Selektionsfunktion dient. Mentalisierungsprozesse und Lernprozesse werden aber erst dann potenziell möglich, wenn sich die Kinder einer auf ein Lernthema bezogenen Herausforderung gegenübersehen, für deren Lösung Routinewissen nicht ausreicht oder aber noch gar nicht zur Verfügung steht. Ein Wissen also, das erst auf dem Weg der forschenden Hinwendung zum Thema entwickelt wird bzw. entwickelt werden muss. So wird auch ersichtlich, warum der Bindungsorientierung im mentalisierungsfördernden Unterricht eine so zentrale Bedeutung zugesprochen wird. Die Hinwendung zu einem Thema, ohne sofortige Absicherung mit Blick auf die Methoden und den Zugang, erfordert ein gehöriges Maß an Exploration – verbunden mit Mut, einer gewissen Frustrationstoleranz und einer ordentlichen Portion Entdeckungslust. Unter den Bedingungen der Angst sind forschender Unterricht und entdeckendes Lernen nicht möglich. Allerdings ist in vielen Schulen und in vielen Klassenräumen entdeckendes Lernen gar nicht erwünscht. Das häufigste Argument gegen entdeckendes Lernen ist der Verweis auf den Lehrplan – dieser gäbe es einfach nicht her, den Kindern auf ihren Entdeckungsreisen zu folgen, denn man wüsste ja nicht, wie viel Zeit dies in Anspruch nähme, und man käme damit mit den anderen Themen in Verzug. Dieser Einwand ist sicherlich nicht von der Hand zu weisen – Lernen und Unterrichten lassen sich im mentalisierungsfördernden Modell nicht standardisieren, die Prozesse sind nicht so leicht steuer- und vorhersehbar und bewegen sich eher in eine ungewisse Unterrichtszukunft. Das gilt es als Lehrer auszuhalten, denn dem Professionsverständnis nach sind die Lehrkräfte die Vertreter des Wissens. Dass allerdings eine Expertise des Nichtwissens, die selbstverständlich ein spezifisches umfangreiches Wissen voraussetzt, dem Lernen der Kinder zuträglicher ist, da sich ihnen so die Fragen, die dann zur Erkenntnis führen, erschließen, bleibt der universitären Lehrerbildung weiterhin doch eher verdächtig. Und so vermittelt man den Studierenden an der Universität und den Kindern in der Schule unentwegt Antworten auf Fragen, die diese überhaupt nicht gestellt haben, geschweige denn nachvollziehen können. Ein erster Schritt in Richtung eines mentalisierungsfördernden Unterrichts besteht darin, sich mehr den Fragen im Unterricht zuzuwenden als den Antworten. Erst aus einer fragenden Grundhaltung entstehen nach vorne gerichtete Denkbewegungen.

Mit Blick auf die handlungspraktische Seite bieten sich Unterrichtsformen an, die dem Konzept einer phänomenbezogenen Didaktik (Hechler, 2016) zuzurechnen sind. Hierfür eignen sich im Besonderen diejenigen Unterrichtskonzepte, die sich einem exemplarischen Lehren und Lernen verpflichtet fühlen.

3.1 Natur-Verstehen lehren und lernen

Ein grundlegendes Unterrichtskonzept geht zurück auf Martin Wagenschein – einem Physiker und Gymnasial- und Hochschullehrer (Wagenschein, 2008). Dieser war im Rahmen seiner Lehrtätigkeit an der Universität über das naturwissenschaftliche Halbwissen der Studierenden so erschüttert, dass er sich fragte, wie es passieren kann, dass jahrelanger schulischer naturkundlicher Unterricht fast ganz ohne bleibende Kenntnisse, über die der Mensch im nachschulischen Leben dann verfügen und die er reflexiv anwenden kann, an den Schülern vorbeizieht. Letztendlich besteht die Antwort auf diese Frage in der Feststellung, dass sich Unterricht auf die Vermittlung von Antworten und von bereits durchdachten Sachverhalten beschränkt. Die Kontexte, aus denen dieses Wissen als Antwort auf Fragen hervorgegangen ist, werden nicht thematisiert. Und so bleiben die zur Vermittlung bestimmten Kenntnisse überwiegend »totes Wissen« – für die Schüler, aber auch nicht selten für die Lehrer. Das Unterrichtskonzept »Natur-Verstehen lehren und lernen« hingegen geht von vorfindbaren Phänomenen der sinnlich erfahrbaren Lebenswelt aus und fragt relativ naiv danach, was es mit diesen Phänomenen auf sich hat. Im Fokus des Unterrichts steht ein »ursprüngliches Verstehen« (Wagenschein, 1981), das überwiegend durch Experimente zu Wege gebracht wird (Spreckelsen, 2001; Soostmeyer, 2001). Naturphänomene werden so relativ unvermittelt, eindrücklich und erfahrungsbezogen zur Darstellung gebracht. Im Zentrum stehen damit überwiegend physikalische, chemische und biologische Prozesse, deren experimentelle Provokation unmittelbar Fragen aufwirft, denen dann mit dem zur Verfügung stehenden Wissen nachgegangen wird. Alle Antworten auf diese Fragen werden auf dem Weg der intensiven Beschäftigung mit dem Phänomenen formuliert und dann auf ihren Wahrheitsgehalt hin geprüft. Damit kommen die Schülerinnen und Schüler in die Situation eines Naturforschers, der ja auch zunächst beobachtet, systematisiert, seine Schlüsse zieht und diese dann überprüft. Mentalisierungsfördernder Naturkundeunterricht wird so zu einem gemeinsamen Erkundungs- und Entdeckungsprozess, der immer offen ist für Überraschungen und zentral auf bestehendes Wissen der Schüler zurückgreift und diese auch in der Emotionalität ihres Lernprozesses versteht.

Martin Wagenschein hat mit Blick auf das Verstehen von Naturphänomenen fünf Leitsätze aufgestellt, die die Merkmale eines mentalisierungsfördernden Unterrichts mit dessen immanenten Verstehensprozessen gut fassen:

»1. *Verstehen* heißt verbinden. Alles Verstehen ist relativ. Im Seltsamen (Erstaunlichen, Verwunderlichen) wird ein Gewohntes erkannt.
2. Wo man etwas Staunenswertes, A, zurückgeführt hat auf ein anderes, B, das nicht so verwunderlich ist, da hat man schon *etwas* verstanden, mag auch B noch merkwürdig genug sein. Man muss *nicht alles auf einmal* tun wollen.
3. Man lerne und lehre solches Verstehen auf den *schlichtesten* Wegen. Das gilt für die experimentellen Hilfsmittel wie für die Denkmittel.
4. Zahlen und *Formeln* allein sind keine Ausweise der Exaktheit und Wissenschaftlichkeit, denn man kann sie auch einsichtslos gebrauchen. Was man ohne sie verständlich machen kann, hat man besser verstanden als das, wozu man unnötigerweise ihr schweres Geschütz auffährt.
5. Man bleibt bei den *Phänomenen,* solange wie möglich, und verbinde sie verstehend untereinander. Wo aber *Bilder* sich *aufdrängen,* weiche man ihnen nicht aus« (Wagenschein, 1962, S. 193, kursiv im Original).

3.2 Kultur-Verstehen lehren und lernen

Da die Welt aber nicht nur aus Naturphänomenen besteht, die es zu verstehen gilt, sondern in gleicherweise auch aus sinnstrukturierten kulturellen Phänomenen, die sich ihrem Wesen nach überwiegend durch Unbestimmtheit auszeichnen, ist es notwendig, die anhand der Naturforschung explizierte fragende Erkenntnishaltung auf kulturelle Manifestationen zu adaptieren.

Zentral für die funktionale Bewältigung der Lebenspraxis ist die Kompetenz eines sinnentnehmenden Lesens der uns umgebenden Welt (Hechler, 2014). Sinnentnehmendes Lesen allerdings korreliert mit der Fähigkeit zur Perspektivenübernahme, die wiederum eng verknüpft ist mit der Fähigkeit, zu mentalisieren. Mentalisierungsbasierte Förderung des Textverstehens fokussiert auf die Mehrdeutigkeit von Texten, die zunächst wahrgenommen werden muss und nicht sofort in Richtung Eindeutigkeit entwickelt werden darf. Mentalisierungsbasierte Förderung des sinnentnehmenden Lesens fördert das eigene Denken, hält zur Ambiguitätstoleranz an und fordert zum Perspektivwechsel auf. Auf diesem Wege wird ein Möglichkeitsraum beim Lesen erzeugt, in dem sich unterschiedliche Verstehensoptionen des Gelesenen frei entfalten können. Jede dieser Optionen hat zunächst ihre Berechtigung. Im weiteren Verlauf des Lesens kann dann überprüft werden, welche sich als brauchbar und für das weitere Textverstehen als sinnvoll erweisen. Die Kinder werden angehalten, zwischen »sagen« und »meinen« zu unterscheiden. Das heißt, sie explizieren zunächst genau, was im Text gesagt wird, stellen hierzu Fragen und fassen den manifesten Gehalt zusammen. Dann aber wenden sie sich der Frage zu, was mit dem Gesagten gemeint ist – es geht also um das Verstehen des latenten Sinns des manifest Gesagten. Und hierbei macht es einen großen Unterschied, ob ich etwa eine Gebrauchsanweisung, einen Roman, ein Märchen oder aber ein Gedicht lesen und verstehen will.

Am deutlichsten haben die beiden US-amerikanischen Pädagoginnen Ann L. Brown und Annemarie S. Palincsar schon bereits in den 1980er Jahren mit dem Modell des Reciprocal Teachings die Grundlage für eine mentalisierungsbasierte Förderung des Textverstehens gelegt (Palincsar u. Brown, 1984). Im Grunde fokussiert das Reciprocal Teaching auf die Förderung von vier zentralen Fähigkeiten, die für die Lesekompetenz unabdingbar sind. Es ist das Verdienst von Palincsar und Brown, diese Fähigkeiten herausgearbeitet, sie als Strategien konzeptualisiert und im Rahmen eines strukturierten Unterrichtsgesprächs (Aeschbacher, 1989) zur Anwendung gebracht zu haben. Im Reciprocal Teaching erfolgt das Lesen und das sinnentnehmende Bearbeiten von Texten entlang von vier Strategien: 1. dem »Fragenstellen«, 2. dem »Zusammenfassen«, 3. dem »Klären« und 4. dem »Vorhersagen«. Im Strategieschritt »Fragenstellen« erläutert die Lehrkraft, dass Fragen dann am hilfreichsten sind, wenn sie nicht nur entweder ein »Ja« oder ein »Nein« als Antwort nach sich ziehen, sondern offener gestellt sind, sich auf die Hauptaussage des Textes beziehen und sowohl explizite als auch implizite Informationen aufgreifen. Mit Bezug auf den Strategieschritt »Zusammenfassen« versucht die Lehrkraft den Schülern ein Verständnis darüber zu vermitteln, was genau am Text wesentlich ist und was vielleicht vernachlässigt werden kann. Im Grunde geht es darum, eine erste »globale Textkohärenz« (Gschwendtner, 2012, S. 66) herzustellen. Das »Zusammenfassen« ist gewissermaßen ein Zirkelprozess bis zu dem Punkt, an dem man den Eindruck hat, die Zusammenfassung ist kohärent und evident. Gleichwohl bleiben noch Fragen offen und Bedeutungen unklar. Im darauf folgenden Strategieschritt »Klären« geht es nun genau darum, sich dem Unverstandenen und Vernachlässigten wieder zu nähern, und um den Versuch, diese Textteile in den hergestellten Zusammenhang zu bringen. Dazu muss das, was zunächst außen vor blieb, wieder mit genauem Interesse angeschaut und in seiner Bedeutung geklärt werden. Konnte durch den Strategieschritt »Zusammenfassen« ein erstes Verstehen durch Differenzierung ermöglicht werden, so kann durch den Strategieschritt »Klären« ein erweitertes, damit verlässliches und evidentes Verständnis des Textes durch Integration hervorgebracht werden, das dann auch ermöglicht, zum vierten Strategieschritt voranzuschreiten. Im Strategieschritt »Vorhersagen« soll dann die Formulierung einer Hypothese darüber gewagt werden, wie es im Text weitergeht. »Diese Hypothese leitet somit als Leseziel auf besondere Art den weiteren Leseprozess an, steuert Aufmerksamkeit und die weitere Textexploration« (Gschwendtner, 2012, S. 67). An der Fähigkeit zur Vorhersage und der Lust, den Text weiter zu spinnen, zeigt sich, ob die ersten drei Strategieschritte erfolgreich waren. Die sich durch das skizzierte Vorgehen entwickelnde Fähigkeit zur Antizipation verweist direkt auf die Förderung der Mentalisierungsfähigkeit durch Unterricht.

4 Fazit

Lernen, Bindung und Mentalisieren stehen mit Blick auf die schulische Erziehung in einem grundsätzlichen Bedingungsverhältnis. Zunächst nimmt Lernen seinen Ausgangspunkt in einer krisenhaften Erfahrung, aus der heraus erst die Entstehung von Neuem zu erklären ist (Mitgutsch, 2009). Die Konfrontation mit Neuem durch die Darbietung der Themen im Unterricht führt zu einer »milden« Verunsicherung der Kinder und erfordert die Aktualisierung einer positionalen Erwartungsausrichtung auf den Gegenstand (Fertsch-Röver, 2017). Das heißt, Lernen als Aneignungsprozess bewegt sich in einer gleichzeitigen Dynamik von Bezugnahme und Distanznahme mit Blick auf den dargebotenen Gegenstand. Um diese Ausrichtung funktional realisieren zu können, sind unterschiedliche Kompetenzen Voraussetzung, die überwiegend in der vorschulischen, das heißt familialen Sozialisation erworben werden müssen. Im Besonderen aber muss den internalen Arbeitsmodellen der Kinder Aufmerksamkeit zuteilwerden, da diese darüber maßgeblich mitentscheiden, ob es gelingt, die Verunsicherung, die vom Gegenstand ausgeht, so zu regulieren, dass eine Distanznahme und dann eine zugreifende Bezugnahme möglich wird. Wächst sich die mit Lernen konstitutiv mitgegebene Krisenhaftigkeit in Richtung Angst aus, wird das Bindungssystem aktiviert und die Regulation von Angst steht damit im Vordergrund. Neugierige Exploration und Aneignungsaktivitäten werden eher gehemmt. Im Konzept eines bindungstheoretisch informierten Unterrichts muss demnach die zentrale Aufgabe des Lehrers darin gesehen werden, die mit Lernen verbundene Verunsicherung so zu moderieren, dass die Explorationstätigkeit der Kinder gefördert wird und aufrechterhalten bleibt (Hechler, 2018). Durch die sichernde Unterstützung des Explorationsverhaltens der Kinder durch die Lehrkraft, stellt sich ein gewisser Entdeckergeist bei den Kindern ein (Ansari, 2014), der letztendlich dafür sorgt, auf den dargebotenen Gegenstand zugreifen zu können. Damit dieser Zugriff auch als nachhaltiges Lernen verstanden werden kann, muss dem Aneignungsprozess ein Mentalisierungsprozess zur Seite gestellt oder zugrunde gelegt werden (Allen, Fonagy u. Bateman, 2011). Das heißt, wenn Kinder lernen, dann mentalisieren sie auch. Die Dimensionen des Mentalisierens im Unterricht lassen sich in dreifacher Hinsicht entfalten: 1. Die Kinder bedenken sich beim Lernen. Sie machen sich zum Gegenstand des expliziten und des impliziten Nachdenkens während des Aneignungsprozesses – insbesondere in der Phase des Widerstandserlebens im Lernprozess (Ellinger, 2013), also dann, wenn sich Schwierigkeiten im Lernen einstellen. 2. Die Kinder bedenken aber auch die Person des Lehrers, machen sich Gedanken über deren Innenwelten und Motivlagen und reflektieren gleichzeitig die Beziehung und die Beziehungsgestaltung zwischen ihnen und ihren Lehrern. Die mehr oder weniger reflexive Betrachtung der Person des Lehrers und die der Beziehungsgestaltung ist ein zentraler Moderator für die Motivation, sich dem Gegenstand aufmerksam zuzuwenden (Fuchs, 2013; Dollase, 2013). 3. Die Kinder bedenken schließlich auch und nicht zuletzt das Thema, das im Unterricht gezeigt wird und das sie sich aneignen sollen. Es wird explizit und implizit nach dessen Relevanz, Bedeutung und Anschlussfähigkeit gefragt. Durch die Beschäftigung mit dem Gegenstand stiften die Kinder ein

Selbst-Welt-Verhältnis, dessen reflexive Ausgestaltung bzw. die Fähigkeit dazu ein Merkmal von Bildung darstellt (Koller, 2012). Der Bildungsbegriff kann damit, wie eingangs dargelegt, als gemeinsamer Bezugspunkt von Erziehungstheorie und Mentalisierungstheorie konzeptualisiert werden.

Literatur

Aeschbacher, U. (1989). »Reziprokes Lehren«. Eine amerikanische Unterrichtsmethode zur Verbesserung des Textverstehens. Zeitschrift zur Theorie und Praxis der Aus- und Weiterbildung von Lehrerinnen und Lehrern, 7 (2), 194–204.

Allen, J. G., Fonagy, P., Bateman, A. W. (2011). Mentalisieren in der psychotherapeutischen Praxis. Stuttgart: Klett-Cotta.

Ansari, S. (2014). Rettet die Neugier! Gegen die Akademisierung der Kindheit. Frankfurt a. M.: Fischer Krüger.

Bretherton, I., Munholland, K. A. (2008). Internal working models in attachment relationships: Elaborating a central construct in attachment theory. In J. Cassidy, P. R. Shaver (Eds.), Handbook of attachment (pp. 134–152). New York: Guilford.

Brisch, K. H. (1999). Bindungsstörungen. Von der Bindungstheorie zur Therapie (2. Aufl.). Stuttgart: Klett-Cotta.

Dollase, R. (2013). Lehrer-Schüler-Beziehung und die Lehrerpersönlichkeit – wie stark ist ihr empirischer Einfluss auf Leistung und Sozialverhalten. In J. Krautz, J. Schieren (Hrsg.), Persönlichkeit und Beziehung als Grundlage der Pädagogik (S. 85–94). Weinheim/Basel: Beltz Juventa.

Ellinger, S. (2013). Einführung in die Pädagogik bei Lernbeeinträchtigungen. In C. Einhellinger, S. Ellinger, O. Hechler, A. Köhler, E. Ullmann (Hrsg.), Studienbuch Lernbeeinträchtigungen. Bd. 1: Grundlagen (S. 17–99). Oberhausen: Athena.

Fertsch-Röver, J. (2017). Erfahrung als Transformationsprozess. Eine empirische Untersuchung am Gegenstand des Übergangs zur Vaterschaft. Wiesbaden: Springer VS.

Fuchs, T. (2013). Interpersonalität – Grundlagen der Entwicklung von Geist und Gehirn. In J. Krautz, J. Schieren (Hrsg.), Persönlichkeit und Beziehung als Grundlage der Pädagogik (S. 29–44). Weinheim/Basel: Beltz Juventa.

Geddes, H. (2012). Attachment in the classroom (5th edition). London: Worth Publishing.

Gschwendtner, T. (2012). Förderung des Leseverständnisses in Benachteiligtenklassen der beruflichen Bildung. Studien zur Implementation und Wirksamkeit von Reciprocal Teaching. Aachen: Shaker.

Hattie, J. (2013). Lernen sichtbar machen. Baltmannsweiler: Schneider Verlag Hohengehren.

Hattie, J., Zierer, K. (2017). Kenne deinen Einfluss! »Visible Learning« für die Unterrichtspraxis (2. Aufl.). Baltmannsweiler: Schneider Verlag Hohengehren.

Hechler, O. (2014). Reciprocal Teaching – Förderung des Textverstehens. In C. Einhellinger, S. Ellinger, O. Hechler, A. Köhler, E. Ullmann (Hrsg.), Studienbuch Lernbeeinträchtigungen. Bd. 2: Handlungsfelder und Förderansätze (S. 153–178). Oberhausen: Athena.

Hechler, O. (2016). Warum kommt es auf die Lehrer an? Sonderpädagogische Persönlichkeit und Beziehungsgestaltung im Fokus der Lehrerbildung. In C. Einhellinger, S. Ellinger, O. Hechler, A. Köhler, E. Ullmann (Hrsg.), Studienbuch Lernbeeinträchtigungen. Bd. 3: Diskurse (S. 173–227). Oberhausen: Athena.

Hechler, O. (2018). Feinfühlig Unterrichten. Persönlichkeit und Beziehungsgestaltung als Grundlage der Pädagogik. Stuttgart: Kohlhammer.

Julius, H. (2009). Bindungsgeleitete Interventionen in der schulischen Erziehungshilfe. In H. Julius, B. Gasteiger-Klicpera, R. Kißgen (Hrsg.), Bindung im Kindesalter. Diagnostik und Interventionen (S. 293–315). Göttingen: Hogrefe.

Jungmann, T., Reichenbach, C. (2016). Bindungstheorie und pädagogisches Handeln (4. Aufl.). Dortmund: Borgmann Media.

Koller, H.-C. (2012). Bildung anders denken. Einführung in die Theorie transformatorischer Bildungsprozesse. Stuttgart: Kohlhammer.

Lengning, A., Lüpschen, N. (2012). Bindung. München/Basel: UTB GmbH.

Main, M., Solomon, J. (1986). Discovery of insecure disorganized/disoriented attachment pattern: Procedures, findings and implications for the classification of behavior. In T. B. Brazelton, M. Yogman (Eds.), Affective development in infancy (pp. 95–124). Norwood, NJ: Ablex.

Main, M., Solomon, J. (1990). Procedures for identifying infants as disorganized/disoriented during Ainsworth strange situation. In M. T. Greenberg, D. Cicchetti, E. M. Cummings (Eds.), Attachment in the preschool years. Theory, research and intervention (pp. 121–160). Chicago: University of Chicago Press.

Mitgutsch, K. (2009). Lernen durch Enttäuschung. Eine pädagogische Skizze. Wien: new academic press.

Nohl, A. M. (2011). Ressourcen von Bildung. Empirische Rekonstruktionen zum biografisch situierten Hintergrund transformatorischer Lernprozesse. Zeitschrift für Pädagogik, 57 (6), 928–951.

Oevermann, U. (2016). »Krise und Routine« als analytisches Paradigma in den Sozialwissenschaften. In R. Becker-Lenz, A. Franzmann, A. Jansen, M. Jung (Hrsg.), Die Methodenschule der Objektiven Hermeneutik. Eine Bestandsaufnahme (S. 43–114). Wiesbaden: Springer VS.

Palincsar, A. S., Brown, A. L. (1984). Reciprocal teaching of comprehension-fostering and comprehension-monitoring activities. Cognition and Instruction, 2 (1), 117–175.

Soostmeyer, M. (2001). Lernen durch Erfahrung, Experimentieren und Sprechen. Feuer machen und Feuer löschen. In D. Cech, B. Feige, J. Kahlert, G. Löffler, H. Schreier, H.-J. Schwier, U. Stoltenberg (Hrsg.), Die Aktualität der Pädagogik Martin Wagenscheins für den Sachunterricht (S. 111–134). Bad Heilbrunn: Klinkhardt.

Spreckelsen, K. (2001). Ursprüngliches Verstehen im Sachunterricht auf der Grundlage von Simultanexperimenten. In D. Cech, B. Feige, J. Kahlert, G. Löffler, H. Schreier, H.-J. Schwier, U. Stoltenberg (Hrsg.), Die Aktualität der Pädagogik Martin Wagenscheins für den Sachunterricht (S. 135–156). Bad Heilbrunn: Klinkhardt.

Tomasello, M. (2002). Die kulturelle Entwicklung des menschlichen Denkens. Frankfurt a. M.: Fischer.

Wagenschein, M. (1962). Die Pädagogische Dimension der Physik (3. Aufl.). Braunschweig: Georg Westermann.

Wagenschein, M. (1981). Ursprüngliches Verstehen und exaktes Denken. Bd. I. Stuttgart: Klett-Cotta.

Wagenschein, M. (2008). Verstehen lehren (4. Aufl.). Weinheim/Basel: Beltz.

Mentalisieren in der schulpädagogischen Praxis

Work Discussion als Methode
für mentalisierungsbasierte Pädagogik?

Agnes Turner

Basierend auf dem Konzept der Mentalisierung wird hier die schulpädagogische Praxis in den Fokus genommen. Anhand von zwei Fallanalysen aus Work-Discussion-Seminaren wird die Mentalisierung von Lehrenden illustriert und deren Bedeutung für die Gestaltung von gelingenden Lernprozessen diskutiert.

Based on the concept of mentalization, the school pedagogical practice is taken into focus. Along two case studies of work discussion seminars, the capacity of mentalization of teachers is illustrated and their importance for the design of successful learning processes is discussed.

1 Ausgangspunkt: Reflexionsfähigkeit als Kernkompetenz von Pädagogen

In aktuellen schulpädagogischen Diskussionen wird Reflexionsfähigkeit als eine Schlüsselkompetenz festgehalten (Abels, 2011; Roters, 2012; Wyss, 2013). Klafki (2002) unterstreicht hinsichtlich des pädagogischen Verstehens, dass »angehende oder bereits in der Schule tätige Lehrer im Studium oder in den abschließbaren Prozess ihrer beruflichen Praxis nicht zuletzt bei sich selbst die Bereitschaft und die Fähigkeit entwickeln müssten, Prozesse, Anforderungen, Schwierigkeiten, Krisen, aber auch Erfolgserfahrungen, die Unterricht und Schulleben kennzeichnen, *von der Seite der jungen Menschen aus verstehen, interpretieren zu wollen* und *zu können* und daraus Folgerungen für ihr Verhältnis zu den Schüler/innen zu ziehen« (S. 176). Ferner hebt er hervor, dass Lehrkräfte die Fähigkeit entwickeln müssen, »*ihre[r]* Sicht- und Verhaltensweisen, *ihre[r]* Stärken und Schwierigkeiten, *ihr[es]* Verhalten[s] gegenüber Mitschüler/innen, Lehrer/innen, *ihre[r]* (vermutlichen) Deutungen und Wertungen des Unterrichts und der darüber hinausreichenden Charakteristika des ›Schullebens‹« zu reflektieren (Klafki, 2002, S. 176), um ein tieferes Verständnis darüber zu gewinnen. Mit Helsper (2001) und der Entwicklung der doppelten Professionalisierung (eines wissenschaftlich-reflexiven sowie routinierten praktischen Habitus) wird eine verstehende Haltung gegenüber den eigenen Einstellungen, Praxisroutinen und gegenüber dem Kind mit allen seinen Bedürfnissen und Kompetenzen gefordert. Speziell hier kann das Konzept der Mentalisierung (Fonagy, Gergely, Jurist u. Target, 2004; Allen, 2006; Schultz-Venrath, 2013; Taubner, 2015; Ramberg u. Gingelmaier, 2016), das mit den Worten »holding mind in mind« (Allen u. Fonagy, 2006, S. 3) prägnant skizziert wird, ansetzen. Dieser Beitrag beschäftigt sich in diesem Zusammenhang mit der schulpädagogischen Praxis und geht der Frage nach, inwiefern es Pädagogen gelingen kann, während und nach dem Unterricht über ihre schulpädagogische Praxis nachzudenken und die interaktionellen Vorgänge zu mentalisieren, um in weiterer Folge passende pädagogische Interventionen zu setzen.

2 Fallbeispiel 1: Zerfall und die Wiederherstellung von Mentalisierung im Mathematikunterricht. Die Herausforderung, in komplexen schulpädagogischen Situationen mentalisierend zu bleiben

Pädagogische Situationen sind herausfordernde Situationen und können Pädagogen allzu leicht in (psychischen) Stress versetzen, der sich wiederum auf die Mentalisierungsfähigkeit auswirkt. Besonders bei psychischen Erkrankungen kann die Mentalisierungsfunktion eingeschränkt werden, was in weiterer Folge zu Fehlinterpretationen führen kann (Allen, 2006; Gerspach, 2007; Taubner, 2008; Hirblinger, 2009; Funder, Fürstaller u. Hover-Reisner, 2013). Dass es aber selbst bei nicht erkrankten Personen, die über eine stabile Mentalisierungsfähigkeit verfügen, situativ bedingt (Taubner, 2015) zu einer Beeinträchtigung des mentalen, reflexiven Raumes kommen kann, wird in dem ersten Fallbeispiel erläutert.

Eine Grundschullehrerin reflektierte im Rahmen eines Work-Discussion-Seminars eine Szene aus ihrem Unterricht. Das Work-Discussion-Seminar zeichnet sich durch den psychodynamischen Ansatz nach dem Tavistock-Modell für Praxisreflexion (Harris, 1977) aus.

Die Grundschullehrerin berichtet im Rahmen der Work-Discussion-Sitzungen über einen Vorfall mit einem Mädchen im Mathematikunterricht. Sie habe in der Interaktion mit der Schülerin den inneren Raum für das Fassen von konstruktiven sowie unterstützenden Gedanken verloren. Sie schreibt Folgendes in ihrem Protokoll:

Am Ende des Unterrichts kommt die Schülerin Kathrin in Tränen aufgelöst zu mir. Sie schluchzt, dass sie unfähig wäre, die Mathematikübungen zu machen. Zitternd zeigt sie ihr Blatt Papier, in das sie ein Loch gekritzelt hat, und meint, sie hätte alles vergessen. Sie scheint komplett verzweifelt zu sein. Ich frage sie, warum sie heute nichts wisse. Sie kann mir keine Antwort geben und zittert nun am ganzen Körper. Dann sage ich noch, dass wir das ja schon ganz oft gemacht haben. Daraufhin beginnt Kathrin noch mehr zu zittern und starrt mich mit angsterfüllten Augen an. Sie scheint panisch vor Angst zu sein. So stehen wir uns einen Moment gegenüber. Ich fühle mich wie gelähmt.

Leider ertönt auch im selben Moment die Schulglocke und ich muss meine Aufmerksamkeit der restlichen Klasse zuwenden. Kathrin geht wieder zu ihrem Platz und packt ihre Sachen ein. Als die Klasse weg ist, fühle ich mich emotional leer und habe das Gefühl, versagt zu haben.

Die Lehrerin nahm diese Stunde zum Anlass, in einer Work-Discussion-Sitzung über die Dynamik nachzudenken. Das Mädchen war zu dem Zeitpunkt zehn Jahre alt und stand vor dem Übertritt in das Gymnasium. Sie rekapituliert die Sequenz und meint, dass Kathrin unter enormen Stress steht, weil sie sich vorgenommen hat, in ein beliebtes Gymnasium zu gehen. Der Vorfall ereignete sich kurz vor der Zeugnisvergabe, welche ausschlaggebend für die Aufnahme in die weiterführende Schule ist. Darüber hinaus wurde als Hintergrundinformation ergänzt, dass die Lehrkraft speziell in der vierten Klasse selbst unter Druck steht, da auch sie einen möglichst guten Klassendurchschnitt hinsichtlich der Überprüfungen der Bildungsstandards in der Grundschule verzeichnen möchte, um sich selbst als kompetente Lehrerin zu fühlen. Die Lehrerin konzentriert sich in der Analyse stark auf die äußeren Umstände und auf den Leistungsdruck. Der Blick auf die Auswirkungen der Umstände, auf die innere Welt der Schülerin sowie das Wahrnehmen ihres eigenen inneren Drucks, sich kompetent zu fühlen, ist der Lehrerin zunächst verschlossen. Aufgrund der Kumulation der Versagensängste (die Ängste der Schüler und die der Lehrerin) ist es der Lehrerin weder möglich, helfendes Containment nach Bion bereitzustellen, indem unerträgliche Emotionen durch einen Verarbeitungsprozess in sinnstiftende und erträgbare transformiert werden (Lazar, 1995), noch ist es ihr möglich, mentalisierend über das Geschehen nachzudenken. So wie im Heft nun ein Loch zu sehen war, durch das bedrohliche Emotionen hindurchfließen, befand sich sozusagen ein Loch im helfenden Container der Lehrerin.

In der Besprechung wurde darauf hingewiesen, dass das Mädchen und die Lehrerin hier den »mentalisierenden Einfluss auf die eigenen Affekte« (Ramberg u. Gingelmaier, 2016, S. 83) verloren haben und daher nicht in der Lage waren, ihre Affekte zu regulieren. Ebenso wird festgehalten, dass sich das Mädchen temporär mit Blick auf die Entwicklungsstufen der Mentalisierung (Brockmann u. Kirsch, 2010) wohl eher nahe der psychischen Äquivalenz befand als in einem reflexiven Modus. Insofern wurde die innere Hoffnungslosigkeit mit der äußeren Überforderung gleichgesetzt und führte zu der Panikreaktion, nichts mehr zu können. Damit soll verdeutlicht werden, dass auch in recht alltäglichen schulischen Stresssituationen das Zurückfallen auf frühere Stufen temporär erfolgen kann. Speziell in solchen Situationen sind Pädagogen gefordert, einen haltendenden und mentalisierenden Raum zur Verfügung zu stellen, damit die Schüler z. B. schulischen Stoff verarbeiten können. Hier war allerdings zu sehen, dass die Lehrkraft aufgrund der eigenen inneren Überforderung dem nicht nachkommen konnte und situativ ebenfalls prämentalisierend agierte.

In der Reflexion gelang es der Lehrerin, über die innere Welt der Schülerin und über ihre eigenen Ängste nachzudenken. Sie konnte nachempfinden, dass die Angst über ihr eigenes Versagen sowie die Angst um die Schülerin den Raum zu denken dermaßen überschwemmte, dass die Schülerin ein Blackout hatte. Während der Sequenz war es der Lehrerin nicht möglich, reflexiven Zugang zur Psychodynamik der Innen- und Außenwelten herzustellen. Erst nachdem sie physisch getrennt war und in einer geschützten Gruppe über die Erfahrungen nachdenken konnte, kam sie zum Schluss, in Zukunft dem Mädchen auch ihre Gefühle zur Verfügung zu stellen und die Ängste des Mädchens zu verbalisieren. Auf diesem Weg könnte sie die diffusen sowie bedrohlichen Emotionen verstehen und im Sinne von Bions (1962a) Containment-Theorie in sinnstiftende Alpha-Elemente verwandeln. Sie nahm sich vor, in der verbleibenden Zeit des Schuljahres verstärkt die Aufmerksamkeit darauf zu richten. Es gelang der Lehrerin, noch vor dem Schulübertritt mit dem Mädchen ins Gespräch zu kommen und ihr mitzuteilen, dass Versagensängste blockierend wirken können und dass sie auch als Lehrerin manchmal das Gefühl hat, nichts mehr zu können, obwohl sie genau weiß, dass dem nicht so ist. Ebenso sprach sie dem Mädchen Mut und Kraft für den Übertritt ins Gymnasium zu, den diese schließlich sehr gut schaffte.

3 Das Work-Discussion-Seminar: ein reflexiver Raum als Unterstützung für Mentalisierungsprozesse

Die Fähigkeit, in komplexen Klassensituationen das psychodynamische Geschehen verstehend sowie reflektierend in sich zu tragen, stellt Lehrkräfte, wie in Fallvignette 1 dargestellt, vor enorme Herausforderungen. Analog zur Entwicklung des mentalen Raumes in therapeutischen Sitzungen wird hier jedoch von der These ausgegangen, dass reflektierendes Nachdenken respektive Mentalisieren über pädagogische Praxis geschult werden kann.

Die psychoanalytische Beobachtung nach Esther Bick (1964) und im Speziellen hier die Methode des Work-Discussion-Seminars nach Martha Harris (1977) stellen einen solchen Raum dar, um Fähigkeiten des Wahrnehmens, Beobachtens und Verstehens zu schulen. Das Konzept sowie der methodische Dreischritt wurden an anderer Stelle vertieft dargestellt (Klauber, 1999; Rustin u. Bradley, 2008; Steinhardt u. Reiter, 2009; Datler u. Datler, 2014; Turner, 2016).

Zentral im Work-Discussion-Seminar sind das Wahrnehmen, Beobachten und Verstehen von Unterrichtssituationen und von Beziehungsdynamiken im Unterricht (Jackson, 2005), ohne eine bereits vorgefertigte Meinung beziehungsweise ein festes Beobachtungsraster zu haben. Lehrkräfte sind diesbezüglich gefordert, einen beobachtenden Blick auf das interaktionelle Geschehen und auf die Psychodynamik im Klassenraum zu lenken. Nach Luyten, Fonagy, Lowyck und Vermote (2011) ist Mentalisierung als mehrdimensionales Konzept (Taubner, 2015, S. 61) zu verstehen. Eine Dimension beschreibt die Gegenüberstellung von *expliziten* und *impliziten Mentalisierungsprozessen* (Allen, 2006, S. 33). So meint explizites Mentalisieren nach Allen (2006) einen kontrollierten, bewussten Vorgang, der einen hohen Arbeitsaufwand miteinschließt. Implizites Mentalisieren beschreibt einen »intuitiven, prozeduralen und automatischen, nicht bewussten« Vorgang (Allen, 2006, S. 33). Das bewusste Reflektieren und Besprechen einer Situation, wie sie im Fall der Work Discussion praktiziert werden, können im Kontext des expliziten Mentalisierens gesehen werden. Im Speziellen betont Allen (2006) in diesem Zusammenhang die Fähigkeit, die Gedanken sowohl über die eigenen mentalen Vorgänge als auch jene der anderen Beteiligten in Worte zu fassen, im Sinne des selbstorientierten und fremdorientierten Mentalisierens (Taubner, 2015, S. 61). Im Rahmen der Work Discussion erfolgt die Reflexion wie in einem geschützten Raum, der durch den Gruppenleiter gehalten (*holding function* nach Winnicott, 1965) und nach Bion (1962b) *contained* wird. Es wird der Versuch unternommen, ein Bild von der pädagogischen Situation als Ganzes mit seinen äußeren Umständen (= äußere Welt) und den inneren Welten der Beteiligten zu gewinnen. Ähnlich dem Psychoanalytiker werden vorerst möglichst viele Lesarten und Bilder entworfen, um dann durch einen forschenden Blick zu den sich wiederholenden Situationen schlüssige Interpretationen zu generieren (Lazar, 2000).

Schließlich ist das Ziel, eine beobachtende und verstehende Haltung während der Handlung im Unterricht zu entwickeln. Die Fähigkeit des Beobachters, das zu ertragen, was er sieht, ermöglicht eine Erweiterung des geistigen Raumes. »A third position then comes into existence from which object relationships can be observed. This provides us with a capacity of seeing ourselves in interaction with others and for entertaining another point of view while retaining our own – for observing ourselves while being ourselves.« (Britton, 1998, S. 42). Nach Allen ist es wesentlich, »offenen für die inneren Vorgänge anderer zu sein, sie auf uns einwirken zu lassen, ihre Perspektive einzunehmen und uns auf diese Weise zu besseren Formen des Denkens, Fühlens und Handelns hin[zu]führen oder [sich] von ihnen überzeugen zu lassen« (Allen, zit. nach Funder et. al., 2016, S. 233). Dies kann als wesentliches Merkmal von mentalisierend-pädagogischem Denken, Fühlen und Handeln gesehen werden. Inwiefern der Lernprozess von Schülern durch die Kapazität zur Mentalisierung einer Lehrkraft gefördert werden kann, soll in einem weiteren Fallbeispiel exemplarisch gezeigt und diskutiert werden.

4 Fallbeispiel 2: Das Mathemonster. Mentalisieren und der konstruktive Umgang mit Ängsten – eine andere Perspektive

Eine Lehrerin in der Sekundarstufe 1 (Schülerinnen und Schüler im Alter von zehn bis 14 Jahren) stellt ein Protokoll über eine Mathematikstunde in der siebten Schulstufe (13–14-Jährige) aus ihrem beruflichen Alltag im Work-Discussion-Seminar zu Verfügung[1]. Sie schreibt Folgendes:

Es ist kurz nach den Osterferien; eine der letzten Übungsstunden vor dem Mathematiktest. Ich erkläre noch einmal ganz genau, worauf ich bei Gleichungen großen Wert legen werde. Außerdem erinnere ich noch, dass auch binomische Formeln in einer Gleichung verpackt sein könnten und dass die Schülerinnen und Schüler (SuS) das noch üben müssten bzw. mit einem echten schweren Beispiel rechnen müssen. Die Stimmung ist recht locker und die SuS und ich witzeln darüber, wie ich die Aufgabe beim Test besonders grausam und schwierig gestalten könnte.

Ich schlage nun vor, ein Horrorbeispiel mit ihnen gemeinsam an der Tafel zu probieren. Die SuS finden die Idee gut; »jaaaa, cool«, rufen ein paar begeistert und hochmotiviert. Also schreibe ich ein sehr langes, komplexes und etwas übertriebenes Beispiel an die Tafel.

Die SuS schreiben mit und stöhnen lachend auf. Peter meint sogar: »Oh, das ist wirklich ein Horrorbeispiel.« Ich steige auf seine Aussage ein, drehe mich wieder zu den SuS um und deute ein Monster an. Dabei hebe ich meine Arme und verziehe das

---

1 An dieser Stelle ist der Autorin des Protokolls für die Bereitstellung zu danken. Das Datenmaterial ist dem Forschungsprogramm »Emotionale Aspekte beim Lernen und Lehren« am Institut für Unterrichts- und Schulentwicklung an der Alpen-Adria-Universität Klagenfurt entnommen.

Gesicht. »Das Monster wird euch jetzt in die tiefe, dunkle Mathehöhle locken. Nur wer es schafft, auch die binomischen Formeln richtig zu lösen und in die Gleichung einzubauen, kann die Höhle wieder verlassen«, sage ich gespielt drohend. Alle, die ich beobachte, lachen kurz auf. Ich trete sogleich aus der Monsterrolle und fordere die SuS auf, nun mit mir gemeinsam dieses Beispiel zu probieren. »Beginnen wir einmal nur mit den binomischen Formeln und schreiben wir sie extra heraus und tragen wir sie in unsere Tabelle ein. Das kann sicher jeder von euch, das ist leicht.«

Peter will noch wissen: »Und was macht das Monster, wenn wir Fehler machen?« Auf diese Frage bin ich nicht wirklich vorbereitet, nehme aber das nächste Bild, das mir gerade einfällt und sage: »Naja, wenn ich mir ein Monster aussuchen darf, dann wähle ich Hulk, kennt ihr ihn?« Die SuS schreien auf: »Den kennen wir, der ist urcool! Der ist aber kein richtiges Monster!« Ich erwidere: »Naja, das Mathemonster ist ja auch kein böses Monster. Und die Mathehöhle ist ja auch kein böser Ort. Sie ist nur dunkel und wenn man keine Fehler mehr macht, ist es so, dass man wieder auf die Oberfläche darf, weil man ja vom Wissen erleuchtet ist … Versteht ihr die Symbolik?« Einige SuS nicken und lächeln.

Peter ergänzt: »Nein, Hulk ist kein Monster, er gehört zu den Guten. Aber wenn er wütend wird, dann wird sein Körper grün und er wird so groß, dass seine Kleidung zerreißt. Das ist schon gefährlich! Also machen wir lieber keine Fehler!« Er grinst und konzentriert sich sogleich auf das Beispiel mit viel Elan.

Nun rechnen die Schüler. Dann wird das Beispiel in der Klasse gemeinsam verglichen und durchgerechnet. Wieder meldet sich Peter sofort und schickt voraus: »Okay, ich probier's, aber ich weiß nicht, ob ich alles richtig mache. Bitte nicht grün werden, wenn ich Fehler mache!« Ich lächle wohlwollend und verspreche, dass man mich schon sehr wütend machen kann, aber bestimmt nicht, wenn sich jemand so motiviert an die Tafel meldet. Ich sage noch: »Seht, alles ganz relaxed und keine Spur von Grün.«

Wir rechnen das schwierige Beispiel nun gemeinsam, indem Peter die Rechenschritte und Lösungen ansagt und ich diese an die Tafel schreibe. Dabei ergeben sich einige Fragen, die gemeinsam geklärt werden können. Als Hausübung gebe ich noch ein weiteres Beispiel und verspreche, dass die Beispiele bei dem Test nicht schwerer sein werden.

Am Ende der Stunde meinen die SuS, dass dies eine sehr lustige Stunde war und das Rechnen gleich viel mehr Spaß bereitet. Ich sage abschließend: »Das freut mich, dass es euch gefallen hat und ihr keine Angst vor Hulk habt.«

Im Work-Discussion-Seminar berichtet die Lehrkraft über ihre Intention für die Übungsstunde: In der Vorbereitung auf die Stunde vor dem Test überlegt die Lehrkraft einerseits, welche Themenbereiche noch zu vertiefen sind, und anderseits versucht sie, die emotionale Stimmung der Schüler wahrzunehmen und in sich zu spüren. Dabei geht sie auf ihre eigene Lerngeschichte zurück und erinnert sich an ihre Anspannung und Angst vor Prüfungen. Somit versucht sie, bereits in der Vorbereitung antizipierend die innere Welt der Schüler zu erspüren und darauf einzugehen. Sie ergänzt dies noch durch die Worte: »Es war für mich immer ein Horror vor den Prüfungen.« Sie leidet heute noch an Prüfungsangst. Inwiefern die Lehrkraft hier stärker mit ihren eigenen Emotionen respektive mit ihrer eigenen inneren Welt in Kontakt war und weniger mit ihrer Klasse, wird als Frage in der Reflexion des Protokolls gestellt. Sie ergänzt, dass sie dies eher intuitiv gemacht habe, jedoch einige Schüler vor ihrem geistigen Auge hatte, im Speziellen auch Peter, der in der Stunde besonders aktiv war. Ebenso wollte sie die anderen emotional erreichen, um ihnen mehr Sicherheit in Bezug auf den Test zu geben. Eher intuitiv knüpft die Lehrkraft an ihren eigenen Schulängsten an und verbindet jene mit der inneren Welt einiger aus ihrer Klasse. Bleibt der Blick allein auf die innere Welt der Lehrkraft gerichtet, so würde nach dem Konzept der Mentalisierung ein entscheidender Faktor fehlen – der Blick in die innere Welt der Schüler. Folglich wäre die Gefahr für verzerrtes Mentalisieren groß und es könnte zu drastischen Fehlinterpretationen führen.

Wie ging es in diesem Fall jedoch weiter?

Die Mathematiklehrerin weist die Klasse darauf hin, dass sie mit einem besonders schwierigen Beispiel beim Test zu rechnen haben. Mit dem Satz »Die Stimmung ist recht locker und die SuS und ich witzeln darüber, wie ich die Aufgabe bei dem Test besonders grausam und schwierig gestalten könnte« beschreibt sie die emotionale Atmosphäre in der Klasse. Es scheint möglich zu sein, einen mentalen Raum für das Besprechen und Bearbeiten von Ängsten entstehen zu lassen. Anders als in Fall 1, in dem das Mädchen und die Lehrerin von ihren inneren und äußeren Ängsten überschwemmt und daher starr vor Angst waren (freeze), kann hier in einer *lockeren Stimmung* auf Schwierigkeiten eingegangen werden. Witze werden gemacht und es wird damit gespielt, wie ein Test besonders grausam aussehen könnte. Hier wird der Modus des Als-ob-Spiels aktiviert, um auf spielerische Art den Horror des Tests zu vergegenwärtigen. Ebenso können die Schüler lustvoll und spielerisch die bedrohliche Kraft der Mathematik *bekämpfen*, denn die Schüler wurden angehalten, mitzumachen und möglichst schlimme Horrorszenarien herzustellen. Der mentale Raum aller Akteure sowie die Kapazität der Lehrerin, Bilder der inneren Welt von Schülern zu entwickeln, um darauf aufbauend über markierte Spiegelung der Affekte entsprechende Intervention in der pädagogischen Praxis zu setzen, werden aktiviert.

Sobald ein Schüler bestätigt, dass es sich wirklich um ein Horrorbeispiel handelt, nimmt die Lehrerin das Bild auf und verstärkt es spielerisch, indem sie sich augenscheinlich in ein Monster verwandelt. Als die Lehrerin nun inhaltlich etwas zu diesem Beispiel erklären möchte, tritt sie sogleich aus der Rolle des Monsters heraus und spricht zu den Schülern aus der Position der fürsorglichen Lehrerin. Die Trennung zwischen dem gespielten Monster und der fürsorglichen Lehrerin sind klar zu erkennen. Sie ergänzt dies, indem sie einen Schritt zur Seite gemacht hat, um die Trennung der beiden Rollen deutlich zu markieren.

Nun wird die Lehrerin mit einer Frage konfrontiert: »Was macht denn das Monster eigentlich, wenn Fehler gemacht werden?« Sie greift den Gedanken auf und versucht, das Spiel weiterzuführen. Sie benennt zunächst das Monster und wählt dafür die Figur aus dem Film »Hulk«. Damit wird das Bild plastischer und emotional für die Schüler erlebbar. Die Klasse reagiert sogleich darauf und schreit, dass es sich gar nicht um ein wirkliches Monster handle. Speziell jener Aspekt kann als entlastendes Moment für die Ängste der Schüler vor dem Test und dem Fach Mathematik gesehen werden, denn in Wirklichkeit scheint keine Bedrohung gegeben zu sein. Der Lehrerin gelingt es, die Ängste aufzugreifen und diese zwischen Spiel und Realität zu moderieren.

Schließlich stellt sich die Lehrerin zu Verfügung und will mit der Klasse das Horrorbeispiel an der Tafel gemeinsam durchrechnen. Dieser Aspekt des gemeinsamen Rechnens scheint von großer Bedeutung zu sein. Wenngleich das Beispiel von der Lehrerin kommt – also sie diejenige ist, die den Horror erzeugen kann und darüber die Macht hat, wie schwierig der Test wird – stellt sie sich zu Verfügung, den Horror mit der Klasse gemeinsam zu tragen und helfend zu regulieren. Sie zeigt somit zwei Seiten: einmal die Lehrerin, die schwierige Beispiele stellt, und einmal die Lehrerin, die in schwierigen Situationen hilft. In Anlehnung an Melanie Kleins depressive Position (Segal, 1988) können Schüler ihre Lehrerin von beiden Seiten – helfend und fordernd – erfahren und ein Bild, das beide Pole aushält, in sich vereinen. Genau dieser Aspekt kann die Angst nehmen, denn Kinder lernen zu erkennen, dass trotz Forderung ein wohlwollender Lehrer hinter den Beispielen steht. Ferner gelingt es, so die dunkle Welt der Mathematik gemeinsam zu bezwingen, indem die Lehrkraft das Bild einer tiefen, dunklen Höhle aufnimmt und versucht, Schülern damit zu vermitteln, dass Mathematik sich manchmal so anfühlt, als ob man in einer dunklen Höhle, die von einem Monster beherrscht wird, gefangen ist. Die Übungen sollen den Schülern Kraft und Schutz geben, um möglichst schnell wieder an die helle Oberfläche zu gelangen. Insgesamt wird das Monster Mathematik mithilfe der pädagogischen Interventionen als besiegbar erlebt und die Schüler gehen gestärkt aus der Situation.

Im Besonderen konnte Peter durch das Spiel in der Stunde zur Mitarbeit motiviert werden. Er meldet sich freiwillig, das Beispiel vorzurechnen. Er vergewissert sich vorab über den geschützten Raum, in dem er die Lehrerin darum bittet, wie bei »Hulk« »nicht grün« vor Ärger zu werden. Sie beruhigt ihn und zugleich den Rest der Klasse, indem sie alle anspricht und zeigt, dass alles »ganz relaxed« ist. Die Lehrerin scheint die Klasse gut regulieren, aber auch aufmerksam halten zu können, denn am Ende der Stunde erklären die Schüler, wie gut ihnen die Stunde gefallen hat. Die Stimmung scheint in Hinblick auf den bevorstehenden Test ebenfalls »ganz relaxed«.

5 Fazit: auf dem Weg zu einer mentalisierend-psychoanalytischen Haltung im Bildungsbereich

Bei Mertens (2000) ist analytische Haltung, »als eine metareflexive Einstellung zu betrachten, die den gesamten Einfühlungs-, Erkenntnis- und Deutungsprozeß sowie die damit zusammenhängende Übertragungs- und Gegenübertragungsdimension« umfasst (S. 20) und die potenzielle Bewusstmachung unterstreicht. Das Konzept der Mentalisierung kann diese Haltung um wichtige Elemente erweitern. Die Multidimensionalität von Mentalisierung – explizit/implizit, internal fokussiert/external fokussiert, selbstorientiert/fremdorientiert, kognitiv/affektiv (Luyten et. al, 2011; Taubner, 2015, S. 61) – bietet für den pädagogischen Bereich ein wichtiges Lernfeld für das Verstehen von Schüler-Lehrer-Interaktion sowie das Gestalten von pädagogisch wertvollen Lerngelegenheiten. In diesem Beitrag wurde vor allem im zweiten Fallbeispiel gezeigt, inwiefern ausbalanciertes Mentalisieren positiv auf das Lernen und Lehren im Mathematikunterricht wirken kann.

Anknüpfend an die Fallbeispiele kann festgehalten werden, dass z. B. über eine regelmäßige und kontinuierliche Teilnahme an einem Work-Discussion-Seminar mehr Verständnis für psychodynamische Prozesse entwickelt wird, um die eigene Professionalität zu steigern. Im Work-Discussion-Seminar wird die Erfahrung gemacht, dass auch bei situativer Mentalisierungseinschränkung durch Reflexion und Unterstützung der Gruppe die Fähigkeit zu mentalisieren gestärkt und wiedererlangt werden kann. Dies ist eine wichtige Erfahrung, auf die in späteren Situationen zurückgegriffen werden kann. Nicht zuletzt wird die eingangs erläuterte Kernkompetenz um weitere theoretische Perspektiven ergänzt und lässt mentalisierende Reflexionsfähigkeit in einem anderen – für die pädagogische Praxis konkret hilfreichen – Licht erscheinen.

Literatur

Abels, S. (2011). LehrerInnen als »Reflective Practitioner«. Reflexionskompetenz für einen demokratieförderlichen Naturwissenschaftsunterricht. Wiesbaden: Springer.

Allen, J. G. (2006). Mentalisieren in der Praxis. In J. G. Allen, P. Fonagy (Hrsg.), Mentalisierungsgestützte Therapie. Das MBT-Handbuch – Konzepte und Praxis (S. 23–61). Stuttgart: Klett-Cotta.

Bick, E. (1964). Notes on infant observation in psychoanalytic training. International Journal of Psychoanalysis, 45, 558–566.

Bion, W. R. (1962a). A psychoanalytic theory of thinking. International Journal of Psychoanalysis, 43, 306–310.

Bion, W. R. (1962b). Lernen durch Erfahrung. Frankfurt a. M.: Fischer.

Britton, R. (1998). Belief und imagination. Explorations in psychoanalysis. London: Routledge.

Brockmann, J., Kirsch, H. (2010). Konzept der Mentalisierung. Relevanz für die psychoanalytische Behandlung. Psychotherapeut, 55, 279–290.

Datler, W., Datler, M. (2014). Was ist »Work Discussion«? Über die Arbeit mit Praxisprotokollen nach dem Tavistock-Konzept. Wien: Universität Wien u. Kirchliche Pädagogische Hochschule Wien-Krems. Unveröffentlichtes Manuskript. Am 22.11.2017 abgerufen unter: https://fedora.phaidra.univie.ac.at/fedora/get/o:368997/bdef:Content/get

Fonagy, P., Gergely, G., Jurist, E., Target, M. (2004). Affektregulierung, Mentalisierung und die Entwicklung des Selbst. Stuttgart: Klett-Cotta.

Funder, A., Fürstaller, M., Hover-Reisner, N. (2013). »Holding mind in mind« Work Discussion: Eine Methode zur Förderung der Mentalisierungsfähigkeit von Erzieherinnen? In M. Wininger, W. Datler, M. Dörr (Hrsg.), Psychoanalytische Pädagogik und frühe Kindheit (S. 217–236). Opladen: Barbara Budrich.

Gerspach, M. (2007). Vom szenischen Verstehen zum Mentalisieren. Notwendige Ergänzungen für pädagogisches Handeln. In A. Eggert-Schmid Noerr, U. Finger-Trescher, U. Pforr (Hrsg.), Frühe Beziehungserfahrungen. Die Bedeutung primärer Bezugspersonen für die kindliche Entwicklung (S. 261–307). Gießen: Psychosozial-Verlag.

Harris, M. (1977). The Tavistock training and philosophy. In M. Harris, E. Bick (Hrsg.), Collected papers of Martha Harris and Esther Bick (S. 259–282). Perthshire: The Clunie Press.

Hirblinger, H. (2009). Überich-Fixierung und Störung der Mentalisierungsfähigkeit in pädagogischen Praxisfeldern. Aspekte einer Entwicklung des Selbst im Unterricht und in der Lehrerbildung – Fallbeispiele und Analysen. In M. Dörr, J. C. Aigner (Hrsg.), Das neue Unbehagen in der Kultur und seine Folgen für die Psychoanalytische Pädagogik (S. 141–158). Göttingen: Vandenhoeck & Ruprecht.

Jackson, E. (2005). Developing observation skills in school settings: The importance and impact of ›work discussion groups‹ for staff. International Journal of Infant Observation and its Applications, 8 (1), 5–17.

Klafki, W. (2002). Schultheorie, Schulforschung und Schulentwicklung im politisch-gesellschaftlichen Kontext. Weinheim/Basel: Beltz.

Klauber, T. (1999). Observation, at work. International Journal of Infant Observation and its Applications, 2 (3), 30–41.

Lazar, R. A. (1995). »Container – Contained« und die helfende Beziehung. In M. Ermann (Hrsg.), Die helfende Beziehung in der Psychoanalyse (S. 68–91). Göttingen: Vandenhoeck & Ruprecht.

Lazar, R. A. (2000). Erforschen und Erfahren: Teilnehmende Säuglingsbeobachtung. Empathietraining oder empirische Forschungsmethode. Analytische Kinder- und Jugendlichen-Psychotherapie, 31 (4), 399–417.

Luyten, P., Fonagy, P., Lowyck, B., Vermote, R. (2011). Assessment of mentalization. In A. W. Bateman, P. Fonagy (Eds.), Handbook of mentalizing in mental health practice (pp. 43–65). Washington, DC: American Psychiatric Association Publishing.

Mertens, W. (2000). Einführung in die psychoanalytische Therapie. Stuttgart: Kohlhammer.
Ramberg, A., Gingelmaier, S. (2016). Mentalisierungsgestützte Pädagogik bei Kindern, die Grenzen verletzen. In B. Rauh, T. Kreuzer (Hrsg.), Grenzen und Grenzverletzungen in der Bildung und Erziehung. Opladen: Barbara Budrich.
Roters, B. (2012). Professionalisierung durch Reflexion in der Lehrerbildung. Münster: Waxmann.
Rustin, M., Bradley, J. (Hrsg.) (2008). Work Discussion. Learning from reflective practice in work with children and families. London: Karnac.
Schultz-Venrath, U. (2013). Lehrbuch Mentalisieren – Psychotherapien wirksam gestalten. Stuttgart: Klett-Cotta.
Segal, H. (1988). Introduction to the work of Melanie Klein. London: Karnac.
Steinhardt, K., Reiter, H. (2009). »Work Discussion«. Lernen durch Beobachtung und Reflexion von Arbeitsprozessen. In G. Diem-Wille, A. Turner (Hrsg.), Ein-Blicke in die Tiefe. Die Methode der psychoanalytischen Säuglingsbeobachtung und ihre Anwendungen (S. 136–156.). Stuttgart: Klett-Cotta.
Taubner, S. (2008). Mentalisierung und Einsicht. Die reflexive Kompetenz als Operationalisierung von Einsichtsfähigkeiten. Forum der Psychoanalyse, 24 (1), 16–31.
Taubner, S. (2015). Konzept Mentalisieren. Eine Einführung in Forschung und Praxis. Gießen: Psychosozial-Verlag.
Turner, A. (2016). Inklusion erleben und verstehen. Work-Discussion als Praxisreflexion-Modell für inklusive Lehr-Lernprozesse. In R. Göppel, B. Rauh (Hrsg.), Inklusion. Zwischen idealistischer Forderung, individueller Förderung und institutioneller Herausforderung (S. 165–176). Stuttgart: Kohlhammer.
Winnicott, D. (1965). Reifungsprozesse und fördernde Umwelt. München: Kindler.
Wyss, C. (2013). Unterricht und Reflexion. Eine mehrperspektivische Untersuchung der Unterrichts- und Reflexionskompetenz von Lehrkräften. Münster: Waxmann.

Epistemisches Vertrauen und Mentalisieren in der Schulpraxis
Ein Fallbeispiel einer konkreten Unterrichtsplanung und -durchführung

Elena Johanna Koch und Stephan Gingelmaier

Im Beitrag wird zunächst auf die Bedeutung von epistemischem Vertrauen in der Lehrer-Schüler-Beziehung verwiesen. Anhand eines Fallbeispiels aus der Schulpraxis wird anschließend dargestellt, wie epistemisches Vertrauen durch eine mentalisierende Haltung des Lehrers angebahnt werden kann. Diskutiert werden dabei die Phase der Unterrichtsplanung und die konkrete Durchführung einer Unterrichtssequenz.

The present article examines the relevance of epistemic trust in the relationship between teachers and their students. Based on a practical example it will be shown how epistemic trust can be initiated by the teacher through a mentalization-based attitude. This will be discussed with reference to planning and executing a school lesson.

1 Zur Bedeutung von epistemischem Vertrauen im schulischen Kontext

Lernen und Erziehung finden im schulischen Kontext auf verschiedene Weisen statt. Genannt werden können hier exemplarisch Konditionierung oder Beobachtung (Mietzel, 2007). *Natürliche Pädagogik* wird als eine weitere, dem Menschen spezifische Form des Lernens betrachtet (Gergely u. Csibra, 2009). Ihr Kern ist die Weitergabe von relevantem Wissen über den Akt der zwischenmenschlichen Kommunikation, bei der durch ostensives Anzeigen (beispielsweise Blickkontakt und kontingente Reaktion) dem Adressaten verdeutlicht wird, dass ein für ihn relevanter Inhalt folgt (Cisbra u. Gergely, 2011). In diesem Prozess können kulturrelevante Informationen effizient und transgenerational weitergegeben werden. Diese Art der Wissensgewinnung ist auch für die schulische Lernsituation charakteristisch. Der Lernende benötigt dabei epistemisches Vertrauen (EV) in den Sender, um sich auf eine Wissensumstrukturierung einlassen zu können (Fonagy u. Allison, 2014). EV bezeichnet die grundlegende Gewissheit über eine Person als sichere Informationsquelle (Sperber et al., 2010; Genaueres dazu sowie zur Auswirkung des Bindungstyps auf EV im Beitrag von Nolte in diesem Band). Fonagy und Allison (2014) konnten zudem zeigen, dass ein Kommunizieren aus einer verstehenden, das heißt mentalisierenden Haltung heraus EV ermöglicht und zugleich an sich einen ostensiven Reiz darstellt. Daraus lässt sich schließen, dass für eine gelingende *natürliche Pädagogik* ein erzieherisches Handeln, das auf Grundlage von mentalistischen Überlegungen getroffen wurde, richtungsweisend ist. Wie eine solche pädagogische Haltung konkret aussehen kann, soll am folgenden Beispiel aus der Schulpraxis illustriert werden. Dabei wird der erste Teil einer Unterrichtsstunde sowie dessen Planung untersucht. Vorweg ist zu betonen, dass der Aufbau von EV ein komplexer und zeitintensiver Prozess ist und nicht in einzelnen Lernsituationen vollzogen werden kann. Vielmehr ist es ein Ansatz, der einen kontinuierlichen Prozess über Jahre voraussetzt. Die erzieherische Einstellung des Lehrers stellt zudem nur einen von vielen Einflussfaktoren für das Gelingen oder Misslingen von Unterricht bzw. Lernen dar. Ihre Bedeutung ist zwar essenziell (Hattie, 2009), sollte aber auch in Relation zu anderen Variablen (beispielsweise Klassengröße, Klassen- und Schulkultur, fachdidaktische Kompetenzen der Lehrkraft, Schüler-Schüler-Beziehungen, außerschulische Parameter, die in den Schulalltag hineinspielen) betrachtet werden.

2 Fallbeispiel

Die vorgestellte Unterrichtsequenz beschreibt die Einstiegsphase einer Ethikstunde an einem Sonderpädagogischen Bildungs- und Beratungszentrum mit dem Förderschwerpunkt soziale und emotionale Entwicklung (früher: Sonderschule für Verhaltensgestörte). Es war die erste Stunde einer vierstündigen Einheit zum Thema »Glück«. Das übergeordnete Ziel des Unterrichtsblocks war, ausgerichtet am emotional-sozialen Förderbedarf der Schüler, die Auseinandersetzung mit den eigenen Emotionen. Anhand des Konzepts von Glück als »subjektives Wohlbefinden« (Veenhoven, 2011) sollten die Jugendlichen zu einem Wahrnehmen und Reflektieren der eigenen Gefühle und damit zu einer »mentalisierten Affektivität« (Fonagy, Gergely, Jurist u. Target, 2004) angeregt werden. Die Lerngruppe bestand aus drei Schülerinnen und drei Schülern im Alter von 14 bis 15 Jahren, die einen zusätzlichen Förderbedarf im Bereich Lernen (früher: Lernbehindertenpädagogik) aufwiesen. Intention der Stunde war die Annäherung an den Begriff Glück, indem die Schüler Momente oder Gegenstände in ihrem Leben beschrieben, welche sie persönlich mit Glück in Verbindung brachten.

2.1 Planung der Unterrichtssequenz

Um EV anzubahnen, galt es bereits in der unterrichtsvorbereitenden Phase, die Schüler zu mentalisieren. Das hieß, dass neben fachdidaktischen und methodischen Aspekten auch versucht wurde, die individuelle Bedeutung des Unterrichtsthemas für die einzelnen Lernenden zu bedenken. Für das geplante Unterrichtsthema hatten sich mir dabei diese exemplarischen Fragen gestellt: Welchen Stellenwert nimmt das Thema Glück im Leben der Schüler ein? An welche biografischen Vorerfahrungen knüpft das Thema an? Welche aktuellen Konfliktlagen könnten durch die Unterrichtsstunde berührt werden und wie könnte sich das im Schülerverhalten während der Sequenz zeigen? Was bedeutet es für diese spezifischen Jugendlichen, über dieses Thema vor anderen zu sprechen? Wie sieht das Thema aus Schüleraugen aus? Welche Konsequenzen ergeben sich aus der entwicklungspsychologischen und der psychosozialen Gesamtsituation der Schüler? Wie könnte das Thema so erarbeitet werden, dass sich die Lernenden dabei als reflexiv und selbstwirksam erfahren?

Aufgrund von Vermerken in den Schülerakten, Gesprächen mit den Jugendlichen und anderen Lehrkräften ergab sich für die konkrete Schülerschaft: Glück war in der Gruppe ein hochbelasteter und ambivalenter Begriff. Auf der einen Seite gelten in unserer modernen Gesellschaft Glück und Zufriedenheit als Antrieb und Ziel unseres Handelns (Veenhoven, 2011); dieser innere Anspruch mit seinem Streben war auch bei den Schülern jener Klasse vorzufinden. Auf der anderen Seite ließen die Schülerbiografien die häufige Abwesenheit von Glück in ihrem Leben vermuten. Alle Schüler hatten gravierende familiäre Krisen erlebt oder befanden sich noch immer in einem spannungsreichen häuslichen Umfeld. Die meisten hatten eine problematische schulische Laufbahn hinter sich. Vier der Lernenden kamen zudem aus finanziell prekären Verhältnissen. Die Diskrepanz zwischen der Schülerrealität mit potenziell traumatischen Unglückserfahrungen und einem Ideal eines glücklichen Lebens, das mitunter durch von den Medien postulierte Merkmale (z. B. intakte Familien und Reichtum) geprägt war, lässt eine erhöhte Empfindlichkeit und Vulnerabilität der Schüler speziell beim Thema Glück vermuten. Darum bestand die Möglichkeit, dass ich mit dem Stundenthema auf Widerstand und Abwehrreaktionen bei den Schülern stoßen könnte. Durch die Auseinandersetzung mit dem Thema könnten bei den Lernenden affektähnliche Zustände geweckt werden, die das geplante Ziel der Stunde für die Schüler in den

Hintergrund rücken lassen würden. Nach meinen Erfahrungen mit der Klasse war Lernen nur in einer entspannten Atmosphäre ohne akute innere und äußere Konflikte möglich. Deshalb sollte in der Stunde Raum dafür gegeben werden, dass die Schüler erfahren konnten »Dein Erleben hat Platz in unserer Gruppe und ich höre dir zu«. Dies knüpfte auch an die sozial-emotionale Stundenintention an. Da Glück ein sehr individuelles, mitunter intimes Thema ist und eine Auseinandersetzung daher auch mit Selbstoffenbarung verbunden hätte sein können, entschied ich, niemanden zur Beteiligung an einer Diskussion zu drängen, sondern es den Schülern frei zu lassen, inwiefern sie sich öffnen möchten.

Der Begriff »Glück« ist abstrakt und schwer greifbar. Die Unterrichtssequenz sollte deswegen möglichst handlungsorientiert und greifbar gestaltet werden. Geplant war eine schrittweise Annäherung, um herauszufinden, wie die Schüler das Thema aufnehmen, und bei einer möglichen Überforderung zu intervenieren. Aus diesen Überlegungen ergab sich die Idee für die folgende Unterrichtssequenz: Zu Beginn bildeten wir einen Stuhlkreis um einen Tisch. Auf diesem befanden sich verborgen unter einer Decke verschiedene Gegenstände (eine Medaille, ein Lottoschein, DVDs, ein Computerspiel, ein Kopfhörer …). Die Schüler durften die Gegenstände in die Hand nehmen und Vermutungen anstellen, was das Stundenthema sein könnte. Sollten die Schüler nicht von selbst darauf kommen, würde ich das Unterrichtsthema nennen. Anschließend wurden sie ermuntert zu erzählen, welchen Gegenstand sie noch dazulegen würden, um so eine Diskussion zur Definition des Wortes Glück anzuregen. Auf die erste Unterrichtsphase folgte dann noch die Bearbeitung individueller Arbeitsaufträge. Auf die ausführliche Darstellung dieses zweiten Teils der Stunde wurde aus Platzgründen verzichtet.

2.2 Schilderung der konkreten Durchführung der Unterrichtssequenz

Der verhüllte Tisch weckte das Interesse der Schüler. Nach dem Aufdecken sollten sie die Gegenstände benennen, dann fragte ich, was das Thema der Stunde sein könnte. Die Klasse reagierte passiv auf die Frage, bis auf eine Schülerin, die auch gleich die Antwort »Glück« nannte. Unter den Schülern konnte ich keine sichtbare Reaktion auf das Thema bemerken. Auf die Frage, was die Gegenstände mit Glück zu tun haben könnten, kamen vereinzelte Vorschläge (»Stimmt, wenn ich Musik hören kann, dann fühlt sich das wie Glück an«), insgesamt wirkten die Jugendlichen eher vorsichtig, aber aufmerksam.

Der vorbereitete Unterrichtseinstieg und die Frage nach dem möglichen Thema waren als ostensive Reize gedacht, sodass die Schüler erkennen konnten, dass nun für sie relevante Informationen folgten. Die Jugendlichen sollten von einem Zustand der epistemischen Wachsamkeit (Sperber et al., 2010), also einer gewissen Skepsis gegenüber der Vertrauenswürdigkeit der Lehrkraft, durch das ostensive Anzeigen zu einer Bereitschaft, neues Wissen annehmen zu können (Fonagy u. Allison, 2014), geführt werden.

Es folgte die Fragerunde zu den Dingen, die sie noch gern dazulegen würden. Zunächst hatte keiner der Lernenden eine Idee. Ich beschloss, selbst einen Vorschlag zu machen, und sagte: »Ich würde gerne ein Glas Orangensaft auf den Tisch stellen.« Die Schüler blickten mich kritisch an, dann kam die Nachfrage, was das mit Glück zu tun habe. Ich erklärte, dass ich es liebe, sonntags in Ruhe zu frühstücken, und dass dies für mich eine Form von Glück sei.

Im Mentalisieren der Schüler gewann ich den Eindruck, dass ihre Zurückhaltung auch mit Unsicherheit mir gegenüber und der Angst, sich vor der Klasse bloßzustellen, verbunden gewesen sein könnte. Durch meine Ich-Botschaft erzeugte ich eine »Selbstöffnung«, an welche die Lernenden mit eigenen Aussagen »andocken« konnten (Schultz-Venrath u. Felsberger, 2016). Zugleich konnten die Schüler sich auch als von mir gesehen wahrnehmen (Fonagy u. Allison, 2014).

Darauf meldete sich ein Schüler und teilte zögerlich mit, er würde gern ein »Klo« auf den Tisch legen. Die anderen lachten zunächst über ihn. Ich sagte dann: »Das ist ja spannend. Würdest du uns genauer erklären, warum das für dich gut passt?« Er berichtete darüber, dass er mit seinen zwei jüngeren Cousins ein Zimmer teile und der einzige Raum im Haus, in den er sich zurückziehen könne und in dem die Tür auch zu bleibe, »das Klo« sei. Mir fiel auf, wie mich die anderen Schüler der Klasse beobachteten, während er antwortete. Ich gab in die Runde: »Das leuchtet mir ein. Was sagt ihr dazu? Könnt ihr das nachvollziehen?«

Durch das Aufgreifen der Schülerantwort sollte ein Austausch angestoßen werden, sodass in der »gemeinsam geteilten sozialen Handlung […] der sprachlichen Interaktion« (Schultz-Venrath u. Felsberger, 2016) Vertrauen entstehen konnte.

Hieraus ergab sich ein Gespräch unter drei anderen Schülern, die selbst von Erfahrungen berichteten, in denen sie sich nicht zurückziehen konnten, und meinten, dass sie die Idee gut fänden. Als weiterer Gegenstand wurde von einer Schülerin ihr Handy genannt, mit der Begründung, dass sie damit immer in Kontakt mit ihren Freunden sein könne und Musik hören könne, wenn es ihr schlecht ginge. Eine andere Schülerin nannte ihre Katze, mit der sie kuscheln könne, wenn sie Streit mit ihrer Mutter hätte. Nachdem die Beiträge der Schüler weniger wurden, wurde die Unterrichtssequenz von mir beendet. Diese erste Unterrichtsphase nahm in etwa zwanzig Minuten ein. Im weiteren Verlauf der Stunde bearbeiteten die Jugendlichen verschiedene Aufgaben (beispielsweise Tagebucheintrag über ein glückliches Erlebnis schreiben) zum Thema Glück.

3 Überlegungen zum Fallbeispiel

Am Fallbeispiel soll anhand von Planung und Durchführung einer Unterrichtsstunde exemplarisch gezeigt werden, wie eine Unterrichtssequenz durch eine mentalisierende Haltung des Pädagogen gestaltet werden kann. Ramberg (in diesem Band) greift die Aspekte einer mentalisierenden therapeutischen Haltung (Kirsch, Brockmann u. Taubner, 2016) auf, um sie, sofern möglich, auf einen erzieherischen Kontext anzuwenden. Diese Aspekte werden im Fallbeispiel konkretisiert. Die Facette »Ich bin empathisch und versuche mich in das Kind hineinzuversetzen« zeigt sich etwa in der Vorbereitung, wenn das Thema auf die biografisch-lebensweltliche Bedeutung und mögliche Erarbeitungsschwierigkeiten für die Schüler geprüft wird. Dieses Vorgehen erlaubt der Lehrkraft, fachdidaktische Konsequenzen unter Berücksichtigung der Schülerperspektive zu ziehen. Zudem unterstützt es den Pädagogen darin, flexibler auf spontan auftretendes Schülerverhalten zu reagieren, da dieses möglicherweise bereits antizipiert wurde. Zu Sequenzbeginn zeigte sich zunächst eine gewisse Zurückhaltung und Unsicherheit bei den Lernenden, die im Verlauf, zu sehen an einem wachsenden Interesse und zunehmender Beteiligung, allmählich nachzulassen schien. Der Einwurf des Lehrerbeispiels »Ich würde gerne ein Glas Orangensaft auf den Tisch stellen« könnte unter dem Gesichtspunkt der *Selbstenthüllung* betrachtet werden. Dadurch wird signalisiert, dass ich, als Lehrerin, den Rahmen für sicher genug halte, um selbst Persönliches zu teilen. Zusammen haben eine *Haltung der Neugier*, die durch aufrichtiges Nachfragen gezeigt werden sollte, eine *Haltung der Geduld*, wenn den Schülern die Zeit, sich zum Thema zu äußern, zugestanden wird, und das *Interesse am Erleben des Kindes*, z. B. wenn die Rückfrage gestellt wird »Könnt ihr das nachvollziehen?«, möglicherweise dazu beigetragen, dass die Schüler sich zunehmend auf ein Unterrichtsgespräch einließen und das Thema damit an sich und ihre innere und äußere Lebenswelt heranließen.

Dieses mentalistisch-verstehende Begegnen in der konkreten Interaktion des Unterrichts lässt sich als ostensiver Reiz an die Jugendlichen interpretieren. Es kann sich darüber der Eindruck entwickeln, dass sie mitbedacht und mitgefühlt werden und eine *echte* Anteilnahme an ihrer Wahrnehmung der Welt besteht, was als Einladung zu einem Lernprozess aufgefasst werden kann (Fonagy u. Champbell, 2017).

4 Fazit

Anhand der kurz umrissenen Sequenz sollte veranschaulicht werden, wie sich eine erzieherische Haltung des mentalistischen Verstehens im schulpraktischen Handeln zeigen kann. Zugleich sollte dieses Herangehen an Planung und Durchführung von Unterricht als Ausgangspunkt für die Vermittlungen von EV dienen. In einem weiteren Schritt folgt idealerweise eine Reflexion der Unterrichtssituation beispielsweise in Form von Supervision (Tacke, 2003). Hier könnte neben dem Schülerverhalten auch das emotionale Erleben und das Handeln des Pädagogen sowie deren Zusammenspiel vom Lehrenden selbst und der Supervisionsgruppe interpretiert werden. Dies ermöglicht, den Einfluss der Lehrer-Schüler-Interaktion in der nichtlinearen Ursacheninterpretation von problematischen wie auch gelungenen Unterrichtsmomenten zu berücksichtigen. Daraus lassen sich zukünftige pädagogische Interventionen ableiten. Langfristig bahnt dies, als Kernidee dieses Ansatzes, eine vertrauensvolle pädagogische Beziehung an, in der sich die Schüler für einen Lernprozess mit dem Lehrer öffnen können (vgl. Patienten-Therapeuten-Beziehung bei Fonagy u. Allisson, 2014). Als Forschungsdesiderat wäre es sicherlich auch interessant, den Zusammenhang zwischen dem Aufbau vom EV der Schüler und dem konkreten kognitiven Lernzuwachs zu untersuchen. Hierzu bedarf es weiterer, intensiver empirischer Forschung. Es wäre daher ein Ziel, die Bedeutungen und Möglichkeiten des Mentalisierens für die Lehrerpersönlichkeit und die Wissensvermittlung auch stärker mit der empirischen Bildungsforschung zu diskutieren.

Literatur

Csibra, G., Gergely, G. (2011). Natural pedagogy as evolutionary adaption. Philosophical Transactions of the Royal Society of London, Series B, Biological Sciences, 366 (1567), 1149–1157.
Fonagy, P., Allison, E. (2014). The role of mentalizing and epistemic trust in the therapeutic relationship. Psychotherapy, 51 (3), 372–380.
Fonagy, P., Champbell, C. (2017). Böses Blut – ein Rückblick: Bindung und Psychoanalyse, 2015. Psyche – Zeitschrift für Psychoanalyse und ihre Anwendungen, 71 (4), 275–305.
Fonagy, P., Gergely, G., Jurist, E., Target, M. (2004). Affektregulierung, Mentalisierung und die Entwicklung des Selbst. Stuttgart: Klett-Cotta.
Gergely, G., Csibra, G. (2009). Natural pedagogy. Trends in Cognitive Sciences, 13 (4), 148–153.
Hattie, J. (2009). Visible learning. A synthesis of over 800 meta-analyses relating to achievement. London u. a.: Routledge.
Kirsch, H., Brockmann, J., Taubner, S. (2016). Praxis des Mentalisierens. Stuttgart: Klett-Cotta.
Mietzel, G. (2007). Pädagogische Psychologie des Lernens und Lehrens (8. Aufl.). Göttingen u. a.: Hogrefe.

Schultz-Venrath, U., Felsberger, H. (2016). Mentalisieren in Klinik und Praxis. Bd 1: Mentalisieren in Gruppen. Stuttgart: Klett-Cotta.
Sperber, D., Clément, F., Heintz, C., Mascaro, O., Mercier, H., Origgi, G., Wilson, D. (2010). Epistemic vigilance. Mind & Language, 25 (4), 359–393.
Tacke, M. (2003). Verstehen als Grundlage supervisionsgeleiteter Veränderung. Individualpsychologische Gruppensupervision mit Lehrer/innen. Organisationsberatung, Supervision, Coaching, 10 (2), 169–176.
Veenhoven, R. (2011). Glück als subjektives Wohlbefinden: Lehren aus der empirischen Forschung. In D. Thomä, C. Henning, O. Mitscherlich-Schönherr (Hrsg.), Glück. Ein interdisziplinäres Handbuch (S. 396–406). Stuttgart: Metzler.

Feld: Mentalisieren in der Sozialen Arbeit

Mentalisieren in der Sozialen Arbeit[1]

Holger Kirsch

> Soziale Arbeit ist mit den sozialen, den psychischen und gesundheitlichen Problemen ihrer Adressaten beschäftigt. Ausgehend von der Annahme, dass in der Sozialen Arbeit die Krisensituation die Normalversorgung darstellt, wird deutlich, dass stressbedingte Zusammenbrüche der Mentalisierungsfähigkeit den Regelfall bilden. Das stellt komplexe Anforderungen an die Beziehungs- und Reflexionsfähigkeit der Fachkräfte. Das Mentalisierungskonzept wird in der Sozialen Arbeit recht interessiert aufgegriffen, in der Praxis jedoch häufig mit anderen Ansätzen gemischt. Sich daraus entwickelnde Chancen und Risiken werden problematisiert.

> *Social work deals with the social, psychological and health problems of its clients. Starting from the assumption that in social work the crisis represents the »standard situation,« it becomes clear that stress-related collapse of mentalizing is quite common. The demands on the relationship and reflection skills of the professionals are complex. In social work, mentalization is taken with interest, but in practice sometimes quickly mixed with other approaches. Evolving opportunities and risks are presented and problematized.*

Die Anfänge der Sozialarbeit liegen in der klassischen Wohlfahrtspflege, der Armen- und Gesundheitsfürsorge und Sozialhilfe, während Sozialpädagogik in der Tradition der Jugendhilfe und der Pädagogik der frühen Kindheit steht (Köhler-Offierski, 2014). Sozialpädagogik und Sozialarbeit werden heute unter dem Begriff »Soziale Arbeit« zusammengefasst. »Soziale Arbeit als Beruf fördert den sozialen Wandel und die Lösung von Problemen in zwischenmenschlichen

---

1 Dieser Beitrag basiert in einzelnen Abschnitten auf: H. Kirsch, A. Bauer (2017). Psychodynamische Perspektiven in der Sozialen Arbeit. Göttingen: Vandenhoeck & Ruprecht.

Beziehungen, und sie befähigt die Menschen, in freier Entscheidung ihr Leben besser zu gestalten. Gestützt auf wissenschaftliche Erkenntnisse über menschliches Verhalten und soziale Systeme greift Soziale Arbeit dort ein, wo Menschen mit ihrer Umwelt in Interaktion treten« (DBSH, 2009). Von der Altenhilfe über Erziehungsberatung, von der Jugendsozialarbeit über betriebliche Sozialarbeit bis hin zur Wohnungslosenhilfe haben sich die Aufgabenfelder zunehmend ausdifferenziert und professionalisiert. Die Hilfs-, Unterstützungs- und Bildungsangebote Sozialer Arbeit werden in der Regel von Institutionen organisiert.

Soziale Arbeit ist mit den sozialen Problemen ihrer Adressaten befasst und mit den damit verbundenen psychischen und gesundheitlichen Problemen. Daher sind die Anforderungen an die Soziale Arbeit komplex. Zweierlei illusionäre Verkennungen der Problemstellungen sind häufig zu beobachten: zum einen die materialistische Illusion, durch geeignete (finanzielle) Unterstützung könne das Problem beseitigt werden, zum anderen die therapeutische Illusion, dass durch Aufdeckung z. B. einer zugrunde liegenden Psychodynamik oder einer Verhaltens- oder Systemveränderung die Krise gelöst werden könne (Spangenberg, 1996). Aufgrund der Komplexität und der Schwierigkeit, gesellschaftlich-strukturelle und individuell-psychologische Perspektiven im Zusammenhang zu betrachten, sind systemische Verständniszugänge oder eklektizistische Ansätze weit verbreitet[2].

Neuere Ansätze in der Gesundheitsforschung (z. B. Mackenbach, 2008; Hurrelmann, Bauer u. Bittlingmayer, 2009) und der psychosomatischen Medizin (Egle, 2015) sehen die Stressverarbeitung als wichtigen Moderator zwischen Kindheitsbelastungen, Armut oder Deprivation einerseits, Konfliktbewältigung und psychischer Gesundheit andererseits. Aktuelle Lebensbedingungen wie Armut oder Arbeitslosigkeit werden als chronische soziale Stressoren verstanden, die häufig Erkrankungen wie Depression, Angststörungen oder Herzkreislauferkrankungen auslösen können (Siegrist u. Theorell, 2008).

Durch die Individualisierung von gesellschaftlichen Formationen und Strukturen ist die Anforderung an das Individuum gewachsen, für sich selbst zu sorgen, eine Art *Selbstmanagement* zu betreiben. Dies betrifft das Selbstwirksamkeitserleben, den Umgang mit Stressoren und die Reflexionsfähigkeit. Auch die Anforderungen an Kinder in der Entwicklung reflexiver Fähigkeiten, emotionaler, sozialer und kognitiver Kompetenzen sind höher geworden (Bengel, Meinders-Lücking u. Rottmann, 2009).

---

2 Die am häufigsten gewählte Psychotherapierichtung in (Erziehungs-)Beratungsstellen ist die systemische Therapie mit ca. 30 %; Verhaltenstherapie und klientenzentrierte Psychotherapie sind mit jeweils 10 % vertreten. Die Psychoanalyse ist mit 4 % eher marginalisiert. Dabei ist ein methodischer Eklektizismus heute Kennzeichen vieler Beratungsstellen (Menne, 2015, S. 7).

Schwere psychosoziale Belastungen während der Kindheit erschweren die Entwicklung der Mentalisierungsfähigkeit, verringern die spätere Stressreaktivität und erhöhen das Risiko für Depression. Eine Konsequenz betrifft wenig wirksame Strategien der Belastungsbewältigung (Nickel u. Egle, 2006). Schwache Kontrollüberzeugungen erklären den Zusammenhang zwischen niedriger sozialer Stellung und schlechter Gesundheit am besten. Sie sind als kritische Komponenten einer hohen Stressbelastung zu betrachten (Bosma, 2008). Hier kann der Mentalisierungsansatz in der Sozialen Arbeit anknüpfen: »Mentalisierung ist ein breit gefasstes Konzept, das gegenwärtig in erster Linie als Bezugsrahmen für das Verständnis einer Vielzahl von mentalen Prozessen herangezogen wird; in zweiter Linie dient es als Plattform des Nachdenkens über das psychische Funktionieren von Einzelpersonen jeden Alters, von Gruppen, Familien, sozialen Systemen und frühen Mutter-Kind-Dyaden; und schließlich kann es auch den Fokus einer Behandlung bilden« (Bateman, 2016, S. 9).

Der Mentalisierungsansatz kann als Bildungs- und Entwicklungsmodell der »Eigenweltaneignung« (Selbst- und Weltaneignung) durch Narration verstanden werden. Das Ziel mentalisierungsfördernder Interventionen besteht ja darin, ein Bewusstsein vom eigenen mentalen Leben zu fördern. Der Klient soll in die Lage kommen, außerhalb seiner eigenen Geschichte zu stehen, seine Bindung auf der Repräsentationsebene zu betrachten (Fonagy, 2009) und mithilfe verbesserter Selbstregulierung sowie verbesserter sozialer Beziehungen (soziales Netzwerk, Bindungsbeziehungen, epistemisches Vertrauen und soziales Lernen) eine gelingendere Alltagsbewältigung zu erreichen.

Die Bedeutung des Mentalisierungskonzepts für die Soziale Arbeit wird in der Literatur immer wieder hervorgehoben, z. B. unterstützen Allen, Fonagy und Bateman (2011) die Einbeziehung von Sozialpädagogen in die Anwendung mentalisierungsfördernder Interventionen (siehe den Beitrag von Ramberg in diesem Band). Auch Mertens betont die breite Anwendbarkeit des Konzepts: »Das Mentalisierungskonzept lässt sich nicht nur bei Menschen […] in Psychotherapie, in der präventiven Arbeit mit Problemfamilien und in der Sozialen Arbeit sowie in pädagogischen Handlungsfeldern einsetzen, sondern darüber hinaus auch in der politischen Auseinandersetzung mit globalen Konflikten« (Mertens, 2012, S. 122).

Mittlerweile existiert ein breites Spektrum an Erfahrungen mit mentalisierungsfördernden Ansätzen in der Sozialen Arbeit. In den letzten Jahren wurden in Schulen oder Stadtteilprojekten Gewaltpräventionsprojekte erprobt (z. B. Twemlow u. Fonagy, 2009; Straub u. Stavrou, 2014) oder Motivationsprobleme und Beziehungsstörungen zwischen Jugendlichen, Betreuern und Lehrenden bearbeitet (Taubner, Curth, Unger u. Kotte, 2014). Als teambasierter Zugang für die (soziale) Arbeit mit schwer erreichbaren Jugendlichen wurde das Adolescent Mentalization-Based Integrative Treatment (AMBIT) entwickelt (Bevington, Fuggle u. Fonagy, 2015). Im Rahmen »früher Hilfen« oder mentalisierungsfördernder Erziehungsberatung werden Familien in schwierigen Lebenssituationen unterstützt[3] (z. B. Sadler, Slade u. Mayes, 2009; Kaufmann u. Zimmer, 2014; Bark, Baukhage u. Cierpka, 2016). Aufbauend auf einer kontinuierlichen Beziehung (zu einer Sozialpädagogin, Erzieherin oder Kinderkrankenschwester) und der Bereitstellung von Hilfen und Informationen werden Interventionen wirksam, die theoretisch und klinisch auf der Bindungstheorie und dem Mentalisierungskonzept basieren. Eltern lernen dadurch, die psychischen Zustände ihrer Kinder sensibler wahrzunehmen und effektiver zu regulieren (Sadler et al., 2009). Fonagy (2009) betont, dass entwicklungsbezogene Anleitung, kurze Kriseninterventionen, unterstützende Behandlung und konkrete Hilfen bei alltäglichen Lebensproblemen in Verbindung mit einsichtsorientierten Interventionen gut in den bindungstheoretischen Bezugsrahmen passen. Das innere Arbeitsmodell für die Versorgung des Kindes veränderte sich bei vielen Eltern durch die Wertschätzung, Aufmerksamkeit und empathische Empfänglichkeit der Sozialarbeiterin oder Therapeutin (Fonagy, 2009).

1 Handlungsdialoge

Als Ausgangspunkt für eine mentalisierungsorientierte Perspektive auf die Problemstellungen der Sozialen Arbeit sollen typische Beratungsanlässe genommen werden, wie sie z. B. Spangenberg (1996, S. 205) beschrieben hat, denn in der Sozialen Arbeit stelle die Krisenintervention die »Normalversorgung« dar. Menschen in prekären Lebenslagen und existenziellen Krisen erleben ihre Sorgen und Nöte oder ihre Leiden im Hier und Jetzt (z. B. drohende Wohnungslosigkeit, Überschuldung oder Armut). Sie stehen in einem Kampf um Gegenwart und Zukunft. Sie erleben, wenig Einfluss auf die Rahmenbedingungen ihres seelischen und sozialen Wohlbefindens zu haben, und leiden oftmals unter einer vielfach belasteten Lebensgeschichte.

Unter diesem Druck versagt häufig die Sprache als wichtigstes Mittel der Symbolisierung zur Verständigung über aktuelle Gefühle und Bedürfnisse. »Stehen zwei Partner unter starkem Bedürfnisdruck, dann sind sprachliche Äuße-

---

3 Im Rahmen eines *Unterstützungsangebotes für Familien* am Anna Freud National Centre for Children and Families in London werden außerdem verschiedene Schulungs- und Behandlungsprogramme für Kinder, Jugendliche und ihre Familien angeboten (http://www.annafreud.org/pages/parenting.html).

rungen von Interessen nicht ultimativ genug, um deren Durchsetzung um jeden Preis zu garantieren« (Spangenberg, 1996, S. 211). Mentalisieren bzw. die Entlastung von ultimativem Motivdruck sowie die Bereitschaft und das Vertrauen, die Perspektive des Anderen probehalber zu übernehmen, sind (erst einmal) gescheitert. Sie sind jedoch Voraussetzungen erfolgreicher sprachlicher Verständigung. Bei ausgeprägter wechselseitiger Misstrauenshaltung bilden sich – so könne man in Unterschichtfamilien häufig beobachten – zunehmend Zonen des Verstummens über existenzielle Konflikte aus (Spangenberg, 1996). Bei Ausbreitung sprachlich »stummer Zonen« wird die Intimitätsregulation mehr und mehr durch einen Handlungsdialog oder durch prämentalisierende Modi bestimmt (siehe den Beitrag von Taubner in diesem Band). Typisch ist z. B. ein starker Handlungsdruck, wenn aus Sicht der Klientin oder des Klienten die Umwelt aktiv werden muss, um innere Spannungszustände zu regulieren (teleologischer Modus). Häufig wird dies als drängend oder manipulativ erlebt. Im konkretistischen Modus z. B. werden eigene Überzeugungen für identisch mit der Realität gehalten. Verschiedene Perspektiven sind dann nicht möglich. Dies geht einher mit einem Mangel an Aufmerksamkeit für die Gedanken und Gefühle anderer sowie einer Neigung zu Generalisierungen und Vorurteilen.

Handlungsdialoge oder »stumme Zonen« in der Intimitätsregulierung (Bindung) zeigen Zusammenbrüche der Mentalisierungsfähigkeit an. Fonagy und Luyten (2009) haben anhand ihres stressabhängigen Schaltmodells auf den Zusammenhang zwischen Stress, Bindung und Mentalisierung hingewiesen. Mit steigendem (Bindungs-)Stress kommen prämentalisierende Formen des Denkens und Wahrnehmens zum Einsatz und automatisierte Kampf- und Fluchtreaktionen werden eingesetzt. Affektregulation, Perspektivenübernahme, Vertrauen in Beziehungen, Verhaltenssteuerung und schließlich die Kompromissfindung (z. B. in der Schuldenregulierung oder in Sorgerechtstreits) sind dann, zumindest situativ, eingeschränkt.

1.1 »Wer versteht, kann (manchmal) zaubern«[4]

Bereits Bernfeld, einer der frühen psychoanalytischen Pädagogen, hob Unterschiede zwischen psychoanalytischer Pädagogik und psychoanalytischer Therapie hervor, die ihre Autonomie als »Neutralität« gegenüber den »sozialen Orten« ihrer Adressaten zu sichern vermöge, das heißt, die Therapie könne das Soziale zu einem gewissen Grad ausklammern. Sozialpädagogik hingegen wisse um ihre Eingebundenheit und Abhängigkeit, ebenso um die ihrer Adressaten,

---

4 Trescher, zit. nach Eggert-Schmid Noerr (1995, S. 14).

in die gesellschaftlichen Verhältnisse (Müller u. Trescher, 1995, S. 65). Trescher stellt der Deutung in der psychoanalytischen Behandlung den »fördernden Dialog« in der Pädagogik entgegen. In der Begleitung und Alltagsgestaltung (oft in informellen Kontakten jenseits formaler Settings) steht die Gestaltung einer fördernden Beziehung im Zentrum psychoanalytischer Pädagogik.

Mit der psychoanalytischen Objektbeziehungstheorie und dem Mentalisierungsansatz sind die theoretischen Voraussetzungen geschaffen, psychoanalytische Pädagogik und Beziehungsgestaltung in der Sozialen Arbeit neu zu formulieren. »Die Losung der Objektbeziehungstheorie gab Fairbairn aus, als er erklärte, das Ich suche nicht Triebbefriedigung, sondern das Objekt und die Objektbeziehung. Demnach kann die Natur des Menschen nicht über eine, wie immer geartete, Dominanz sexueller oder aggressiver Triebe definiert werden, sondern allein über die soziale Beziehung einer Person zu einer anderen« (Shaked, 2011, S. 142). Mit dem Perspektivenwechsel von einer biologisch angelegten Trieb- und Strukturtheorie zu einer Theorie der Sozialisation und Inkulturation rücken konsequenterweise nicht bloß die Bindungs- und Objektbeziehungen des Kleinkindes, sondern auch die soziale Umwelt für die psychische Entwicklung des Kindes in den Mittelpunkt. Dies waren notwendige theoretische Voraussetzungen für die Beschäftigung mit Beziehungen als strukturbildende Elemente (die Psyche als Niederschlag verinnerlichter Beziehungserfahrungen) und die Fokussierung auf das Hier und Jetzt der aktuellen Interaktion.

Die stärkere Berücksichtigung von Kommunikationsprozessen[5], nichtmentalisierenden Kreisläufen (Fearon et al., 2009) und Formen der Affektregulierung ermöglicht neue Perspektiven auf die Beziehungsgestaltung und den »fördernden Dialog«. Die Orientierung an der Bindungstheorie und Entwicklungspsychologie hat ebenso Konsequenzen für die Beziehungsgestaltung und Intervention. Die frühen Umwelterfahrungen für die Entwicklung des Selbst werden betont. Die hilfreiche (sozialpädagogische) Beziehung wird, ähnlich wie in den intersubjektiven Theorien, als kooperativ »demokratisiert«. Die Regulierung des emotionalen Arousals erfolgt durch die sozialpädagogische Haltung und die Beziehung. »Wenn es darum geht, zentrale, unbewusst wirksame ›working models‹ (Bowlby) über menschliche Beziehungen zu korrigieren, braucht man Geduld, denn derartige Überzeugungen sind nicht-sprachlich im prozeduralen Gedächtnis gespeichert, sie lassen sich sprachlich nicht erreichen und ändern« (Körner, 2009, S. 316).

---

5   Z. B. in der Betrachtung teleologischer, konkretistischer oder pseudomentalisierender Modi oder der Bedeutung des epistemischen Vertrauens.

Neben der stressinduzierten Einschränkung der Mentalisierungsfähigkeit wirken sich Belastungen oder Traumata der bisherigen Lebensgeschichte auf den Beratungs- oder Unterstützungsprozess aus. Dabei kommt der Art und Weise, wie der Adressat oder die Adressatin die Beraterin oder den Sozialarbeiter wahrnimmt, eine besondere Bedeutung zu. Hier hat sich das Modell des epistemischen Vertrauens als hilfreich erwiesen (siehe den Beitrag von Nolte in diesem Band), um das Verhalten von Menschen zu verstehen, die als »schwer erreichbar« gelten oder denen es schwerfällt, Unterstützungsangebote anzunehmen, und die daher erst spät, z. B. in Zwangskontexten, professionelle Hilfe annehmen (müssen). Epistemisches Vertrauen meint das basale Vertrauen in eine Bezugsperson als sichere Informationsquelle (Sperber et al., 2010). Das ist deshalb interessant, weil wir es in der Sozialen Arbeit häufig mit Menschen zu tun haben, deren bisherige Beziehungserfahrungen zu einem *epistemischen Misstrauen* führten. Sie sind dann eingeschränkt in der Lage, Hilfsangebote anzunehmen. Beziehungstraumata führen häufig zu desorganisierter Bindung und epistemischem Misstrauen. Die Folgen desorganisierter Bindung sind oft ausgeprägte interpersonale Fehleinschätzungen, Instabilität im Selbstbild und in zwischenmenschlichen Beziehungen sowie Einschränkungen der Mentalisierungsfähigkeit. Wer durch Trauma oder zwischenmenschliche Erfahrungen mit den Bezugspersonen sein *epistemisches Vertrauen* verloren hat, wird zurückgelassen in einer Zwickmühle aus Unsicherheit und permanenter epistemischer Anspannung (Hypervigilanz). Klienten mit epistemischem Misstrauen können sich häufig nicht auf die eigene Wahrnehmung verlassen und können auch Bezugspersonen (z. B. einer Sozialpädagogin) nicht trauen. Sie werden damit einsam, isoliert und von sozialen Lernprozessen abgeschnitten. Ein Individuum mit epistemischem Misstrauen kann sich dadurch nur schwer über interpersonale Erfahrungen verändern. Epistemisches Misstrauen ist kein Mangel an Interesse oder (Veränderungs-)Motivation. Im Gegenteil: Wir können häufig ein drängendes Bedürfnis nach Validierung der eigenen Erfahrungen finden, das in Kombination mit dem basalen Misstrauen eine große Verunsicherung über die Bedeutung der eigenen Erfahrungen auslöst (Kirsch, Brockmann u. Taubner, 2016).

2 Förderung von Mentalisierung

Der Aufbau einer hilfreichen (Arbeits-)Beziehung und die Validierung des Gegenübers als eigenständige Person mit eigenen Motiven, Intentionen und Gefühlen gelten als Grundlage für den Aufbau von epistemischem Vertrauen. Konkrete Unterstützung, Ermutigung, transparente Rahmenbedingungen und

Zielformulierungen dienen der Stressreduktion. Darauf aufbauend können mentalisierungsfördernde Interventionen unterschieden werden. Sie sollen helfen, Verhalten und Handeln als Ausdruck innerpsychischer Prozesse und damit als idiosynkratisch sinnvoll-intentionale Aktivität zu verstehen. Eine mentalisierungsfördernde Haltung in psychosozialer Beratung und Begleitung in der Sozialen Arbeit fördert eine sichere Basis und einen stressfreien Raum (z. B. durch gemeinsame Regulierung des emotionalen Arousals).

Zusammenbrüche der Reflexionsfähigkeit oder Missverständnisse in der Interaktion werden rasch angesprochen und exploriert. Eine empathisch neugierige Haltung des Nichtwissens kann unterschiedliche Perspektiven erkunden und fördert, im Sinne eines entwicklungsfördernden Ansatzes, die Problem- und Zielformulierung des Klienten. Offene Fragen und psychoedukative Elemente helfen, bisherige – problematische – Bedeutungszuschreibungen zu de-konstruieren, und ermöglichen eine Re-Kontextualisierung von Bedeutungen. Erst die Kombination aus Stressentlastung und reflexiver Problemlösung hilft, eine illusionäre Verkennung der Problematik (Spangenberg, 1996) zu vermeiden.

3 Soziale Arbeit findet in Institutionen statt

Die Fähigkeit der Professionellen, Mentalisierung auch in belastenden Situationen aufrechtzuerhalten, stellt Anforderungen an Teamarbeit, Supervision, Führung und Organisationen Sozialer Arbeit. Soziale Arbeit findet überwiegend in Organisationen statt. Organisationen greifen u. a. ein menschliches Grundbedürfnis nach Handlungsorientierung auf. Sie schaffen und erhalten Ordnung, vermitteln Sicherheit und begrenzen individuelle und kollektive Handlungsräume. Sie sorgen dafür, dass komplexe Aufgaben arbeitsteilig erfüllt werden können (Kirsch u. Zapp, im Druck). Für ein mentalisierungsförderliches Organisationsklima ist ein doppeltes Containment erforderlich, einerseits durch klare Strukturen, andererseits durch Reflexionsräume (Kotte u. Taubner, 2016, S. 82). Supervision erleichtert dabei die Perspektivenübernahme; diese ist besonders dann schwierig, wenn unterschiedliche Erwartungen, z. B. durch eine unklare Aufgabenstellung, durch das doppelte Mandat von Hilfe und Kontrolle oder durch Spaltungen vorherrschen.

Zwei häufig verwendete Konzepte in der Sozialen Arbeit sind die Lebensweltorientierung und die Resilienzförderung. Im Fokus der lebensweltorientierten Sozialen Arbeit stehen die Bewältigungsmöglichkeiten von Alltagserfahrungen sowie die Förderung von Ressourcen. Eine kritische Betrachtung der Umsetzung dieses Konzepts zeigt, dass die Alltagserfahrungen der Adressaten und die professionellen Angebote nicht »bruchlos« ineinander aufgehen (Thiersch, 2002, S. 14). Zum einen wird der Ausbau institutioneller Unterstützungsangebote gefordert, damit ausreichend Ressourcen, Raum und Zeit zur Verfügung stehen, um den Adressaten und ihren Konflikten adäquat begegnen zu können. Zum anderen müsse den Institutionen bewusst sein, dass sie aufgrund ihrer standardisierten Methoden eine Tendenz zur »systemischen Schließung« haben (Thiersch u. Böhnisch, 2014, S. 27). Sie stehen im strukturellen Widerspruch zur Lebensweltlichkeit von Erfahrungen, da die Erfahrung der Lebenswelt individuell ist, die institutionellen und professionellen Hilfsmaßnahmen jedoch durch Strukturen vorgegeben sind. Die Institution müsse bereit sein, die Perspektive der individuellen Lebenswirklichkeiten der Adressaten zu übernehmen. Gleichzeitig erfordert dies von den Adressaten, die institutionellen und professionellen Perspektiven mitzudenken. Anders ausgedrückt: Beide Seiten sind aufgefordert zur Perspektivenübernahme und damit zur Mentalisierung. Diese Perspektivenübernahme von beiden Seiten ist für Thiersch und Böhnisch (2014) jedoch selten gegeben, was die Umsetzung des Konzepts der Lebensweltorientierung als Konfliktparadigma erscheinen lässt, solange Mentalisierungsförderung nicht mitgedacht wird (Kirsch u. Jost, 2016).

In Studien zur Wirksamkeit zeigte Resilienzförderung zwar häufig eine hohe Akzeptanz bei den Zielgruppen, aber nicht die gewünschte Wirksamkeit (Bengel et al., 2009). Kritisch betrachtet wird das Resilienzkonzept aus der Perspektive der Psychoanalyse, der Bindungsforschung und aus pädagogischer Sicht (Korn, 2012). Versteht man Resilienz als dynamischen Prozess der Interaktion mit der Umwelt, dann basiert eine Anpassung und Integration der Erfahrungen nicht allein auf der Exposition gegenüber Risikofaktoren und dem Vorhandensein von Ressourcen, sondern die Moderatoren geraten in den Vordergrund. Hier spielt das Mentalisierungskonzept eine bedeutsame Rolle (Stein, 2009). Aus psychoanalytischer Sicht kann Resilienz als Fähigkeit zur Mentalisierung verstanden werden, bei und nach stressauslösenden Situationen die Selbstregulation besser aufrechtzuerhalten oder wiederzugewinnen. Die Kompetenz zur Selbstreflexion wirkt als resilienter Faktor und verhindert die intergenerationelle Transmission von unsicherer Bindung. Neben einem sicheren Bindungsmuster ist dazu das symbolische Repräsentationssystem von mentalen Zuständen nötig (Mertens, 2012). Mentalisierungsfördernde Interventionen sind daher resilienzfördernd und stehen im Kontext bindungstheoretischer Modelle. Bei beiden liegt der Schwerpunkt in der wachstumsfördernden Gestaltung von Beziehungen.

Der Mentalisierungsansatz wird als Brückenkonzept mit breiter empirischer Basis (Taubner, 2015) auch in der Sozialen Arbeit interessiert aufgegriffen. Dies ist intendiert und erfreulich, gleichzeitig ergeben sich daraus neue Problemstellungen. Geht man davon aus, dass Beratung, oder sogar Soziale Arbeit allgemein, meist eklektizistisch arbeitet und gern unterschiedliche Methoden kombiniert werden, so ergeben sich mindestens zwei Szenarien.

Erstens, die Anschlussfähigkeit an bereits bestehende (und wirksame) Ansätze ist eine Bereicherung für beide Seiten, wie wir es z. B. in der MBT-F für Familien (Asen u. Fonagy, 2015) oder im Marte-Meo-Ansatz finden (Aarts, 2009)[6]. Hier wird von einer theoretisch begründeten Überschneidung der Ansätze ausgegangen. Zweitens, die Anwendung mentalisierungsfördernder Techniken entfernt sich von den zugrunde liegenden theoretischen Annahmen (z. B. in der reflexiven Haltung). Dabei macht sich oft ein Hysteresis-Effekt bemerkbar. Die vorausgehende berufliche Sozialisation und Ausbildung bestimmen, was von dem Konzept aufgenommen werden kann und wie dies in die (alten) Denk- und Wahrnehmungsstrukturen eingebaut wird. Daraus erwächst die Gefahr, dass der Mentalisierungsansatz als Interventionstechnik aus seinem Bezugsrahmen herausgelöst oder auf einzelne Stichworte reduziert wird (»Hast wohl wieder deine Stresskurve erreicht?«), um dann in einem eklektizistischen Nebeneinander mit vielen anderen, mehr oder weniger theoretisch ausgearbeiteten Konzepten zu versanden. Um einer solchen Entwicklung entgegenzuwirken, erscheint die Anbindung des Mentalisierungskonzept an die psychoanalytische Theorie[7] und die psychoanalytische Pädagogik elementar. Die psychoanalytische Perspektive auf Beziehung und subtile Kommunikationsprozesse bleibt als Grundlage unverzichtbar, um eine mentalisierungsfördernde Haltung und einen fördernden Dialog unter den verschiedenen Bedingungen Sozialer Arbeit aufrechtzuerhalten und weiterzuentwickeln.

Literatur

Aarts, M. (2009). Marte Meo. Ein Handbuch (2. Aufl.). Eindhoven: Aarts Production.
Allen, J. G., Fonagy, P., Bateman, A. W. (2011). Mentalisieren in der psychotherapeutischen Praxis. Stuttgart: Klett-Cotta.
Asen, E., Fonagy, P. (2015). Mentalisierungsbasierte Familientherapie. In A. W. Bateman, P. Fonagy (Hrsg.), Handbuch Mentalisieren (S. 135–158). Gießen: Psychosozial-Verlag.

---

6 Marte Meo wird beschrieben als ein aus der Praxis (insbesondere mit autistischen Kindern) heraus entstandenes Beratungs- und Unterstützungsangebot für Eltern, das meines Wissens nicht explizit auf den Mentalisierungsansatz Bezug nimmt, aber in der Anwendung große Überschneidungen aufweist.
7 Hier sind besonders die Arbeiten von Winnicott, Bion und Bowlby gemeint (Fonagy u. Target, 2006).

Bark, C., Baukhage, I., Cierpka, M. (2016). A mentalization-based primary prevention program for stress prevention during the transition from family care to day care. Mental Health and Prevention, 4, 49–55. DOI: 10.1016/j.mhp.2015.12.002

Bateman, A. W. (2016). Vorwort. In H. Kirsch, J. Brockmann, S. Taubner (Hrsg.), Praxis des Mentalisierens (S. 9–20). Stuttgart: Klett-Cotta.

Bengel, J., Meinders-Lücking, F., Rottmann, N. (2009). Schutzfaktoren bei Kindern und Jugendlichen – Stand der Forschung zu psychosozialen Schutzfaktoren für Gesundheit. Bd. 35. Köln: Bundeszentrale für gesundheitliche Aufklärung.

Bevington, D., Fuggle, P., Fonagy, P. (2015). Applying attachment theory to effective practice with hard-to-reach youth: The AMBIT-approach. Attachment & Human Development, 17 (2), 157–174.

Bosma, M. (2008). Sozioökonomische Gesundheitsunterschiede und die Rolle der Kontrollüberzeugungen. In J. Siegrist, M. Marmot (Hrsg.), Soziale Ungleichheit und Gesundheit. Erklärungsansätze und gesundheitspolitische Folgerungen (S. 195–211). Bern: Huber.

Deutscher Berufsverband für Soziale Arbeit (DBSH) (2009). Grundlagen für die Arbeit des DBSH e. V. Zugriff am 18.04.2018 unter https://www.dbsh.de/fileadmin/downloads/grundlagenheft_-PDF-klein_01.pdf

Egle, U. T. (2015). Gesundheitliche Langzeitfolgen psychischer Traumatisierung in Kindheit und Jugend. In Nationales Zentrum Frühe Hilfen in der BZgA (Hrsg.), Tagungsbegleiter: Stellt die frühe Kindheit Weichen? (S. 66–74). Zugriff am 18.04.2018 unter https://www.fruehehilfen.de/fileadmin/user_upload/fruehehilfen.de/pdf/Publikation_NZFH_Tagungsbegleiter_Stellt_Kindheit_Weichen.pdf

Fearon, P., Target, M., Sargent, J., Wiliams, L., McGregor, J., Bleiberg, E., Fonagy, P. (2009). Mentalisierungs- und beziehungsorientierte Kurzzeittherapie (SMART): eine integrative Familientherapie für Kinder und Jugendliche. In J. G. Allen, P. Fonagy (Hrsg.), Mentalisierungsgestützte Therapie: Das MBT-Handbuch – Konzepte und Praxis (S. 285–313). Stuttgart: Klett-Cotta.

Fonagy, P. (2009). Bindungstheorie und Psychoanalyse (3. Aufl.). Stuttgart: Klett Cotta.

Fonagy, P., Luyten, P. (2009). A developmental, mentalization-based approach to the understanding and treatment of borderline personality disorder. Development and Psychopathology, 21 (4), 1355–1381. DOI: 10.1017/S0954579409990198

Fonagy, P., Target, M. (2006). Psychoanalyse und die Psychopathologie der Entwicklung. Stuttgart: Klett-Cotta.

Hurrelmann, K., Bauer, K., Bittlingmayer, M. (2009). Health Inequalities: ein Schicksal moderner Industriegesellschaften? Jahrbuch für Kritische Medizin und Gesundheitswissenschaften, 43, 13–35.

Kaufmann, L., Zimmer, S. (2014). Mentalisierungsgestützte Erziehungsberatung. In H. Kirsch (Hrsg.), Das Mentalisierungskonzept in der Sozialen Arbeit (S. 62–82). Göttingen: Vandenhoeck & Ruprecht.

Kirsch, H., Brockmann, J., Taubner, S. (2016). Praxis des Mentalisierens. Stuttgart: Klett-Cotta.

Kirsch, H., Jost, H. (2016). Aspekte interkultureller Öffnung in der psychosozialen Versorgung. Arbeitspapiere aus der Evangelischen Hochschule Darmstadt. Abgerufen am 23.09.2017 unter: https://www.eh-darmstadt.de/fileadmin/user_upload/PDFs/Forschung/Arbeitspapier_Nr_23.pdf

Kirsch, H., Zapp, H. (im Druck). Mentalisieren in Sozialen Organisationen. In S. Kotte, S. Taubner (Hrsg.), Mentalisieren in Organisationen. Berlin: Springer-Verlag.

Köhler-Offierski, A. (2014). Das Mentalisierungskonzept im Kontext der Lehre und Aufgaben Sozialer Arbeit. In H. Kirsch (Hrsg.), Das Mentalisierungskonzept in der Sozialen Arbeit (S. 51–56). Göttingen: Vandenhoeck & Ruprecht.

Korn, L. (2012). Resilienz – eine interdisziplinäre Annäherung an Konzept und Forschung. Praxis der Kinderpsychologie und Kinderpsychiatrie, 61, 305–321.

Körner, J. (2009). Psychoanalyse und Psychotherapie, Bildung und Erziehung. Forum der Psychoanalyse, 25, 311–321.
Kotte, S., Taubner, S. (2016). Mentalisierung in der Teamsupervision. Organisationsberatung, Supervision, Coaching, 75, 75–89.
Mackenbach, M. (2008). Sozioökonomische Ungleichheiten in Westeuropa: von der Beschreibung über die Erklärung zur Intervention. In J. Siegrist, M. Marmot (Hrsg.), Soziale Ungleichheit und Gesundheit: Erklärungsansätze und gesundheitspolitische Folgerungen (S. 281–315). Bern: Huber.
Menne, K. (2015). Psychotherapeutisch kompetente Erziehungsberatung – ihre Rahmenbedingungen und rechtlichen Grundlagen. Praxis Kinderpsychologie und Kinderpsychiatrie, 64 (1), 4–19.
Mertens, W. (2012). Psychoanalytische Schulen im Gespräch. Bd. 3: Psychoanalytische Bindungstheorie und moderne Kleinkindforschung. Bern: Huber.
Müller, B., Trescher, H. G. (1995). Analyse und Praxis. Eine Einführung in Siegfried Bernfelds Sozialpädagogik. In F. Barth (Hrsg.), Evangelische Fachhochschule Darmstadt. Fördernder Dialog – Psychoanalytische Pädagogik als Handlungstheorie. Zum Gedenken an Prof. Dr. habil. Hans-Georg Trescher (S. 57–68). Darmstadt: Bogen Verlag.
Nickel, R., Egle, U. T. (2006). Psychological defense styles, childhood, adversities and psychopathology in adulthood. Child Abuse & Neglect, 30, 157–170.
Sadler, L. S., Slade, A., Mayes, L. C. (2009). Das Baby bedenken: mentalisierungsgestützte Erziehungsberatung. In J. G. Allen, P. Fonagy (Hrsg.), Mentalisierungsgestützte Therapie. Das MBT-Handbuch – Konzepte und Praxis (S. 375–383). Stuttgart: Klett-Cotta.
Shaked, J. (2011). Ein Leben im Zeichen der Psychoanalyse. Gießen: Psychosozial-Verlag.
Siegrist, J., Theorell, J. (2008). Sozioökonomischer Status und Gesundheit: die Rolle von Arbeit und Beschäftigung. In J. Siegrist, M. Marmot (Hrsg.), Soziale Ungleichheit und Gesundheit: Erklärungsansätze und gesundheitspolitische Folgerungen (S. 99–130). Bern: Huber.
Spangenberg, N. (1996). Vom Umgang mit Multi-Problem-Familien: Eine exemplarische Einführung in die Sozialtherapie. In P. Möhring, T. Neraal (Hrsg.), Psychoanalytisch orientierte Familien- und Sozialtherapie. Das Gießener Konzept in der Praxis (S. 204–224). Gießen: Psychosozial-Verlag.
Sperber, D., Clement, F., Heintz, C., Mascaro, O., Mercier, H., Origgi, G., Wilson, D. (2010). Epistemic vigilance. Mind & Language, 25 (4), 359–393.
Stein, H. (2009). Fördert das Mentalisieren die Resilienz? In J. G. Allen, P. Fonagy (Hrsg.), Mentalisierungsgestützte Therapie. Das MBT-Handbuch – Konzepte und Praxis (S. 422–449). Stuttgart: Klett-Cotta.
Straub, K., Stavrou, A. (2014). Mentalisierungsbasierte Gewaltprävention an einer Grundschule. In H. Kirsch (Hrsg.), Das Mentalisierungskonzept in der Sozialen Arbeit (S. 96–114). Göttingen: Vandenhoeck & Ruprecht.
Taubner, S. (2015). Konzept Mentalisieren. Eine Einführung in Forschung und Praxis. Gießen: Psychosozial-Verlag.
Taubner, S., Curth, C., Unger, A., Kotte, S. (2014). Die mentalisierende Berufsausbildung – Praxisbericht aus einer Pilotstudie an einem Berufsbildungswerk für lernbehinderte Adoleszente. Praxis der Kinderpsychologie und Kinderpsychiatrie, 63, 738–760.
Thiersch, H. (2002). Positionsbestimmung der Sozialen Arbeit. Gesellschaftspolitik, Theorie und Ausbildung. Weinheim: Juventa.
Thiersch, H., Böhnisch, L. (2014). Spiegelungen. Lebensweltorientierung und Lebensbewältigung. Gespräche zur Sozialpädagogik. Weinheim: Juventa.
Twemlow, S. W., Fonagy, P. (2009). Vom gewalterfüllten sozialen System zum mentalisierenden System: ein Experiment in Schulen. In J. G. Allen, P. Fonagy (Hrsg.), Mentalisierungsgestützte Therapie. Das MBT-Handbuch – Konzepte und Praxis (S. 399–421). Stuttgart: Klett-Cotta.

Mentalisierungsfördernde Interventionen in der Justizvollzugsanstalt

Jessica Held, Christine Wagener, Nathanael Armbruster, Benjamin Neuls und Holger Kirsch

Ausgehend von der Annahme eines Zusammenhangs zwischen Mentalisierungsstörungen und Gewalt oder Delinquenz werden zwei mentalisierungsfördernde Pilotprojekte in Justizvollzugsanstalten vorgestellt. Die erste Arbeitsgruppe führte ein mentalisierungsförderndes Gruppenprojekt mit Frauen in Haft durch. Die zweite Arbeitsgruppe arbeitete in einem Gewaltpräventionsprojekt mit männlichen Delinquenten in einer Jugendstrafanstalt.

Starting from the assumption of a link between mentalizing and violence or delinquency, two pilot projects promoting mentalizing in prison are presented. The first group conducted a project promoting mentalizing with a group of jailed women. The second group started a violence prevention project with male offenders in a youth penal institution.

Im Masterstudiengang Soziale Arbeit der Evangelischen Hochschule Darmstadt werden Studierende über zwei Semester hinweg im Mentalisierungsansatz ausgebildet. In diesem Zusammenhang sind zwei Projekte zum Thema »Mentalisierungsfördernde Interventionen in der Justizvollzugsanstalt« entstanden. Mit großem Engagement haben die Studierenden benachteiligte Zielgruppen aus Arbeitsfeldern der Sozialen Arbeit ausgewählt und mentalisierungsfördernde Interventionen erprobt. Ohne den Anspruch wissenschaftlicher Forschungsprojekte, aber mit der Aufgabe, eine gewissenhafte Dokumentation, Evaluation und Reflexion durchzuführen, können diese Lehr-Praxis-Projekte zeigen, dass die Akzeptanz des Mentalisierungsansatzes in unterschiedlichen Handlungsfeldern gut war und strukturierte Gruppeninterventionen mit konkreten Interventionszielen durchführbar sind.

1 Theoretische Bezüge

Bereits Bowlby wies auf den Zusammenhang hin, dass frühkindliche Deprivation bei Kindern dazu führen kann, auf spätere Anforderungen mit antisozialen Verhaltensweisen zu reagieren. Er verweist hierbei auf eine Studie mit 102 delinquenten Jugendlichen im Alter zwischen 15 und 18 Jahren, welche in einem Fürsorgeerziehungsheim lebten und frühkindliche Ängste aus Deprivation und Mutterverlust mit kriminellen Verhaltensweisen kompensierten (Bowlby, 2005, S. 12). Der Mangel an Gelegenheit, eine gelingende Bindung aufzubauen, aber auch ein häufiger Wechsel von Bezugspersonen in den ersten Lebensjahren können einen gefühlsarmen und kriminellen Charakter von Kindern hervorbringen (Bowlby, 2005, S. 44).

Psychische Erkrankungen und aggressives Verhalten werden mit Verzerrungen der sozialen Informationsverarbeitung in Verbindung gebracht (Taubner, Wiwede, Nolte u. Roth, 2010, S. 314). Das Individuum greift dabei automatisch auf innere Arbeitsmodelle aus der frühen Entwicklung zurück. Dies können Schemata aus aversiven Bindungserfahrungen sein. Auch ein, häufig mit desorganisierter Bindung einhergehendes, epistemisches Misstrauen führt zu einer Stressreaktion (epistemic hypervigilance) in sozial uneindeutigen Situationen (Kirsch, Brockmann u. Taubner, 2016). Ein Zusammenhang zwischen aggressivem Verhalten bei unsicherer Bindung und einer niedrigen Mentalisierungsfähigkeit konnte in einigen Studien bestätigt werden (z. B. Taubner u. Juen, 2010; Taubner u. Curth, 2013). Nach Fonagy und Target (2003, S. 301) haben etwa 80 % der jugendlichen Straftäter eine Vorgeschichte von Misshandlung zu verzeichnen und rund ein Viertel der Kinder und Jugendlichen, welche in ihrer Kindheit schwer misshandelt wurden, werden später strafrechtlich verurteilt.

2 Zielgruppe und Institution »Justizvollzugsanstalt«

Ausgangspunkt der Projekte war die Annahme, dass für Gefangene in Justizvollzugsanstalten ein Bedarf an mentalisierungsfördernden Interventionen bestehe. Unabhängig von der individuellen Mentalisierungsfähigkeit wirken Zwangskontext und der stark kontrollierte Raum[1] als starke Stressoren, die sich negativ auf die Mentalisierungsfähigkeit auswirken.

---

1 Auch persönliche Freiheiten sind deutlich eingeschränkt, z. B. Tagesablauf, kein Handy, keine PC-Nutzung.

Mentalisierungsförderung soll das Risiko für erneute Straffälligkeit senken, den Inhaftierten die Selbststeuerung und den Haftalltag erleichtern. Sie bietet die Möglichkeit, neue Handlungsperspektiven zu erarbeiten. Kritisch anzumerken ist jedoch, dass die Mentalisierungshemmung auch einen Schutz darstellen kann, nicht mit traumatischen Gefühlen konfrontiert zu sein. Daher bedeutet die Verbesserung der Mentalisierungsfähigkeit auch das Risiko von mehr Schmerz und kann subjektiv als Belastung wahrgenommen werden (besonders in einer durch Misstrauen und Kontrolle geprägten sozialen Umgebung wie im Gefängnis).

Die beiden Projekte wurden in zwei verschiedenen Justizvollzugsanstalten durchgeführt. Das erste Projekt (Held und Wagener) fand in einer Justizvollzugsanstalt für Frauen statt. Die Teilnehmerinnen waren zwischen 25 und 48 Jahren alt und hatten überwiegend keinen oder einen niedrigen Schulabschluss. Sie waren wegen unterschiedlicher Straftaten inhaftiert; von Diebstahl, Erschleichen von Leistungen, Missbrauch von Titeln, Berufsbezeichnungen oder Abzeichen, Trunkenheit am Steuer und Vergehen gegen das Betäubungsmittelgesetz bis zu schwerem Raub, räuberischer Erpressung, schwerer und gefährlicher Körperverletzung und Mord.

Die 16 Frauen waren auf einer Behandlungsstation untergebracht, diese vollstreckt Freiheitsstrafen ab 24 Monaten. Die Behandlungsstation unterscheidet sich von anderen Vollzugsabteilungen dadurch, dass sie das unfreiwillige Zusammenleben der Frauen zu therapeutischen Zwecken zu nutzen versucht. Dies geschieht durch niedrigschwellige Angebote und soziales Training. Die Angebote des Wohngruppenvollzugs sind für alle Frauen verbindlich und bilden den Rahmen für Lern- und Trainingsprozesse. Behandlungsziele sind u. a. die Auseinandersetzung mit der Straftat, die Befähigung zur gewaltfreien Konfliktlösung und die Förderung zwischenmenschlicher Beziehungen. Diese Ziele sollen durch themenbezogene Projekte, Soziale-Kompetenz-Training oder eine Schreibwerkstatt umgesetzt werden. In Anbetracht des Behandlungskonzepts wurde die mentalisierungsfördernde Intervention als *kreatives Schreiben* gewählt und damit als vertrautes Angebot wahrgenommen.

Das zweite Projekt (Neuls und Armbruster) war in einer Justizvollzugsanstalt für den geschlossenen Vollzug von männlichen Jugendlichen angesiedelt. Die Heranwachsenden, im Alter von 14 bis 19 Jahren, wurden dort in Wohngruppen untergebracht, die von einem Sozialpädagogen betreut wurden. Seit einer Strafrechtsreform 2008 wird in § 2 des HessJStVollzG das Erziehungsziel des Jugendstrafvollzugs besonders betont: »(1) Durch den Vollzug der Jugendstrafe sollen die Gefangenen befähigt werden, künftig in sozialer Verantwortung ein Leben ohne Straftaten zu führen (Erziehungsziel).« Zur Anstalt gehören daher unterschiedliche Bereiche, die die *schulische* oder *berufliche* Bildung fördern, denn der überwiegende Teil der Inhaftierten hat keinen Schulabschluss oder gravierende Bildungslücken.

Das Projekt war als ein Gruppenangebot zur Gewaltprävention konzipiert. In einem Vorbereitungstreffen konnten die Teilnehmer einen Überblick über den Ablauf der einzelnen Sitzungen gewinnen. Zu diesem Vortreffen kamen acht junge Männer. Verbindlich zur Teilnahme meldeten sich sechs Teilnehmer an. Die Gründe für die Inhaftierung waren nach den Aussagen der Gefangenen u. a. räuberische Erpressung, schwere Körperverletzung, Verstoß gegen das Betäubungsmittelgesetz und Mord.

3 Konzeption

In der Konzeption und Planung der Projekte ließen sich Bindungstheorie und Mentalisierungsansatz gut mit Konzepten der Sozialen Arbeit, z. B. dem Empowermentansatz, verbinden (Herriger, 2010). Ziel der beiden Projekte war es, durch *mentalisierungsorientierte* soziale Gruppenarbeit die Stressbewältigung in alltagsnahen Belastungssituationen zu verbessern. Neuere Ansätze in der Gesundheitsforschung (z. B. Seiffge-Krenke u. Lohaus, 2007; Hurrelmann, Bauer u. Bittlingmayer, 2009) sehen die *Stressbewältigungskompetenz* als zentralen Moderator zwischen Deprivation, Kindheitsbelastungen und psychischer Gesundheit. Menschen mit belasteter Kindheit verwenden im Alltag häufiger unreife bzw. weniger erfolgreiche Anpassungs- und Konfliktbewältigungsstrategien, die das Stresserleben eher verstärken (Nickel u. Egle, 2006). Um diesem Ziel Rechnung zu tragen, wurde versucht, einen stressfreien Raum zu schaffen, eine transparente und mentalisierungsfördernde (wertschätzende, offen-neugierige und nichtwissende) Haltung einzunehmen.

Soziale Gruppenarbeit versteht sich als eigenständige Methode Sozialer Arbeit. Hierbei werden Gruppenprozesse und didaktische Elemente (Spiele, Übungen, Vermittlung von Inhalten) genutzt, um soziales Lernen, Empathie und Kooperationsbereitschaft zu fördern (Schmidt-Grunert, 1997). Gruppenkontexte sind für die Förderung von Mentalisierung besonders geeignet (Schulz-Venrath, 2013) und bedeutend, weil eine aktive Auseinandersetzung mit eigenen und fremden Affektzuständen und häufige Perspektivenwechsel die Entwicklung der reflexiven Kompetenz fördern.

Die erste Arbeitsgruppe mit dem Gruppenprojekt kreatives Schreiben wollte in erster Linie Spaß am Schreiben ermöglichen, die Sprachfähigkeit und Kreativität verbessern. Dabei werden Fantasie und Sprache herausgefordert, um Situationen durchzuspielen und zu modifizieren. An dieser Stelle wird die Analogie zur symbolischen Regulation und dem Als-ob-Spiel deutlich. Es wird mit Wörtern, Texten, Bildern oder mit den eigenen Gedanken gespielt und experimentiert, ohne dass dies direkte Auswirkung auf die Realität hat.

Der Narration als Identitäts- und Bewältigungsarbeit wird eine sinnstiftende Bedeutung zugeschrieben. Die Kohärenz biografischer Erzählungen vermittelt die mehr oder weniger gut gelungene Bewältigung herausragender Erfahrungen und Stressoren[2]. »Die narrative Identitätstheorie geht davon aus, dass Identität sich vor allen Dingen in narrativen, erzählenden Strukturen reproduziert, rekonstruiert und entwickelt« (Lucius-Hoene, 2010, S. 13). Die Erzählform schafft Bedeutung für aktuelle Handlungen und biografische Erfahrungen (Kontextualisierung). Das Überführen in Sprache (Symbolisierung) verlangt Konkretisierung und eine innere Distanzierung und muss vom Leser (mit seinem Vorwissen, seinen Erwartungen und Reaktionen) verstanden werden.

Das zweite Projekt mit männlichen Jugendlichen in der Justizvollzugsanstalt ging davon aus, dass soziales Lernen und metakognitive Fähigkeiten bei der Konfrontation mit provokativen Verhaltensweisen helfen können, diese als inneren mentalen Zustand des Provokateurs zu verstehen, um dadurch einen gelasseneren Umgang mit Provokationen zu ermöglichen. So wurde als Ziel formuliert, konflikthafte Situationen möglichst gewaltfrei zu lösen oder wenigstens nicht zu ihrer Eskalation beizutragen. Um eine gute Akzeptanz zu erzielen, hat die Gruppenleitung großen Wert darauf gelegt, durch die didaktische Umsetzung einen Zugang zur Lebenswelt der Häftlinge zu finden.

4 Durchführung

»*Mein Kind ist mein Ein und Alles und auch, wenn es mir wirklich schlecht geht, macht mich ein Kinderlächeln glücklich.*« (Zitat einer Teilnehmerin)

»*Ich suche einen Spieler, der den Mumm hat, nicht zurückzuschlagen.*« (Zitat aus dem Film »42«)

Beide Projekte umfassten sieben Sitzungen. Zu Beginn wurde das Thema Mentalisierung eingeführt. Um der Gruppe einen klaren und strukturierten Rahmen zu geben, wurde jede Sitzung mit einer Einführungsrunde begonnen und mit

---

[2] Nicht zuletzt wird im Adult-Attachment-Interview die Narration als Grundlage für die Einschätzung der Bindungssicherheit (innere Arbeitsmodelle) bei Erwachsenen sowie für die Einschätzung der reflexiven Kompetenz (RF-Skala) genutzt.

einer Abschlussrunde beendet. Die Planung, Ziele und Struktur der Termine wurden auf einem Flip-Chart visualisiert und trugen zu einer transparenten Gestaltung der Termine bei. Spiel- und Übungsangebote wurden in Anlehnung an die mentalisierungsorientierte Psychoedukation (Haslam-Hopwood, Tobias, Allen, Stein u. Bleiberg, 2009; Kirsch, 2014) eingesetzt (z. B. das Aufschreiben bekannter Gefühlsworte und die Diskussion der Bedeutungen, Selbst- und Fremdbilder). Im weiteren Verlauf wählten die Gruppenleiter dann unterschiedliche Methoden und Akzente.

Im kreativen Schreiben widmeten sich die folgenden Sitzungen dem Schreiben von Texten; hier stand die kreative Auseinandersetzung mit den Themen Vertrauen, Wünsche und Fantasien im Mittelpunkt. Dabei erhielt jede Teilnehmerin ein Schreibheft. Dieses Heft konnte dafür genutzt werden, am Ende der Treffen die eigenen Gefühle oder Besonderheiten des Tages einzutragen. Die Frauen konnten diese Hefte auch mit zu den Treffen bringen und für Notizen nutzen. Ziel war es, die Frauen zu motivieren, sich auch außerhalb der Treffen mit dem Thema zu beschäftigen. Die siebte und letzte Sitzung wurde für den Abschied, zur Reflexion und Evaluation genutzt.

Im Mittelpunkt des zweiten Projektes stand der Umgang mit Aggression. Hier wurden z. B. ausgewählte Filmsequenzen gezeigt, um diese dann gemeinsam zu diskutieren. Um das Thema Affektregulierung für die jungen Männer erfahrbar zu machen, wurden mehrere Filmsequenzen aus dem Spielfilm »42« vorgeführt. Der Film erzählt die Geschichte des ersten afroamerikanischen Baseballspielers, Jackie Robinson, in der Major Baseball League (MLB). Dieser musste zu Beginn seiner Karriere (1946) gewaltvolle Demütigungen und Provokationen erleben und entschied sich dazu, keine Vergeltung zu üben. Durch sein Bekenntnis zur Gewaltlosigkeit diente er vielen schwarzen US-Bürgern als Identifikationsfigur, was auch der Integration der Afroamerikaner zugutekam, da so eine Gewaltspirale durchbrochen wurde. Als Profi der Brooklyn Dodgers wurde er in seiner dritten Spielzeit als bester Spieler der Liga ausgezeichnet (Metaxas, 2013, S. 167). Der Film »42« eignete sich daher besonders für das Gewaltpräventionsprojekt. Die Hauptperson des Films ist ein gesellschaftlicher Außenseiter – ähnlich wie sich einige der jungen Gefangenen sehen – und in den Filmausschnitten werden unterschiedliche Konfliktsituationen gezeigt, z. B. wie Jackie Robinson von einem Gegenspieler zutiefst beleidigt und gekränkt wird. Der Film zeigt auch den inneren Kampf, mit diesen Herausforderungen und Konflikten deeskalierend umzugehen.

Im Anschluss an die gezeigten Filmsequenzen wurden Fragen diskutiert: Welche Gefühle, Ziele und Bedürfnisse haben die Personen in dieser Szene und wie handeln sie? Wie hättest du dich in der Situation verhalten? In den Diskussionen standen die Themen Ehre, Respekt, Gesicht verlieren und Schwäche im Vordergrund und wiesen auf die große narzisstische Verletzlichkeit der jungen Männer hin. Die Fragen sollten helfen, rasch ablaufende, nichtmentalisierende Kreisläufe zu identifizieren, um anzuhalten, eine kurze Pause zum Perspektivwechsel einzulegen und Mentalisieren unter hohem emotionalen Arousal einzuüben.

5 Auswertung

Die erste Herausforderung der Pilotprojekte bestand darin, ein komplexes theoretisches Konzept im Kontext des Jugend- und Frauenstrafvollzugs so anzuwenden, dass mit der didaktischen Umsetzung ein Zugang zu den Inhaftierten gefunden werden konnte.

Die Schlussfolgerungen basieren auf der Auswertung der Gedächtnisprotokolle nach jeder Sitzung, den Rückmeldungen der Inhaftierten in der letzten Sitzung und der anschließenden Reflexion der Gruppenleitung. Zusätzlich wurde ein Fragebogen zur Erfassung der Mentalisierungsfähigkeit im Projekt kreatives Schreiben eingesetzt.

Gemeinsamkeiten und Unterschiede der beiden Gruppen können wie folgt gegliedert werden. Zu Beginn prägten Unruhe und hohe Ablenkbarkeit die Gruppen. In beiden Gruppen war es schwierig, eigene Anteile an Konflikten zu benennen. Innerhalb des kurzen Interventionszeitraums gelang es, eine gute Akzeptanz der Gruppenangebote zu erreichen (Rückmeldungen nach den Treffen und der Wunsch, die Intervention möge fortgesetzt werden). Unterschiede zwischen den Gruppen zeigten sich z. B. im Ausmaß von Misstrauen, Gewaltbereitschaft und der zentralen Bedeutung von Scham, Ehre und Ansehen.

Im kreativen Schreiben zeigten die Teilnehmerinnen zunächst häufig prämentalisierende Modi im Denken und Wahrnehmen. Es gab kaum Raum für Neugier oder Kreativität. Es bestanden viele feindselige und misstrauische Befürchtungen gegenüber der Gruppenleitung, z. B. Angst, die Texte der Frauen würden heimlich veröffentlicht oder die Gruppenleitung könnte zu viel über sie und ihre Gefühle erfahren und dies gegen sie verwenden. Durch die mentalisierende Haltung der Gruppenleitung und die Transparenz der Intervention gelang es langsam, mit den Frauen in Beziehung zu treten, und es kam ein ausgeprägter Wunsch, verstanden zu werden, sowie eine große Bereitschaft, eigene Texte vorzutragen, zum Ausdruck. Dies zeigte sich beispielsweise darin, dass die Frauen am Ende der Intervention ihre Texte der Gruppenleitung mitgaben, welche sie mit persönlichen Widmungen und teilweise ihren Namen versehen hatten.

Die Reflexion des Projektes beinhaltete die Wahrnehmung, dass die Haltung der Justizvollzugsbeamten häufig durch eine entwertende Sprache und großes Misstrauen gegenüber den inhaftierten Frauen gekennzeichnet war. Mentalisieren gilt genauso als interpersonale Fähigkeit, wie sie eine intrapsychische ist, daher hängt sie eng mit dem Beziehungskontext zusammen (Luyten, Fonagy, Lowyck u. Vermont, 2015). Die alltägliche Auseinandersetzung mit Forderungen, Projektionen, konkretistischen oder pseudomentalisierenden Schilderungen ohne geeigneten Reflexionsraum (z. B. durch Supervision) belastet und kann die Reflexionsfähigkeit der Professionellen einschränken. Dabei wurde auch deutlich, dass das für Mentalisierung notwendige Vertrauen im (strukturellen) Widerspruch zum Auftrag der Kontrolle und Zwang im Justizvollzug steht.

Für einen Prä-Post-Vergleich der 16 inhaftierten Frauen wurden die Ergebnisse des Fragebogens zur Erfassung der Mentalisierungsfähigkeit (MZQ) (Hausberg et al., 2012) ausgewertet. Dabei zeigte sich wie erwartet, dass die Mentalisierungsfähigkeit insgesamt niedrig ausgeprägt war und sich innerhalb des kurzen Beobachtungszeitraums (sieben Wochen) nicht verbesserte (Gesamtwerte über alle vier Faktoren: 2,6 zu Beginn und 2,3 am Ende der Intervention). Verschiedene Interpretationen sind möglich. Eine Verbesserung der Mentalisierungsfähigkeit gelang nicht. Eventuell benötigt dies mehr Zeit, da zunächst der Beziehungsaufbau im Vordergrund stand. Da eine Mentalisierungshemmung verhindern kann, schmerzhafte Erfahrungen wahrzunehmen, ist auch der »schützende« Effekt einer Mentalisierungsstörung zu berücksichtigen. Eine Öffnung, stärkere Kooperationsbereitschaft und zunehmendes Vertrauen könnten dazu geführt haben, dass sozial erwünschte Angaben zurückgingen und ehrlicher geantwortet wurde. Die Anforderungen an Kreativität und Selbstexploration eigener Gefühle in diesem Projekt waren jedoch hoch und erschwerten zumindest zu Beginn den Zugang der Frauen zum kreativen Schreiben.

Als wichtiger Aspekt der Gruppenarbeit mit den jungen Männern in der Justizvollzugsanstalt zeigte sich, dass das Angebot von Externen durchgeführt wurde. Das bedeutete für die Gefangenen etwas Besonderes im Kontrast zu dem sonst sehr strikt geregelten Tagesablauf. Die Durchführenden konnten schließlich das Projekt ohne Anwesenheit der Sozialarbeiterin oder Beamten des allgemeinen Vollzugsdienstes durchführen. Das verlieh dem Projekt eine starke Eigendynamik. Die Teilnehmer hatten einen geschützten Raum, um über Dinge zu reden, welche sie in Anwesenheit von Sozialarbeitern oder Beamten nicht gesagt hätten. Die Intervention war zielgerichtet auf Gewaltprävention hin strukturiert und ausgerichtet. Dies erleichterte den Zugang für die Teilnehmer. In der Selbsteinschätzung am Ende der Intervention trauten sich die jungen Männer zu, die gelernten Fähigkeiten in Konfliktsituationen außerhalb der Intervention einzusetzen. Sie bemühen sich, eine Pause des Nachdenkens zwischenzuschalten, um in Konflikten deeskalierend zu handeln. Das Pilotprojekt wurde, auch vom Sozialdienst, als geeignete Interventionsmöglichkeit zur Gewaltprävention im Jugendstrafvollzug angesehen und diente als Anknüpfungspunkt für eine weitere konzeptionelle Entwicklung in der Justizvollzugsanstalt.

6 Fazit

Mentalisierungsfördernde Gruppenprojekte als Lehr-Praxis-Projekte in sozialpädagogischen Arbeitsfeldern sind Erfolg versprechend sowohl für die Studierenden (Erfahrung als Gruppenleitung) als auch für die Teilnehmer und Teilnehmerinnen. Wie Ensink et al. (2013) zeigen konnten, ist die frühe Ausbildung im mentalisierungsbasierten Ansatz (z. B. zu Beginn einer psychotherapeutischen Weiterbildung) wirkungsvoll und einer »Standardausbildung« überlegen. Gelingt es den Studierenden oder Ausbildungskandidaten bereits früh, in ihrer Ausbildung die Motive, Stimmungen und Erwartungen der Klienten zu erkennen und in Abgrenzung zu den eigenen »mental states« zu reflektieren, so gewinnen sie wichtige handlungsleitende Kompetenzen für eine beziehungsorientierte Pädagogik, Beratung oder Psychotherapie. In diesem Sinne sollen die dargestellte Theorie und die Praxisprojekte einen Beitrag leisten für eine umfassende Ausbildung in beziehungsorientierter Beratung und Sozialer Arbeit.

In den Lehr-Praxis-Projekten konnten Veränderungsprozesse in Gang gebracht werden. Ein strukturiertes, auf die Belange der Zielgruppe eingehendes Vorgehen, eine aktive und transparente Haltung und Interventionstechnik ermöglichen eine gute Akzeptanz der Interventionen. Aus den Ergebnissen der Rückmeldungen und Reflexion lässt sich schlussfolgern, dass eine mentalisierungsfördernde Intervention im Strafvollzug zunächst den Aufbau von entwicklungsfördernden Beziehungen und die Gewinnung von (epistemischem) Vertrauen verfolgen sollte. Die Förderung einer basalen Mentalisierungsfähigkeit (z. B. Affektwahrnehmung und -differenzierung, Perspektivenübernahme, Umgang mit stressvollen Situationen) bezogen auf einen Fokus (z. B. Gewaltprävention) ist im Kontext einer Justizvollzugsanstalt wohl dann am sinnvollsten, wenn es gelingt, die Perspektive und den Alltagsbezug der Gefangenen miteinzubeziehen.

Literatur

Bowlby, J. (2005). Frühe Bindung und kindliche Entwicklung (5. Aufl.). München: Reinhardt Verlag.
Ensink, K., Maheux, J., Normandin, L., Sabourin, S., Diguer, L., Bertehelot, N., Parent, K. (2013). The impact of mentalization training on the reflective function of novice therapists: A randomized controlled trial. Psychotherapy Research, 23 (5), 526–538.
Fonagy, P., Target, M. (2003). Frühe Bindung und die Bereitschaft zu Gewaltverbrechen. In P. Fonagy, M. Target (Hrsg.), Frühe Bindung und psychische Entwicklung (2. Aufl., S. 275–318). Gießen: Psychosozial-Verlag.
Haslam-Hopwood, G., Tobias, G., Allen, J. G., Stein, A., Bleiberg, E. (2009). Verbesserung des Mentalisierens durch Psychoedukation. In J. G. Allen, P. Fonagy (Hrsg.) Mentalisierungsgestützte Therapie. Das MBT-Handbuch – Konzepte und Praxis (S. 347–373). Klett-Cotta: Stuttgart.
Hausberg, M. C., Schulz, H., Piegler, T., Happach, C. G., Klöpper, M., Brütt, A. L., Sammet, I., Andreas, S. (2012). Is a self-rated instrument appropriate to assess mentalization in patients with mental disorders? Development and first validation of the mentalization questionnaire. Psychotherapy Research, 22 (6), 699–709.
Herriger, N. (2010). Empowerment in der sozialen Arbeit. Eine Einführung (4. Aufl.). Stuttgart: Kohlhammer.
Hurrelmann, K., Bauer, K., Bittlingmayer, M. (2009). Health Inequalities: Ein Schicksal moderner Industriegesellschaften? Jahrbuch für Kritische Medizin und Gesundheitswissenschaften, 43, 13–35.
Kirsch, H. (2014). Grundlagen des Mentalisierens. In H. Kirsch (Hrsg.), Das Mentalisierungskonzept in der Sozialen Arbeit (S. 12–50). Göttingen: Vandenhoeck & Ruprecht.
Kirsch, H., Brockmann, J., Taubner, S. (2016). Praxis des Mentalisierens. Stuttgart: Klett-Cotta.
Lucius-Hoene, G. (2010). Narrative Identität und Multiple Sklerose. Forum Psychosomatik, 1 (20), 12–21.
Luyten, P., Fonagy, P., Lowyck, B., Vermote, R. (2015). Beurteilung des Mentalisierens. In A. W. Bateman, P. Fonagy (Hrsg.), Handbuch Mentalisieren (S. 67–90). Gießen: Psychosozial-Verlag.
Metaxas, E. (2013). Sieben Männer, die Geschichte schrieben. Holzgering: SCM Hänssler.
Nickel, R., Egle, U. T. (2006). Psychological defense styles, childhood, adversities and psychopathology in adulthood. Child Abuse & Neglect, 30 (2), 157–170.
Schmidt-Grunert, M. (1997). Soziale Arbeit mit Gruppen. Freiburg i. Br.: Lambertus Verlag.
Schultz-Venrath, U. (2013). Lehrbuch Mentalisieren. Stuttgart: Klett-Cotta.
Seiffge-Krenke, I., Lohaus, A. (2007). Stress und Stressbewältigung im Kindes- und Jugendalter. Göttingen: Hogrefe.
Taubner, S., Curth, C. (2013). Mentalization mediates the relation between early traumatic experiences and aggressive behavior in adolescence. Psihologija, 46 (2), 177–192. DOI: 10.2298/PSI1302177T
Taubner, S., Juen, F. (2010). Gewalt in der Spätadoleszenz. Perspektiven der Bindungsforschung. Psychotherapie & Sozialwissenschaft, 12 (2), 59–77.
Taubner, S., Wiswede, D., Nolte, T., Roth G. (2010). Mentalisierung und externalisierende Verhaltensstörungen in der Adoleszenz. Psychotherapeut, 55 (4), 312–320.

Feld: Mentalisieren und Traumapädagogik

Überlegungen zu einer mentalisierungsbasierten Traumapädagogik

Nina Kramer und Pierre-Carl Link

> Dieser Beitrag beschäftigt sich mit der Bedeutung von traumapädagogischen Ansätzen. Es werden davon ausgehend Überlegungen bezüglich der Möglichkeiten und Grenzen des Mentalisierungskonzepts in der traumapädagogischen Arbeit angestellt.
>
> *The following article discusses the significance of pedagogical approaches concerning traumas. Reflections on the possibilities and boundaries of mentalization-concepts in the applicability of trauma-pedagogical approaches will be illuminated.*

1 Essentials einer Traumapädagogik

Dieser Beitrag fokussiert Überlegungen einer mentalisierungsbasierten Traumapädagogik. Taubner und Sevecke (2015, S. 172) weisen ausdrücklich darauf hin, dass mentalisierungsbasierte Therapie, und dieses sollte auch für eine mentalisierungsbasierte Traumapädagogik Geltung haben, die ausführliche Besprechung vergangener Traumata vermeidet, bei gleichzeitigem Einbezug der mit dem Trauma verwobenen psychischen Befindlichkeit des Subjekts. Außerdem sollen komplexe mentale Zustände, wie beispielsweise innere Konflikte oder unbewusste Motive, zugunsten der Bearbeitung bewusstseinsnaher Inhalte ebenfalls vermieden werden (vgl. Taubner u. Seveck, 2015, S. 172). Bewusstheit wird mentalisierungsbasiert also schrittweise erarbeitet. Die traumapädagogische Arbeit kann aufbauend erfolgen, »immer im Wechselspiel mit der Schaffung oder Wiederherstellung einer sicheren zwischenmenschlichen Basis im […] Kontakt« (Althoff, 2017, S. 116).

Hilfreich scheint für eine Traumapädagogik, die sich als mentalisierungsbasiert begreifen möchte, dass sie auch auf den Traumabegriff der Psychoanalyse rekurriert, wie ihn Laplanche und Pontalis (1975, S. 513) formulieren: Für sie ist ein Trauma ein »Ereignis im Leben des Subjekts, das definiert wird durch seine Intensität, die Unfähigkeit des Subjektes, adäquat darauf zu antworten, die Erschütterung und die dauerhaften pathogenen Wirkungen, die es in der psychischen Organisation hervorruft«. Bachofen (2016, S. 178) betont, dass es maßgeblich auf den Beziehungskontext der erlebten Traumata ankomme. Storolow (2011, S. 27) entlarvt eine Erfahrung schmerzhafter und ängstlicher Affekte dann als traumatisch, wenn »die Unterstützung, die das Kind in seiner Empfindsamkeit, Duldsamkeit und Integrationsfähigkeit braucht, grundlegend nicht zur Verfügung steht«.

2 Potenziale und Grenzen einer mentalisierungsbasierten Traumapädagogik

Mentalisierung als Fähigkeit, sich auf andere sowie auf sich selbst mitsamt des emotionalen Erlebens beziehen und dieses dementsprechend wahrnehmen wie verarbeiten zu können (vgl. Allen u. Fonagy, 2009), kann hier ansetzen. Folgen von Traumatisierungen können der Emotionsregulation (vgl. Allen u. Fonagy, 2009) entgegenwirken. Denn Traumasymptome sind »wiederholte, vergebliche Versuche, rückwirkend Kontrolle über das auslösende Ereignis und die damit einhergehenden Gefühle zu bekommen« (Hargasser, 2014, S. 24). Traumata sind somit überflutende Erfahrungen, die betroffene Personen mangels vorhandener Ressourcen nur schwerlich verarbeiten können. Sie überlagern demnach als nicht zu kontrollierende Affekte das subjektive Erleben und sind raum-zeitlich nicht begrenzt (vgl. Zimmermann, 2016, S. 9).

Mentalisieren kann nun bei der Verarbeitung eines Traumas unterstützend wirken, soll doch die Bedeutung von Affekten sowie die »Formulierung eines kohärenten Narrativs« hiermit gefördert werden. Betroffene Personen sollen befähigt werden, »emotional eingebunden, aber nicht überwältigt« zu sein (vgl. auch Brockmann u. Kirsch, o. J.).

Ein wesentlicher Aspekt einer mentalisierungsbasierten Traumapädagogik ist das Wiederherstellen und -erproben der Bindungs- und Beziehungsfähigkeit. Werden bestehende Traumata auch als Beziehungstraumata begriffen, wie z. B. in der Psychoanalyse üblich, sollte in der pädagogischen Arbeit das Schaffen von regulierenden Beziehungsangeboten in den Fokus genommen werden. Eine solche Pädagogik muss demnach »primär aus der zuverlässigen, transparenten und vor allem professionell reflektierten Gestaltung von zwischenmenschlichen Beziehungen« (Zimmermann, 2016, S. 53) bestehen, um vor allem erneuten Ohnmachtserfahrungen entgegenzuwirken. Zimmermann (2016) hat gemeinsam mit seinen Kollegen Rosenbrock und Dabbert (2017), traumatheoretische Grundlagen für eine mentalisierungsbasierte Pädagogik im Speziellen und die Erziehungswissenschaften im Allgemeinen geschaffen, die in transdisziplinären Diskursen rezipiert werden und in den kommenden Jahren den pädagogischen Traumadiskurs in Deutschland maßgeblich prägen werden. Eine mentalisierungsbasierte Traumapädagogik birgt das Potenzial, ihren je eigenen Beitrag zum Ermöglichen und Verstehen gesellschaftlicher Inklusions- und Exklusionsprozesse zu leisten. Denn im Sinne eines differenzierten und »weiten« Inklusionsverständnisses sind nach Prengel (2006) besonders Gruppen und mit ihnen Subjekte angesprochen, deren Status als im höchsten Maße *vulnerabel*, *fragil* und *marginal* gilt. Mentalisierungsbasierte Pädagogik möchte keine »neue« Pädagogik sein, die »neue« Erkenntnisse verspricht. Mentalisierungsbasierte Pädagogik kann *ein* Weg sein, der Essenz pädagogischen Tuns wieder etwas näher zu kommen, indem sie in dieser Zeit neu, das heißt auf ihre je eigene Weise, auf die fundamentalen Grundlagen pädagogischer Theorie und Praxis verweist: *dass Pädagogik menschensensible Beziehungs- und Bindungsarbeit ist.*

3 Fazit und Ausblick

Der vielfach geforderte sichere Ort für Personen mit traumatischen Erfahrungen ist eine Notwendigkeit auch für das pädagogische Fachpersonal. Denn der sichere Ort muss auch ein sicherer Ort für Pädagogen sein, da diese mit der traumatischen Erfahrung der Schüler in Form von Auffälligkeiten im Verhalten und Erleben inhaltlich konfrontiert sind. Schwarz (2017, S. 204) verweist auf diese Notwendigkeit und fordert auch für pädagogische Fachkräfte einen sicheren Ort, der z. B. durch kontinuierliche Supervision, kollegiale Fallberatung und Psychohygiene möglichst sichergestellt werden kann.

Um *ungehaltenen,* anvertrauten Menschen, die unter ihren Traumatisierungen leiden, Halt geben zu können, ist ein äußerer und innerer Halt bei den jeweiligen Professionellen von besonderer Relevanz. Gerade um eigene Belastungserfahrungen im Umgang mit traumatisierten Kindern und Jugendlichen oder eigene Traumatisierungen in der Biografie artikulieren und angehen zu können, ist ein mentalisierungsbasiertes Vorgehen indiziert, weil auch die Professionellen mit dem Eigenen angerührt werden und mit der eigenen Unsicherheit und Verletzlichkeit umzugehen haben.

»Damit Schule ein produktiver Ort der Begegnung und des sozialen Lernens sein kann, muss es erstens möglich sein, mit Schülern und Lehrern in einem expliziten mentalisierenden Modus zu kommunizieren, und zweitens muss Schule als sicherer und sinnhafter Ort verstanden werden« (Gingelmaier, 2017, S. 78).

Abschließend kann festgehalten werden, dass sich mentalisierungsbasierte pädagogische Interventionen an Handlungsstrategien der mentalisierungsbasierten Therapie orientieren können, so etwa nach Althoff (2017, S. 114):
- Sicherheit vermitteln, sicheres Milieu herstellen – Ziel: hyperaktives Bindungssystem deaktivieren,
- Neugier vermitteln, Freude, Hoffnung wecken – Ziel: Explorationssystem aktivieren,
- Kohärenzerleben fördern – Ziel: Identitätsentwicklung aktivieren,
- allgemein Austausch fördern – Ziel: Mentalisierungsfähigkeit fördern.

Die pädagogische Grundhaltung gegenüber traumatisierten Personen sollte eine defensive sein, die von folgenden Annahmen ausgeht: »Irrtümer kommen vor, nichtwissende Neugier, Exploration vor Einsicht, Prozess vor Inhalt, Pluralität vor Objektivität, Unterbrechung und Wiederherstellung« (Althoff, 2017, S. 115). Mentalisierungsbasierte Traumapädagogik führt in doppelter Weise zurück auf das *Pädagogische* des Pädagogischen: *Pädagogik ist menschensensible zeitintensive Beziehungsarbeit am Konflikt.* In Vergessenheit geratene Konzepte wie die Ambiguitätstoleranz, Übertragungsdynamiken oder ein ganzheitlicher Einbezug von Körper, Geist und Psyche des Subjekts können wieder neu in der Erziehungswissenschaft erinnert werden (vgl. dies für das Konzept der Ambiguitätstoleranz Gingelmaier, 2017, S. 78).

Mit Zimmermann (2017, S. 176) gilt es, besonders die Frage zu stellen, wie Wissenschaft den traumatisch geprägten Lebensgeschichten gerecht werden könne. Die Konzeption und Reflexion einer mentalisierungsbasierten Pädagogik kann als eine (Teil-)Antwort darauf verstanden werden. Gerade da pädagogische Beziehungsarbeit eine traumapädagogische Herausforderung darstellt (vgl. Schwarz, 2017, S. 187) ist eine auf Beziehung fokussierte Sichtweise, wie sie eine mentalisierungsbasierte Pädagogik zur Verfügung stellt, indiziert.

Literatur

Allen, J. G., Fonagy, P. (Hrsg.) (2009). Mentalisierungsgestützte Therapie: Das MBT-Handbuch – Konzepte und Praxis. Stuttgart: Klett-Cotta.

Althoff, M.-L. (2017). Macht und Ohnmacht mentalisieren. Konstruktive und destruktive Machtausübung in der Psychotherapie. Berlin/Heidelberg: Springer.

Bachofen, A. (2016). Struktur, Resilienz, Trauma. In G. Poscheschnik, B. Traxl (Hrsg.), Handbuch Psychoanalytische Entwicklungswissenschaft. Theoretische Grundlagen und praktische Anwendungen (S. 171–190). Gießen: Psychosozial-Verlag.

Brockmann, J., Kirsch, H. (o. J.). Mentalisieren in der Psychotherapie. Zugriff am 27.10.2017 unter http://mentalisierung.net/mentalisieren-in-der-psychotherapie/

Gingelmaier, S. (2017). (Wie) Kann Unterricht mit Vorurteilen aufräumen? Ein sozialpsychologisch-mentalisierungsbasierter Zugang über das Eigene und das Fremde im Unterricht mit Flüchtlingskindern. In W. Bleher, S. Gingelmaier (Hrsg.), Kinder und Jugendliche nach der Flucht. Notwendige Bildungs- und Bewältigungsangebote (S. 65–79). Weinheim/Basel: Beltz.

Hargasser, B. (2014). Unbegleitete minderjährige Flüchtlinge. Sequentielle Traumatisierungsprozesse und die Aufgaben der Jugendhilfe. Frankfurt a. M.: Brandes & Apsel.

Laplanche, J., Pontalis J.-B. (1975). Das Vokabular der Psychoanalyse (2. Aufl.). Bd. 2. Frankfurt a. M.: Suhrkamp.

Prengel, A. (2006). Pädagogik der Vielfalt. Verschiedenheit und Gleichberechtigung in Interkultureller, Feministischer und Integrativer Pädagogik (3. Aufl.). Wiesbaden: Springer.

Schwarz, U. J. (2017). »Und weiß dann auch gar nicht, wo ich mit mir hin soll mit mein [sic!] Gefühlen« – Anhaltspunkte für eine traumapädagogische Beziehungsgestaltung in der Schule aus der Forschung. In D. Zimmermann, H. Rosenbrock, L. Dabbert (Hrsg.), Praxis Traumapädagogik. Perspektiven einer Fachdisziplin und ihrer Herausforderungen in verschiedenen Praxisfeldern (S. 187–205). Weinheim/Basel: Beltz Juventa.

Stolorow, R. D. (2011). World, affectivity, trauma. New York: Routledge.

Taubner, S., Sevecke, K. (2015). Kernmodell der Mentalisierungsbasierten Therapie. Psychotherapie, 60 (2), 169–184.

Zimmermann, D. (2016). Traumapädagogik in der Schule. Pädagogische Beziehungen mit schwer belasteten Kindern und Jugendlichen. Gießen: Psychosozial-Verlag.

Zimmermann, D. (2017). Die Annäherung an das Fremde – wie kann Wissenschaft den traumatisch geprägten Lebensgeschichten nahe kommen? In D. Zimmermann, H. Rosenbrock, L. Dabbert (Hrsg.), Praxis Traumapädagogik. Perspektiven einer Fachdisziplin und ihrer Herausforderungen in verschiedenen Praxisfeldern (S. 176–186). Weinheim/Basel: Beltz Juventa.

Zimmermann, D., Rosenbrock, H., Dabbert, L. (Hrsg.) (2017). Praxis Traumapädagogik. Perspektiven einer Fachdisziplin und ihrer Herausforderungen in verschiedenen Praxisfeldern. Weinheim/Basel: Beltz Juventa.

Feld: Mentalisieren in Supervision und Beratung in der Pädagogik

Die Bedeutung des Mentalisierens für das Beratungsformat Supervision am Beispiel von Schulen[1]

Stephan Gingelmaier

> Anhand des Beratungsformates Supervision wird für den Bereich Schule beispielhaft aufgezeigt, welche grundlegende Rolle Mentalisieren in Beratungsprozessen zukommt. Dabei wird die Frage zentral, ob und wie aus expliziten Mentalisierungen innerhalb der Supervision implizites Mentalisieren für hochkomplexe pädagogische Kommunikationssituationen werden kann.
>
> *Based on the counseling format supervision, the area of school exemplifies the basic role mentalizing plays in counseling processes. The central question is whether and how explicit mentalizations within supervision can become implicit mentalization for highly complex educational communication situations.*

1 Vorbemerkung

Wie im Weiteren zu sehen sein wird, sind die Zusammenhänge zwischen Mentalisierung und Beratung naheliegend. Die Anzahl der Arbeiten, die sich bisher mit diesem Thema beschäftigen, ist dafür erstaunlicherweise insgesamt gering. Im deutschsprachigen Raum sind Döring (2013), Kotte und Taubner (2016) sowie Goebel und Hinn (2016) zu nennen. Auch das aus England stammende AMBIT-Konzept (AMBIT steht für adolescent mentalization-based integrative treatment) bietet mentalisierungsbasierte Beratungsangebote (Bevington, Fuggle, Cracknell u. Fonagy, 2017).

---

[1] Einige wenige Passagen sind übernommen aus meinem Text: S. Gingelmaier. (2015). Supervision für Lehrerinnen und Lehrer oder Mentalisieren statt Resignieren. Forum Schulstiftung, 62b, 76–83.

2 Supervision und Mentalisieren

Im Folgenden wird die Bedeutung des Mentalisierens für Beratungsprozesse anhand des Beratungsformates Supervision aufgezeigt. Es ist dabei wichtig zu betonen, dass Supervision hierbei als eigenständige Profession verstanden wird, wie dies in einer ausführlicheren, definitorischen Beschreibung von Pühl (2010) gut zum Ausdruck kommt: »Supervision ist ein reflexives und prozessorientiertes Beratungsformat und dient der Sicherung und Verbesserung der Qualität beruflicher Arbeit. In der Supervision werden Fragen, Problemfelder, Konflikte und Fallbeispiele aus dem beruflichen Alltag thematisiert. Dabei wird die berufliche Rolle und das konkrete Handeln der Supervisandinnen und Supervisanden in Beziehung gesetzt zu den Aufgabenstellungen und Strukturen der Organisation und zu der Gestaltung der Arbeitsbeziehungen mit Kund/innen oder Klient/innen. Es wird reflektiert, wie eine Person die an sie gestellten Anforderungen und Erwartungen mit ihren Ressourcen und Kompetenzen ausfüllen und gestalten kann. Im beruflichen Kontext nutzt Supervision bei der Verbesserung der Kommunikation am Arbeitsplatz und fördert die Zusammenarbeit und Kollegialität in Teams, in Projekten und zwischen verschiedenen Hierarchieebenen. Dies geschieht u. a. durch die Perspektive auf Organisations- und Arbeitsabläufe, das Ansprechen und die Aufklärung von Konflikten und durch die Erweiterung von Wahrnehmungsfähigkeit und Persönlichkeitsentwicklung. Supervision leistet einen Beitrag zur Qualifizierung beruflicher Arbeit in Bezug auf Führungsaufgaben, Konzeptentwicklung, Kundenorientierung und bei Veränderungen der Arbeitsstrukturen etc. In der Organisationsentwicklung werden durch Supervision Veränderungsprozesse, die Organisationsstrukturen, Arbeitsabläufe und die Organisationskultur betreffen, beratend begleitet. In der Personalentwicklung unterstützt Supervision Maßnahmen zur Förderung und Entwicklung der Beschäftigten« (S. 18).

In der Mentalisierungstheorie wird grundlegend zwischen explizitem und implizitem Mentalisieren unterschieden. Implizites Mentalisieren erfolgt relativ bewusst, vorsätzlich und reflexiv (Allen, Fongay u. Bateman, 2011). Die Autoren arbeiten explizites Mentalisieren mit dem folgenden Vergleich heraus: »Explizites Mentalisieren ist symbolisch; auch das Malen eines Bildes, das einen psychischen Zustand ausdrücken soll, oder das Komponieren eines entsprechenden Liedes – z. B. in der Kunsttherapie – ist explizites Mentalisieren. Sein eigentliches Medium aber ist die Sprache, und ein Großteil des Mentalisierens erfolgt in Gestalt von Berichten oder Narrativen« (S. 50).

Dies ist direkt auf Supervisionsprozesse übertragbar. Es ist damit auch naheliegend zu sagen, dass explizites Mentalisieren das wichtigste Mittel des bewussten Anteils von Supervision ist.

Implizites Mentalisieren meint im Gegensatz dazu eher etwas Intuitives (Liebermann, 2000). Während explizites Mentalisieren ein »Wissen-dass« ist, so ist implizites Mentalisieren das »Gewusst-wie«. Allen und Kollegen (2011, S. 51) sprechen in einer Analogie zum Gedächtnis von deklarativem (expliziten) und prozeduralem (impliziten) Mentalisieren. In einer vereinfachenden Metapher braucht es das explizite Mentalisieren für die Führerscheinprüfung, das implizite Mentalisieren aber für den Aufbau einer sicheren und vorausschauenden Fahrpraxis. Dies gilt insbesondere auch für Kommunikationssituationen, in denen aufgrund des Turn-taking (also all den kognitiven und affektiven Erfordernissen, die ein rascher Sprecherwechsel erfordert) zumeist wenig Zeit für explizites Mentalisieren bleibt.

Im Weiteren wird das Feld der Supervision vor dem Hintergrund von Mentalisierungsprozessen beispielhaft für die Schule und den Lehrerberuf betrachtet.

3 Mikrokosmos Schule

Schule ist mikrosoziologisch ein sehr verdichtetes Gefüge aus juristischen Regeln, gesellschaftlichen wie individuellen Erwartungen und vor allem sozialen und hierarchischen Interaktionen und Kommunikationen unterschiedlicher Akteure mit impliziten und expliziten Motiven und Zielen (z. B. Bildung, Erziehung, Sozialisation, Selektion, Inklusion, Strukturierung, Peerkontakte, Spaß) und den darunterliegenden Affekten.

Sieht man Unterricht als Fokussierung dieser Gemengelage, so wundert es nicht, dass Lehrer diesen immer wieder genauso wahrnehmen: hochkomplex und mitunter überfordernd.

Hattie (2014) stellt in seiner richtungsweisenden Megastudie »Visible Learning«, der 800 Metastudien und 50 000 Forschungsartikel und damit 240 Millionen Lernende »zugrunde liegen«, *die Lehrpersonen* als *die wichtigsten Akteure im Bildungsprozess* klar heraus. Die empirische Auswertung dieser riesigen Datensätze ergibt u. a. folgende Empfehlungen für einen effektiven Unterricht: »Die Schule verfügt in folgenden fünf Dimensionen über ein Programm zur Weiterbildung, das:
a) das tiefere Verständnis der Lehrpersonen für ihr Fach bzw. ihre Fächer fördert,
b) das Lernen durch Analyse der Interaktionen zwischen Lehrpersonen und Schülerinnen und Schülern in der Klasse analysiert,
c) Lehrpersonen hilft, effektives Feedback zu geben,
d) sich mit den affektiven Merkmalen der Schülerinnen und Schüler befasst und
e) die Fähigkeit der Lehrperson entwickelt, das Oberflächen- und das tiefe Lernen der Schülerinnen und Schüler zu beeinflussen« (Hattie, 2014, S. 27).

Als Quintessenz seiner nach wie vor andauernden Untersuchung arbeitet Hattie (2014) für gelingende Lernprozesse durch Lehrerinnen den folgenden Leitsatz, mit sehr hoher Mentalisierungsimplikation, heraus: »Ich sehe Lernen durch die Augen meiner Lernenden« (S. 6).

Deswegen brauchen Lehrer nicht nur fachwissenschaftliche und methodisch-didaktische, sondern auch interaktionelle Ressourcen, um im oftmals verdichteten Kontakt mit Schülern, Kollegen, Vorgesetzten und Eltern (um die Wichtigsten zu nennen) entscheidungs- und handlungsfähig zu bleiben. Was tatsächlich alles auf verschiedenen Wahrnehmungsebenen in einer Unterrichtsstunde passiert, ist für den einzelnen Lehrer während des Unterrichtens nicht ohne Weiteres nachvollziehbar. Oftmals arbeitet aber eine nicht direkt verbalisierbare affektiv gefärbte Resonanz auf die Stunde im Lehrer weiter (Bauer, 2010). Bleiben diese Resonanzen unbearbeitet, kann daraus eine Belastung werden, die sich in überdauernder Unlust, Unsicherheit, Überforderung, Gereizt- oder Niedergeschlagenheit Wege zum Burn-out bahnt.

Hillert, Koch und Lehr (2013) fragen sich, welche Belastungsfaktoren den Lehrerberuf charakterisieren: »Ein Lehrer verbringt je nach Fach und Deputat oft mehr als die Hälfte seiner Gesamtarbeitszeit mit zahlreichen mehr oder minder unfreiwillig mit ihm konfrontierten Kindern, Jugendlichen oder Erwachsenen, für die er pädagogische wie disziplinarische Verantwortung trägt. Die damit verbundene hohe Interaktionsdichte bedeutet, je nachdem, wie es definiert und erfasst wird, pro Stunde auf hunderte bis tausende von Einzelentscheidungen zu reagieren, zu intervenieren oder eben dies nicht zu tun. Dies ist letztlich nur auf der Basis hinreichenden Selbstvertrauens und angemessener Handlungskompetenz möglich. Unsicherheiten und akribische Versuche, einzelne Kommunikationsaspekte zu kontrollieren, führen zu Störungen des Unterrichtsflusses mit potenziell gravierenden Folgeproblemen« (Hillert et al., 2013, S. 806).

4 Mentalisieren als Metafunktion von Supervisionsprozessen

Dies kann als Schablone für schulische Supervisionsprozesse genutzt werden. Solange es z. B. im Unterricht dem Lehrer gelingt, das Verhalten eines Schülers oder von Gruppen zu verstehen und seine Interventionen bewusst oder unbewusst förderlich daran auszurichten, erlebt er sich als bedeutsamer, weil einflussreicher Akteur. Entscheidungs- und Handlungsfähigkeit wird dabei eng mit Mentalisierungsfähigkeit assoziiert. Bedrängen den Lehrer aber starke Affektzustände und Kognitionen aus unterschiedlichen beruflichen und privaten Gründen, so kann es zu regelrechten Mentalisierungseinbrüchen (Taubner u. Sevecke, 2015, S. 173) kommen. Der Lehrer gibt die sozialkognitive Deutungshoheit über die Geschehnisse im Unterricht ab und erlebt sich zunehmend passiv und gelähmt. Die bekannte Spirale aus sich selbst verstärkenden Ohnmachtserfahrungen kann hierdurch ihren Anfang nehmen (Lehr, Schmitz u. Hillert, 2008).

In einem reflexiven Mentalisierungsprozess geht es in der Supervision um Öffnung in einer Atmosphäre des kritischen kollegialen Rückhalts, um Verstehen, Klärung und Integration von supervisorisch »entgifteten« Interaktionserfahrungen und den dazugehörigen Affekten. Die ausschließliche Bezogenheit auf den Beruf und das professionelle Handeln stellt die klare und angstbindende Grenze zur Psychotherapie und zur biografischen Selbsterfahrung dar.

Supervision kann also ein Ort sein, an dem die beschriebene Komplexität reduziert, wo subjektiv Wichtiges von Unwichtigem getrennt, wo belastende und schambesetzte Eindrücke geteilt und wo Diffus-Nonverbales symbolisiert und verstanden werden kann.

5 Fazit

Die zugrunde liegende Wirkhypothese ist, dass mentalisierende Supervision über ein Entdecken und Mentalisieren von zugrunde liegenden Affekten komplexer Interaktionsmuster für Lehrer eine Grundlage schafft, sich die Führung von Unterricht als dynamisches, veränderbares Geschehen anzueignen. Dies bedeutet aber vor allem, dass davon ausgegangen wird, dass das explizite Mentalisieren der Supervision es vermag, sich als implizites Mentalisieren im dichten und schnellen Kommunikationsgedränge der Schule zu übertragen und auch zu bewähren.

Als Limitation schreiben Allen und Kollegen (2011) dazu für den Bereich der Psychotherapie vorsichtig: »Wir setzen explizite Prozesse (Bewusstsein höherer Ordnung) auch ein, um die Aufmerksamkeit auf den impliziten Bereich und vor allem auf eigene und fremde Gefühle zu lenken; wir hoffen, dass sich diese Aufmerksamkeit zunehmend automatisieren und dann intuitiv erfolgen kann oder, anders formuliert, dass diese reflexiven Prozesse nach und nach in reflexartige transformiert werden« (S. 53).

Es ist eine wirklich dringende Aufgabe, diese elementare Wirkhypothese nicht nur für Psychotherapien, sondern auch für den Bereich der Beratung z. B. in Form professioneller Supervision empirisch zu untersuchen.

Literatur

Allen, J. G., Fonagy, P., Bateman, A. W. (2011). Mentalisieren in der psychotherapeutischen Praxis. Stuttgart: Klett-Klotta.

Bauer, J. (2010). Die Bedeutung der Beziehung für schulisches Lehren und Lernen. Eine neurobiologische fundierte Perspektive. Pädagogik, 7–8 (10), 6–9.

Bevington, D., Fuggle, P., Cracknell, L., Fonagy, P. (2017). Adaptive mentalization-based integrative treatment. Oxford: Oxford University Press.

Döring, P. (2013). Mentalisierungsbasiertes Management. In U. Schultz-Venrath (Hrsg.), Lehrbuch Mentalisieren (S. 351–383). Stuttgart: Klett-Klotta.

Goebel, A., Hinn, D. (2016). Die Bedeutung des Mentalisierungskonzepts für Coaching. Organisationsberatung, Supervision, Coaching, 23 (24), 24–42.

Hattie, J. (2014). Lernen sichtbar machen. Baltmannsweiler: Schneider Verlag Hohengehren.

Hillert, A., Koch, S., Lehr, D. (2013). Das Burnout-Phänomen am Beispiel des Lehrerberufs. Paradigmen, Befunde und Perspektiven berufsbezogener Therapie- und Präventionsansätze. Nervenarzt, 84 (7), 806–812.

Kotte, S., Taubner, S. (2016). Mentalisierung in der Teamsupervision. Organisationsberatung, Supervision, Coaching, 23 (1), 75–89.

Lehr, D., Schmitz, E., Hillert, A. (2008). Bewältigungsmuster und psychische Gesundheit. Eine clusterananlytische Untersuchung zu Bewältigungsmustern im Lehrerberuf. Zeitschrift für Arbeits- und Organisationspsychologie, 52, 3–16.

Liebermann, M. D. (2000). Intuition: a social cognitive neuroscience approach. Psychological Bulletin, 126 (1), 109–37.

Pühl, H. (2010). Supervision für Lehrerinnen und Lehrer? In Deutsche Gesellschaft für Supervision e. V. (Hrsg.), Supervision – wirkungsvolles Beratungsinstrument in der Schule (S. 9–18). Köln: Deutsche Gesellschaft für Supervision e. V.

Taubner, S., Sevecke, K. (2015). Kernmodell der Mentalisierungsbasierten Therapie. Psychotherapeut, 60 (2), 169–182.

Mentalisierung in traumapädagogisch orientierter Supervision

Über Notwendigkeiten und Grenzen

David Zimmermann

Der Beitrag fokussiert auf Interaktionsdynamiken in Supervisionen mit Lehrkräften, die mit erheblich psychosozial beeinträchtigten Kindern und Jugendlichen arbeiten. Am Beispiel der schulpädagogischen Tätigkeit mit jungen Geflüchteten und unter Rückgriff auf das Rahmenkonzept der »sequenziellen Traumatisierung« werden Spezifika des Reflektierens und (Nicht-) Verstehens im gegebenen Kontext herausgearbeitet. Möglichkeiten und Grenzen von Supervision im organisationalen Kontext der Schule werden mithilfe mentalisierungsbezogener und psychoanalytisch-pädagogischer Theoriebildung diskutiert.

The paper focuses on interaction dynamics in supervisions with teachers who work with significantly psychosocially impaired children and adolescents. Using the example of school pedagogy with young refugees and recourse to the framework concept of »sequential traumatization,« specifics of reflecting and (non) understanding are elaborated in the given context. Possibilities and limits of supervision in the organizational context of the school are discussed with the help of mentalization-related and psychoanalytic-pedagogical theories.

1 Psychosoziale Beeinträchtigung und der soziale Ort der Reflexion

Die Arbeit mit psychosozial schwer belasteten Kindern und Jugendlichen, viele von ihnen traumatisiert, stellt eine Kernaufgabe von Pädagogik dar und ist gleichsam eine Nagelprobe für gelingende Professionalisierung. Hierbei geraten die Fähigkeit und Bereitschaft zur Mentalisierung in pädagogischen Beziehungen zunehmend in den Fokus der Fachdiskussion (vgl. Gingelmaier, 2016). »Mentalisierung« und »Trauma« sind folgerichtig über Disziplingrenzen hinweg viel diskutierte Termini. Beide laufen gerade deshalb Gefahr, ihrer originären Bedeutungen zugunsten eines inflationären Einsatzes enthoben zu werden. So setzen z. B. Gahleitner, Kamptner und Ziegenhain (2016, S. 119) »gelungene Beziehungssituationen« mit »Mentalisierungsprozessen« gleich, ohne den eigentlichen interaktionalen Gehalt dieser Situationen zu benennen, der dann möglicherweise Mentalisierungsprozesse mitbedingen könnte. Dass in diesem Beitrag der Begriff »Trauma« als sinnvolle Kategorie zur Beschreibung der Erfahrung und des Erlebens von Kindern und Jugendlichen mit Vernachlässigungs- und (sexuellen) Gewalterfahrungen sowie vielfach auch für Fluchterfahrungen und ihre Folgen genutzt wird, entspringt ganz sicher keiner »disziplinären oder semantische[n] Spielerei« (Stein u. Müller, 2015, S. 25), da er in der Zusammenführung von zahlreichen fachdisziplinären Zugriffen als pädagogisch relevant begründet werden kann (vgl. Zimmermann, 2016, S. 43–66). Gleichwohl ist damit ohne jeden Zweifel weder eine neue Kernklientel des Arbeits- und Forschungsgebiets beschrieben[1] noch ein prinzipiell neuer Zugang zu Genese und Auswirkungen von psychosozialen Beeinträchtigungen. Richtig ist jedoch, dass eine Gruppe von Kindern und Jugendlichen verstärkt in den wissenschaftlichen und handlungspraktischen Fokus rückt, die in der Geschichte der Heil- und Sonderpädagogik und noch mehr der allgemeinen Schulpädagogik zumeist marginalisiert wurde. Da »Trauma« sich wesentlich über den Verlust von Sprache (über Empfinden, Erleben und Verhalten) definieren lässt und sich dies vielfach in »sprachlosen« pädagogischen Beziehungen widerspiegelt (Gerspach, 2009, S. 109), stellt gelingendes Mentalisieren einen bedeutsamen theoretischen Zugriff mit hoher praktischer Reichweite für die Arbeit mit dieser Gruppe von Kindern und Jugendlichen dar.

Wie aber lässt sich eine komplexe professionalisierungsbezogene und institutionelle Herausforderung bewältigen, deren Ziel vereinfacht als wachsendes Selbstverstehen von hochbelasteten Kindern und Jugendlichen definiert werden kann? Möglicherweise gelingt dies, notgedrungen schematisch, indem vom Ziel aus »rückwärts« gedacht wird (siehe Abbildung 1):

---

1 Wie hinlänglich bekannt, hat auch die universitäre Disziplin, die sich besonders mit jenen Kindern und Jugendlichen beschäftigt, keinen einheitlichen Namen. Während »Pädagogik bei Verhaltensstörungen« stärker auf die Symptomatik einer tiefer liegenden Störung verweist, soll »Pädagogik bei psychosozialen Beeinträchtigungen« als Name der von mir geleiteten Fachabteilung an der Humboldt-Universität zu Berlin die mutuellen Wechselwirkungen von gestörter innerer Welt und deren familiären, institutionellen und gesellschaftlichen Rahmungen in den Blickpunkt rücken.

```
┌─────────────────────────────────────────────┐
│ Gesteigertes Selbstverstehen (u. a. konzipierbar als │
│ Fähigkeit zur Mentalisierung) von Kindern und │
│ Jugendlichen; bessere Selbstregulation       │
└─────────────────────────────────────────────┘
                        ▲
          ╭─────────────────────────────╮
          │   Modulierende Bedingung:   │
          │ Gefühl des Verstandenwerdens durch │
          │   Erwachsene (vgl. Bettelheim, 2007) │
          ╰─────────────────────────────╯
                        ▲
┌─────────────────────────────────────────────┐
│ Fremdverstehen der zentralen Erlebensmuster und │
│ Subjektlogiken der Kinder und Jugendlichen durch Profes- │
│ sionelle sowie deren berufsbezogene Selbstreflexion │
└─────────────────────────────────────────────┘
                        ▲
          ╭─────────────────────────────╮
          │   Modulierende Bedingung:   │
          │ Gefühl der Sicherheit und Wissen um die Anerken- │
          │ nung von Unsicherheit bei den Fachkräften in der │
          │        pädagogischen Institution       │
          ╰─────────────────────────────╯
                        ▲
┌─────────────────────────────────────────────┐
│ Institutionalisierung einer Sicherheits- und Reflexionskultur │
│ in der pädagogischen Institution, Wertschätzung durch │
│ die Leitung und Anerkennung von Grenzen der Fachkräfte │
│ sowie der Nowendigkeit, Nichtverstehen zu ertragen │
└─────────────────────────────────────────────┘
```

Abbildung 1: Rahmenkonzept zur Ermöglichung von gesteigertem Selbst- und Fremdverstehen in der Schule

Für pädagogische Institutionen und Fachkräfte bedeutet dies: Soll die pädagogische Arbeit professionalisiert werden und werden nachhaltige Effekte der psychosozialen Entwicklung bei den Kindern und Jugendlichen angestrebt, dürfen nicht nur intrapsychische Dynamiken und Beziehungsprozesse reflektiert, sondern müssen stets auch institutionelle Bedingungen hinsichtlich ihrer Wirkung auf Kinder, Jugendliche und Erwachsene analysiert werden. Als zentraler Bestandteil sowohl von Professionalisierung als auch von Schulentwicklung gilt dies ganz besonders für Supervisionen. Dieser umfassende Zugriff auf affektive Dynamiken und ihre Auswirkungen für die pädagogische Arbeit gewinnt besondere Relevanz, wenn die Bedeutung von negativen, nicht selten schwer aushaltbaren Gefühlen bei Lehrkräften einem Nachdenken zugänglich gemacht, mithin mentalisiert werden soll.

Wenn in diesem Beitrag nunmehr besonders auf den institutionellen Kontext Schule eingegangen wird und dabei der Fokus auf die pädagogische Arbeit mit jungen Geflüchteten gelegt wird, dann liegt dies ganz sicher nicht daran, dass sich derartige psychosoziale und institutionelle Dynamiken nur dort zeigen würden. Einerseits jedoch lassen sich am Beispiel der Schule Möglichkeiten und Grenzen von Supervision gut herausarbeiten, gerade weil sie dort noch sehr wenig etabliert ist. Andererseits zeigt die Reflexion des pädagogischen Geschehens in der Arbeit mit jungen Geflüchteten in besonderer Weise auf, wie wichtig jene Supervision als Entlastung für die Fachkräfte ist. Becker (2016) schreibt für den Kontext der internationalen Hilfe: »In der Ideologie vieler Hilfsorganisationen und vieler Helfenden sind die Bedürfnisse der Fachkräfte gegenüber denjenigen, denen die Hilfe gilt, irrelevant. […] In den Polaritäten, die sich in der extremen Not ergeben, scheint das Interesse am Wohlbefinden der Helfenden nicht nur unwichtig, sondern moralisch unlauter« (S. 302).

Wenn auch nicht unmittelbar vergleichbar, so lassen sich diese Aussagen doch gut auf die Arbeit mit traumatisierten Kindern und Jugendlichen mit Fluchthintergrund übertragen. Gerade in der Schule wächst die Erkenntnis um Bedingungen und Auswirkungen sehr hohen Engagements für hochbelastete Schüler noch als zartes Pflänzchen – was wiederum (nicht linear, aber theoretisch gut begründbar) zu Grenzüberschreitungen auch bei sehr engagierten Fachkräften führt (Zimmermann, 2016). Zudem lassen sich solcherart Reflexionsprozesse in der Arbeit mit Geflüchteten leichter etablieren. Die Lebenserfahrungen dieser jungen Menschen sowie deren Auswirkungen auf die pädagogische Situation sind bei Weitem nicht so stark tabuisiert wie etwa im Kontext von sexualisierter Gewalt (Warzecha, 1999; Kavemann u. Rothkegel, 2014).

2 Sequenzielle Traumatisierung und Supervision in der schulischen Arbeit mit jungen Geflüchteten

Supervision soll und darf also benennen, dass die pädagogische Arbeit mit hochbelasteten, vielfach traumatisierten Kindern und Jugendlichen für die Fachkräfte eine erhebliche reale Belastung mit sich bringt, was den Blick auf die individuellen Ressourcen und Abwehrhaltungen vielfach erst wieder ermöglicht. Für die dieser Herausforderung zugrunde liegenden komplexen Problemlagen gibt es im Gegensatz zu zahlreichen Konzeptualisierungen der »evidenzbasierten Inklusions- und Sonderpädagogik« keine einfachen Lösungen (Kuorelahti, Virtanen u.

Chilla, 2015; Sturm, 2015). Die ganze Schulsysteme prägenden Dynamiken lassen sich als »sich wiederholende Macht-Ohnmacht-Spiralen […] und erbitterte Kämpfe um Macht und Kontrolle« (von Freyberg u. Wolff, 2006, S. 164) charakterisieren. Ausgehend von einem psychosozialen Traumatisierungsbegriff lässt sich gut aufzeigen, dass Schulen und mit ihnen die in ihnen tätigen Fachkräfte zu einem Teil eines langfristigen, genauer: sequenziell traumatischen Prozesses werden (vgl. Keilson, 1979). Supervision hat deshalb die Aufgabe, die Verwicklung des pädagogischen Geschehens in diesen traumatischen Prozess offenzulegen und traumasensible Interventionsmöglichkeiten gemeinsam zu entwickeln (vgl. Zimmermann, Müller u. Scheele, 2017). Ohne theoretischen Bezug auf ein Rahmenmodell für traumatische Prozesse ist Supervision im beschriebenen Kontext nicht möglich, da eine theorieferne Reflexion Gefahr läuft, die Verantwortung für gelingende Arbeit allzu leicht den Fachkräften allein aufzubürden und so eher neue Belastungen für die Teilnehmenden zu produzieren. Supervision ist dann Erfüllungsgehilfin neoliberaler Bildungsmarktlogik (Faulstich u. Zeuner, 2015) sowie einer die sozialen Verhältnisse verleugnenden Traumarezeption (Becker, Groninger u. Hoffmann, 2016, S. 32). Ein äußere Bedingungen und subjektive Verarbeitungsmöglichkeiten integrierendes Traumaverständnis und seine Nutzung für Supervisionsprozesse läuft weitgehend parallel zu Konzeptualisierungen der mentalisierungsfördernden Supervision, wie es Kotte und Taubner (2016) vorlegen. Die Autorinnen arbeiten heraus, dass Institution und Organisation zentrale Bedingungsfelder für gelingende und misslingende Mentalisierung darstellen und somit gleichsam Ausgangspunkt für komplexe kollegiale wie pädagogische Schwierigkeiten sein können.

Sollen Reflexionen zum traumatischen Prozess ermöglicht werden, müssen im Kontext von Flucht und Traumatisierung jedoch erhebliche Barrieren überwunden werden: gesellschaftliche Vorurteile und tief verinnerlichte rassistische Stereotype (auch bei engagierten Fachkräften!), schulische Marginalisierung, die die pädagogische Arbeit erschwert, eine oft schwierige institutionelle Position der Fachkräfte[2] sowie unmittelbar traumabezogene Aspekte. Denn das Übertragung-Gegenübertragung-Geschehen (nunmehr also tatsächlich als Zwei-Personen-Interaktion gedacht) ist vielfach durch existenzielle und somit schwer verbalisierbare Emotionen geprägt (vgl. Müller u. Schwarz, 2016; Rohr, 2009). Diese Bedingungen erschweren das intensive Nachdenken über

---

2   Nicht selten handelt es sich um junge Lehrer unmittelbar nach dem zweiten Staatsexamen, die als Leitungen der Klassen für neu eingewanderte Kinder und Jugendliche angestellt werden. Da sie oft in dezentral liegenden Räumen unterrichten, finden sie teils schwer Anbindung an das Kollegium. Diese Arbeitsbedingungen lassen sich in vielerlei Hinsicht interpretieren, was hier jedoch nicht im Mittelpunkt stehen soll.

Beziehungsprozesse, eigene und institutionelle Verwicklungen und Möglichkeiten der professionellen und institutionellen Weiterentwicklung.

2.1 Fallvignette, Teil 1

Sami, ein zwölfjähriger afghanischer Junge, besucht eine Klasse für neu zugewanderte Kinder in einer deutschen Großstadt. Obwohl die zwei Klassenlehrerinnen viel Erfahrung mit den hochheterogenen Ausgangsbedingungen und in der Konfrontation mit erheblichem Leid aufweisen, bildet die pädagogische Aufgabe der Beziehungsarbeit und der schulischen Förderung von Sami doch eine große Herausforderung.

Sami hat als Folge eines Raketenangriffs, bei dem er neben seinem Vater in einem LKW saß, beide Beine verloren. Zwar ist der Junge in Behandlung einer Universitätsklinik, eine Erstellung von Prothesen ist in Vorbereitung. Derzeit jedoch kann sich Sami nur mit seinem eher unmodernen Rollstuhl fortbewegen. Als Folge des Angriffs ist zudem ein Teil seines Gesichts entstellt, auf dem rechten Auge ist die Sehfähigkeit verloren gegangen. Seine Bildungsgeschichte ist brüchig: Im Herkunftsort besuchte er für drei Jahre die Schule. Nach dem Raketenangriff wurde die Familie in ein Flüchtlingslager im Nachbarland gebracht, der Junge verbrachte dort einen längeren Zeitraum im Krankenhaus. Die formelle schulische Bildung wurde so für etwa drei Jahre unterbrochen. Der Besuch der Klasse für neu zugewanderte Kinder bedeutet demnach einen Neustart im Hinblick auf Schulbildung, zusätzlich findet erstmalig eine Alphabetisierung in lateinischer Schrift statt.

In der Supervision eines Teams, welches für zwei Klassen neu zugewanderter Kinder und Jugendlicher verantwortlich zeichnet, tauchen nunmehr sehr unterschiedliche Assoziationen auf. Ein Lehrer betont die Hilfsbereitschaft der Klasse Sami gegenüber, kann jedoch keine eigene emotionale Beteiligung benennen. Eine Lehrerin betont, dass Sami jetzt zum ersten Mal in seinem Leben eine richtige Chance habe und das Team diese im Sinne des Jungen nutzen müsse. Eine zweite beschreibt die empfundene Hilflosigkeit, weil sie für eine solche Arbeit nicht ausgebildet sei, als sehr dominant für ihr Erleben. Eine dritte Kollegin, die als einzige in dieser Runde selbst einen Migrationshintergrund hat, trägt unter zunehmendem Schluchzen ihr Mitleid für Sami und sein Schicksal in die Runde. Nicht verbalisiert werden Aspekte der Scham, die jedoch in Form von Rückzug aus dem Gespräch spürbar werden. Die Spannung aus eigenem pädagogischen Ideal einerseits und der absehbaren Kurzfristigkeit der Beziehungsarbeit sowie der schwer aushaltbaren Konfrontation aufgrund erheblicher körperlicher Schädigung des Jungen könnten die Hauptbedingungen für die spürbaren Schamaffekte bilden.

Supervision bietet nicht nur die Möglichkeit, solche Affekte umsichtig in einem geschützten Rahmen zu thematisieren. Ebenso ermöglicht der gemeinsame Versuch des Verstehens (so unzureichend er im Einzelfall sein mag), Zugang zur inneren Welt von jungen Geflüchteten, hier konkret von Sami, zu finden. Auch hier ist eine theoretische Fundierung wichtig: Nur das Verstehen der Dynamiken von Übertragung und Gegenübertragung ermöglicht es, das Wechselspiel im Erleben der Fachkräfte mit jenem des Jungen über den Supervisor nachzuvollziehen.

Zudem lässt sich die Paralyse der Fachkräfte als Aspekt der Sequenz IV im traumatischen Prozess verstehen. Bär (2016) beschreibt die Sequenz der Nichtveränderung und ihre psychischen Auswirkungen auf die jungen Geflüchteten: »Diese formelle Festigung der äußeren permanenten Unsicherheit und Zukunftsangst verhindert die Schaffung von kreativen psychischen Übergangsräumen, welche für eine Verarbeitung der Verlusterfahrungen und Traumatisierungen notwendig sind« (S. 101). Bei den Professionellen zeigt sich dabei, wenn auch weniger wirkmächtig als für traumatisierte Kinder und Jugendliche, eine Form der Rückkehr auf prämentalisierende Zustände im Sinne eines »Äquivalenz-Modus« (Kotte u. Taubner, 2016, S. 78). Zwischen innerer und äußerer Welt kann nur noch schwer unterschieden werden, gleichzeitig besteht eine »Intoleranz gegenüber alternativen Perspektiven« (Kotte u. Taubner, 2016, S. 78), was sich auch im erheblich gestörten Teammiteinander Ausdruck verschafft. Damit ist also, wenn auch kursorisch, gezeigt, dass sich jeder traumatische Prozess und jede konkrete Sequenz nur über ein Wechselspiel innerer, traumatischer Erlebensmodi, deren Widerspiegelung in der Interaktion mit relevanten Anderen sowie den realen sozialen Erfahrungen (hier: in der Schule) beschreiben lassen.

Eine notwendigerweise langfristige, zumindest partielle Erhellung dieser die pädagogische Arbeit prägenden Bedingungsfelder dient einerseits der Entwicklung von haltenden, auf Containment ausgerichteten Interaktionsangeboten für die Schüler; sie fördert aber auch die realistische Betrachtung des Verhältnisses von struktureller Begrenzung und pädagogischen Ressourcen. Vielfach dominieren (durchaus aus »gutem Grund«) zunächst Vorstellungen, die gesamte soziale Rahmung müsse sich ändern, damit pädagogisch wieder haltend und förderlich gearbeitet werden könne. Werden nunmehr tatsächliche Möglichkeiten der Veränderung der sozialen Realität diskutiert (z. B. auf der (schul-)organisatorischen Ebene) und die Bedeutung der Beziehungsarbeit gerade unter schwierigen Rahmenbedingungen zum Thema gemacht, wird in der Folge auch bei supervisionsfernen Lehrkräften ein Nachdenken über Beziehung sowohl im Sinne von Perspektivübernahme für die Schüler und Kollegen als auch von Selbstreflexion angestoßen.

Spezifische Bedeutung hat im Kontext von Überlegungen zur traumapädagogischen Supervision die Arbeit mit »goldenen Fantasien«. Dieser Terminus, den Cohen (2004, S. 51 ff.) im Hinblick auf die pädagogische und therapeutische Arbeit mit traumatisierten Kindern und Jugendlichen geprägt hat, beschreibt ein Zwei- und Mehrpersonengeschehen, dazu mit spezifischer institutioneller Konnotation, bei dem Rettungswünsche der traumatisierten jungen Menschen und -fantasien der Professionellen in eine unglückliche Kollusion geraten. Für Lehrkräfte, die weitgehend unreflektiert ein Teil eines sequenziell traumatischen Prozesses sind, erscheint die »goldene Fantasie« damit vielfach als rettendes Ufer, da Scham- und Ohnmachtsgefühle eher in ein allmächtiges Gegenteil verkehrt werden können. »In einer Supervisionsstunde erklärte sie [die Lehrerin eines beziehungstraumatisierten Kindes, D. Z.], das Kind entlocke ihr das Gefühl, daß es selbst ein leeres Gefäß sei, sie dagegen voller Dinge, die sie ihm geben könnte: Von Anfang an habe es ihr Blicke voller Sehnsucht nach Wärme, Liebkosungen und Umarmungen zugeworfen« (Cohen, 2004, S. 55).

Ein institutionelles und interaktionelles Muster sowie theoretische Zusammenhänge reflektierendes Vorgehen in der Supervision ist in solchen Kontexten dringend notwendig. Auch hier haben, in Ergänzung zum traumatischen Übertragung-Gegenübertragung-Geschehen, die aktuellen realen Extremerfahrungen, z. B. Asylverfahren und fehlende Privatsphäre in Aufnahmeeinrichtungen, erheblichen Einfluss auf die Ausbildung »goldener Fantasien« bei den pädagogischen Fachkräften. Sie können angesichts der gleichzeitigen Einbindung in jenes System aber kaum formuliert werden. Ein Teil der Lehrkräfte ohne formelle Lehrerausbildung hat nur deshalb eine Stelle in der Schule gefunden, weil viele Geflüchtete neu in die Schule aufgenommen wurden. Eigener Profit, Schuldgefühl und Rettungsfantasien sind dann unmittelbar miteinander verbunden.

3 Die Arbeit an Teamkonflikten im sequenziell traumatischen Prozess

Neben der Reinszenierung traumatisch bedingter Problemlagen in den eigentlichen pädagogischen Beziehungen ist auch die Beachtung von Team- und institutionellen Konflikten als Folge emotionaler Belastung beachtens- und bearbeitenswert. Kotte und Taubner (2016) zeigen, wie notwendig am kollegialen Miteinander orientierte Mentalisierungsprozesse hier sind, um überhaupt wieder Zugriff auf die Vielfalt möglicher pädagogischer (Beziehungs-)Arbeit zu erlangen.

In einem eigenen Forschungsprojekt befragten und beobachteten Studierende der Universität Hannover und der Autor dieses Beitrags über einen längeren Zeitraum zwei Lehrerinnen, die in der Arbeit mit einem achtjährigen Jungen ganz offenbar um die kindliche Gunst als »bessere Mutter« rangen. Stellvertretend für viele Aussagen steht ein Zitat der Klassenlehrerin, das zwar im Sinne der Perspektivübernahme für den Jungen formuliert ist, jedoch primär als eigener Wunsch der Lehrkraft interpretiert wurde: »Ähm, ich wünsch mir, dass Sybille da ist. Weil, die nimmt mich auch in Arm. Und die ist immer da. [...] Ich möchte mit der was ganz anderes machen« (Zimmermann, 2015, S. 58).

Aus der Perspektive der Mentalisierungstheorie liegt hier, so könnte eine Hypothese lauten, eine fehlende Kongruenz in der Affektspiegelung vor (vgl. Taubner, 2015, S. 82). Denn die Erwachsenen gehen sehr wohl auf den Jungen ein, können aber einseitig nur die regressiven Erlebensmodi aushalten und markiert spiegeln. Autonomiewünsche hingegen bleiben aus der verbalen und nonverbalen Kommunikation ausgeschlossen. In der Folge entgleisen die Interaktionsangebote an den Jungen (vgl. Feuser u. Jantzen, 2014, S. 72). Das heißt, die Beziehungsangebote an das Kind richten sich nicht mehr primär an dessen Bedürfnissen aus, sondern orientieren sich an der inneren Not der Fachkräfte, dem kollegialen Konflikt und, dies lässt sich kaum trennen, der institutionellen Dynamik. So konnte interpretativ sehr klar herausgearbeitet werden, dass die Infantilisierung des Jungen für die gesamte Institution deutlich leichter aushaltbar war als die eigentliche, durch die Erfahrung sexualisierter Gewalt geprägte traumatische Dynamik, die der Junge in die Institution hineintrug. Die Hemmung der Mentalisierung ist in Anlehnung an Taubner (2015, S. 91) dabei ein »adaptiver Bewältigungsversuch« angesichts sich im Team widerspiegelnder Extremerfahrungen des Jungen. Die »Synchronisation der Beziehung« (Gerspach, 2002, S. 145) scheitert, da eher der Kampf der Fachkräfte untereinander und jener mit der unzureichend entlastenden Institution dominiert.

Mentalisierungsförderliche Supervision bedarf häufig, dies kann hier sinnhaft interpretiert werden, zunächst der behutsamen Reflexion der Teamdynamiken, hier konkret: der Konkurrenz um die Anerkennung als »beste Mutter«, um in einem zweiten Schritt die Erlebensmodi in der Interaktion mit dem Jungen selbst zu fokussieren. Ähnliche Dynamiken zeigen sich auch in der Fortsetzung obiger Fallskizze aus der Klasse für neu zugewanderte Jugendliche.

3.1 Fallvignette, Teil 2

Frau Hofmann und Frau Hoch sprechen bereits in einer vorhergehenden Supervision ihren latenten Konflikt an. Jedoch wird dieser nicht unmittelbar aufgegriffen. Zwischen zwei Supervisionsterminen (während der Schulferien) ruft Frau Hofmann den Supervisor mit der Bitte um Rat an. Sie könne mit Frau Hoch nicht mehr arbeiten, da diese die Jugendlichen anschreie und beleidige.

Der Supervisor fühlt sich unmittelbar unter erheblichem Druck und rät Frau Hofmann, einen Brief an die Kollegin zu verfassen, in der sie ihre Sicht der Zusammenarbeit möglichst wertschätzend darstellen könne. Die Anruferin nimmt diesen Vorschlag geradezu begeistert auf. Kurz nach Wiederbeginn der Schulzeit bittet sie den Supervisor, für eine gesonderte Sitzung in die Schule zu kommen, der Konflikt sei eskaliert. Diesem Wunsch kommt der Supervisor nach. Am Beginn dieser Sitzung, an der neben Frau Hofmann und Frau Hoch fünf weitere Kollegen teilnehmen, bittet der Supervisor alle Lehrkräfte um ein Stimmungsbild. Alle Lehrkräfte, auch die offenbar sich in einem Konflikt befindenden, betonen, dass das Team für sie ein sehr wichtiger sozialer Raum sei, in dem sie sich »wunderbar« aufgehoben fühlten. Lediglich der aktuelle Konflikt zwischen Frau Hofmann und Frau Hoch sei belastend. In insgesamt zwei Sitzungen gelingt es, nach und nach Zugang zu den zugrunde liegenden Empfindungen zu gewinnen. Immer stärker gerät in den Fokus, dass sich beide Lehrerinnen nicht genügend wertgeschätzt fühlen. Auf der Basis dieses Verständnisses gelingt es, eine Zusammenarbeit der beiden Lehrerinnen bis zum Ende des Schuljahres zu etablieren. Als der Supervisor die Gruppe nach einer etwa zweijährigen Zusammenarbeit verlässt, spiegeln ihm *alle* Teilnehmer, wie wichtig ihnen die Supervision war und dass sich *nur* so der Konflikt auflösen ließ.

An dem hier skizzierten Konflikt zeigen sich die durch sequenzielle Traumatisierungsprozesse bedingten Herausforderungen in Teamsupervisionen. Denn die Genese des bei beiden Frauen dominierenden Gefühls der Entwertung entstammt einem komplexen Bedingungsgefüge, das hier stichpunktartig und interpretativ dargestellt wird:
- Die Herausforderung in der Begegnung mit immer neuen, meist traumatisierten Jugendlichen in der Klasse ist wesentlich für den Konflikt zwischen pädagogischem Ich-Ideal und realen Möglichkeiten verantwortlich (Bär, 2016, S. 167). Dies löst vermutlich wirkmächtige Schuld- und Schamgefühle aus, die projektiv in der jeweils anderen Konfliktpartei bekämpft werden.
- Spaltungsprozesse im Team können eine Folge traumabezogener Erlebensmodi sein, sodass die hochbelasteten Kinder und Jugendlichen ihre Erlebensmodi auf das Team projizieren. Gleichzeitig spiegeln sich darin auch schulorganisatorische und professionsbezogene Spezifika, wenn aus einem tief verinnerlichten System der Bezogenheit der Schüler auf *eine* Lehrkraft ein Anspruch auf eine einzigartige Beziehung abgeleitet und jede weitere Beziehung deshalb abgewertet wird.
- »Goldene Fantasien« zeigen sich in doppelter Hinsicht: in der Position als »Retterin« (»nur ich kann den Jungen schützen«) insbesondere bei Frau Hofmann,

gleichzeitig aber auch als zu Rettende, ausgedrückt in den übersteigerten Erwartungen an die Gruppe und den Supervisor. Die Zuspitzung des Konflikts könnte demnach auch ein Versuch sein, die Bereitschaft der Kollegen und des Supervisors, sie selbst zu schützen, zu aktivieren.
- Das institutionelle Gefüge drängt die Gruppe der Lehrkräfte für junge Geflüchtete an den Rand, insbesondere da die von außen vorgegebenen Leistungserwartungen oft kaum erfüllbar sind.
- Die pädagogische Arbeit mit jungen Geflüchteten ist in einen gesellschaftlichen Kontext eingebettet, der durch strukturelle Beschämung und Entwertung gekennzeichnet ist (siehe dazu die aktuelle Studie »Die enthemmte Mitte« von Decker, Kiess und Brähler, 2016). Wenig überraschend tauchen die darin dominierenden Formen des Gegeneinanders im Team wieder auf.
- Im Kontext einer traumapädagogischen Supervision fällt es ganz offenbar auch dem Supervisor schwer, seine Position zu bestimmen (vgl. Dörr, 2016, S. 25–29). Die ausgeprägte Wertschätzung ist einerseits narzisstisch erhebend, bedingt aber auch einen erheblichen Druck, die komplexen Problemlagen »aufzulösen« und so das Team beziehungs- und arbeitsfähig zu halten.

4 Abschließende Gedanken

»Was kann Supervision hier leisten?«, fragt Rohr (2009) in einem anderen, aber übertragbaren sozialpolitischen Kontext. »Kann sie dazu dienen, […] alle zu versammeln und Forderungen zu formulieren und diese an die Vorgesetzten weiterzutragen? Oder dient sie lediglich dazu, diese tägliche ›Folter‹ erträglich zu machen?« (Rohr, 2009, S. 18). Die pädagogische und schließlich auch die supervisorische Arbeit in sequenziell traumatischen Prozessen steckt hier in einem erheblichen Spannungsfeld (fest). Die soziale Realität muss als wesentliche Grundlage der emotionalen Lasten anerkannt werden. Hier einen Zugriff auf die realen Möglichkeiten der Veränderung der sozialen Umstände im Kontext der Supervision zu gewinnen, ist ganz sicher kein leichtes, jedoch ein notwendiges und lohnendes Unterfangen. Gleichzeitig müssen stets Wege der »Mini-Entlastungen« und der haltenden pädagogischen Arbeit auch unter den Bedingungen struktureller Verantwortungslosigkeit gesucht werden. Besonders herausfordernd ist dies, wenn die Teilnehmer wie auch der Supervisor selbst Profiteur der ausgeprägten sozialen Ungerechtigkeit sind. Das ist in der pädagogischen Arbeit mit marginalisierten Menschen der Regelfall und tritt noch einmal spezifisch hervor, wenn die sogenannte Flüchtlingskrise Menschen zu regulären Arbeitsverhältnissen verholfen hat.

Diese Konflikte können nicht abschließend aufgelöst werden – das muss Supervision aushalten! Im Hinblick auf den institutionellen und gesellschaftlichen Zusammenhang ist immer zu fragen, welche Rahmenbedingungen veränderlich sind, welche hingenommen werden können, aber auch, welche Grenzen durch die strukturellen Gegebenheiten gesetzt werden.

Mentalisierung bedeutet in diesem Kontext, Sprachfähigkeit angesichts einer scheinbar omnipräsenten Konfliktlage zwischen originär pädagogischem Auftrag und gesellschaftlicher Verantwortungslosigkeit (wieder-)herzustellen.

Ebenso wenig kann Supervision sämtliche Teamkonflikte befrieden. Im konkreten Fall war die Einsicht, dass das Ziel in einem ausreichend guten kollegialen Miteinander und nicht in der Etablierung einer konfliktfreien Schutzatmosphäre liege, enorm entlastend. Dass sich in der sehr hohen Wertschätzung des Teams für den Supervisor eine Form spezifischer Beziehung zwischen hochbelasteten Jugendlichen und Lehrkraft wiederholt (und wiederum sensibler Trennungsprozesse bedarf), wäre an anderer Stelle weiter zu diskutieren, scheint im Hinblick auf langfristig aufrechtzuerhaltende Reflexions- und Mentalisierungsfähigkeiten bei den Lehrkräften jedoch nicht unerheblich zu sein.

Literatur

Bär, C. (2016). Migration im Jugendalter. Psychosoziale Herausforderungen zwischen Trennung, Trauma und Bildungsaufstieg im deutschen Schulsystem. Gießen: Psychosozial-Verlag.
Becker, D. (2016). Können wir uns wirklich umeinander kümmern? Versuch einer Bewertung des Supervisionsprojektes. In D. Becker (Hrsg.), 1:0 für Rafah. Chancen und Herausforderungen psychosozialer Arbeit in Palästina. Forum Psychosozial (S. 301–335). Gießen: Psychosozial-Verlag.
Becker, D., Groninger, K., Hoffmann, T. (2016). Fußball als Medium psychosozialer Hilfe im Krieg. Zum konzeptionellen Hintergrund der Sportaktivitäten im Gaza-Streifen und in der West Bank. In D. Becker (Hrsg.), 1:0 für Rafah. Chancen und Herausforderungen psychosozialer Arbeit in Palästina (S. 31–52). Gießen: Psychosozial-Verlag.
Bettelheim, B. (2007). Liebe allein genügt nicht. Die Erziehung emotional gestörter Kinder (2. Aufl. in dieser Ausstattung). Stuttgart: Klett-Cotta.
Cohen, Yecheskiel (2004). Das misshandelte Kind. Ein psychoanalytisches Konzept zur integrierten Behandlung von Kindern und Jugendlichen. Frankfurt a. M.: Brandes & Apsel.
Decker, O., Kiess, J., Brähler, E. (Hrsg.) (2016). Die enthemmte Mitte. Autoritäre und rechtsextreme Einstellungen in Deutschland. Die Leipziger »Mitte«-Studie 2016. Gießen: Psychosozial-Verlag.
Dörr, M. (2016). Scham und Schamgefühle – am Beispiel der Leitung von pädagogischen Gruppen. In D. Zimmermann, M. Meyer, J. Hoyer (Hrsg.), Ausgrenzung und Teilhabe. Perspektiven einer kritischen Sonderpädagogik auf emotionale und soziale Entwicklung (S. 19–32). Bad Heilbrunn: Klinkhardt.
Faulstich, P., Zeuner, C. (2015). Ökonomisierung und Politisierung des Feldes der Erwachsenenbildung: Die Rolle der Wissenschaft. Erziehungswissenschaft, 26, 25–35.

Feuser, G., Jantzen, W. (2014). Bindung und Dialog. In G. Feuser, B. Herz, W. Jantzen (Hrsg.), Emotion und Persönlichkeit. Behinderung, Bildung, Partizipation. Enzyklopädisches Handbuch der Behindertenpädagogik (S. 64–90). Stuttgart: Kohlhammer.

Gahleitner, S. B., Kamptner, C., Ziegenhain, U. (2016). Bindungstheorie und ihre Bedeutung für die Traumapädagogik. In W. Weiß, T. Kessler, S. B. Gahleitner (Hrsg.), Handbuch Traumapädagogik (S. 115–122). Weinheim/Basel: Beltz Verlag.

Gerspach, M. (2009). Psychoanalytische Heilpädagogik. Ein systematischer Überblick. Stuttgart: Kohlhammer.

Gingelmaier, S. (2016). Schwierige Beziehungsdynamiken mentalisieren. Familienberatung als Frühförderung eines Jungen, der auffälliges Verhalten zeigt. Sonderpädagogische Förderung heute, 61 (2), 203–216.

Kavemann, B., Rothkegel S. (2014). Trauma Sexualisierte Gewalt in Kindheit und Jugend: Vergessen und Erinnern – Sprechen und Schweigen. Trauma und Gewalt, 8 (3), 202–213.

Keilson, H. (1979). Sequentielle Traumatisierung bei Kindern: deskriptiv-klinische und quantifizierend-statistische follow-up Untersuchung zum Schicksal der jüdischen Kriegswaisen in den Niederlanden. Stuttgart: Enke.

Kotte, S., Taubner, S. (2016). Mentalisierung in der Teamsupervision. Organisationsberatung, Supervision, Coaching, 23 (1), 75–89.

Kuorelahti, M., Virtanen, T., Chilla, S. (2015). Auch Lehrkräfte benötigen Unterstützung im Inklusiven Unterricht! Professional Agency und die Professionalisierung von Lehrkräften in der Inklusion. Vierteljahresschrift für Heilpädagogik und ihre Nachbargebiete, 85 (1), 25–35.

Müller, C., Schwarz, U. J. (2016). Psychosoziale Aspekte der pädagogischen Arbeit mit geflüchteten Kindern und Jugendlichen. Sonderpädagogische Förderung heute, 61 (1), 23–38.

Rohr, E. (2009). Wie reitet man ein totes Pferd? Symptome kollektiver Traumatisierung. Erfahrungen aus Guatemala. Freie Assoziationen. Zeitschrift für psychoanalytische Sozialpsychologie, 12 (3), 85–97.

Stein, R., Müller, T. (2015). Verhaltensstörungen und emotional-soziale Entwicklung: zum Gegenstand. In R. Stein, T. Müller (Hrsg.), Inklusion im Förderschwerpunkt emotionale und soziale Entwicklung (S. 19–43). Stuttgart: Kohlhammer.

Sturm, T. (2015). Inklusion: Kritik und Herausforderung des schulischen Leistungsprinzips. Erziehungswissenschaft, 26, 25–32.

Taubner, S. (2015). Konzept Mentalisieren. Eine Einführung in Forschung und Praxis. Gießen: Psychosozial-Verlag.

von Freyberg, T., Wolff, A. (2006). Trauma, Angst und Destruktivität in Konfliktgeschichten nicht beschulbarer Jugendlicher. In M. Leuzinger-Bohleber, R. Haubl, M. Brumlik (Hrsg.), Bindung, Trauma und soziale Gewalt. Psychoanalyse, Sozial- und Neurowissenschaften im Dialog (S. 164–185). Göttingen: Vandenhoeck & Ruprecht.

Warzecha, B. (1999). Grundlagen der Verhaltensgestörtenpädagogik (III): Traumatisierung im Kindes- und Jugendalter durch Mißhandlung, sexuelle Gewalt, Pädophilie. Hamburg: Lit.

Zimmermann, D. (2015). Das Leiden der anderen. Beziehungstraumatisierungen und institutionelle Abwehr. In B. Herz, D. Zimmermann, M. Meyer (Hrsg.), »… und raus bist du!« Pädagogische und institutionelle Herausforderungen in der schulischen und außerschulischen Erziehungshilfe (S. 49–65). Bad Heilbrunn: Klinkhardt.

Zimmermann, D. (2016). Traumapädagogik in der Schule. Pädagogische Beziehungen mit schwer belasteten Kindern und Jugendlichen. Gießen: Psychosozial.

Zimmermann, D., Müller, C., Scheele, L. (2017). Möglichkeiten und Grenzen der reflexiven pädagogischen Beziehungsarbeit. In B. Rauh (Hrsg.), Abstinenz und Verwicklung. Schriftenreihe der DGfE-Kommission Psychoanalytische Pädagogik 7 (S. 215–230). Leverkusen: Barbara Budrich.

Feld: Mentalisieren in der Inklusion

»Relevant wäre, die Pädagogik subjektfähig zu machen«
Eine inklusive Gemeinschaft als Kooperationsverhältnis mentalisierender Subjekte

Pierre-Carl Link

> Bildungs- und Erziehungsprozesse bedürfen zur Umsetzung inklusiver Momente und zur Reduktion exklusiver Momente in besonderer Weise innovativer, differenzierter und zugleich nicht ideologisch überfrachteter Konzepte und Netzwerke. Inwiefern Mentalisierungsbasierung für den Inklusionsdiskurs bereichernd sein kann und welche Konsequenzen dies für die pädagogische Theorie und Praxis mit sich bringt, soll Inhalt dieses Beitrags sein.

> *In a particular way, inclusive education requires innovative, critical and non-ideological pedagogic concepts and networks. As to what extent mentalization-basing can enrich the discourse on inclusion and what consequences this will have on the theoretical and practical application of pedagogy shall be the content of this article.*

Ziel dieses Beitrags ist es, aufzuzeigen, dass gelingende Inklusion Mentalisierungsprozesse voraussetzt. Innerhalb des transdisziplinären Inklusionsdiskurses fehlt bisweilen noch eine dezidiert psychologische Perspektive. Würden psychologische Perspektiven im Diskurs um Inklusion und Exklusion Berücksichtigung finden, könnte das pädagogische Verständnis dieser Prozesse erweitert werden, da diese – und dazu zählt auch die Mentalisierungstheorie – ein Vokabular für die Beschreibung »für innerpsychische Motive für soziale Ab- und Ausgrenzungsprozesse« (Willmann, 2017, S. 100) bereitstellt. Dies würde insofern zu einem differenzierten Blick auf das Subjekt führen, das ja selbst Initiator und damit auch Gegenstand und Ziel von Inklusionsanforderungen und Exklusionsbedrohung ist, da Abgrenzungs- und Ausschließungsdynamiken, folgt man Willmann weiter, auch eine identitätsstiftende und somit gleichermaßen »inkludierende« Funktion für das Kohärenzerleben des Subjekts habe. Die Transdisziplinarität der Mentalisierungstheorie versucht in

Form wissenschafts- und disziplinintegrativer Theoriebildung, Psychoanalyse, Sozial- und Entwicklungspsychologie, Psychotherapieforschung, Neurowissenschaft und Bindungsforschung gleichermaßen zu berücksichtigen. Erweitert sich diese Disziplinintegration auf die erziehungswissenschaftliche und subjektlogische Perspektive beispielsweise einer psychoanalytischen Pädagogik, sind tiefer gehende Erkenntnisse über das psychische Leben sowie die sozial-emotionalen Befindlichkeiten der zu inkludierenden Subjekte zu erwarten. Damit ist auch eine Hoffnung auf einen entsprechenden Erkenntnisgewinn von einer sich als mentalisierungsbasierten Pädagogik konstituierenden Erziehungswissenschaft zum Ausdruck gebracht. Wenn die Mentalisierungstheorie eine besondere Integrationsleistung von Referenzdisziplinen der Erziehungs- und Bildungswissenschaft sowie der empirischen Bildungsforschung leisten kann, wird sie durch eben diese, aus dem transdisziplinären Diskurs entstehenden Ergebnisse das pädagogische Verständnis von inklusiven und exklusiven Momenten ergänzen und damit möglicherweise einen gangbaren Weg für eine *Pädagogik der Inklusion und Exklusion* anbahnen. Insofern könnte eine mentalisierungsbasierte Pädagogik eine praktikable, weil praxisorientiertere Auseinandersetzung mit dem von hoher Komplexität gekennzeichneten akademischen Inklusionsdiskurs darstellen, die das Subjekt der Inklusion mit seinen je eigenen individuellen, inneren Notwendigkeiten und deren mentalen Verarbeitungs- und Ausdrucksmöglichkeiten fokussiert.

Sonder- und Heilpädagogik kennzeichnen eine subjekt- und humanwissenschaftliche Begründung der Erziehungswissenschaft (vgl. Feuser, 2017, S. 234). Mit diesem Beitrag soll also, durch den Bezug auf die Mentalisierungstheorie, Feusers Forderung, »[r]elevant wäre, die Pädagogik subjektfähig zu machen« (Feuser, 2017, S. 216), Rechnung getragen werden. Schule als »Caring Community« (Prengel, 2015, S. 81 ff.) und damit als moderat-inklusive inkludierende Gemeinschaft kann als Anerkennungs- bzw. Kooperationsverhältnis unter Subjekten verstanden werden (vgl. zum Begriff der moderaten Inklusionsbefürworter Ahrbeck, 2016). Eine solche Schule kann man als mentalisierende Gemeinschaft verstehen (vgl. die vier Beiträge von Rauh, Turner, Hechler und Nolte in diesem Band).

Setzt sich eine Gemeinschaft aus Lernenden und Lehrenden an einer Schule das Ziel, sich *gemeinsam* auf den Weg zu einer inklusiveren Schule zu machen, indem vor allem für unbewusste wie bewusste Ausgrenzungsprozesse sensibilisiert werden soll und diese identifiziert und möglichst reduziert werden sollen, stellt dies einen Beitrag zu einer demokratiedienlichen Pädagogik dar. Sich dem menschenrechtlichen Ziel von Inklusion zu stellen, bedeutet die Schule im Speziellen und Orte der Bildung im Allgemeinen auf ihre (un-)demokratischen

Strukturen und Prozesse sowie deren demokratiefördernde Funktion verstärkt aufmerksam zu machen und die Schule nicht nur zu einem Ort der Demokratie zu transformieren, sondern alle beteiligten Subjekte für eine demokratisch konstituierte Gesellschaft zu befähigen. Damit würde die Schule – und dies tut sie freilich auch schon in diesen Zeiten – unmittelbar zur Demokratieförderung einen nicht zu unterschätzenden Beitrag leisten. Dies wäre angesichts aktueller Entwicklungen wie dem wachsenden Populismus, rassistischen Zuschreibungen und einem für lange Zeit schwerlich vorstellbaren Ausmaß an chauvinistischem Politikstil deutlich angezeigt, damit der demokratische Grundsatz von Gleichheit, Freiheit und Geschwisterlichkeit lebendig bleiben kann. Schule stellt neben ihrer Bildungsfunktion die größte, wichtigste und verbindlichste Sozialisationsinstitution des modernen Staates dar.

In diesem Beitrag wird exemplarisch an der Schule als Ort von Bildung aufgezeigt, wie durch eine Verankerung mentalisierungsbasierter und -fördernder Pädagogik im Bildungssystem ein maßgeblicher Beitrag zur Demokratisierung der Subjekte angebahnt werden kann.

2 Inklusion als menschenrechtliche Zielidee – Mentalisierungsbasierung als Weg zu einer demokratiedienlichen pädagogischen Forschung

Die eben erwähnten menschenrechtlichen Prinzipien Gleichheit, Freiheit und Geschwisterlichkeit, die konstitutiv für die theoretischen Grundlagentexte der Menschenrechte sind, heben, jedes für sich und in ihrer Verbindung, einen bestimmten Aspekt der Menschenrechtsidee hervor (vgl. Prengel, 2015, S. 81). Diese drei Prinzipien gehören unauflöslich zusammen und gipfeln sozusagen in der Idee der universellen humanen Würde (vgl. Habermas, 2010). Folgt man Prengel (2015, S. 81), dann beruht Freiheit auf einem Wunsch nach Verminderung von Ausgrenzung und Unterdrückung und inkorporiert ein Streben nach einem selbstbestimmteren Leben. Dieses dem Menschen innewohnende Streben wiederum begründet sich darin, dass ein selbstbestimmtes Leben einem jeden Menschen zusteht (vgl. Prengel, 2015, S. 81 f.). Geschwisterlichkeit respektive Solidarität »beruht darauf, dass Menschen wechselseitig ihre Freiheit und Gleichheit anerkennen und einander beim Streben danach unterstützen sollen«, so liest es sich weiter bei Prengel (2015, S. 82). Universelle menschenrechtliche Prinzipien sind so zu entwerfen, dass sie idealiter *allen* Menschen zuerkannt werden können. Auch Feuser (2017, S. 216) fordert im Inklusionsdiskurs und der derzeitigen politischen Situation Solidarität und sieht eine Förderung solidarischer Haltung und solidarischen Handelns insbesondere als Möglichkeit der Pädagogik an, die er politisch-normativ versteht.

Im Erziehungsverständnis von Speck behauptet das Subjekt – grundlegend als *conditio humana* – autonome Selbstpositionen, wodurch es aus dem Erziehungsgeschehen mit einem »eigenen Resultat« hervorgeht. Autonomie »steht nicht nur für die Entwicklung von Authentizität, Aktivität, eigenem Willen, eigener Motivation und Kompetenz, sondern auch für die Akzeptanz des Anderen, für kooperative Bezogenheit, für Gemeinschaftlichkeit und für Verantwortlichkeit für andere« (Speck, 1997, S. 148). Erziehung wird zur Ermöglichung von und zur Aufforderung zu einer Autonomie, die auf den Anderen bezogen ist. Und dieses Empathisch-Werden bzw. Bezogen-Sein-auf kann durch eine das Mentalisieren der Subjekte fördernde Pädagogik initiiert und unterstützt werden. Dies gilt auch für Lernprozesse unter erschwerten Bedingungen. All das scheint ein Indiz dafür zu sein, dass die sich derzeit konstituierende mentalisierungsbasierte Pädagogik einem gesamtgesellschaftlichen, transdisziplinären wie transsektionellen Auftrag, wie ihn die Realisierung von Inklusion markiert, gerecht werden könnte. Sie könnte sogar eine demokratiedienliche Forschung im Sinne Brügelmanns (2015, S. 43) fördern.

Zusammenfassend lässt sich sagen, dass die Theorie der Menschenrechte Grundlage und damit Ausgangspunkt einer inklusiveren »Caring Community« ist, was eine mentalisierungsbasierte Pädagogik zum Ziel hat.

3 Was eine inklusive Momente fördernde und exklusive Momente reduzierende mentalisierungsbasierte Pädagogik berücksichtigen sollte

Menschenrechte, verstanden als Grundideen demokratischer Verfassung, stellen »orientierende Richtschnüre für Auseinandersetzungen um materielle Ressourcen und um kulturelle Lebensformen dar« (Prengel, 2015, S. 82). Gesellschaftlich lassen sich machtvolle Ausgrenzungsprozesse und -dynamiken ausfindig machen, weshalb eine potenzielle Orientierung an den Menschenrechten »zum Ziel [hat], zur Vermehrung von Freiheit und zur Verminderung von Unfreiheit, zur Vermehrung von Gleichheit und zur Verminderung von Ungleichheit sowie zur Vermehrung von Solidarität und zur Verminderung von Menschenfeindlichkeit beizutragen« (Prengel, 2015, S. 82). Dies alles stellt einen durchaus in sich widersprüchlichen, paradoxen und nicht abschließbaren Arbeitsprozess dar, der Demokratisierung zum Ziel hat (vgl. Prengel, 2011; Hartmann u. Honneth, 2004). Bedenkt man die bundesdeutschen Bildungssysteme, wird dies besonders ersichtlich. Ahrbeck (2016, S. 52) hat mit Bezug auf Brodkorb (2014, S. 422) diese paradoxe Aufgabe in der Dialektik von Liebe und Leistung für den psychologisch-pädagogischen Inklusionsdiskurs beschrieben und dadurch verstehbar gemacht (Link, 2017, S. 108 ff.; Prengel, 2015, S. 82 f.).

Eine mentalisierungsbasierte Erziehungswissenschaft, die auch ein Mehr an Inklusion der vulnerablen Subjekte zum Ziel hat, kann ein Kompass dafür sein, welche pädagogischen Präventionen und Interventionen für eine gelingende inklusive Praxis zielführend sind. So berücksichtigt eine mentalisierungsbasierte Disziplin z. B. die Heterogenitätsdimension der Schülerschaft besonders oder die Freiheit von Lernenden sowie deren Möglichkeiten zu demokratischer Beteiligung und Teilhabe an Schule. Mentalisierungsbasierte Pädagogik könnte ein Gradmesser für fördernde pädagogische Maßnahmen in Richtung einer inklusiveren und dadurch weniger exkludierenden Gemeinschaft sein. So wie eine sich als inklusiv verstehende Pädagogik systemkritisch einen Blick auf das Subjekt und seine je individuelle Bedürftigkeit wirft, vertritt auch die Mentalisierungstheorie ein möglichst ganzheitliches Menschenbild (vgl. Hechler, 2013, S. 322). Besonders ein im Inklusionsdiskurs fehlender entwicklungs- und sozialpsychologischer Impetus ist durch das Mentalisierungskonzept gegeben. Wenn angenommen wird, dass gelingende, das heißt förderliche Inklusionsprozesse hinreichend gute Mentalisierungsfähigkeiten voraussetzen, wird die psychologische und sonderpädagogische Perspektive auf die *Psyche* des Einzelnen in einer Gruppe relevanter denn je. Insbesondere das Selbstkonzept von Schülern mit dem Förderbedarf sozial-emotionale Entwicklung sowie deren Erleben in einer inklusiven Gruppe scheinen besonders verwundbar zu sein (vgl. Ellinger u. Stein, 2012).

Ellinger und Stein zeigen in einer Metaanalyse, dass insbesondere das Sozialverhalten, das Selbstkonzept, die emotionale Befindlichkeit, soziale Akzeptanz und soziale Integration der Schülerschaft in der Klassengemeinschaft, daneben auch das Gruppenklima sowie die Wirkung einer besonderen Schülerschaft auf das Verhalten ihrer Kameraden kardinale Kriterien gelingender Inklusion darstellen (vgl. Ellinger u. Stein, 2012). Insbesondere ist der Befundlage inklusiver Beschulung bezogen auf den Aspekt des Selbstkonzepts mit Ellinger und Stein (2012) eine eher negative Wirkung zu attestieren. Besonders komplexe und zum Teil sehr kritische Ergebnisse sind für das Gruppenklima, die soziale Integration und soziale Akzeptanz festzustellen, wohingegen zum Sozialverhalten tendenziell positive Befunde zu finden sind. Ebenfalls Hechler weist darauf hin, dass ein bildungsförderliches Verhalten gerade in Kombination mit angemessener Affektspiegelung respektive Affektregulierung konstitutiv für die Entwicklung eins stabilen kohärenten Selbst- und

Identitätsgefühls ist (vgl. Hechler, 2013, S. 323). Im professionell-pädagogischen Umgang mit Kindern und Jugendlichen mit Verhaltensstörungen oder Lernbeeinträchtigungen ist eine mentalisierungsfördernde Haltung der Pädagogen indiziert und deren praktisches Repertoire auf mentalisierungshemmende Aspekte hin kritisch zu reflektieren. So zählt nach Allen, Fonagy und Bateman (2011) zu einer mentalisierungsfördernden Haltung beispielsweise eine neugierige, forschende Haltung des Nichtwissens, Vermittlung einer sicheren Basis, Spiegelungsprozesse, markierte Emotionen, die Förderung eines emotionalen Engagements, ebenso wie Präzision und Einfachheit, die Unterstützung und Ermunterung zur Selbst- und Welterforschung des Kindes, Validierung des Erlebens des Kindes, das Sich-selbst-zur-Verfügung-Stellen, Selbstenthüllung, das eigene Denken und Fühlen dem Kind transparent zu machen respektive es daran teilhaben zu lassen, eigene Fehler zuzugeben und sich infrage zu stellen (vgl. Hechler, 2013, S. 324). Des Weiteren benennen Allen und Kollegen auch andere mentalisierungshemmende Interventionen, so etwa den Versuch, perfekt und intellektuell zu sein, komplexe Interventionen, langwierige Diskurse im »Als-ob-Modus«, Zuschreibungen aufgrund theoretischer Annahmen, selbstgewisse Formulierungen der eigenen Vorstellungen, Objektivierung statt Subjektivierung, Schweigen, emotional unmarkierte Reaktionen (vgl. Hechler, 2013, S. 324; zu Fehlentwicklungen des Mentalisierens vgl. Ramberg, 2014, S. 168). Dabei ist darauf hinzuweisen, dass mentalisierungsförderliches Verhalten, wie Hechler (2013, S. 324) zurecht konstatiert, nicht nur im Sinne einer Technik oder eines Programms erlernt werden kann, sondern dass dieses auf den Lern- und Bildungsprozess der Pädagogen angewiesen ist, der maßgeblich Haltungen betrifft.

Konkret empfiehlt Hechler (2013, S. 326 ff.) eine mentalisierungsbasierte gruppenanalytische Förderung für die Klientel der Kinder und Jugendlichen mit Lernbeeinträchtigungen – selbiges könnte man für die Klientel mit Verhaltensstörungen konstatieren. Folgende vier Parameter sind nach Hechler besonders relevant:

»– Aktivierung des Affekt- und Bindungssystems, der interaktiven Schemata und der kognitiven Funktionen,
 – Möglichkeiten zur Mentalisierung auf der konkreten Interaktions- und der symbolisch vermittelnden Ebene,
 – Förderung des emotional-affektiven, sozial-interaktiven und geistig-kognitiven Selbstbewusstseins,
 – Antizipation und Ambiguität als Prinzipien der Gruppenintervention fördern funktionelle und strukturelle Veränderungen im Gehirn« (Hechler, 2013, S. 329).

Der Pädagoge kann, folgt man den Forschungsergebnissen Taubners und Wolters (2013, S. 155), u. a. als »mentalisierender Akteur« mit dem Edukanten in Beziehung treten. Taubner und Wolter (2013, S. 162 f.) beschreiben als eine wesentliche Entwicklungsaufgabe, dass die (zum Teil auch sehr frühen) Bindungs- und Beziehungserfahrungen zwischen Kind und Eltern auf soziale Institutionen der Fürsorge und auf die Peergroup übertragen und adaptiv aktualisiert würden. Dadurch rückt auch die Aufgabe des Pädagogen gerade in Bezug auf eine »progressive Entwicklung« der Subjekte in den Vordergrund pädagogischer Bemühungen. Wenn die Mentalisierungsfähigkeit einen wesentlichen Bestandteil psychischer Widerstandsfähigkeit darstellt (Taubner u. Wolter, 2013, S. 165) und damit die Resilienz betont wird, kann und sollte es Aufgabe einer besonderen Pädagogik sein, die anthropologisch-konstitutive Verwundbarkeit der Subjekte zu betonen; dies gerade in Zeiten zunehmender Sicherheits- und Sicherungsbestrebungen für die Gesellschaft und ihre Subjekte. Pädagogik käme somit die Aufgabe zu, Anwalt dieser Verwundbarkeit zu sein. Diese verwundbare Seite des Menschen ist subjektlogisch pädagogisch adressierbar und möglicherweise entwicklungsförderlicher als die Fragen: Wie resilient bin ich? Wo sind meine Wunden? Wo verwunde ich? Und weshalb? Dies sind nur einige mögliche tiefer gehende Fragen.

Innerhalb einer kontinuierlichen stabilen pädagogischen Beziehung können Kinder die frühen erlebten Bindungs- und Beziehungserfahrungen sowie die eigene Befindlichkeit in triadischen Beziehungskonstellationen entwicklungsförderlicher gespiegelt bekommen (vgl. Gerspach, 2008, S. 38). Durch dieses Erziehungs- und Beziehungsgeschehen wird das Reflexionsvermögen respektive die Mentalisierungsfähigkeit des Kindes freigesetzt (vgl. Gerspach, 2008, S. 38). Mentalisierungsbasierte Pädagogik kann somit als eine Erweiterung und zugleich tiefer gehende Fundierung psychoanalytischer Pädagogik verstanden werden.

»Wir konzeptualisieren die Fähigkeit der Eltern, sich gegenüber dem Kind spielerisch empathisch zu verhalten, als wahrscheinlich unabdingbare Voraussetzung dafür, dass ein Kind seine Projektionen so erleben kann, dass sie aufgefangen (contained) werden. Wenn Eltern für das Kind affektiv unerreichbar sind, verhindern sie, dass das Kind in den Eltern eine mentale Abbildung seiner eigenen inneren Welt etabliert, die es dann wiederum internalisieren könnte als Kristallisationspunkt eines eigenen Kern-Selbst« (Fonagy u. Target, 2001a, S. 969).

Dies gilt in gleicher Weise für Erzieherinnen und Lehrer, die Kinder zum Teil stundenlang am Tag betreuen bzw. ihnen Beziehungs- und Kontaktangebote machen. Insbesondere Kinder, die besonders erschwerten psychosozialen Belastungen ausgesetzt sind, kommunizieren nicht nur mit der realen Person des Pädagogen, sondern mit inneren Repräsentanten der primären Beziehungsobjekte. Dies lege sich nach Gerspach (2008) »wie ein Schleier über diese Interaktion im Hier und Jetzt […]« (S. 41). Professionalisierungstheoretisch ist bekannt, dass pädagogische Bezugspersonen »ihren problematischen Eigenanteil nicht selbstkritisch zu reflektieren vermögen – [es] zu Störungen im Beziehungsgeschehen [führt], mit allen pathogenen Konsequenzen für das erschütternde Gleichgewicht des Kindes« (Gerspach, 2008, S. 41).

Aufgabe respektive Ziel (sonder-)pädagogischer Arbeit mit Kindern aus psychosozialen Belastungssituationen und in erschwerten Lebenslagen muss es sein, »jenes vermittelte Leiden und seine Folgen zu verstehen und danach so weit wie möglich dadurch abzuwenden, dass wir es aushalten lernen und darauf aufbauend einen emotional korrigierenden Einfluss nehmen auf ihre Sozialisations- und Lebensbedingungen« (Gerspach, 2008, S. 44).

Eigenständige Bildungsprozesse des Kindes können durch eine Zunahme der Mentalisierungsfähigkeit aufseiten der Eltern, Pädagogen und weiterer Bezugspersonen besonders gefördert werden. Gerspach (2008) beschreibt, dass »der Verlust der Mentalisierungsfähigkeit aufseiten der Eltern dazu führt, dass die Aktivität beim Kinde unterbunden und kaum Raum für neue eigenständige Lernprozesse gegeben wird« (S. 47).

Zusammenfassend sieht der psychoanalytische Pädagoge Hirblinger (2011) »[e]ines der wichtigsten Resultate gelungener Mentalisierung […] darin, Affektzustände in zwischenmenschlichen Beziehungen zu modulieren und dadurch dem Subjekt in Situationen der Betroffenheit die Rolle eines *reflektierenden Akteurs* wieder zurückzugeben« (S. 386 f.). Eine durch Mentalisierungsdynamiken und -prozesse gekennzeichnete Gemeinschaft kann mithin als »Caring Community« der zweiten Moderne verstanden werden (vgl. zum Begriff der »Caring Community« Noddings, 2005, 2009). »Schulen, in denen Inklusion erwünscht ist, lassen sich also insgesamt als ›Caring Communities‹ verstehen, weil sie daran orientiert sind, sowohl das Wohlbefinden der Angehörigen beider Generationen im Schulleben als auch kognitive Lehr-Lernprozesse im Unterricht in einer auf dem Streben nach Wechselseitigkeit beruhenden Kooperation zu unterstützen« (Prengel, 2015, S. 84 f.).

4 Transformation und Transition inklusiver Schulen zu mentalisierenden »Caring Communities« durch mentalisierungsbasierte Pädagogik

Inklusive Momente werden, folgt man Prengel (2015, S. 85), durch das Wechselspiel und die Wechselwirkung von Handlungsebenen ermöglicht. Dies lasse sich daraus ableiten, dass Bildungs- und Lernprozesse sich als ein vielschichtiges Zusammenspiel komplexer Handlungsstrukturen in verschiedenen perspektivischen Sichtachsen analysieren lassen (Prengel, 2015, S. 85). Für Prengel sind dabei folgende sechs Handlungsebenen voneinander zu unterscheiden und jeweils eigens auf ihre Funktion hin zu befragen:
- institutionelle Ebene,
- professionelle Ebene,
- relationale Ebene,
- didaktische Ebene,
- bildungspolitische Ebene,
- juristische Ebene.

Diese Handlungsebenen müsste man auf ihre Anschlussfähigkeit zu einer mentalisierungsbasierten Pädagogik jede für sich analysieren und modifizieren. Im Kontext dieses Beitrags wird auf einige der Ebenen nur teilweise eingegangen werden können. Dies verweist auf ein potenzielles Forschungsdesiderat. So scheint es, dass der Bezug zur Mentalisierung auf den verschiedenen Ebenen zu überprüfen ist. Deutlich wird ein Bezug zum Mentalisieren, wenn man bedenkt, dass »Pädagogen dafür Sorge tragen, dass in der gemeinsamen Schule eine für alle Klassen und das ganze Kollegium gemeinsame, verbindliche, dem Wohlbefinden aller dienende Schulordnung [die eben Erkenntnisse aus der Bindungs- und Mentalisierungsforschung integriert] erarbeitet und stets weiter aktualisiert wird« (Prengel, 2015, S. 86). Durch Mentalisierungsförderung kann auf der institutionellen Ebene auch die Sozialisationsfunktion der Schule produktiv wirksam werden, indem »die destruktiven, lern- und entwicklungsfeindlichen Wirkungen einer in segregierenden Strukturen überbetonten Selektionsfunktion [...] [vermindert]« werden (Prengel, 2015, S. 86).

Auf die sich durch den Bezug auf die Mentalisierungstheorie hier aufgezeigten neu eröffnenden Möglichkeiten und Potenziale auf der professionellen Ebene verweist zum Teil auch Rauh (in diesem Band). Mit Verweis auf eine sichere Bindungsbeziehung und emotional-soziale Befindlichkeit zeigen Ramberg und Harms (2014, S. 170) die Bedeutung von Mentalisieren für die Pädagogik auf. So kann der Pädagoge dem Kind das Gefühl geben, verstanden zu werden. »[D]ie komplexe Reflexionsfähigkeit des Pädagogen [unterstützt] den Aufbau einer sicheren Bindungsbeziehung« (Ramberg u. Harms, 2014, S. 170) und eröffnet gleichsam einen Raum, in dem Pädagogen sich selbst und Kinder sich gesehen und verstanden fühlen können. Das Verstehen ist die Anerkennung der Psychoanalyse und der Sonderpädagogik. So möchte mit Gerspach (2008, S. 50) mentalisierungsbasierte (Heil-)Pädagogik als eine »sinnverstehende Disziplin« begründet sein, die sich psychoanalytisches Verstehen angeeignet hat und sich selbst als evidenzbasierte Metatheorie des Verstehens auszeichnet.

Klar sollte sein, dass in einer »Caring Community« Kooperation, Selbstreflexion und die Bereitschaft, die eigene Macht und Ohnmacht zu benennen, wesentliche Bedingungen für das Gelingen einer zunehmend inklusiven Beschulung darstellen (vgl. Prengel, 2015, S. 86). Fördert man, wie Rauh zeigt, die Mentalisierungsfähigkeit der Erwachsenen durch entsprechende qualifizierte Fort- und Weiterbildung, kommt dies in den meisten Fällen unmittelbar auch der Interaktion mit den Kindern und Jugendlichen zugute. Inter- und Supervision sowie möglicherweise die Inanspruchnahme von Psychotherapie als Heilbehandlung bei psychischem Leiden bzw. Krankheit für in der Lehre (dies meint insbesondere die Schule) professionell tätige Akteure können Qualitätsmerkmale einer Professionalisierung der Erziehungswissenschaften sein. Eine Schule, die sich als inkludierende Gemeinschaft mentalisierender Subjekte begreift und damit »Caring Community« ist, wird, »in dem Maße, in dem sie Wert auf multiprofessionelle Teamarbeit legt, entlastende Fürsorge für die einzelnen Lehrerinnen und Lehrer sowie die Angehörigen anderer pädagogischer Berufe mit sich bring[en]« (Prengel, 2015, S. 87).

Die relationale Ebene scheint in Bezug auf die Mentalisierungstheorie die relevanteste für die Konstitution inklusiver »Caring Communities« zu sein. Zentral geht es, so Prengel, in der relationalen Dimension inklusiver pädagogischer Einrichtungen um die Beziehung zu den Kindern (Prengel, 2015, S. 87). Damit Pädagogen »professionell-empathisch den Sinn kindlichen Verhaltens und Denkens« (Prengel, 2015, S. 87) verstehen, sowie die »Ungehaltenen halten« können, das heißt, ihnen Sicherheit vermittelnde Beziehungserfahrungen ermöglichen (vgl. Bleher, Hoanzl u. Ramminger, 2014, S. 272 ff.), scheint die Pädagogik gut beraten zu sein, mentalisierungstheoretische Konzepte zu entwickeln und zu erproben. Das Achten auf Mentalisierungsprozesse bei sich selbst und bei anderen sowie die Förderung der eigenen Mentalisierungsfähigkeit und der der anderen können für Beziehungsaspekte in der Lehrer-Kind-Interaktion sensibilisieren. Für den Themenkomplex der intersubjektiven Anerkennungsprozesse im pädagogischen Kontext ist die Mentalisierungstheorie als sozial- und entwicklungspsychologische sowie psychoanalytische bzw. klinische Theorie noch zu befragen. Auf der Basis einer interdisziplinären Mentalisierungstheorie wäre auch die Frage zu stellen, ob die Individualisierung des Unterrichts sowie das inklusive Unterrichten als solches förderlich für die Entwicklung der Schülerschaft sind, bzw. aufzudecken, wo Grenzen und Gefahren bzw. exkludierende Inklusion in vermeintlich inklusiven Einrichtungen droht. Prengel (2016, S. 30 ff.) analysiert auch die Bedeutung sogenannter inklusiver Pädagogik für relationale Prozesse und benennt dort auch Anknüpfungspunkte an Psychoanalyse und psychoanalytische Pädagogik, was für den Diskurs um eine mentalisierungsbasierte Pädagogik gesondert in den Blick zu nehmen sein wird.

5 Mentalisierungsbasierte Pädagogik als Chimäre.
Eine inklusive Gemeinschaft als eine mentalisierende Gemeinschaft

Mit Prengel (2015) kann man festhalten, dass »[i]m Lichte der Theorie des ›Caring‹ [...] deutlich [wird], dass ›Fürsorge‹ nicht nur auf der Ebene individueller Zugewandtheit bedeutsam ist, sondern eine politische Kategorie darstellt, die für die gesellschaftliche Sorge um das wohlbefindliche und demokratische Aufwachsen der jungen Generation wegweisend ist« (S. 89). Dies bedeutet, dass es – gerade mit Blick auf Menschen mit seelischen und körperlichen Behinderungen – wünschenswert wäre, dass auch die Bildungspolitik, wie die Gesundheitspolitik, verstärkt auf die Relevanz der Entwicklung und Etablierung intersektioneller und interdisziplinärer Konzepte in schulischen und außerschulischen pädagogischen Settings hinweist und politisch diese zum Wohle der Kinder verankert.

In diesem Beitrag sollte aufgezeigt werden, dass eine mentalisierungsbasierte pädagogische Einrichtung mit ihren Akteuren, verstanden als mentalisierende Gemeinschaft, Konstitutionsproblemen einer sogenannten inklusiven Gesellschaft im Allgemeinen und inklusiven Pädagogik im Speziellen mit bindungstheoretischen, psychodynamischen, sozial- und entwicklungspsychologischen Ideen entgegenwirken kann. Eine Schule, als mentalisierende Gemeinschaft verstanden (vgl. Twemlow u. Fonagy, 2016), ist ein Kooperationsverhältnis mentalisierender Subjekte. Für sie scheint konstitutiv, dass sie immer eine inklusive und exklusive Gemeinschaft zugleich darstellt, die pädagogisch ihre Subjekte konstruktiver wie destruktiver Machtausübung unterzieht und sie dadurch auch zum Adressaten, zum Objekt macht. Asymmetrische Beziehungsverhältnisse gehören anthropologisch zum Menschsein dazu und sind Voraussetzung für intersubjektive Befähigungs- und Anerkennungsprozesse – auch im Sinne einer Agogik – zwischen ihren Subjekten. Wagt man einen dystopischen Blick in eine zunehmend exklusiver und inklusiver werdende Gesellschaft, könnten mentalisierungstheoretische Zugänge zu einer Wiederentdeckung des psychoanalytischen Blicks auf das Subjekt führen. Die derzeit stattfindende Mentalisierungswende in der Psychotherapie und eventuell auch in der Pädagogik kann die Sperrigkeit und Widersprüchlichkeit des Subjekts anders verstehbar und dadurch empathisch zugänglicher machen. Diese Sperrigkeit der Person ist eine geteilte Verletzlichkeit, ein geteiltes Trauma – im eigentlichen Sinne des Wortes als Wunde –, die uns Menschen miteinander verbindet (und trennt) oder uns zumindest in Beziehung zueinander setzen kann, in unserem je eigenen projektiven *In-der-Welt-Sein* (zu einer verwundbarkeitstheoretischen Perspektive in den Erziehungswissenschaften vgl. Burghardt et al., 2017; Keul u. Link, 2017).

Mentalisierungsbasierte Pädagogik kann als ein Kernbestandteil zukünftiger inklusiver Schulentwicklung entworfen werden (vgl. Hirblinger, 2011, S. 386 ff.). Mentalisierungsorientierung in den Erziehungswissenschaften birgt die Chance, die Pädagogik subjektfähig zu machen. Die Berücksichtigung der Mentalisierungstheorie im erziehungswissenschaftlichen Diskurs würde die von Feuser (2017, S. 242 f.) benannte »Emotionalität pädagogischen Geschehens« wieder ins Zentrum der Analyse pädagogischen Denkens und Handelns stellen und eine introspektive sowie reflexiv-empathische Perspektive neu vergegenwärtigen.

Wenn mit Feuser (2017) gilt, »dass Inklusion nicht zu machen ist, sondern eine Pädagogik so allgemein und fundiert zu realisieren ist, dass sie niemanden von Bildung ausschließt und gleichwohl so spezifisch in ihrer Didaktik ist, dass sie Unterricht vor jedem biografisch-sozialisatorischen Erfahrungshintergrund und Entwicklungsniveau […] der Lernenden gestalten kann« (S. 275), dann kann in einer mentalisierungsbasierten Pädagogik, die auch Fragen der individuellen Bildsamkeit und individualisierten Didaktik nicht unbeantwortet lässt, durchaus die Möglichkeit gesehen werden, ein Mehr an inklusiven Momenten im Sinne von Teilsysteminklusionen zu realisieren. Damit ist mit Feuser grundgelegt, dass das Mögliche (Inklusion) durch eine mentalisierungsbasierte Pädagogik im Wirklichen sichtbar werden könnte. Ja, das Mögliche einer mentalisierungsbasierten Pädagogik könnte vielleicht sogar den Weg bahnen für eine nichtideologische Pädagogik der Inklusion, wie sie in der Argumentation moderater Inklusionsvertreter (Ahrbeck, 2016; Müller, 2014; Willmann, 2017) zu finden sind.

Die mentalisierungsbasierte Pädagogik befindet sich im Status ihrer Geburt. Ob sie ein an Evidenzbasierung und Empirie angepasstes oder ein wildes Kind der Psychoanalyse wird, muss sich zeigen. Eine Chimäre, die transdisziplinär und transsektionell ausgerichtet, unterschiedliche Disziplinen für eine ganzheitliche Interpretation des Subjekts, seines Verhaltens und Erlebens in einen Polylog bringt, wäre wünschenswert.

Literatur

Ahrbeck, B. (2016). ADHS und Evidenzbasierung. In B. Ahrbeck, S. Ellinger, O. Hechler, K. Koch, G. Schad (Hrsg.), Evidenzbasierte Pädagogik. Sonderpädagogische Einwände (S. 84–99). Stuttgart: Kohlhammer.

Allen, J. G., Fonagy, P., Bateman, A. W. (2011). Mentalisieren in der psychotherapeutischen Praxis. Stuttgart: Klett-Cotta.

Bleher, W., Hoanzl, M., Ramminger, E. (2014). Die Ungehaltenen halten. Sonderpädagogische Förderung heute, 3 (14), 272–294.

Brodkorb, M. (2014). Warum totale Inklusion unmöglich ist. Über schulische Paradoxien zwischen Liebe und Leistung. Sonderpädagogische Förderung heute, 59 (4), 422–447.

Brügelmann, H. (2015). Evidenzbasierung der Pädagogik. Scheinlösung für ein schwieriges Problem. Pädagogik, 10 (15), 38–43.

Burghardt, D., Dederich, M., Dziabel, N., Höhne, T., Lohwasser, D., Stöhr, R., Zirfas, J. (Hrsg.) (2017). Vulnerabilität. Pädagogische Herausforderungen. Stuttgart: Kohlhammer.

Ellinger, S., Stein, R. (2012). Effekte inklusiver Beschulung: Forschungsstand im Förderschwerpunkt emotionale und soziale Entwicklung. Empirische Sonderpädagogik, 4 (2), 85–109.

Feuser, G. (2017). Inklusion – das Mögliche, das im Wirklichen noch nicht sichtbar ist. In G. Feuser (Hrsg.), Inklusion – ein leeres Versprechen? Zum Verkommen eines Gesellschaftsprojekts (S. 183–286). Gießen: Psychosozial-Verlag.

Fonagy, P., Target, M. (2001). Mit der Realität spielen. Zur Doppelgesichtigkeit psychischer Realität von Borderline-Patienten. Psyche – Zeitschrift für Psychoanalyse und ihre Anwendungen, 55, 961–995.

Gerspach, M. (2008). Grundzüge einer psychoanalytischen Heilpädagogik. In T. Mesdag, U. Pfarr (Hrsg.), Phänomen geistige Behinderung. Ein psychodynamischer Verstehensansatz (S. 27–68). Gießen: Psychosozial-Verlag.

Habermas, J. (2010). Das utopische Gefälle. Das Konzept der Menschenwürde und die realistische Utopie der Menschenrechte. Deutsche Zeitschrift für Philosophie, 58 (3), 343–357.

Hartmann, M., Honneth, A. (2004). Die unendliche Aufgabe. Kritik und Perspektiven der Demokratietheorie. Bielefeld: transcript.

Hirblinger, H. (2011). Unterrichtskultur. Bd. 2: Didaktik als Dramaturgie im symbolischen Raum. Gießen: Psychosozial-Verlag.

Keul, H., Link, P.-C. (2017). Inklusion, Inkarnation und Anerkennung – mehr Mut zur Verletzlichkeit. In P.-C. Link, R. Stein (Hrsg.), Schulische Inklusion und Übergänge (S. 127–150). Berlin: Frank & Timme.

Link, P.-C. (2017). »Scheinriese« Inklusion. In P.-C. Link, R. Stein, (Hrsg.), Schulische Inklusion und Übergänge (S. 105–125). Berlin: Frank & Timme.

Müller, T. (2014). Lob der Förderschule – von den Leistungen des deutschen Förderschulsystems. In S. Pemsel-Maier, M. Schambeck (Hrsg.), Inklusion!? Religionspädagogische Einwürfe (S. 142–164). Freiburg i. Br.: Herder.

Noddings, N. (2005). The challenge to care in schools. New York: Teacher College Press.

Noddings, N. (2009). Care. In S. Adresen, R. Casale, T. Gabriel, R. Horlacher, S. Larcher Klee, J. Oelkers (Hrsg.), Handwörterbuch Erziehungswissenschaft (S. 106–118). Weinheim/Basel: Beltz.

Prengel, A. (2011). Zwischen Heterogenität und Hierarchie in der Bildung – Studien zur Unvollendbarkeit der Demokratie. In L. Ludwig, H. Luckas, F. Hamburger, S. Aufenanger (Hrsg.), Bildung in der Demokratie II. Tendenzen – Diskurse – Praktiken (S. 83–94). Opladen u. Farmington Hills: Barbara Budrich.

Ramberg, A., Harms, K. (2014). Mentalisieren und Reflektieren – Gedanken zur professionellen Haltung von Lehrkräften im Bereich der emotionalen und sozialen Entwicklung. Behindertenpädagogik, 53 (2), 163–174.

Speck, O. (1997). Chaos und Autonomie in der Erziehung – Erziehungsschwierigkeiten unter moralischem Aspekt (7. Aufl.). München/Basel: Reinhardt.

Taubner, S., Wolter, S. (2016). Mentalisierung, Affektregulierung, Empathie. In G. Poscheschnik, B. Traxl (Hrsg.), Handbuch Psychoanalytische Entwicklungswissenschaft (S. 147–170). Gießen: Psychosozial.

Twemlow, S. W., Fonagy, P. (2016). Vom gewalterfüllten System zum mentalisierenden System: Ein Experiment in Schulen. In J. G. Allen, P. Fonagy (Hrsg.), Mentalisierungsgestützte Therapie (3. Aufl., S. 399-421). Stuttgart: Klett-Cotta.

Willmann, M. (2017). Pädagogik der Inklusion? – Konstitutionsprobleme inklusiver Bildung aus Sicht der Erziehungstheorie. In P.-C. Link, R. Stein (Hrsg.), Schulische Inklusion und Übergänge (S. 91–104). Berlin: Frank & Timme.

Inklusion, Mentalisierung und emotional-soziale Teilhabe

Bernhard Rauh

In diesem Beitrag wird Mentalisierung als passende Strategie für die inklusive Bildung entfaltet. Dabei wird eine Professionalisierungs- von einer Bildungsstrategie unterschieden. Es werden vorrangig emotional-soziale Teilhabeprozesse fokussiert. Leitende These ist, dass Mentalisieren die Förderung der Teilhabe im emotional-sozialen Bereich erst zu dem macht, was sie sein soll.

In this paper mentalization is explicated as a more suitably conceptual frame for a support of emotional and social development in inclusive education. A mentalization-based professionalisation strategy is distinguished from an education strategy. The guiding thesis is that mentalization makes the emotional-social support to what it should be.

Die erfolgreiche Organisation von Bildungsprozessen baut auf der Gestaltung von Beziehungen auf. Auch Hatties Metaanalysensynthese bestätigt dieses Wissen: Lehrkräfte »müssen dem Kind die Erfahrung ermöglichen, im Klassenzimmer anerkannt zu sein« (Hattie, 2014, S. 141); Schüler sollen sich in den schulischen Beziehungen »sicher fühlen«, sich selbst und die anderen verstehen lernen (Cornelius-White, zit. nach Hattie, 2014, S. 143).

Dafür ist es nötig, dass Lehrkräfte die Perspektive der Schüler verstehen und »dies den Lernenden kommunizieren« (Cornelius-White, zit. nach Hattie, 2014, S. 143). Fauser et al. (2010) vertreten einen Professionalisierungsansatz, in dem Lehrkräfte ihr Handeln »immer besser auf das Verstehen der Schülerinnen und Schüler und deren Förderung ausrichten. Wesentlich dafür ist die Fähigkeit zu einem professionell kontrollierten Perspektivenwechsel, einem ›Verstehen zweiter Ordnung«« (S. 126), bei dem die Lehrkräfte die Sichtweise der Schüler einnehmen.

Gemäß diesen Befunden trägt die Fähigkeit der Lehrkräfte, die innere Situation ihrer Schüler zu verstehen und ihnen rückmelden zu können, entscheidend dazu bei, dass sich die Schüler in der Schule sicher und zugehörig fühlen, vom Unterricht profitieren und in den gemeinsamen Unterricht eingebunden werden.

Reflexionskompetenz ist in allen pädagogischen Situationen hilfreich und sinnvoll, oftmals ist sie aber erst im Nachhinein möglich. Unbedingt erforderlich ist sie bei der Arbeit mit Menschen, die Schwierigkeiten dabei haben, mit sich und anderen zurechtzukommen. Mentalisieren als eine spezifische Form der Reflexion stellt ein integrales Konzept für die emotional-soziale Förderung dar. Es macht die Förderung in diesem Bereich erst zu dem, was sie sein soll. Diese These wird im Folgenden für den Bereich der inklusiven Bildung ausgearbeitet.

1 Inklusive Bildung und die Bedeutung der Kompetenzen der Lehrkräfte

Inklusion im Bereich des Bildungssystems kann erst einmal so verstanden werden, dass alle Kinder gemeinsam lernen. Leicht wird Inklusion auf organisatorische Fragen reduziert und die Vielschichtigkeit des Themas unterschätzt, wie z. B. den individuellen Bedürfnissen des jeweiligen Kindes gerecht zu werden (Göppel u. Rauh, 2016). Dabei sollte aus den hart geführten Debatten früherer Jahrzehnte um die »richtige« Organisationsform schulischer Bildung etwas Entscheidendes gelernt worden sein: »[W]hat goes on in a place, not the location itself, is what makes a difference« (Zigmond, 2003, S. 198). Ergänzend ist ein häufig rezipiertes, zentrales Ergebnis der Hattie-Studie (2014; z. B. Spiewak, 2013) anzuführen: Die Lehrkraft trägt weit mehr zum Bildungserfolg der Schüler bei als etwa die Organisationsform. Demnach ist es die Kompetenz der Lehrkräfte, die als Schlüssel zur schulischen Entwicklung (Klieme, 2004; Weinert, 1998) und inklusiven Bildung zu verstehen ist. Ganz in diesem Sinne bestimmt die Deutsche UNESCO-Kommission (2014) Inklusion als einen Prozess, der die »Kompetenzen im Bildungssystem stärkt, die notwendig sind, um alle Lernenden zu erreichen« (S. 9). Veränderungen in den »Strategien im Bildungswesen« werden als erforderlich erachtet (Deutsche UNESCO-Kommission, 2014, S. 9). Durch eine strategische Neuausrichtung will man in inklusiven Settings Probleme prinzipiell vor Ort lösen und sie nicht mehr an Sonderinstitutionen delegieren. Das Bildungssystem verabschiedet sich somit vom »old thinking« mit harten, typologisch-klassifikatorischen Unterscheidungen in zwei Gruppen von Behinderten und Nichtbehinderten sowie auf die Behinderungen ausgerichteten Organisationsformen der schulischen Förderung. Im »new thinking« wird Diversität dimensional konstruiert: Probleme unterschiedlicher Formen und Schweregrade sind als ubiquitäre (schulische) Phänomene zu begreifen, die auf einem Kontinuum von geringen Schwierigkeiten zu gravierenden Problemen liegen. Im System der inklusiven Bildung wird die allgemeine Schule in ihrer Funktion als »Schule für alle und jeden« gestärkt, die Kompetenzen der Fachkräfte sind entscheidend.

2 Mentalisierung als passende Strategie für den Umgang mit Komplexität

Unweigerlich erhöht sich durch dieses neue Denken die Komplexität in inklusiven Bildungsorganisationen. Lehrkräfte müssen mit ganz verschiedenen Kindern aus ganz unterschiedlichen sozialen und kulturellen Kontexten, die in einer Klassengruppe beschult werden, kompetent umgehen. Die Strategie der Wahl im Umgang mit Komplexität ist Reflexion. Sie ist als die zentrale Bedingung der Möglichkeit der Bewältigung komplexer und divergenter Bildungssituationen, wie sie in heterogenen Klassengruppen bestehen, zu betrachten. Inklusive Bildung ist demnach nicht mit Konzepten soziotechnischer Rationalitätsvorstellungen zu bewältigen. Vielmehr ist eine »Professionalisierung durch Reflexion« (Roters, 2012) erforderlich. Das entsprechende Leitbild stellt der »reflective practitioner« (Schön, 1983) dar, der die eigene Praxis zum Gegenstand der Reflexion erhebt (Rauh, 2016, S. 268). Über reflexive und evaluative Prozesse erhöht sich die Problemlösekapazität in den Organisationen inklusiver Bildung. Das ist eine wesentliche Bedingung der Möglichkeit, Beziehungen, Strategien und Strukturen so zu gestalten, dass sie den individuellen Bedürfnissen jedes Kindes flexibel angepasst werden können und es sich optimal entwickeln kann.

In den eingangs referierten Befunden ist eine Akzentuierung der Reflexion auf das Verstehen innerpsychischer Prozesse zu erkennen, wie sie das Mentalisierungskonzept vornimmt. Mentalisieren meint die grundlegende Fähigkeit, das eigene Verhalten oder das Verhalten anderer durch Zuschreibung mentaler Zustände interpretieren zu können (Fonagy, Gergely, Jurist u. Target, 2002, S. 31), Gedanken, Absichten, Emotionen und Bedürfnisse bei sich und anderen wahrzunehmen und zu verstehen. Die eigenen Befindlichkeiten und Intentionen wie auch die der anderen Menschen können gedeutet werden, man kann auf sie reagieren und Einfluss nehmen, mit ihnen umgehen und an ihnen arbeiten. Mentalisieren ermöglicht, neben der Vergegenwärtigung stattgehabter Prozesse insbesondere unter Einbeziehung emotionaler Aspekte, ein vorausplanendes Handeln und auf diese Weise mehr als »nur« nachgelagerte Reflexion. Die Komplexität der Anforderungen an Lehrkräfte sowie Schüler kann antizipiert werden.

3 Empirische Belege für die Bedeutung von Mentalisierungsprozessen in der Schule

Einige Studien belegen die Bedeutung von Mentalisierungsfähigkeiten der Lehrkräfte für die schulische Bildung (Pianta, Stuhlman u. Hamre, 2008; Marzano, 2000; Taubner, Curth, Unger u. Kotte, 2014).

Pianta et al. (2008) zeigen anhand der Ergebnisse eigener und fremder Studien auf, dass
- bei Grundschulkindern die Qualität der Lehrer-Schüler-Interaktion maßgeblich durch die »emotionale Unterstützung« der Lehrkräfte beeinflusst wird, die wiederum wesentlich von den »Fähigkeiten zur Selbstanalyse« (S. 205) der Lehrkräfte abhängt,
- »sozial herausfordernde Kinder […] mit einfühlsameren Lehrerinnen selbständiger waren und weniger negative und nicht auf die Aufgabenbearbeitung bezogene Verhaltensweisen zeigten« (S. 200).

Marzano (2000; vgl. auch Helmke u. Helmke, 2014, S. 11; Hattie, 2014, S. 122) stellt in seiner Metaanalyse zur Klassenführung einen störungspräventiven Effekt der »emotional objectivity« der Lehrkräfte von $d = 0{,}70$ und damit einen mittleren Effekt fest. Da es sich nach Marzano bei der »emotional objectivity«, der sicheren Erfassung der emotionalen Situation des Kindes, um eine komplexe Leistung handelt, benennt er ein »mental set«, das folgende vier Teilkompetenzen umfasst (vgl. Helmke u. Helmke, 2014, S. 11):
- eine kontinuierliche Reflexion des eigenen Verhaltens und seiner Wirkungen,
- eine realistische Einstellung zu den Schülern, die weder romantisch noch zynisch geprägt ist, vielmehr werden die Schüler als bildungs- und erziehungsbedürftige andere (vgl. Hericks, 2006, S. 94) angesehen, die wertzuschätzen sind und an deren Stärken angeknüpft werden kann,
- die Fähigkeit, sich insbesondere bei Störungen in die Lage der Schüler versetzen zu können,
- die Kontrolle eigener negativer Emotionen wie Ärger und Frustration, aber auch eigener Identifikations- und Anerkennungswünsche in der Arbeit mit den Schülern.

Taubner et al. (2014; vgl. auch Taubner, 2015, S. 158 ff.) bestätigten in der Studie »Mentalisierende Berufsausbildung« die Wirksamkeit einer mentalisierenden Haltung bei den Fachkräften eines Berufsbildungswerkes. Ihr Projekt orientierte sich am Modell der »mentalisierenden Gemeinschaft« nach Twemlow und Fonagy (2016), das im Forschungsprojekt »Peaceful Schools« praktiziert wurde und einen »signifikanten Rückgang von lernfremden Verhalten und Unterrichtsstörungen« (Twemlow u. Fonagy, 2016, S. 418) vorweisen konnte.

4 Mentalisieren als Professionalisierungsstrategie für die inklusive Bildung

Als *Professionalisierungsstrategie* intendiert Mentalisieren, die Kompetenz der Lehrkräfte zu dieser spezifischen Form von Reflexion zu steigern. Eine psychische Repräsentation der inneren Zustände »verstärkt die Kohärenz und die Prägnanz im Prozess« (Brockmann u. Kirsch, 2010, S. 288) und auf diese Weise die Wirkung von pädagogischen und therapeutischen Interventionen, ohne dass lineare Ursache-Wirkung-Beziehungen hergestellt werden können.

4.1 Mentalisieren als Grundlage der pädagogischen Arbeit

Für Lehrkräfte ist es entscheidend, in pädagogischen Situationen mit Einzelnen oder Lerngruppen gelingende Interaktionen gestalten und Konflikte lösen zu können, um ein hohes Funktionsniveau von einzelnen Schülern sowie Lerngruppen zu erreichen und zu gewährleisten. Dazu müssen sie in der Lage sein, Verhalten mit psychischen Zuständen in Verbindung zu setzen und die Beweggründe der Interaktionspartner hinreichend zu verstehen, um auf dieser Basis angemessen interagieren zu können.

Professionalität bedeutet aus einer mentalisierungstheoretischen Perspektive, auch unter Stress nachdenken und nachfühlen zu können, warum jemand etwas macht oder machen will, sowie eigene Verwicklungen zu erkennen. Durch eine mentale Repräsentation gelingt es leichter, innere Spannungen auszuhalten und eigenen Impulsen nicht unmittelbar nachgeben zu müssen.

Mentalisieren unterstützt dabei, einen Zugang zu den Problemen der Schüler zu finden, und ermöglicht eine passgenauere Intervention. Es verhindert ein Weiterreichen und Ausstoßen schwieriger Schüler (vgl. von Freyberg u. Wolff, 2005, S. 11) und damit eine eventuelle (Re-)Traumatisierung von Kindern und Jugendlichen, die immer wieder in ähnliche, schwierige Situationen geraten.

Positiv formuliert: Fachkräfte mit hoher Mentalisierungskompetenz können aufgrund einer feinfühligeren Wahrnehmung der inneren Zustände bei sich und anderen ein auf den ersten Blick unverständliches Verhalten differenzierter verstehen. Auf dieser Grundlage gelingt es ihnen eher, auch belasteten und schwierigen Kindern und Jugendlichen eine hinreichend gute Beziehungserfahrung zu ermöglichen und sie damit auch real in der Organisation zu halten, zu inkludieren.

Demnach ist die Mentalisierungsfähigkeit der Fachkräfte als eine moderierende Variable zu betrachten. Sie ermöglicht es, Wirkungen auf Kinder und Jugendliche abzufedern, unerwünschte Einflüsse zu minimieren und erwünschte zu intensivieren.

5 Mentalisierende Gemeinschaften

Die Fähigkeit zur Vergegenwärtigung innerer Zustände verändert sich in Abhängigkeit von der emotionalen Lage (Stress, Müdigkeit) und der sozialen Situation. Auch pädagogische Fachkräfte oder sogar ganze Kollegien können »auf prämentalisierende Denkformen« zurückfallen (Taubner, 2015, S. 10), wenn sie in heftige Konflikte mit Kindern und ihren Systemen hineingezogen werden, eigene ungelöste Konflikte oder ungünstige Gruppendynamiken die Wahrnehmung verzerren. Selbst Professionelle geraten mitunter in den Sog negativer, stereotyper Zuschreibungen. Sie können sich dann nicht mehr für alternative Zugänge öffnen, die der inneren Situation des betroffenen Schülers näher kommen. So wird dann z. B. schnell davon ausgegangen, dass ein schwieriger Schüler sie ärgern oder gar quälen wolle. Möglicherweise wurde dieser Schüler aber aus Angst aggressiv oder wollte einen für ihn unerträglichen Zustand beenden.

Für ein Team, das mit heterogenen Lerngruppen arbeitet, ist es zentral, Strukturen zu schaffen und zu garantieren, in denen gemeinsam reflektiert werden kann (vgl. Twemlow u. Fonagy, 2016). Methoden sind nötig, damit Reflexionsprozesse im Sinne von Fallverstehen in »mentalisierenden Gemeinschaften« (Taubner, 2015, S. 157; Twemlow u. Fonagy, 2016, S. 412) befördert werden. Bekannte Reflexionsformen sind Fallbesprechung, Supervision, kollegiale Beratung oder das Reflective Team. Das ist an und für sich nichts Neues, jedoch besteht ein »conceptual change« darin, die Systemperspektive einzunehmen *und zu halten*. Nicht der Störer, sondern ein gestörtes Interaktionssystem sind die Reflexions- und Interventionseinheit. Das Kind »hat« dann nicht einfach eine Störung, sondern es verhält sich in einem bestimmten Interaktionssystem auf eine nachvollziehbare Weise. So kann Exklusionsprozessen auf mentaler, aber auch realer Ebene entgegengewirkt werden, prämentalisierende Formen der Verarbeitung von Belastungen wie Stereotypien (Twemlow u. Fonagy, 2016, S. 408) können aufgedeckt und bearbeitet werden.

Auch für die Teamsupervision erweist sich Mentalisieren als ein hilfreiches Konzept, da Missverständnisse und Konflikte vor dem Hintergrund von Stressbewältigungsversuchen und Mentalisierungseinbrüchen reflektiert werden können (Kotte u. Taubner, 2016, S. 87).

Zwei besondere Chancen des Settings Supervision erkennen Kotte und Taubner (2016, S. 88):
- Eine professionsübergreifende Zusammensetzung von Supervisionsgruppen trainiert in besonderer Weise das Einnehmen anderer Professionsperspektiven;
- eine Analyse der Muster bei Mentalisierungseinbrüchen kann Hinweise auf Abwehrmechanismen und Spannungsfelder innerhalb der Gesamtorganisation liefern, die in der Arbeit mit Menschen mit ausgeprägten emotional-sozialen Störungen häufig auftreten.

Die Angst vor der Auseinandersetzung mit einer chaotischen inneren Welt, wie sie bei vielen schwierigen Schülern vorzufinden ist und bei der selbst Fachkräfte in regressive Zustände geraten können, wird in mentalisierenden Gemeinschaften reduziert. Der Mut und die Bereitschaft, sich mit komplexen Konstellationen und den schwierigen Problematiken einzelner Schüler auseinanderzusetzen, können wachsen.

6 Mentalisieren als Bildungsstrategie für die inklusive emotional-soziale Förderung

Als Bildungsstrategie beabsichtigt eine auf Mentalisierung ausgerichtete pädagogische Arbeit, die Fähigkeit der Kinder und Jugendlichen zur Wahrnehmung und Reflexion des eigenen und fremden Verhaltens zu steigern. Diese Teilfähigkeiten sind für eine gelingende Selbstregulation (Taubner, 2015, S. 58 ff.) und soziale Interaktionsgestaltung erforderlich. Sie ermöglichen Impulskontrolle und Emotionsregulation (Kirsch, 2014, S. 8).

Kinder und Jugendliche mit Schwierigkeiten in der altersgemäßen Selbststeuerung und Beziehungsgestaltung haben vermutlich nicht hinreichend erlebt, dass ihre Affekte von den primären Bezugspersonen aufgenommen, moduliert und markiert zurückgegeben wurden (vgl. Brockmann u. Kirsch, 2010, S. 280). Deshalb konnten sie nur wenig Zugang zu »mental states« erlangen. Nicht verstandene eigene innere Zustände werden von ihnen interaktionell in Szene gesetzt, um dort bearbeitet zu werden (Rauh, 2010). Dies geschieht umso heftiger, je belastender sich die innerpsychische Welt darstellt. Situationen, in denen Kinder und Jugendliche mit Mentalisierungsproblemen unter Stress geraten, können von ihnen oft nur in Form eines diffusen Ausnahmezustands erlebt werden. Die Regulation von Affekten und Impulsen gelingt dann kaum noch. Aggressive Handlungen oder auch ein unruhig-hyperaktives, überdrehtes

Verhalten sorgen für Spannungsabfuhr. Da sie auf keine Vorstellungen zurückgreifen können, die mit ihrem inneren Erleben verbunden sind und eine Distanzierung von solchen unklaren Spannungszuständen ermöglichen, suchen sie impulsiv nach einer sofortigen Abfuhr, Lösung oder Ersatzbefriedigung, um sich von unangenehmen Affekten direkt zu entlasten (Streeck-Fischer, 2010, S. 103). Scheinbar aus dem Nichts können schon kleinste Andeutungen z. B. von Zurückweisungen oder anderen als aversiv erlebten Affekten zu Disstress führen. Die daraus resultierenden unbewussten quälenden Ohnmachts- oder Angstgefühle führen zu einer starken Erregung, die sich z. B. in Destruktion entladen kann.

Durch eine Beziehung zu Professionellen, die in der Lage sind, die Welt aus seiner Perspektive wahrzunehmen und ihm dies markiert zu spiegeln, erlebt ein Kind ein Verstandenwerden. Fachkräften mit hoher Mentalisierungskapazität gelingt es, diffus Erlebtes in einen Gefühls- und Sinnzusammenhang zu bringen und die Ergebnisse dieser psychischen Verarbeitung dosiert in die Interaktion mit dem Kind einzuspeisen und ihm »hinreichend gute« Beziehungserfahrungen zu ermöglichen (Hartmann, 2015, S. 245). Falls es zu einer Passung kommt und das Kind die Rückmeldungen psychisch integrieren kann, wird die »Fähigkeit des Kindes, seine emotionalen Zustände zu modulieren«, gefördert (Brockmann u. Kirsch, 2010, S. 280). Eine zentrale Aufgabe von Lehrkräften ist demnach, als »Hilfs-Ich« für das Kind zu mentalisieren. Je jünger und/oder belasteter Kinder sind, desto mehr brauchen sie Menschen, die ihre innere Situation markiert spiegeln können.

Von zentraler Bedeutung ist hierbei, dass die Bezugspersonen sich vom Verhalten eines Kindes nicht überwältigen lassen, sondern mentalisierungsfähig bleiben. Eine feinfühlig abgestimmte Reaktion der Bezugsperson, die über das reine Zurückwerfen der inneren Zustände des Kindes hinausgeht, kann es beruhigen und ihm ein Verständnis für seinen inneren Zustand eröffnen. Falls es Lehrkräften häufig gelingt, sich selbst in Grenzsituationen entwicklungsförderlich zu verhalten, kann dies für Schüler eine wichtige Gegenerfahrung zu ihren bisherigen prägenden Erfahrungen darstellen. Mentalisierungsprozesse haben hier wesentlichen Anteil.[1]

Als *Veränderungskonzept* ist Mentalisieren darauf ausgerichtet, über einen Verstehensprozess vom unkontrollierten Affekt Schritt für Schritt zu einer Symbolisierung zu gelangen (vgl. Taubner, 2015, S. 58 f.). Statt einer affektiven Entladung wird eine Auseinandersetzung in Worten und Bildern denk- und aussprechbar.

---

1 Die Fallanalysen sowohl von Datler und Schedl (2016) als auch Turner (2016) liefern dichte Beschreibungen von Mentalisierungsprozessen der Fachkräfte und der schrittweisen Entwicklung der Mentalisierungsfähigkeit von Kindern mit erheblichen Schwierigkeiten in diesem Bereich.

Stark vereinfacht lassen sich die geschilderten Zusammenhänge wie folgt verdichten: Eine eingeschränkte Mentalisierungskompetenz der Bezugspersonen bedingt Beeinträchtigungen in der Mentalisierungsfähigkeit des Kindes. Probleme in der Selbstregulation und der sozialen Interaktionsgestaltung sind meist die Folge. Mentalisierungskompetente pädagogische Fachkräfte fördern die Mentalisierungsfähigkeit der Kinder. Dadurch wird den Kindern mehr und mehr Selbstregulation und gelingendere Interaktionsgestaltung möglich.

7 Mentalisierung, Exklusionsvermeidung und Kohärenzgefühl

Die pädagogische Arbeit im Bereich emotional-soziale Förderung stützt sich bislang auf die beiden Faktoren *Beziehung* und *Struktur*. Sie erweitert sich durch die Kombination von *Mentalisierungsförderung,* transparenter und haltender *Struktur* sowie sicherem und verlässlichem *Beziehungsangebot* zu einer *Fördertrias*.

Kinder und Jugendliche mit Mentalisierungs- und infolgedessen auch Selbststeuerungsproblemen stehen in der Gefahr, doppelt exkludiert zu werden: zum einen durch ein Nichtverstehen und zum anderen durch real exkludierende Interaktionen in Unterricht und Schule. Mentalisierungsbasiertes Arbeiten kann solchen Exklusionen vorbeugen und ist im Bereich der emotional-sozialen Förderung dreifach zu konzeptualisieren: als individuelle und kollektive Professionalisierungsstrategie sowie als Bildungsstrategie für betroffene Kinder.

Das Mentalisierungskonzept bietet eine Rahmenstruktur für die emotional-soziale Förderung, in der durch Verstehensbemühungen ein Bildungsraum geschaffen wird, der es belasteten Kindern und Jugendlichen durch Reflexion, Versprachlichung und Spiegelung der Affekte ermöglicht, in den aktuellen Beziehungen korrigierende Erfahrungen zu machen. Ihre emotional-soziale Teilhabe wird gestärkt.

Mentalisierungsprozesse unterstützen eine konsequente Umsetzung der Forderung nach individueller Förderung im emotional-sozialen Bereich. Mentalisierungsförderung ist als eine Chance für Kinder mit emotional-sozialen Schwierigkeiten zu begreifen: Je besser es einem Kind gelingt, einen Zugang zu seinen mentalen Zuständen zu erlangen, desto weniger gerät es in Disstress und muss zur Bewältigung auf impulsives und selbst-/fremdaggressives Verhalten zurückgreifen, sondern kann symbolisierende Formen verwenden.

Die pädagogische Beziehung und der Bildungs- und Erziehungsprozess dürften vom Kind umso positiver erlebt werden, je mehr es sich verstanden fühlt und je mehr seine Mentalisierungsfähigkeiten gefördert bzw. kränkende und krank machende innere Vorstellungen über sich selbst entkräftet werden.

Mentalisierungsprozesse unterstützen aber auch die Professionalisierung der Lehrkräfte für inklusive Bildung, denn erst die Reflexion der Prozesse und der eigenen Verwicklungen ermöglicht passende pädagogische Antworten.

Das Mentalisierungskonzept bietet einen konkreten Interventionsansatz zur professionsübergreifenden Zusammenarbeit als mentalisierende Gemeinschaft in inklusiven Settings. Systematisches Mentalisieren in Form von regelmäßig stattfindenden Fallkonferenzen oder Supervisionen leistet einen wesentlichen Beitrag zur Diversitätskompetenz von Bildungseinrichtungen. Damit verändert sich der Umgang der Fachkräfte mit belastenden pädagogischen Situationen. Die Problembearbeitungskapazität steigt, die Haltekraft von inklusiven Bildungseinrichtungen für schwierige Kinder und Jugendliche erhöht sich.

Mentalisieren reduziert aber auch das Stresserleben der Fachkräfte. Nicht zu verstehen, warum ein Kind oder seine Eltern sich auffällig verhalten, produziert Gefühle der Ohnmacht und Hilflosigkeit. Werden solche negativen Emotionen dauerhaft erlebt, stellen sie eine ernst zu nehmende Belastung dar, sie überfordern und erschöpfen. Die Wiederaneignung von Kohärenz ist ein wichtiger Beitrag zur weiteren Beziehungsbereitschaft und psychischen Gesundheit. Mentalisierungsprozesse erhöhen die Verstehbarkeit, Handhabbarkeit und Sinnhaftigkeit der Arbeit und damit die psychische Integration der Fachkräfte.

Literatur

Brockmann, J., Kirsch, H. (2010). Konzept der Mentalisierung – Relevanz für die psychotherapeutische Behandlung. Psychotherapeut, 55 (4), 279–290.
Datler, W., Schedl, A. (2016). Binnendifferenzierung und der Anspruch inklusiver Pädagogik. Zur »Optimalstrukturierung« des schulischen Feldes im Dienst der Förderung von Kindern mit erheblichen emotionalen und sozialen Problemen am Beispiel der Oskar Spiel Schule in Wien. In R. Göppel, B. Rauh (Hrsg.), Inklusion. Idealistische Forderung – Individuelle Förderung – Institutionelle Herausforderung (S. 148–164). Stuttgart: Kohlhammer.
Deutsche UNESCO-Kommission (2014). Inklusion: Leitlinien für die Bildungspolitik (3., erw. Aufl.). Zugriff am 07.11.2016 unter https://www.unesco.de/fileadmin/medien/Dokumente/Bildung/2014_Leitlinien_inklusive_Bildung.pdf
Fauser, P., Heller, F., Rißmann, J., Schnurre, S., Schwarzer, M., Thiele, O. (2010). »Verstehen zweiter Ordnung« als Professionalisierungsansatz. Das Entwicklungsprogramm für Unterricht und Lernqualität – ein Arbeitsbericht. In F. H. Müller, A. Eichenberger, M. Lüders, J. Mayr (Hrsg.), Lehrerinnen und Lehrer lernen. Konzepte und Befunde zur Lehrerfortbildung (S. 125–143). Münster: Waxmann.
Fonagy, P., Gergely, G., Jurist, E., Target, M. (2002). Affektregulierung, Mentalisierung und die Entwicklung des Selbst. Stuttgart: Klett-Cotta.
Göppel, R., Rauh, B. (Hrsg.) (2016). Inklusion. Idealistische Forderung – Individuelle Förderung – Institutionelle Herausforderung. Stuttgart: Kohlhammer.

Hartmann, K. L. (2015). Mentalisierungsförderung als professionalisierter Erkenntnisprozess. Kassel: kassel university press.
Hattie, J. (2014). Lernen sichtbar machen (2., korr. Aufl.). Hohengehren: Schneider.
Helmke, A., Helmke, T. (2014). Wie wirksam ist gute Klassenführung? Lernende Schule, 17 (65), 9–12.
Hericks, U. (2006). Professionalisierung als Entwicklungsaufgabe. Rekonstruktionen zur Berufseingangsphase von Lehrerinnen und Lehrern. Wiesbaden: VS Verlag für Sozialwissenschaften.
Kirsch, H. (2014). Vorwort. In H. Kirsch (Hrsg.), Das Mentalisierungskonzept in der Sozialen Arbeit (S. 7–11). Göttingen: Vandenhoeck & Ruprecht.
Klieme, E. (2004). Was sind Kompetenzen und wie lassen sie sich messen? Pädagogik, 56 (6), 10–13.
Kotte, S., Taubner, S. (2016). Mentalisierung in der Teamsupervision. Organisationsberatung, Supervision, Coaching, 23 (1), 75–89.
Marzano, R. (2000). A new era of school reform: Going where the research takes us. Aurora, CO: McREL.
Pianta, R. C., Stuhlmann, M. W., Hamre, B. K. (2008). Der Einfluss von Erwachsenen-Kind-Beziehungen auf Resilienzprozesse im Vorschulalter und in der Grundschule. In G. Opp, M. Fingerle (Hrsg.), Was Kinder stärkt. Erziehung zwischen Risiko und Resilienz (3. Aufl., S. 192–211). München: Reinhardt.
Rauh, B. (2010). Szenisches Verstehen. In B. Ahrbeck, M. Willmann (Hrsg.), Pädagogik bei Verhaltensstörungen. Ein Handbuch (S. 173–181). Stuttgart: Kohlhammer.
Rauh, B. (2016). Sonderpädagogische Professionsberatung im System inklusiver Bildung. In C. Lindmeier, H. Weiß (Hrsg.), Pädagogische Professionalität im Spannungsfeld von sonderpädagogischer Förderung und inklusiver Bildung (S. 261–280). Weinheim: Beltz (1. Beiheft der Zeitschrift Sonderpädagogische Förderung heute).
Roters, B. (2012). Professionalisierung durch Reflexion in der Lehrerbildung. Münster: Waxmann.
Schön, D. (1983). The reflective practitioner – how professionals think in action. New York: Basic Books.
Spiewak, M. (2013). Ich bin superwichtig! Die Zeit. Zugriff am 07.11.2016 unter http://www.zeit.de/2013/02/Paedagogik-John-Hattie-Visible-Learning
Streeck-Fischer, A. (2010). Angriffe auf Körper und Seele. Psychotherapeut, 55, 98–105.
Taubner, S. (2015). Konzept Mentalisieren. Eine Einführung in Forschung und Praxis. Gießen: Psychosozial-Verlag.
Taubner, S., Curth, C., Unger, A., Kotte, S. (2014). Die Mentalisierende Berufsausbildung – Praxisbericht aus einer Pilotstudie an einem Berufsbildungswerk für lernbehinderte Adoleszente. Praxis der Kinderpsychologie und Kinderpsychiatrie, 63 (9), 738–760.
Turner, A. (2016). Alex außer Rand und Band: zum Erleben grenzverletzender Interaktionen in einer Kindergartengruppe und deren Auswirkungen auf den mentalen Raum der Pädagogin. In B. Rauh, T. Kreuzer (Hrsg.), Grenzen und Grenzverletzungen in Bildung und Erziehung (S. 113–124). Opladen: Barbara Budrich.
Twemlow, S. W., Fonagy, P. (2016). Vom gewalterfüllten System zum mentalisierenden System: ein Experiment in Schulen. In J. G. Allen, P. Fonagy (Hrsg.), Mentalisierungsgestützte Therapie. Das MBT-Handbuch – Konzepte und Praxis (3. Aufl., S. 399–421). Stuttgart: Klett-Cotta.
von Freyberg, T., Wolff, A. (2005). Einleitung. In T. von Freyberg, A. Wolff (Hrsg.), Störer und Gestörte. Bd. I: Konfliktgeschichten nicht beschulbarer Jugendlicher (S. 11–21). Frankfurt a. M.: Brandes & Apsel.
Weinert, F. (1998). Lehrerkompetenzen als Schlüssel der inneren Schulreform. Schulreport, 2, 24–27.
Zigmond, N. (2003). Where should students with disabilities receive special education services? Is one place better than another? The Journal of Special Education, 37 (3), 193–199.

Feld: Mentalisieren in der Erwachsenenbildung[1]

Figurationen mentalisieren

Gruppenanalytische Perspektiven des Mentalisierens
für pädagogische Professionalisierungsprozesse

Sarah Yvonne Brandl

> Gruppenanalytische Arbeits- und Lernsettings finden im Rahmen der selbstreflexiven Professionalisierung Anwendung in pädagogischen Kontexten. Die spezifischen Interventionsweisen der Gruppenleitung orientieren sich dabei an der Figurationstheorie von Norbert Elias und am Matrixkonzept von Siegmund Heinrich Foulkes und haben einen großen Überschneidungsbereich zum aktuellen Mentalisierungskonzept, es erfolgen jedoch spezifische Erweiterungen und andere Gewichtungen in Bezug auf komplexere Reflexionsebenen.

> *Groupanalytic working and learning solutions are used in the context of self-reflective professionalization in pedagogic contexts. The specific modes of intervention of the group leader are based on the figurative theory of Norbert Elias and on the matrix concept of S. H. Foulkes and have a large overlap with the current mentalization concept, but specific extensions and other weightings are made with regard to more complex reflection levels.*

Im gruppenanalytischen Arbeiten sah Norbert Elias einst die einzige ihm bekannte Umsetzung seines theoretischen Konzepts der Figuration als Kernpunkt seiner Netzwerktheorie (Elias, 1972/1992, S. 320). Elias hatte an die Stelle einer getrennten Vorstellung von Individuum und Gesellschaft oder Gruppe das Bild vieler einzelner Menschen gesetzt, »die kraft ihrer Angewiesenheit aufeinander und ihrer Abhängigkeit voneinander auf die verschiedenste Weise aneinander gebunden sind und dem gemäß miteinander Interdependenzgeflechte oder Figurationen« bilden (Elias, 2014, S. 14).

---

1 Teile des Textes sind übernommen aus: Y. Brandl (2017). Figurativ denken. Gruppenanalytische Perspektiven des Mentalisierens für pädagogische Professionalisierungsprozesse. Gruppenpsychotherapie und Gruppendynamik. Zeitschrift für Theorie und Praxis der Gruppenanalyse, 53, 332–345.

Während sich im therapeutischen Arbeiten die einzelnen Gruppenmitglieder ihrer Eingebundenheit in die Gruppe bewusster werden, können sie im Hier und Jetzt Aktualisierungen ihrer früheren bedeutsamen Netzwerke bearbeiten. Es ist das alte Drehbuch der Familie, welches jedes Gruppenmitglied für sich mit den anderen Mitgliedern inklusive der Leitung besetzt. Gruppenleitungen haben nicht einfach nur dyadische Beziehungen im Blick, die reinszeniert werden, sondern komplexe multipersonelle und transpersonelle Konstellationen. Diese Figurationen zu erfassen, erfordert langjährige Ausbildung und Erfahrung sowie eine hohe innere Beweglichkeit.

Auch in pädagogischen Kontexten stellt die Reflexion der Interdependenz einen wesentlichen Aspekt der Professionalisierung des Arbeitens mit Gruppen und Einzelnen dar. Foulkes sah eine zentrale Parallele zwischen therapeutischem und pädagogischem Arbeiten darin, dass es sich in beiden Fällen um eine Haltungsänderung handle. Innerhalb der psychoanalytischen Gruppenmodelle gibt es unterschiedliche Denkschulen. Theorie und Arbeitsweise der Gruppenanalyse nach Foulkes orientieren sich an der Figurationstheorie von Norbert Elias (2003). Die Konsequenzen dieser Grundannahmen werden im Folgenden im Zusammenhang mit der Mentalisierungstheorie betrachtet. Vor allem lässt sich aus heutiger Sicht die Entwicklung einer mentalisierenden Haltung hervorheben, die in besonderer Weise durch gruppenanalytische Prinzipien gefördert wird.

1 Mentalisieren – ein multidimensionales Konstrukt und ein Kompetenzmodell

Zunächst werden die zentralen Aspekte der Anschlussfähigkeit des Mentalisierungskonzepts an gruppenanalytische Theorie und Interventionspraxis skizziert. Mentalisieren wird ontogenetisch als eine entwicklungspsychologische Fähigkeit konzipiert, die mit dem Entstehen einer repräsentationalen Theorie des Geistes auftaucht. Definitionen beinhalten in ihrer Schnittmenge zumeist die Fähigkeit, »mentale Zustände in sich selbst und anderen wahrzunehmen und implizit oder explizit anzuerkennen, dass diese mentalen Zustände die Realität unter einem von zahlreichen möglichen Blickwinkeln repräsentieren« (Allen, Fonagy u. Bateman, 2008, S. 45). Dabei wird Mentalisieren nicht als statische und homogene Fertigkeit oder Charaktereigenschaft, sondern als dynamische Fähigkeit verstanden, die inter- und intraindividuell variiert (Fonagy, Bateman u. Luyten, 2015, S. 41; Allen et al., 2008; Schultz-Venrath, 2013; Taubner, 2015).

Neben dieser grundlegenden Definition lassen sich Teilfertigkeiten des Mentalisierens unterscheiden, u. a. sich psychische Vorgänge vergegenwärtigen zu können, Achtsamkeit für eigene psychische Zustände und für die psychischen Zustände anderer Menschen zu entwickeln, Missverständnisse zu verstehen, sich selbst von außen und andere von innen zu betrachten sowie mentale Eigenschaften zuschreiben zu können (Allen et al., 2008, S. 23). Dabei stellt das Mentalisieren ein latentes multidimensionales Konstrukt dar, welches sich weiterhin in Entwicklung befindet. Um die zahlreichen Facetten dieses Konstrukts zu erfassen, wurden aufgrund von hirnbildgebenden Studien über soziale Kognition funktionale Polaritäten zugrunde gelegt, welche vier distinkten neuralen Systemen entsprechen (vgl. Luyten et al., 2011; Fonagy et al, 2015, S. 41). So werden dimensionale Unterscheidungen getroffen zwischen dem Fokus auf a) das Selbst versus andere, b) kognitive versus affektive Prozesse, c) die Gerichtetheit auf innere versus auf äußere Eigenschaften sowie d) automatische versus kontrollierte Ausführung (Fonagy et al., 2015, S. 41 f.).

Die Entwicklung des Konstrukts Mentalisierung ist zugleich mit der Idee einer Förderung entsprechender Fähigkeiten durch Interventionen verbunden. Hier werden vor allem drei Bereiche genannt: 1. die Aufmerksamkeit für eigene und fremde mentale Zustände schärfen, 2. ein Gewahrsein multipler Perspektiven kultivieren, und 3. die Mentalisierungsfähigkeit – vor allem in emotionalen Erregungszuständen – verbessern (Allen et al., 2008, S. 46).

Handlungspraktische Ableitungen aus dem Mentalisierungskonstrukt beziehen sich in erster Linie auf eine mentalisierende therapeutische Haltung und entsprechende Interventionen. Dazu gehören u. a. der besondere Respekt gegenüber der Eigenheit jedes Einzelnen sowie eine affektfokussierte und prozessorientierte Fragetechnik, deren zugehörige Antworten Teil des wechselseitigen Charakters des Mentalisierungsprozesses sind (vgl. Schultz-Venrath, 2013, S. 162).

Für die mentalisierungsbasierte Therapie werden Technik und therapeutische Haltung manualisierbar beschrieben (vgl. Allen u. Fonagy, 2006; Schultz-Venrath 2013, S. 162 f.). Haltungsorientierungen sind Neugier und Bescheidenheit des Nichtwissens, Handlungsorientierungen sind Fragetechniken mit Fokus auf Emotionen im Hier und Jetzt im Rahmen kurzer Formulierungen und eine aktive Steuerung des Kommunikationsvorgangs sowie transparenter Umgang mit Irrtumsmöglichkeiten und Fehlern als mentalisierungsfördernde Elemente (vgl. Schultz-Venrath, 2013). Im Rahmen von Gruppentherapien kommt eine aktive Förderung des »balancierten mentalisierten Sprecherwechsels« (turn-taking) hinzu (Karterud, 2012; Schultz-Venrath 2013). Im Gruppenkontext erhalten Therapeuten daher eher eine Moderatorenfunktion, indem sie Szenen und Narrative fördern, die die Gruppenmitglieder gemeinsam erforschen können (Schultz-Venrath u. Felsberger, 2016).

In Bezug auf pädagogische Felder stellt das Mentalisieren ein Theoriekonstrukt und Kompetenzmodell zur Verfügung, welches vielfältig einsetzbar ist, da es nicht arbeitsfeld- oder zielgruppenspezifisch ist und sich vor allem auf eine Erweiterung von Selbstwahrnehmung und Selbststeuerung richtet (vgl. Köhler-Offierski, 2014, S. 55). Die wissenschaftliche Nähe des Konzepts zu aktuellen Theorien wie der Theory of Mind, Empathie, Achtsamkeit oder der emotionalen Intelligenz ermöglicht unterschiedlichste Nutzung in klinischen (vgl. Schultz-Venrath, 2013, S. 83) und nichtklinischen Anwendungsbereichen.

Neben dem Einsatz des Konzepts im Rahmen der Erziehungs- oder Familienberatung, in der Kinder- und Jugendlichentherapie oder der Psychoedukation finden sich auch Schulprojekte. In der Pädagogik lässt sich der Mentalisierungsansatz als »Bildungsprozess, als Eigenweltaneignung (Selbst- und Weltaneignung) durch Narration« verstehen (Kirsch, 2014, S. 60). Es ist besonders die Förderung einer sicheren Basis und des von Nolte auch in diesem Band beschriebenen Epistemic Trusts, die durch eine mentalisierende Haltung in sozialen und pädagogischen Feldern unterstützt wird, in denen professionelle Beziehungen und die Person des Professionellen die wichtigsten Arbeitsinstrumente darstellen. Besonders relevant für den pädagogischen Kontext ist die Unterscheidung in eine selbstreflexive und eine interpersonelle Komponente. Beide werden zugleich wirksam, jedoch je nach Setting und Arbeitsweise unterschiedlich gewichtet bzw. aktiviert. Die Gleichzeitigkeit beider Komponenten macht sie zum idealen Ort für Gruppenkontexte aller Art, ebenso für soziale Netzwerke, Institutionen und Organisationen (Schultz-Venrath, 2013).

2 Gruppenanalytisches Arbeiten – Beweglichkeit in den Perspektiven

Gruppenanalytisches Arbeiten in pädagogischen und sozialen Kontexten lässt sich als eine Methode verstehen zur Unterstützung von Identitätsbildung, zur Förderung kommunikativer Kompetenzen (vgl. Brandes, 1999) und zugleich zur Förderung reflexiver Professionalität aufseiten der Fachkräfte. Analog zur therapeutischen Gruppenanalyse gelten theoretische Prinzipien, die an der Haltungsänderung der professionellen Gruppenteilnehmer ansetzen. Haltungsänderung und Entwicklung von Handlungskompetenz im professionellen Sinne brauchen Reflexionsräume für kontinuierliche Theorie- und Praxisreflexion, beides ist im gruppenanalytischen Arbeiten in besonderer Weise gegeben (Brückner, 2016; Brandl, 2016b). Gruppenanalytische Interventionsprinzipien beziehen sich dabei auf Kompetenzen des Mentalisierungkonzepts, integrieren jedoch komplexere Reflexionsebenen.

2.1 Theoretische Perspektiven

Gruppenanalytische Lern- und Arbeitsformen im Hochschulkontext finden in berufsbezogenen Selbsterfahrungsprozessen, Gruppendiskussionen mit Beobachtungsprotokollen (vgl. Brandl, 2016b), Fallbegleitungen und Praxisreflexionen statt (vgl. Naumann, 2014; Brückner, 2016). So unterschiedlich diese Settings gestaltet sein mögen, im Sinne eines gruppenanalytischen Lernprozesses liegt die wesentliche Gemeinsamkeit im Theoriebezug und den zugehörigen Modellparametern, aus denen das Verhältnis von Individuum und Gruppe wie auch die Bedingungen der Bedeutungskonstruktion abgeleitet werden (vgl. Brandl, 2016b).

Die Theorie der Gruppenanalyse in der Tradition von S. H. Foulkes vollzieht eine Synthese von Elementen der Sozialwissenschaften der Frankfurter Schule mit der Psychoanalyse, der Gestaltpsychologie und der Systemtheorie (Behr u. Hearst, 2009; Stemmer-Lück, 2012). Die grundlegenden Charakteristika des gruppenanalytischen Arbeitens hat Foulkes (1952/1974) in der Herausarbeitung der Unterschiede zwischen psychoanalytischen und gruppenanalytischen Prinzipien dargestellt. Im Unterschied zu einer Zwei-Personen-Perspektive enthält der Arbeitsrahmen in der Gruppe multiple Beziehungen als Arbeitsgrundlage, und damit gibt sich die Gruppe inklusive der Leitung jederzeit von Neuem ihren eigenen Bezugsrahmen (Foulkes, 1952/1974, S. 155).

Das korrespondierende Theoriekonstrukt zu dieser Grundsituation findet sich im Konzept der Matrix. Die Metapher der Matrix beschreibt dabei das Modell eines »hypothetischen Gewebes von Kommunikation und Beziehung in einer gegebenen Gruppe. Sie ist die Basis, die letzten Endes Sinn und Bedeutung aller Ereignisse bestimmt und auf die alle Kommunikationen, ob verbal oder nicht verbal, zurückgehen« (Foulkes, 1974, S. 33). Das Matrixkonzept ist die zentrale handlungsleitende Referenztheorie für jede Aktivität der Gruppenleitung, denn es enthält die Idee der Gruppe »als eine psychische Matrix, als eines geheimen Bodens aller wirksamen Beziehungen« (Foulkes, 1957/1974, S. 165), die alle Interaktionen der Einzelnen umfasst und zugleich deren operative Basis darstellt. Aus der Verwobenheit von Netzwerk- und Kommunikationsbezug leiten sich die impliziten Verknüpfungen ab. Das Voranschreiten im Gruppenprozess im Sinne der Entwicklungsdimension für den Einzelnen und die Gruppe als Ganzes wird im Kontext einer zunehmenden Versprachlichung und damit Einbindung in dieses soziale Netz verstanden (vgl. Haubl u. Lamott, 2007).

Innerhalb des Matrixkonzepts werden die Personen als Knotenpunkte innerhalb des Netzwerkes gesehen und zugleich, so die Idee, wird dieses Netzwerk im

Individuum selbst repräsentiert – aber: Das Individuum ist nicht passiver Teil, sondern hat auch eine Eigenaktivität, es knüpft an diesem Netzwerk mit an. Das Individuum wird mit anderen Worten nicht als ein geschlossenes, sondern als offenes System gesehen. Hier zeigt sich die theoretische Bezugnahme auf Analogien der Neurowissenschaften und Foulkes' Nähe zu Kurt Goldsteins Denken (vgl. Behr u. Hearst, 2009). »Zusammen mit dem Neuron, dem Knotenpunkt im gesamten Netzwerk der Nerven, reagiert und respondiert immer das ganze Nervensystem. Wie das Neuron Teil des Nervensystems, ist das Individuum Teil der Gruppenmatrix« (Foulkes, 1957/1974, S. 174). Auch wenn Einzelne sprechen, so reagiert immer die Gruppe als Ganzes, als transpersonales Netzwerk (Foulkes, 1957/1974, S. 175).

2.2 Gruppenanalytische Performanz

Bezogen auf gruppenanalytisches Arbeiten in pädagogischen Kontexten werden im Folgenden einige Prinzipien herausgegriffen, die für die Gestaltung von Lernprozessen in Gruppen von Bedeutung sind. Haltung und Interventionen gruppenanalytischer Leitung orientieren sich dabei konsequent am Matrixkonzept, welches eine Verbindung herstellt zwischen individuumsorientierter und gruppenorientierter Sicht: »Die ›innere‹ (psychische) und die ›äußere‹ Realität vermischen sich in der gemeinsamen Matrix der interpersonellen psychischen Realität, aus der sie sich ursprünglich herausdifferenzierten« (Foulkes, 1957/1974, S. 159). Daraus ergibt sich ein etwas anderer Blick auf die Möglichkeiten des Handelns und auf das Zusammenspiel von Individuum und Gruppe (Foulkes, 1974; Brandes, 1999).

Im gruppenanalytischen Arbeiten wird dieser Zusammenhang durch ein kontinuierliches Pendeln zwischen Einzelnen und Gruppe hergestellt. Hier zeigt sich die Anwendung des gestalttheoretischen Prinzips von Figur und Grund, »dass jedes Ereignis, auch eines, das sich augenfällig auf ein oder zwei Teilnehmer beschränkt, in Wirklichkeit die ganze Gruppe miteinbezieht. Solche Vorgänge sind Teil einer Gestalt, Konfiguration, deren ›Figuren‹ (Vordergrund) sie bilden, während der Grund (Hintergrund) sich im Rest der Gruppe manifestiert« (Foulkes, 1957, S. 165).

Im dreidimensionalen Modell der Gruppe, welches Struktur, Prozess und Inhalt unterscheidet, lassen sich auf der Prozessebene gruppenspezifische Faktoren (Foulkes u. Anthony, 1957, S. 165) als Prozessdynamik unterscheiden (vgl. Schlapobersky, 2016, S. 221). Einige dieser Schlüsselbegriffe werden hier exemplarisch herausgegriffen, um den Handlungsbezug der Gruppenleitung zu verdeutlichen (vgl. Stemmer-Lück, 2012, S. 200 f.; Gfäller, 2010;

vgl. Foulkes, 1974). Neben der Förderung der wechselseitigen Umsetzungen von Austausch zur Perspektiverweiterung, Unterstützung als Containing und vertiefter Kommunikation nutzen gruppenanalytische Leitungen weitere spezifische Gruppenphänomene wie z. B. Spiegelphänomene, Kondensatorphänomene, Polarisierung und Lokation (Foulkes, 1974; Kennard, Roberts u. Winter, 2000; Stemmer-Lück, 2012. Dabei fördern sie eine Beweglichkeit im Perspektiv- bzw. Bezugssystemwechsel, wobei die Anregungen meist fragend formuliert werden oder als eigene Beobachtung bzw. Irritation der Gruppe angeboten werden:

- *Spiegelungsphänomene:* Aspekte des eigenen Selbst können im Verhalten anderer wiedergefunden und genauer betrachtet werden (Projektion, Identifikation); Sich-Kennenlernen an der eigenen Wirkung auf andere und an dem Bild, das sie sich von einem selbst machen (Ich-Entwicklung, Affektspiegelung); Erkennen von Parallelen oder Analogien innerhalb verschiedener Bezugssysteme, auf gleicher Ebene zwischen Gruppenmitgliedern, aber auch ebenenübergreifend zwischen dem Fall und der Kommunikation in der Gruppe im Hier und Jetzt oder zwischen der institutionellen Dynamik und dem Fall. Ziel ist die Entwicklung von mehr Beweglichkeit der Gruppe über die Ebenen Fall, eigene Person, Institution, Kommunikation der Gruppe und professionelle Theorieannahmen hinweg.
- *Polarisierung:* Die Gesamtheit aller Reaktionen in der Gruppe (auch Spaltungen) bildet die gesamte Komplexität ab, dies hilft sowohl eine differenziertere Vorstellung der Facetten der eigenen Persönlichkeit zu bekommen als auch Falldynamiken zu verstehen.
- *Figur-Grund-Beweglichkeit und Lokation:* Jedes Einzelereignis im Vordergrund korrespondiert mit einem Grundthema der gesamten Gruppe, beides zusammen vervollständigt sich zur Gesamtsituation. Interventionen lenken fragend den Fokus zwischen Vordergrund und Hintergrund, sodass die Gruppe beide Perspektiven in Zusammenhang bringt und zunehmend diese Perspektivwechsel von selbst initiiert.
- *Personifikation:* als punktuelles Phänomen der Verdichtung; Hinweise und Fragen, was personalisiert an einer Teilnehmerin oder einem Fall festgemacht oder abgehandelt wird; Initiieren eigenständiger Infragestellungen.
- *Kondensatorphänomen:* Exemplarisches Arbeiten mit Einzelnen erhält stellvertretende Modellfunktion, als didaktisches Prinzip löst es sowohl Spiegelungsphänomene aus als auch Orientierung am Leitungsstil ohne explizite Beteiligung am beobachteten Dialog. Symbole, Träume und in der Gruppe gesammelte Assoziationen können stellvertretend betrachtet und im Kollektiv leichter verstanden werden.

Die Leitung handelt in der »Absicht, die Gruppe anzuregen, über die Dinge auf eine andere Weise nachzudenken« (Foulkes, 1957/1974, S. 164). Dabei wird eine Praktik minimaler Interventionen vollzogen, das »Wenigste, dass es braucht, um ein Hindernis zu überwinden oder um zu einem Punkt zu kommen, von dem aus die Gruppenmitglieder es noch einmal versuchen können« (Foulkes, 1957/1974, S. 164).

Im Unterschied zur Einzelpsychoanalyse oder anderen Gruppenleitungsmodellen ist der Gruppenanalytiker nicht Hauptinterpret. In der Gruppenanalyse wird vom Gruppenprozess erwartet, dass er diese Rolle übernimmt, entsprechend der Definition von Foulkes (1957, S. 165): Gruppenanalyse als »Analyse der Gruppe durch die Gruppe einschließlich des Leiters!«

Um dies zu befördern, nutzt die Gruppenleitung ihre eigenen Irritationen. Sie irritiert eine Interaktionspraxis oder sorgt für Irritation, um das Selbstverständnis der Gruppe zu problematisieren und deren Selbststeuerungskompetenz zu mobilisieren (Haubl, 2007, S. 92). Die Irritation entsteht als Unterbrechung eines Zustands der Nichtselektivität, analog zum analytischen Konzept der gleichschwebenden Aufmerksamkeit. Erfahrene Gruppenleiter versuchen dabei, ihre Ich-Grenzen zu lockern, sodass ihre Wahrnehmung leicht zwischen »Innenwelt« und »Außenwelt« pendeln kann (vgl. Haubl, 2007, S. 86). Durchlässigkeit oder Beweglichkeit scheint hier eine der zentralen Fähigkeiten zu sein, sie betrifft auch das Selbstverständnis der eigenen Interaktionspraxis. Dazu gehört es, den Fokus der Interventionen gemäß der Dialektik von »Hintergrund« und »Figur« zwischen Gruppe und Gruppenteilnehmern pendelnd zu wechseln (Haubl, 2007, S. 84). Ziel ist die Erhöhung der Selbststeuerung der Gruppe, da individualistische Deutungen erfahrungsgemäß eine starke Leitungsorientiertheit erzeugen. Zusammen mit der Gruppe geht die Leitung der Spur nach, wie sie gemeinsam »kollektiv die eigentliche Norm, von der sie abweichen, konstituieren« (Foulkes, 1974, S. 39). Indem sie dies gemeinsam tun, hat jedes Gruppenmitglied zugleich die Möglichkeit, dies stellvertretend für die innere Bildung des eigenen Bezugssystems zu erleben und als ein Spiegelungsphänomen zu nutzen. Es ist enthalten in Foulkes' komplexer Aussage: »Die Gruppe inklusive Leiter gibt sich jederzeit von Neuem ihren eigenen Bezugsrahmen« (Foulkes, 1952/1974, S. 155).

3 Das Etwas-mehr, als das Selbst und die Anderen zu mentalisieren – die Figuration

Innerhalb des theoriebasierten gruppenanalytischen Handelns sind die bekannten Dimensionen des Mentalisierens enthalten und zugleich erweitert. Gruppenmitglieder sprechen von sich und sitzen mehreren anderen gegenüber, die dies auch tun. Das Explorieren des selbstorientierten Mentalisierens bei Einzelnen wird direkt mit den Selbstwahrnehmungen anderer kontrastiert und verbunden. Spiegelungsphänomene zwischen den Teilnehmern ermöglichen es, eigene Anteile im Anderen zu mentalisieren und zugleich diese als eigene zu erkennen oder annehmen zu können. Es fördert daher eine Differenzierung in der Unterscheidungsfähigkeit von Fremd- und Eigenanteil. Auch kognitive und affektive Prozesse werden im Rahmen des Matrixkonzepts als zusammengehörig erfasst, da es um das Gesamt der verbalen und nonverbalen Kommunikation geht. In Professionalisierungsprozessen spielen zudem Reflexionen eigener Denkmuster eine zentrale Rolle (vgl. Brandl, 2016b). Der Wechsel zwischen implizitem und explizitem Mentalisieren wird in der gruppenanalytischen Arbeitsweise sowohl durch Interventionen der Leitung als auch durch Interventionen von Gruppenmitgliedern ermöglicht. Explizites Mentalisieren entsteht auch, wenn die Gruppe gemeinsam ihre Symbole, Metaphern und Träume betrachtet und deren implizite Mentalisierungsfunktion erkennen und reflektieren kann.

Therapeutisches Intervenieren zur Mentalisierungsförderung ist primär affektfokussiert und an individuellen Gefühlszuständen statt am Verhalten orientiert (vgl. Karterud, 2012; Schultz-Venrath, 2013). Komplexere Zusammenhänge wie z. B. die Figuration werden in diesem Kontext nicht explizit fokussiert. Pädagogische Professionalisierung ermöglicht und erfordert hier andere Gewichtungen und fokussiert zugleich die Auseinandersetzung mit den eigenen theoretischen Bezugsrahmen im professionellen Handeln. Gruppenanalytische Lernsettings ermöglichen neben der Auseinandersetzung um theoretische Zugänge zu einem Fall auf der manifesten Ebene auch eine »Untergrund-Konversation« (Köhncke u. Mies, 2012, S. 38). Dies schafft einen Zugang, um über professionelle Grundannahmen und Vorstellungen der eigenen Professionalisierung nachzudenken. Während im therapeutischen Kontext stärker auf aktuelle Ereignisse und Bewusstsein fokussiert wird – kann in pädagogischen Professionalisierungsprozessen stärker das dynamische Unbewusste einbezogen werden. Gleichwohl können auch Professionalisierungsprozesse Gefahr laufen, lediglich rhetorische Fähigkeiten zu bedienen und Pseudomentalisieren zu erzeugen (vgl. Brandl, 2016a, Schultz-Venrath, 2013).

Das Matrixkonzept als Netzwerktheorie impliziert eine intersubjektive Verbindung zwischen den Gruppenmitgliedern – die als »transpersonal« bezeichnet werden kann (Foulkes, 1974, S. 1). Entscheidend ist die Vorstellung des Co-Kreierens der Umwelt bei gleichzeitiger reziproker Co-Abhängigkeit wechselseitiger Reaktionen von und innerhalb der Umwelt (Friedmann, 2015, S. 17). Der Matrixbegriff enthält dabei eine »Theorie des Mentalen, die nicht das isolierte

Individuum und sein Selbstbewusstsein zum Ausgangspunkt nimmt, sondern die unhintergehbare Pluralität der Individuen in ihrer wechselseitigen Abhängigkeit und Bezogenheit« (Köhncke u. Mies, S. 2012, 28).

Das heißt, im gruppenanalytischen Denken und Arbeiten sind die Dichotomien zwischen Ich und Anderem, zwischen Innen und Außen aufgrund eines konsequent vollzogenen intersubjektiven Standpunktes innerhalb der Theorie der Matrix aufgehoben (Friedmann, 2015, S. 18). Die Frage nach den funktionalen Polaritäten (Luyten et al., 2011; Fonagy et al., 2015) wäre unter diesem Gesichtspunkt neu aufzugreifen.

4 Fazit und Ausblick

Gruppenanalytische Haltung und Arbeitsweise enthalten besondere Aspekte des aktuellen Kompetenzmodells des Mentalisierens. Dies erfolgt in einer Tradition, die bereits viele Jahrzehnte vor Entwicklung des Mentalisierungskonzepts entstanden ist.

Im gruppenanalytischen Arbeiten ist es der Bezug zur zentralen Hintergrundtheorie, dem Matrixkonzept von Foulkes, welche Haltung, Orientierung und handlungsleitende Parameter der Gruppenleitung bestimmt. Die Theorie der gruppenanalytischen Matrix erweist sich hier als mentalisierungsfördernd im Sinne des aktuellen Konzepts des Mentalisierens.

Im gruppenanalytischen Kontext bedeutet Mentalisieren, die Psyche (mind) als intersubjektives Resultat innerhalb des sozialen Netzes zu betrachten (vgl. Foulkes, 1990; Friedmann, 2015). Gruppenanalytisches Arbeiten kann als der Versuch gesehen werden, »den intersubjektiven Einfluss des Denkens des anderen auf das eigene Denken oder auf den ganzen Beziehungsraum« (Friedmann, 2015, S. 18) zu erkennen. Es ist eine Art des relationalen Bezugsdenkens von Perspektiven und es erfordert möglicherweise eine besondere Sensibilität, »die Dinge ungelöst, in der Luft, unvollständig« zu lassen (Foulkes, 1974; Friedmann, 2015). Unter intersubjektiver Perspektive erhält die mentalisierende Kompetenz des »having mind in mind« oder »mind-mindedness« eine komplexere Bedeutung, nämlich die Idee, »dass das, was als ›Geist‹ bezeichnet wird, aus den interagierenden Prozessen einer Reihe eng verbundener Personen besteht, die gemeinhin als Gruppe bezeichnet werden« (Foulkes, 1973/1990, S. 241), wobei die Gruppe als unifiziertes Feld ständiger gegenseitiger Beeinflussung konzeptualisiert wird (Potthoff, 2015, S. 112). Wie in der therapeutischen Gruppenanalyse besteht auch im pädagogischen Feld das Ziel in »Veränderungen der inneren und äußeren relationalen Strukturen« (Potthoff, 2015,

S. 114), das gruppenanalytisch orientierte Mentalisieren der Figuration kann hier eine wesentliche Rolle im Rahmen pädagogischer Professionalisierung spielen. Der Beitrag gruppenanalytischer theoretischer Implikationen und Handlungskonsequenzen zu Fragen einer Erweiterung der Facetten des aktuellen Mentalisierungskonzepts bleibt weiter zu diskutieren.

Literatur

Allen, J. G., Fonagy, P. (Hrsg.) (2006). Handbook of mentalization-based treatment. Chichester: John Wiley & Sons.
Allen, J., Fonagy, P., Bateman, A. W. (2008). Mentalisieren in der psychotherapeutischen Praxis. Stuttgart: Klett-Cotta.
Behr, H., Hearst, L. (2009). Gruppenanalytische Psychotherapie. Menschen begegnen sich. Eschborn: Klotz.
Brandes, H. (1999). Individuum und Gemeinschaft in der Sozialen Gruppenarbeit: der gruppenanalytische Ansatz. In H. Effinger (Hrsg.), Soziale Arbeit und Gemeinschaft. Freiburg i. Br.: Lambertus Verlag.
Brandl, Y. (2016a). Sprachspiele der Professionalität. Sprach- und gruppenanalytische Überlegungen zu Grenzverletzungen durch professionelle Rhetoriken. In B. Rauh, T. F. Kreuzer (Hrsg.), Grenzen und Grenzverletzungen in Bildung und Erziehung (S. 35–48). Schriftenreihe der DGfE-Kommision Psychoanalytische Pädagogik 6. Opladen u. a.: Budrich.
Brandl, Y. (2016b). Arbeiten an unbewussten Professionsannahmen. Ein gruppenanalytisches Hochschulprojekt im Fachbereich Sozialwesen. Vortrag auf der Jahrestagung des Beirats für Wissenschaft und Forschung der D3G. Unveröffentlichtes Manuskript.
Brückner, M. (2016). Anwendungen der Gruppenanalyse im Kontext Sozialer Arbeit. Gruppenanalyse, 1, 19–32.
Elias, N. (1972). Soziologie und Psychiatrie. In N. Elias (1992), Aufsätze und andere Schriften I. In Gesammelte Schriften (hrsg. von R. Blomert, H. Hammer, J. Heilbron, A. Treibel, N.Wilterdink) (S. 287–330). Frankfurt a. M.: Suhrkamp.
Elias, N. (2003). Die Gesellschaft der Individuen. Frankfurt a. M.: Suhrkamp.
Elias, N. (2014). Was ist Soziologie (12. Aufl.). München: Juventa.
Fonagy, P., Bateman, A. W., Luyten, P. (2015). Einführung und Übersicht. In A. W. Bateman, P. Fonagy (Hrsg.), Handbuch Mentalisieren (S. 23–66). Gießen: Psychosozial-Verlag.
Foulkes, S. H. (1952/1974). Übereinstimmungen und Unterschiede zwischen psychoanalytischen und gruppenanalytischen Prinzipien. In S. H. Foulkes, Gruppenanalytische Psychotherapie (S. 154–162). München: Kindler.
Foulkes, S. H. (1957/1974). Psychodynamische Prozesse im Lichte der Psychoanalyse und der Gruppenanalyse. In S. H. Foulkes, Gruppenanalytische Psychotherapie (S. 163–176). München: Kindler.
Foulkes, S. H. (1973/1990). Oedipus-conflict and regression. In S. H. Foulkes, Selected Papers (pp. 235–248). London: Karnac Books.
Foulkes, S. H. (1974). Gruppenanalytische Psychotherapie. München: Kindler.
Foulkes, S., Anthony, E. J. (1965). Group psychotherapy. The psychoanalytic approach (2nd ed.). Harmondsworth: Penguin Books.
Friedman, R. (2015). Gruppenanalyse heute – Entwicklungen in der Intersubjektivität. In W. M. Roth, H. Felsberger, J. Shaked (Hrsg.), Gruppenanalyse und die Entwicklung von Intersubjektivität (S. 15–22). Wien: facultas.

Gfäller, R. G. (2010). Die Wirkung des Verborgenen. Unbewusste Hintergründe kommunikativer Prozesse in Unternehmen und Institutionen. Stuttgart: Klett-Cotta.
Haubl, R. (2007). Gruppenleitung. In R. Haubl, F. Lamott (Hrsg.), Handbuch Gruppenanalyse (2. Aufl., S. 71–92). Frankfurt a. M.: Klotz.
Haubl, R., Lamott, F. (Hrsg.) (2007). Handbuch Gruppenanalyse (2. Aufl.). Frankfurt a. M.: Klotz.
Karterud, S. (2012). Konstruieren und Mentalisieren der Matrix. Gruppenpsychotherapie und Gruppendynamik, 4, 379–396.
Kennard, D., Roberts, J., Winter, D. (2000). Arbeitsbuch gruppenanalytischer Interventionen. Heidelberg: Mattes Verlag.
Kirsch, H. (Hrsg.) (2014). Das Mentalisierungskonzept in der Sozialen Arbeit. Göttingen: Vandenhoeck & Ruprecht.
Köhler-Offierski, A. (2014). Das Mentalisierungskonzept im Kontext der Lehre und Aufgaben der Sozialen Arbeit. In H. Kirsch (Hrsg.), Das Mentalisierungskonzept in der Sozialen Arbeit (S. 51–55). Göttingen: Vandenhoeck & Ruprecht.
Köhncke, D., Mies, T. (2012). Der Matrixbegriff und die intersubjektive Wende. Gruppenpsychotherapie und Gruppendynamik, 1, 26–52.
Luyten, P., Fonagy, P., Mayes, L. C., Vermont, R., Lowyck, B., Bateman, A. W. (2011). Broadening the scope of the mentalization-based approach to psychopathology: Mentalization as a multidimensional concept. Unveröffentlichtes Manuskript.
Naumann, T. (2014). Gruppenanalytische Pädagogik. Eine Einführung in Theorie und Praxis. Gießen: Psychosozial-Verlag.
Potthoff, P. (2015). Foulkes: ein Pionier in unvermessenen Territorien. In W. M. Roth, H. Felsberger, J. Shaked (Hrsg.), Gruppenanalyse und die Entwicklung von Intersubjektivität (S. 103–122). Wien: facultas.
Schlapobersky, J. (2016). From the couch to the circle. Group-analytic psychotherapy in practice. New York: Routledge.
Schultz-Venrath, U. (2013). Lehrbuch Mentalisieren. Psychotherapien wirksam gestalten. Stuttgart: Klett-Cotta.
Schultz-Venrath, U., Felsberger, H. (2016). Mentalisieren in Klinik und Praxis. Bd 1: Mentalisieren in Gruppen. Stuttgart: Klett-Cotta.
Stemmer-Lück, M. (2012). Beziehungsräume in der Sozialen Arbeit. Stuttgart: Kohlhammer.
Taubner, S. (2015). Konzept Mentalisieren. Eine Einführung in Forschung und Praxis. Gießen: Psychosozial-Verlag.

Die Autorinnen und Autoren

Nathanael Armbruster, M.A., Sozialarbeiter, Studium an der Evangelischen Hochschule Darmstadt, ist Gruppenkoordinator einer kinder- und jugendpsychiatrischen Wohngruppe der Leppermühle in Großen-Buseck bei Gießen.

Christine Bark*, Dr. med., ist seit 2012 wissenschaftliche Mitarbeiterin/Ärztin am Institut für Psychosoziale Prävention am Universitätsklinikum Heidelberg und leitet dort seit 2015 die Sprechstunde für Eltern mit Säuglingen und Kleinkindern. Sie hat eine mentalisierungsbasierte Intervention zum Übergang von der Elternbetreuung in die Kinderkrippe entwickelt, die in der Praxis auf breites Echo stößt und auch bei der Integration von Kindern mit Migrations-/Flüchtlingshintergrund erfolgreich ist.

Manfred Böge*, Dr. phil., M.A., ist wissenschaftlicher Mitarbeiter am Institut für Pädagogik der Christian-Albrechts-Universität zu Kiel, Pädagoge in Ausbildung zum Kinder- und Jugendlichenpsychotherapeuten für tiefenpsychologisch fundierte Einzel- und Gruppenpsychotherapie am John-Rittmeister-Institut in Kiel, Mitarbeiter in der sozialpsychiatrischen Praxis für Kinder- und Jugendpsychiatrie in Kronshagen und Lehrkraft am Berufsbildungszentrum Rendsburg an der Fachschule für Sozialpädagogik.

Sarah Yvonne Brandl*, Prof. Dr. phil., Diplom-Psychologin, lehrt Klinische Psychologie und Entwicklungspsychologie und ist Studiengangsleiterin des mentalisierungsbasierten Masters of Counseling an der Katholischen Hochschule NRW in Münster. Sie arbeitet als Gruppenanalytikerin (D3G), Supervisorin und Organisationsberaterin in klinischen und sozialen Einrichtungen und als Gruppenlehranalytikerin (D3G) am Institut für Gruppenanalyse Münster.

Peter Fonagy, Prof., Ph.D., klinischer Psychologe, Psychoanalytiker, ist Professor am University College London und leitet das Anna Freud National Centre for Children and Families in Hampstead/London. Er ist ebenfalls Vizepräsident der IPA, Mitherausgeber einer Anzahl namhafter Zeitschriften, z. B. International Journal of Psychoanalysis, Development and Psychopathology und Bulletin of the Menninger Clinic.

Stephan Gingelmaier*, JProf. Dr. sc. hum., Sonderschullehrer, Diplom-Pädagoge, ist seit 2015 Juniorprofessor für Psychologie und Diagnostik im Förderschwerpunkt soziale und emotionale Entwicklung an der Pädagogischen Hochschule Ludwigsburg. Ausbildungen in Paar- und Familientherapie (BvPPF), Gruppenanalyse und Supervision (D3G) und in mentalisierungsbasierter Therapie (Anna Freud National Centre for Children and Families, London). Er ist Sprecher des DFG-Netzwerkes Mentalisierungsbasierte Pädagogik (MentEd.de).

Karolina Goschiniak*, M.A., ist wissenschaftliche Mitarbeiterin am Institut für Erziehungswissenschaft, AG Sonderpädagogik, der Johannes Gutenberg Universität Mainz und psychoanalytische Kinder- und Jugendlichenpsychotherapeutin in Ausbildung.

Oliver Hechler*, Priv.-Doz. Dr. phil., Diplom-Pädagoge, Kinder- und Jugendlichenpsychotherapeut, ist Akademischer Rat am Lehrstuhl für Pädagogik bei Lernbeeinträchtigungen der Universität Würzburg. Weiterbildungen in Gruppenanalyse und analytischer Gruppenpsychotherapie (D3G) und in Supervision (DGSv).

Jessica Held, M.A., Sozialarbeiterin, Studium an der Hochschule Darmstadt und der Evangelischen Hochschule Darmstadt (Master Soziale Arbeit), ist tätig im Sozialpsychiatrischen Verein Groß Gerau.

Melanie Henter*, Diplom-Pädagogin, ist Wissenschaftliche Mitarbeiterin in der Arbeitseinheit Pädagogik bei erschwertem Lernen und auffälligem Verhalten an der Universität Koblenz-Landau, Institut für Sonderpädagogik.

Holger Kirsch*, Prof. Dr. med., Arzt für psychosomatische Medizin, Psychoanalytiker und Lehranalytiker (DGPT, DGIP) in eigener Praxis, ist Professor am Fachbereich Sozialarbeit/Sozialpädagogik an der Evangelischen Hochschule Darmstadt.

Elena Johanna Koch studiert Sonderpädagogik an der Pädagogischen Hochschule in Ludwigsburg mit den Förderschwerpunkten sozial-emotionale Entwicklung und geistige Entwicklung.

Nina Kramer, Sonderpädagogin (M.A.) und Bildungswissenschaftlerin (M.A.), ist als wissenschaftliche Mitarbeiterin am Lehrstuhl für Pädagogik bei Verhaltensstörungen (Universität Würzburg) verantwortlich für das Projekt »Globale Systeme und interkulturelle Kompetenz« und Ansprechpartnerin für die Arbeitsgruppe »Flucht – Migration – Trauma« am Lehrstuhl.

Tillmann F. Kreuzer*, Dr. paed., Diplom-Pädagoge, Mag., tiefenpsychologisch und psychoanalytischer Kinder- und Jugendlichenpsychotherapeut, ist tätig an der Pädagogischen Hochschule Ludwigsburg im Institut für Erziehungswissenschaft mit dem Schwerpunkt psychoanalytische Pädagogik.

Robert Langnickel, Diplom-Psychologe, Mag. phil., ist Psychoanalytiker in eigener Praxis in Winterthur, Dozent am Lacan Seminar Zürich, Lehrbeauftragter an der Universität Würzburg, Hauptlehrer für Psychologie und Ethik am Bildungszentrum Wirtschaft Weinfelden (BZWW), Vorstandsmitglied des Lacan Seminar Zürich und Redaktionsmitglied des RISS – Zeitschrift für Psychoanalyse. Psychoanalytische Bildungen bei der Assoziation für die Freudsche Psychoanalyse (AFP) und am Lacan Seminar Zürich (LSZ).

Pierre-Carl Link*, Philosoph (M.A.), Theologe (M.A.), Bildungswissenschaftler (M.A.) und Religionswissenschaftler (M.A.), ist als wissenschaftlicher Mitarbeiter am Lehrstuhl für Pädagogik bei Verhaltensstörungen der Universität Würzburg für die wissenschaftliche Projektstelle Inklusion und die sonderpädagogische Beratungsstelle für Erziehungshilfe verantwortlich. Nebenberuflich ist er als analytischer Gestalttherapeut in freier Praxis tätig. Er ist Gruppenanalytiker sowie Kinder- und Jugendlichenpsychotherapeut (Verhaltenstherapie) in Ausbildung. Er ist Gründer des Würzburger Collegium Psychoanalyticum und der Researchgroup Vulnerabilität, Sicherheit und Resilienz.

Benjamin S. Neuls, M.A., Sozialarbeiter, Studium an der Evangelischen Hochschule Darmstadt, ist Sozialarbeiter in der Justizvollzugsanstalt Rockenberg (Jugendvollzug).

Tobias Nolte*, MD, M.Sc., ist Arzt und Clinical Research Associate am University College London sowie Senior Researcher am Anna Freud National Centre for Children and Families und lehrt dort den Reflective-Functioning-Kurs. Klinisch arbeitet er bei Camden Psychotherapy Unit sowie in mentalisierungsbasierter Therapie mit Patienten mit Borderline-Persönlichkeitsstörungen am St. Ann's Hospital London und ist in Ausbildung zum Psychoanalytiker am Institute of Psychoanalysis.

Axel Ramberg*, M.A., Förderschullehrer und Kinder- und Jugendlichenpsychotherapeut, ist hauptberuflich Berater am Hannoveraner Förderzentrum auf der Bult für den Bereich der emotionalen und sozialen Entwicklung. Daneben ist er als approbierter Kinder- und Jugendlichenpsychotherapeut (TfP) in einer Praxis in Hannover tätig sowie Lehrbeauftragter am Institut für Sonderpädagogik der Leibniz Universität Hannover und Dozent am Winnicott-Institut.

Bernhard Rauh*, Dr. phil., Diplom-Pädagoge, ist Sonderschullehrer, Akademischer Rat im Förderschwerpunkt Lernen der Fakultät für Sonderpädagogik an der Pädagogischen Hochschule Ludwigsburg, analytischer Kinder- und Jugendlichenpsychotherapeut in Ausbildung. Gruppenanalytische Weiterbildung (IGA Heidelberg).

Nicola-Hans Schwarzer* studierte Lehramt für Sonderschulen und empirische Bildungsforschung. Er ist Doktorand an der Pädagogischen Hochschule Ludwigsburg.

Svenja Taubner*, Prof. Dr. phil., Studium der Psychologie und Promotion an der Universität Bremen, war wissenschaftliche Mitarbeiterin der Universitäten Kassel, Ulm und Juniorprofessorin an der International Psychoanalytic University Berlin, Universitätsprofessorin für Klinische Psychologie und Psychotherapie an der Universität Klagenfurt. Seit 2016 ist sie Direktorin des Instituts für Psychosoziale Prävention am Universitätsklinikum Heidelberg. Approbation als psychologische Psychotherapeutin (2011) und Psychoanalytikerin (DPG).

Agnes Turner*, Assoc. Prof. Mag. Dr., ist Professorin für Pädagogik, stellvertretende Institutsvorständin am Institut für Unterrichts- und Schulentwicklung der Universität Klagenfurt, Supervisorin (ÖVS) und Vorstandmitglied der ANSE.

Christine N. Wagener, M.A., Sozialarbeiterin, Studium an der Evangelischen Hochschule Darmstadt, ist als Sozialarbeiterin der Begleitenden Psychiatrischen Dienste (Vitos Rheingau) tätig.

David Zimmermann*, Prof. Dr. phil., ist Professor für Pädagogik bei psychosozialen Beeinträchtigungen am Institut für Rehabilitationswissenschaften der Humboldt-Universität zu Berlin.

*Mitglied im DFG-Netzwerk Mentalisierungsbasierte Pädagogik (GZ: GI 1274/1-1), mented.de.